U0825286

国家级实验教学示范中心·师范生教学能力实训系列教材

中学生物学实验教学能力训练教程

徐作英　主　编
王　威　王　琦　王跃华　副主编

科学出版社
北　京

内 容 简 介

本书以精选出来的四大类型（技能性实验、验证性实验、演示性实验、探究性实验）的初中、高中生物学实验为主要内容，并在两大主线中展开。一条基本主线是：对师范生进行中学生物学本身包含的实验技能的强化；另一条核心主线是：对师范生进行中学生物学实验教学技能的强化训练，指导在校的师范生，具体操作实践：如何进行实验课的教学准备、教学设计、教学实施、教学组织与指导、教学评价等方面，达成提高中学生物学教师实验教学的能力，从而实现有效开展中学生物学实验教学的根本目的。

本书除了可供全国师范院校的生物科学专业的师范生与生物学教育专业的在校研究生作为教材使用外，也可供一线的中学生物学教师、中学生物学教研员、大学生物学教师参考学习。

图书在版编目(CIP)数据

中学生物学实验教学能力训练教程 / 徐作英主编. —北京：科学出版社，2014.10（2023.9重印）

国家级实验教学示范中心·师范生教学能力实训系列教材

ISBN 978-7-03-041847-0

Ⅰ. ①中… Ⅱ. ①徐… Ⅲ. ①生物课-实验-教学研究-师范大学-教材②生物课-实验-师范大学-中学 Ⅳ. ①G633.912

中国版本图书馆CIP数据核字（2014）第207876号

责任编辑：张 展 莫永国 / 责任校对：彭 映

责任印制：罗 科 / 封面设计：墨创文化

科学出版社出版

北京东黄城根北街16号

邮政编码：100717

http://www.sciencep.com

四川煤田地质制图印务有限责任公司印刷

科学出版社发行 各地新华书店经销

*

2014年10月第 一 版 开本：787×1092 1/16

2023年9月第七次印刷 印张：17

字数：400 000

定价：52.00 元

（如有印装质量问题，我社负责调换）

国家级实验教学示范中心·师范生教学能力实训系列教材

编　委　会

前言

生物学是一门以实验为基础的学科。实验是生物学的重要组成部分，实验效果中的关键指标之一在于生物学教师实验教学能力的高低。如果生物学教师实验技能不熟练，指导实验的教学能力不够，就不能达到实验预期的目的。

为此，在联合多所高等师范院校生物学科教学论相关专家学者进行座谈研讨，并在广泛征求各级生物教研员和中学生物学教师的意见的基础上，以四川师范大学徐作英教授为主编，王威博士（四川师范大学）、王琦副教授（陕西理工学院）为副主编，并邀请到了优秀的中学生物学教师：周密（成都市七中初中部）、罗锡明（四川省乐山市井研县井研中学高中部）等共同编写了本教材。

本教材是在高等师范院校生物科学本科专业中、与生物学科教学论课程配套开设的实验课程用书。全书精选了一些基本的、重要的、有代表性的初中、高中生物学实验内容，从训练师范生对中学生物学实验本身所要求的操作技能的巩固、强化、掌握的基础上，特别强调从生物学实验教师的角度上着重开展对实验室的规划、实验安全的措施考虑、学段实验课程的拟定、实验内容的设计、实验的具体准备、实验的教学组织、实验的教学实施、实验的指导、实验的评价上有所侧重的进行训练、模仿、练习和讨论，从而达到强化提高师范生实验教学的能力。

值此该书公开出版发行之际，特提出以下教学使用建议：

（1）在使用本教材时，除达成师范生对中学生物学实验本身所要求的操作技能提升的目的外，应着重于达成强化提高师范生对中学生物学实验教学的能力上。

（2）训练时既可以充分利用教材中精选的有代表性的中学生物学实验内容，还可以拓宽视野，让师范生自主选取中学生物学其他实验内容进行训练。

（3）课堂策略建议采取“以任务趋动”“以问题趋动”为主，以师范生自主实践为主、教师指导示范为铺。教学措施与方法应打破验证性实验的常规教学方式，而采取让师范生提前预习实验内容、课前进行实验教学设计、课堂中演示和交流讨论、完善本次实验教学的关键环节等方式来推进师范生的实验教学能力的提高。

本书可供生物科学专业的师范生和生物学教育与科学教育专业的研究生作为教材使用，也可供一线中学生物学教师、教研员、大学生物学教师参考。

目　　录

引　言

一、“中学生物学实验教学能力训练”课程概述

（1）“中学生物学实验教学能力训练”课程的性质、任务。“中学生物学实验教学能力训练”课程是高等师范院校生物科学专业的师范生必修的一门生物学教育专业课程，是与“中学生物学教学论”配套的课程群中的一门实践性、应用性、针对性很强的课程之一。本门实验课程开设的主要目的是培养师范生从事中学生物学实验教学工作所必备的实验技能与实验教学专业素养，尤其是强化高等师范院校生物科学专业的师范生对中学生物学实验室的规划与管理能力；进行中学生物学实验教学理论与方法修养的提高，强化各类性质的中学生物学实验教学的设计、组织、实施与评价；进行中学生物学新课程体系中具有代表性的实验的实践与操作；同时也进一步训练与提升师范生的实验操作技能，最终实现提高生物科学专业师范生实验教学的素养，从而达到提高实验教学效果的目的。通过本门课程的开设可为高师毕业生将来独立从事生物学实验教学工作提供科学途径，为其成为一个合格的中学生物学教师奠定良好的实验教学的能力基础。

（2）“中学生物学实验教学能力训练”课程的研究对象。“中学生物学实验教学能力训练”课程是以我国当前正在推进实施中的初中、高中生物学新课程中的生物学实验内容作为研究对象，将师范生必须掌握的相关实验技能与在教学中作为教师应该具备的实验教学能力作为核心问题，具体研究中学生物学实验教学实施中生物学教师所需要的生物学实验教学的理论、方法及技能技巧，侧重于研究中学生物学实验教学实施中的基本规律、教学手段以及实验教学中的艺术技巧与方法。

（3）“中学生物学实验教学能力训练”课程与生物科学其他课程的关系。“中学生物学实验教学能力训练”课程与生物科学其他课程是相互依存、相辅相成的关系，但又有区别与侧重。生物科学专业中所开设的其他课程是学习“中学生物学实验教学能力训练”课程的基础。而作为将来走向基础教育行业的师范生，学好了生物科学专业中所开设的其他课程，知晓与掌握了生物科学，只能算作是生物科学的专业人才；同时，还必须由生物科学的专业人才转变成为能够驾驭中学生物学教学的合格教师，把知晓的生物科学转变成能够胜任中学生物学的实验技能与专业的实验教学技能。通过本课程的强化与提升，将有效地达成生物科学的专业人才向生物学教师职业人才的角色转换，由懂生物科学的专业人才转变成中学生物学的教育型教师。

二、“中学生物学实验教学能力训练”课程的学习方法

鉴于“中学生物学实验教学能力训练”课程的目标与特点，特此提出本门课程的学习方法如下所示。

(1)角色发生转变。每一位生物科学专业的师范生首先应转变角色，要以一位准中学生物学教师身份进入到“中学生物学实验教学能力训练”课程的学习中来；同时，以严肃认真的科学态度与实事求是的工作作风开展本门课程的学习与训练。

(2)提前预习思考。依据与本门课程配套的教科书——《中学生物学实验教学能力训练教程》的引领与指导，熟悉并提前预习初中、高中生物学新课程体系中的相关实验内容，并对各类型实验的目的、原理进行前置思考与分析。

(3)实验教学设计准备。每一位生物科学专业的师范生应事先拟定出如何实施实验教学的教案主线，包括实验设备与辅助教学用具的准备，确定实验教学的目标、策略、模式、方法与评价方式，进行实验过程的预设与实验中可能出现问题的假设与解决方案的确定，作出实验结果的推断与独具匠心的创新设计等。

(4)广泛开展互动交流。应当重视中学生物学实验的讨论与交流环节，积极参与到“师一生”“生一生”互动交流讨论中来，将自己独到的见解与创新思考与他人分享，同时也虚心向他人学习，共同探讨实验教学中的技能技巧。

(5)强化实验技能提升。每位师范生根据自己的具体情况还应当特别拟定出中学生物学实验技能的强化与提升要点，在本门课程的学习中有所侧重地进行各项实验技能方面修养的强化提高。

第一章　中学生物学实验课程的规划与建设

中学生物学实验室是培养中学生综合实践能力与创新思维的重要基地。通过对中学生物学实验室的规划建设与管理，努力为中学生提高生物科学素养提供必要的实验条件；同时，营造出安全的、适宜的学习氛围，从而达成全面培养中学生的综合生物学实验能力的目的。

1.1　中学生物学实验课程物质条件的规划与建设

1.1.1　中学生物学实验室场地的规划与建设

1.1.1.1　中学生物学实验室场地的框架概述

中学生物学实验室一般分为："中学生物学室内实验场地"与"中学生物学室外实践场所"。

（1）"中学生物学室内实验场地"根据其功能又可分为："中学生物学实验室""实验准备室""仪器、药品存放室""生物学实验课程资源室"几大功能板块区。①"中学生物学实验室"主要是中学生进行渐进性、系统性的实验训练体系的载体。其中包括开展教科书中规定的基础性技能训练实验、验证性实验、演示性实验、探究性实验、自主专题实验等各个层次的实验；此外，学生还可以在"中学生物学实验室"中进行实验的互动观摩、讨论交流与科学探究。②"实验准备室"主要是供中学生物学教师和生物学实验员进行实验准备、预实验、讨论分析实验中的问题的场所。③"仪器、药品存放室"的主要功能是贮藏，是常用的中学生物学实验仪器用具、药品等搁置与贮藏管理的专用场地。④"生物学实验课程资源室"是专门陈列实验材料、动植物标本、实验教学用具、实验教学资料、局域网络实验室的中心控制器等的专用场地。

（2）"中学生物学室外实践场所"的主要功能是：实验观察养殖动物、植物、种植植物、学生进行室外实践活动、研究活动等的场所。

1.1.1.2　中学生物学实验室场地的一般规划与建设

中学生物学实验室的规划建设可以分期分批进行。对于初建生物学实验室的中学，可以将"中学生物学实验室"实验准备室""仪器、药品存放室""生物学实验课程资源室""生物园""生物培养基地""生物学实践场所"各大功能区分隔开来分别建设。也可将上述各大功能区集中规划布置，整合成为一个综合的室内"中学生物学实验基地"与室外"中学生物学室外实践场所"。

1. 室内“中学生物学实验基地”

对已有生物学实验室的中学，可以根据中学生物学新课程实验内容的要求将原来的实验室进行适当地改造、调整或扩充。

室内“中学生物学实验场地”的规划建设思路是：参照国家一级达标学校标准进行规划和建设，以适应初中、高中生物学实验课程内容的需要。

参照教育部保证生均占有使用实验室面积 $3m^2$ 的标准进行实验室建设，以一个 50 人的中等班额计算，总面积应是 $150m^2$。如果按照：“中学生物学实验室”“实验准备室”“仪器、药品存放室”“生物学实验课程资源室”各大功能区的划分，可将 $150m^2$ 进行以下划分：“中学生物学实验室” $80m^2$、“实验准备室” $20m^2$、“仪器、药品存放室” $20m^2$、“生物学实验课程资源室” $30m^2$。

2. 室外“中学生物学室外实践场所”

“中学生物学室外实践场所”的规划建设思路可以按照校内建“生物培养基地”、“生物园”，校外建“中学生物学室外实践场所”来进行规划与建设，从而方便中学生进行常用实验动物的观察、养殖，常见植物的栽培欣赏以及成为中学生技能训练操作的实践基地。

1)校内的“生物培养基地”的规划建设

(1)校内的“生物培养基地”的功能。校内的“生物培养基地”最好毗邻“中学生物学实验室”，其功能如下。

培养实验教学材料：“生物培养基地”主要用于培养实验教学材料，例如培养衣藻、水绵、苔藓、蕨类、花卉等代表植物，供植物类群实验以及教学使用；培养天竺葵，供光合作用实验用；培养草履虫、变形虫、水螅等代表动物，供原生动物、腔肠动物实验以及教学使用。

进行长期观察实验：生物的生长发育过程以及外界条件对生物的影响，在短时间内是难以看到的，“生物培养基地”就是进行长期系统观察实验的场所。例如，培养蛙的受精卵，观察动物的变态发育；养殖蝗虫和菜粉蝶，观察昆虫的不完全变态和完全变态发育过程；饲养果蝇，进行杂交实验等。

课外小组活动基地：把“生物培养基地”作为课外小组活动基地，不仅为课外活动提供了场所和设备，而且还能把“生物培养基地”的工作纳入课外活动计划。这样，一方面充实了课外活动的内容，便于课外小组的成员参与“生物培养基地”的管理；另一方面使课外活动直接为课堂教学服务。

(2)校内的“生物培养基地”的规划与建设。

“生物培养基地”设置的场所：“生物培养基地”最好与生物学实验室相通连。理想的“生物培养基地”是由一半玻璃屋顶，一半普通房间组合而成。这样，既能保证阳光充足，又防止了夏季过热；既能培养喜光植物，又能培养耐阴植物。如果没有条件单独设置，“生物培养基地”还可设在大型实验室向阳的一侧。可以加宽窗台或放置长条桌来培养生物，最好用玻璃框与实验室隔开。这不但有利于保护培养室内的生物，防止在上实验课时受到损坏，还有利于防止灰尘和控制培养条件。有的学校把“生物培养基地”设在走廊的尽头，只要阳光充足，稍加隔离就可以了。如果上述条件都不具备，还可在教室后面的一侧开辟出生物角，在此放一张课桌，用花盆、木箱、玻璃水槽、罐头瓶等培养小型的生物。这种设施虽然简陋，但从培养实验材料和进行长期观察实验来说，却是简单易行的。

“生物培养基地”应有的设备：显微镜、解剖镜、放大镜、天平、电炉、温度计、喷壶、喷雾器、各种化学药品、各种玻璃仪器(包括烧杯、量筒、培养皿、漏斗、试纸、试管、玻璃水槽、养鱼缸等)。

此外，“生物培养基地”还要有电源、上下水设备，在北方的“生物培养基地”冬季还要有加温设备。

“生物培养基地”的管理：“生物培养基地”的管理提供以下四个功能内容：教师为课堂演示和组织学生实验所做的准备工作；课外作业中不宜在野外和家庭中进行的项目；课外小组活动的内容；联系地方实际的内容。生物培养室的工作要紧紧围绕生物学实验的任务开展，应当体现为生物学教学服务的宗旨，必须严密组织，加强管理，保证各项工作顺利进行。

“生物培养基地”的管理具体包含以下内容。①建立工作制度，落实管理责任。生物培养室要在教师的指导下由生物学课外活动小组负责管理，并在他们的统一组织下，经常检查培养的植物生长发育是否正常，有无病虫害；饲养的动物每天都要有人喂养，假期要轮流值日。②制订培养计划，及时提供实验材料。每个学期开始，在制订学期教学工作计划的同时，要制订出“生物培养基地”的工作计划，紧跟教学进度，及时提供实验材料和教学所需要的鲜活材料，要按其生长发育周期提前培养。可利用生物培养室，在教师的指导下，让学生亲自动手培养。例如，在讲授“种子的萌发”的前两周，指导学生根据教科书要求，分别种植菜豆种子和玉米种子，为“种子的萌发”一节的教学提供实验材料。③拟定观察实验提纲，指导学生进行观察实验。学生在“生物培养基地”的活动，多数是在课外时间独立进行，教师往往不亲临现场。有些观察实验，要经历较长的时间。为保证观察实验正常进行，收到预期效果，教师要拟定详细的观察实验提纲印发给学生，指导他们观察和实验。

2)校内的“生物园”的规划建设

校内的“生物园”是配合生物学教学栽培植物和饲养动物的场所。为了便于教学和管理，“生物园”最好应设在校园内或学校附近，并毗邻“中学生物学实验室”，其面积可大可小，视实际需要、学校条件和管理能力而定。实验园地要有良好的光照条件和充足的水源，低洼地要修排水沟渠，园地四周要建矮墙或篱笆，建好园门，书写园名，门内两侧可用标语牌，可写上生物学家名言警句，以增加学习气氛。

校内的“生物园”与“生物培养基地”的区别在于：“生物培养基地”受到空间的限制，各种生物都是在人为控制的条件下生长发育；而“生物园”中的生物，都是在自然条件下生长发育。

(1)“生物园”的功能区划分。根据中学生物学实验的内容与要求，并结合实际情况的需要，进行“生物园”的功能分区，可以进行以下划分。

植物区：本区可设置植物形态区、分类区、阴生植物区、水生植物生态区、进化类群区、试验区等。

动物区：本区可设置鱼类饲养区、鱼类观赏区、两栖动物饲养区、爬行动物饲养区、鸟类饲养区和哺乳动物饲养区等。

真菌培养区：本区由室内、室外两部分组成。室内部分可作为培养菌种之用；室外部分选择在比较阴凉的树下或荫棚下，可作为培养蘑菇、木耳之用。

生态农业示范区：人工创造小型的生态系统，如水池生态系统，池中装饰假山、繁殖多种水生动植物。水生植物中要有沉水植物、浮水植物和挺水植物。假山脚下可饲养两栖动物、爬行动物，各种生物间要构成合理的食物链和食物网。本区主要用于生态知识教学，平时还可供师生观赏。

实验区：可栽培粮食作物、经济作物和蔬菜，进行高产实验、杂交实验、各种无机盐对植物生长的影响等实验，各项实验都要设置对照区。

温室：可用来育苗、栽培蔬菜和花卉以及进行苗木的无性繁殖等。条件较差的学校可建造成本低的塑料薄膜温室，条件好的学校可建造玻璃结构的温室。

绿色教室：由藤本植物构成四周绿色的篱笆和上部绿色的屋顶，内设桌凳和黑板等简单的教学设备，供园地上课和科技活动使用。

（2）“生物园”的管理。“生物园”是露天场所，比起生物学实验室和“生物培养基地”，管理上有一定的难度，要调动领导、教师、学生三方面的积极性才能管好、用好“生物园”。

建立领导小组：“生物园”的工作涉及许多方面，因此要有一名校领导担任组长；一名经验丰富、组织能力强的教师担任副组长，负责具体工作；所有的生物学教师都应该作为领导小组的成员。另设一名专职工人，负责日常的劳动和管理。

制订工作计划：每学年开始，园地工作领导小组要开会制订“生物园”教学和科研计划，列出工作日程表，使种植工作不误农时和教学，教学和科技活动做到充分准备，做到课堂教学、园地实习、课外活动统筹安排。园地各区分工管理，在园地领导小组的统一领导下，组织学生参与管理，如果实验园地面积较大，可按年级或班级分区管理，定期轮换；面积较小时，可由课外科技小组成员分工管理。全体学生根据教学计划，在任课教师指导下，在各区轮流实习和操作。

“生物园”的使用：“生物园”作为生物学实验室的补充资源，在实验教学尤其是一些课外活动中会经常用到，为了能够使生物学实验能更好地为教学服务，在使用时应该注意以下事项。

①爱护“生物园”中的资源。“生物园”中的资源，无论是动物、植物，还是实验用地的环境，都是需要使用者精心爱护的。教师在教学活动之前应申明注意事项，也可以建立相应的监督机制，引导学生自觉地保护“生物园”中的各种资源，防止不正当的破坏，保证“生物园”功能的正常发挥。

②保持资源的可持续性。“生物园”的资源大多是人为建设的，如植物、动物等材料，都需要在使用后及时的补充，才能保证实验园地的可持续发展。可以由专职的管理人员负责各种材料的购买或配置，教师也应该在使用的过程中提醒并组织学生做好各种实验材料的育种和繁殖工作，避免过度使用带来的资源枯竭。

③提高使用效率。一些学校虽有“生物园”，却疏于管理，利用率不高，使“生物园”

没有发挥应有的作用。所以，教师在生物学实验教学设计的过程中，应注意整合各种资源，合理安排时间让学生进行自主探索，充分利用好学校的“生物园”。

3. 校外的“中学生物学室外实践场所”的规划建设

校外的“中学生物学室外实践场所”的规划建设思路，还可以按照建立“校外教育协同合作实践基地”的方式，对学生进行综合实践技能的训练，具体如下所示。

(1)与自然保护区、旅游风景区、革命老区、红色根据地、少数民族地区等合作，建立起“校外教育协同合作实践基地”，进行旅游生态的考察，自然风光的欣赏，名山、名川、名寺庙的调查、参观、考察，自然保护区的特点和综合考察，不同生态类型的调查(如衬托不同城市物征的市花、市树的调查)，掩隐在特色民居中的生物因子分析，赏析古老村舍的原始风貌，古遗址、古建筑、名花、古树、古植物明细的调查，民族地区特色的生物学实验课程资源的收集与调查等(徐作英，2004)。

(2)与动物园、动物养殖基地、植物园、园林花卉种植繁殖基地、花卉市场等合作建立“校外教育协同合作实践基地”。动物园、动物养殖基地、植物园、园林花卉种植繁殖基地内生物种类繁多、集中、形形色色，不仅是学生认识动物、植物的最佳选择，也是校外考察有利的实践教学资源。此外，还可以充分利用这些动物、植物资源，展开对动物资源的调查与植物资源的调查以及生态系统调查，如对人类采集利用的原料植物、经济植物、珍贵品系、奇花异草、食用植物资源、药用植物资源、工业用植物资源和防护改造环境植物资源以及植物种质资源的调查等；对当地养殖的各种类型动物、常见的昆虫、鸟类、哺乳类、两栖类、爬行类等野生动物行为和生活习性的综合观察与调查，进行归类总结，列出当地动物资源的明细；对植物生态进行考察，包括植物生态类型观察，植物物候的观测和植物种群、群落的考察等。

(3)与当地环保部门、园林局等机构建立起“校外教育协同合作实践基地”。可以开展环境污染调查，包括大气污染调查、水体污染调查、土壤污染调查、噪声污染调查和热污染、光污染、化学污染、基因工程生物带来的“基因污染”等的调查和分析。

(4)与周围农村建立起“校外教育协同合作实践基地”。可以进行农业系统的调查，包括当地农业结构的组成、传统农业的主要组成成分因子的调查、农业空间结构调查、特色农业调查、经济农业调查和考察，还包括对传统农业、本土化农业生产方式和劳作方式的调查和分析。

(5)与当地医院、防疫站等机构建立起“校外教育协同合作实践基地”。进行流行病、传染病的调查，如对当前流行病、传染病的种类调查；传播途径和传染源的调查；流行病、传染病病史的相关信息资料收集等，写出调查报告，提出合理建议。

(6)与当地居委会、当地社区建立起“校外教育协同合作实践基地”。针对各学校和学生不同的情况，进行对家乡或对社区的民风习俗、居住人员中的生物学科人才的归类统计、特色产品的种类调查、商品的加工工艺过程特点分析、当地居民主食品的营养成分分析等，从而激发学生热爱家乡、热爱社区的热情，培养学生的社会责任感。

1.1.1.3 中学生物学实验室场地的规划与建设

1. 设置“生物学数码互动实验室”

“生物学数码互动实验室”是将中学生物学实验中经常使用的仪器如光学显微镜、解剖镜等与信息技术整合，将传统中学生物学实验室进行改造或重新建设成为新型生物学实验室。

“生物学数码互动实验室”建设的基本原理就是将多台数码光学显微镜连接成局域网，以方便图像传输与共享(彭安等，2003)。主要由以下几部分组成：计算机教师终端、计算机学生终端、多台数码光学显微镜联网、多台数码解剖镜联网、智能集中控制系统、线路连接机、投影机、实物投影仪、计算机屏幕等。整套设备最显著的特征便是“互动”，既可以通过计算机荧屏，也可以通过投影实现教师与学生之间“点对点”“点对面”的图像传输、讨论与讲解指导；或者进行学生与学生之间“点对点”“点对面”的图像传输、讨论与交流学习。“生物学数码互动实验室”与传统生物学实验室相比，其潜在功能和作用以及实用远景远远不止“互动”二字，有待于教师的不断摸索和研究，从而尽力彰显出“生物学数码互动实验室”的特有魅力与拓展出更多的使用功能。

案例

“生物学数码互动实验室”实验教学案例赏析①

以洋葱根尖有丝分裂实验教学为例(具体实验步骤略)，分析得出了“生物学数码互动实验室”实验教学的以下优势。

1. 及时关注，互动交流

当学生在观察中找不到洋葱根尖或者找不到洋葱根尖有丝分裂所需时期的分裂图像时，可以点击自己计算机桌面上的电子举手按钮，教师就能通过“生物学数码互动实验室”的计算机屏幕发现该学生的电子举手，随即可打开该学生的光学显微镜观察画面，与其单独进行讨论。这样就可非常方便、及时地实现教师和学生之间“点对点”的图像传输和讲解指导。如果大多数学生在观察装片时遇到相同问题，教师可以利用投影屏幕把问题集中到一起进行解答，从而实现教师和学生之间“点对面”的图像传输、讨论与讲解指导。

与此同时，学生之间也可以通过投影屏幕互相看到对方所观察到的有丝分裂图像的不同时期，及时地进行互动交流学习，从而可以实现学生与学生之间“点对点”“点对面”的图像传输、讨论与交流学习。

2. 分工协作，互助双赢

在观察洋葱根尖装片的过程中，学生可以互相观察对方的有丝分裂图像，从而实现学生与学生的合作交流。把学生分成几个小组，每个小组根据学生的特点与能力又分为总结者、记录者、检查者、观察者等角色。检查者是本小组观察操作能力最强的学生，如果其他的组员观察不到根尖有丝分裂各个时期的图像，就由他先来帮助指导解决；记录者是计算机操作能力较强的学生，他负责让每个组员建立起自己的“实验电子档案袋”；总结者

① 改编自：林子杰和靳琰(2006)。

是交流能力强的学生，他负责与教师进行沟通，并向教师和全班学生汇报本小组的实验成果。“生物学数码互动实验室”为促进学生全面合作互助提供了支撑条件的优化载体。

3. 适时记录，成果共享

教师指导学生运用显微摄影设备记录自己的有丝分裂图像或视频，建立自己的“实验电子档案袋”。并且，教师可以把学生较好的实验成果和实验反思展示出来，以促进学生学习的积极性；同时对于评价学生实验水平以及实验成果也更为清晰、直观，对于学生操作中的方方面面都可以进行考核，以利于更加全面地评价学生的实验水平。

4. 诱发思考，促进探究

在观察洋葱根尖细胞有丝分裂实验中，通常采用洋葱根尖作为实验材料，有了“生物学数码互动实验室”提供的来源于平时实验成果中的“实验电子档案袋”，就可以让有兴趣的学生在课后选取自己认为合适的材料，把“实验电子档案袋”里的记录与其他实验材料记录相对比。而在实验过程中出现的问题，学生也可以通过显微摄影暂时记录到“实验电子档案袋”中，实验后再进行反思。这对于训练学生的发展性思维，帮助他们建立起完整缜密的知识结构、促进学生拓展创新思维等都有重要意义。

5. 省时省力，提高效率

当学生观察洋葱根尖细胞有丝分裂图像时，教师坐在自己的计算机屏幕前就可以观察到每一位学生的显微观察图像，并且针对学生的观察能及时准确地进行指导，杜绝了学生盲目观察、胡乱应付的个别现象的出现。教师也可以针对不同学生实验学习的差异情况进行“一对一人”“一对多人”的因材施教与差异指导，从而提高实验课的效率。

【小结】：通过以上介绍，不难看出“生物学数码互动实验室”有利于师生、学生之间信息的及时互动交流和信息反馈，有利于激发学生的参与热情，更好地培养学生的生物学科学素养；同时方便了教师对全班同学实验教学的管理指导与信息资源调动；随机建立的“实验电子档案袋”真实再现了学生全面实验水平与成果。所以，“生物学数码互动实验室”更高效地促进了实验的管理指导和师生的共同反思以及实验效果的在线评价。

2. 建立“模拟演示生物学实验室”

“模拟演示生物学实验室”是以计算机为主要载体，并利用信息技术的整合手段进行的生物学实验室的模拟(田玉美，2005)。模拟演示生物学实验室的建立，首先需要规划、进行系列软件开发、针对适于进行“模拟演示实验”的中学生物学实验内容进行资料与素材的收集与处理、并进行个别化地单独整合设计等相关的前期准备工作。下面，将“模拟演示生物学实验室”作简单介绍。

1)“模拟演示生物学实验室”功能简介

“模拟演示生物学实验室”提供了完全图像化的可视界面，模拟实验室内的场地、环境、仪器、药品、装置和现实生物学实验室内的非常相似，学生在“模拟演示生物学实验室”中即可完成指定的实验。

与实际动手实验相比，“模拟演示生物学实验室”具有如下一些优势：操作简单(只需鼠标点击、拖曳)；实验场地可以模拟(如必须在大田中进行的植物杂交实验，在室外进行的扦插、嫁接、压条等的模拟)；实验时间可以大大缩短；可以N次操作；可以联网多人同时操作，还可互相观摩、讨论、交流；特别对完成一些有毒、有放射性、易燃易爆等危险实验，对不易取得、不允许采摘的生物样品的实验，对因时空跨度、距离跨度而进行不了的“生物学史”的“思想实验”尤其具有特殊意义；还可利用信息技术媒体的各种优势进行图像、声音的整合，将其更加生动形象化的装饰和美化。以计算机作为主要载体的“模拟演示生物学实验室”的显示操作界面见图 1.1。

图 1.1 “模拟演示生物学实验室”主操作界面图

2)“模拟演示生物学实验室”操作简介

(1)点击桌面上的“模拟演示生物学实验室”图标，进入“模拟演示生物学实验室”。

(2)熟悉实验装置：将鼠标箭头放在任一实验的任何设施装置上，停留一会儿，就会出现其名称。在装置上点击右键可查看其相关使用与功能简介。

(3)获得帮助：点击菜单，选择帮助(或直接按 F1)，进入帮助窗口后，点击“模拟演示实验室的特色”，这里有详细的仪器操作、药品使用以及实验方法的介绍。

(4)做实验：点击菜单，再点击实验，弹出“选择实验类型与内容”对话框。点击“实验类型”下小箭头，将显示所有设计的中学生物学模拟演示实验类型。选择一个实验后，点击确定，弹出实验步骤窗口，点击图标：“>>”或“<<”就可根据其引导显示上一步骤或下一步骤的实验内容，直到完成所有实验。再点击“退出”即可结束实验。

1.1.2 中学生物学实验环境的规划与建设

1.1.2.1 中学生物学实验环境的常规规划与建设

中学生物学实验环境应当是以实验室宽敞明亮、环境整洁，设施先进齐全、实验环境安全为基本内容而进行设计与规划的，具体包括：实验环境的装饰装修规划、空间场地规划、实验常用模型-标本-资料-软件的展区规划、电力供应规划、照明规划、用水规划、污水/污物排放规划、实验环境的安全规划等。

此处，着重谈谈实验环境的安全规划。中学生物学实验环境的安全规划应从以下方面进行考虑与规划。

(1)首先，进行中学生物学实验的危险情况梳理。在中学生物学实验中，可能产生的危险情况有如下内容：一是实验试剂、溶液的配制与培养基的制备中的危险度评估，如酸液兑制中的酸中毒、培养基制备时的热烫伤等；二是实验使用器材与实验使用药品的危险度评估，如加热的安全性、用水与用电的安全性、玻璃制品使用中的安全性、高压灭菌中的危险、药品的污染与中毒等；三是操作方法上的危险度评估，如植物徒手切片中的危险、生物种群样方测量中的摔伤等；四是实验内容与实验材料中的危险度评估，如微生物的感染与致病性、实验动物的伤害、实验材料造成的过敏性和毒性；五是废物处理中的危险度评估，如实验的废水、废气、废物的污染等。

(2)其次，根据对中学生物学实验中的情况梳理进行危险度评估，确定实验安全水平的等级。一般来讲，中学生物学实验内容属于自然科学中的基础实验范畴，其实验安全水平的等级为一级和二级(中华人民共和国卫生部，2004)，实验安全水平一级、实验安全水平二级的相关情况见表 1.1。

表 1.1　实验安全水平一级、二级相关情况总结

实验安全水平等级	实验安全水平一级	实验安全水平二级
危险度等级	危险度一级： 无或极低地造成对人的个体和群体危险	危险度二级： 中度地造成对人的个体危险，低度地造成对人的群体危险
实验内容范围	初中、高中生物学实验的教学、研究	初中、高中生物学实验的教学、研究
实验室安全防护措施	一般不需要对实验室进行特别隔离处理，实验室开放，适度进行个体与群体防护措施	适度地对实验室进行隔离处理，实验室适度开放，适度进行个体与群体防护措施

(3)再次，进行安全防范措施的具体规划建设。①建立健全实验安全防范制度。如实验安全规范操作制度；药品使用安全制度；“三废”的处理制度；突发事件(如水灾、火灾、触电、中毒、空袭、地震等)的应急预案等。②制定安全防范培训的策略与规划建设。对所有进入实验室的人员进行有计划地、有实效地实验安全意识、安全操作、安全防范的教育与培训。③进行实验室安全设施与功能分区规划建设。如实验室地面的防滑处理；实验室的通风设计与适当的通风系统的设置；适量消防器材的合理放置与消防系统的规划；安全消防通道的明显指示标志与畅通保障的规划；实验室的电源线路与电器设备均应按照国家电气设备安全技术规范进行规划；对易燃、易爆、有毒化学物质的登记、安全贮藏、安全使用与明显警示的规划；“三废”物质的专门区域规划与处理等(中华人民共和国国家质量监督检验检疫总局和中国国家标准化管理委员会，2005)。④进行个体防护的规划建设。如：配备工作服、手套、防护镜、防护口罩与面罩、肥皂与毛巾等；配备适当的实验工具，如实验剪刀、镊子、解剖针、放大镜等；配备医用急救箱(其中，包括常用的消毒与急救用具以及药品，以用于临时的紧急处理)等。

1.1.2.2　中学生物学实验环境的创新规划与建设

为了更好地体现“以人为本”的原则，便于师生互动、观摩、交流、高效地进行实验，各个学校可以根据其具体情况进行中学生物学实验环境氛围创新、独到地设计。以下就中学生物学实验环境氛围的创新设计提出一些参考性的建议。以下“讨论沙龙室”可与“饮水休息室”规划在一起，进行合理安排和布局。

(1)进行圆桌式、半圆式或小组式实验台的安放，以利于“师－生”、“生－生”观摩、讨论、交流。

(2)充分利用实验室的门廊、窗台边上等空间，摆放和养殖实验常用的植物和乖巧的小动物，营造实验氛围，美化实验环境。

(3)将实验教学所用的挂图、名家名言、科学家生平、生物学上取得的重大成就、学生实验成果等，作为营造实验室环境氛围的素材，对中学生进行潜移默化地熏陶感染。

(4)“讨论沙龙室”的规划：里面可布置办公桌、扶手椅等，并存放实验工具书、实验参考书、学科相关书籍与资料，还另设有1～2台计算机用于上网进行与实验有关的资料查询，以便于师生之间、学生之间展开实验的讨论与交流。

(5)“饮水休息室”的布局：建议考虑在实验工作区外设置饮水与休息的场地，里面可配置沙发、饮水机、饮水杯等。

(6)设置“实验室指南”向导牌。实验室是师生做实验、讨论、交流、研究的场所，以实验室指南作为向导，主要告知师生一些实验相关的事情。总的来讲，实验室指南里包括的内容应该是：作为教师不想一遍又一遍赘述给大家听的、而又常常在实验中经常涉及的那些琐屑内容；还有能使实验室功能更加强大、便于师生更好地实验和研究的条文规定。具体来讲，其内容条款应当是：实验室开关的时间安排；实验室进出口位置、楼梯间与卫生间的导向；实验室各功能区域简易图；危险区域的警示；消防器材、消防工具的指示；火警、急救等电话号码陈列；实验教师与实验室管理人员的“配备人事图”；实验教师与实验室管理人员的联系方式与电话号码；实验开展的常规工作流程；精密仪器的一般操作引导；实验室常用试剂配方；实验室公用资料使用导引等。

为了让“实验室指南”特别有用，必须随着实验的进展和实验内容的不同而时时进行更新。为了方便更新，建议采用固定式的“告示牌”与变化式的“电子板”相结合的方式进行规划与设置。

1.1.3 中学生物学实验课程的仪器与药品的规划与建设

1.1.3.1 中学生物学实验仪器的配备

1. 中学生物学常规实验仪器的配备

中学生物学新课程倡导探究性学习，力图促进学生学习方式的变革，引导学生主动参与探究过程、勤于动手和动脑，逐步培养学生搜集和处理科学信息的能力、获取新知识的能力、批判性思维的能力、分析和解决问题的能力以及交流与合作的能力。因此，在初中、高中生物学新课程中增加了不少探究实验的内容。其中，有些实验除了需要常规的仪器设备条件以外，还需要增设教师以往不太熟悉的现代生物学实验技术条件、试剂与仪器，这对学校和教师都提出了新的要求。

为了配合中学生物学新课程的实施，从仪器配备和实验技术的需求出发，建议实验室常用实验仪器的配备主要有以下内容：光学显微镜、体视光学显微镜、切片机、烘箱、冰箱、标本冷藏柜、超净工作台、微生物培养箱、电泳仪、离心机、分光光度计、PCR仪、电子分析天平　纯水制备系统、消毒灭菌系统、酸度计、操作盘、载玻片、盖玻片、包埋盒、玻片盒、常用实验用具盒等仪器设备。

2. “生物学显微数码互动实验室”的配备

生物学实验教学的每一次进步都离不开实验设备的更新与演替。有条件的学校可以将光学显微镜与信息技术、网络技术结合而成为“生物学显微数码互动实验室”。与传统生物学实验教学相比较，在“生物学显微数码互动实验室”中进行生物学实验教学有利于师生之间的及时互动与反馈，更有利于激发学生的参与热情和培养学生的生物科学素养。

“生物学显微数码互动实验室”的配备包括：数码光学显微镜、计算机智能集中控制系统、线路连接机、投影仪、屏幕等。

3. “网络化智能型生物学实验室”的配备

生物学实验室的网络化智能性直接体现在实验室现代化水平的配备上，即在生物学实验室中装备了先进的信息通讯设施，实现生物学实验仪器与计算机网络化的整合，这是当前生物学实验室发展的一个明显趋势。而“网络化智能型生物学实验室”包括以下具体仪器清单：网络化实验室服务器、计算机若干、实物投影仪、投影机、录像机、功率放大器、DVD、音响设备、常用实验应用软件系列、投影幕布、幻灯机、录像机打印机、复印机等，以利于使用网络化智能型实验手段达成生物学实验教学的目标。

4. 中学生物学实验常用仪器简介

1)光学显微镜

光学显微镜(通常简称为“显微镜”)是一种利用光学原理进行微观观察的光学仪器，广泛应用于生物学实验中。根据显微镜的功能用途不同，其可以分为普通生物显微镜(图1.2)、暗视野显微镜、相差显微镜、偏光显微镜、倒置显微镜等。将传统的显微镜与摄像系统、显示器或者计算机相结合，统称为“电脑型显微镜”(图1.3)。“电脑型显微镜”带有摄影、摄像与多个操作接口，并配置生物图像检测与分析系列软件，将整个实验室中显微镜联网使用，从而实现生物图像采集、图像信息分析、细胞图像分析、电泳凝胶分析、生物芯片分析、染色体核型分析、生物组织细胞分析、DNA分析等。显微镜就可成为摄影显微镜、示教显微镜、图像分析显微镜、视频显微镜等，从而实现了显微观察的智能化、人性化的目的。

2)体视显微镜

体视显微镜是利用进入两眼的光各来自一个独立的路径，这两个路径中间只夹有一个小小的角度，因此在观察时，样品可以呈现出立体的样貌，从而可以实现对透明、半透明、不透明生物体或样本局部的立体观察与解剖分析。常用于实验教学示范，生物观察与解剖分析的常规生物学实验中，见图1.4。

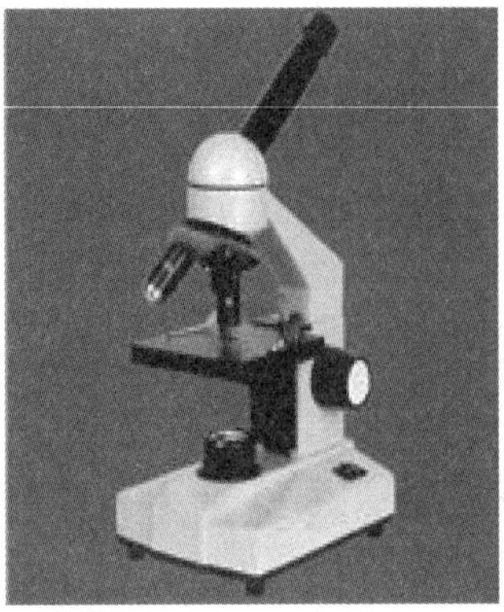

图 1.2 普通显微镜

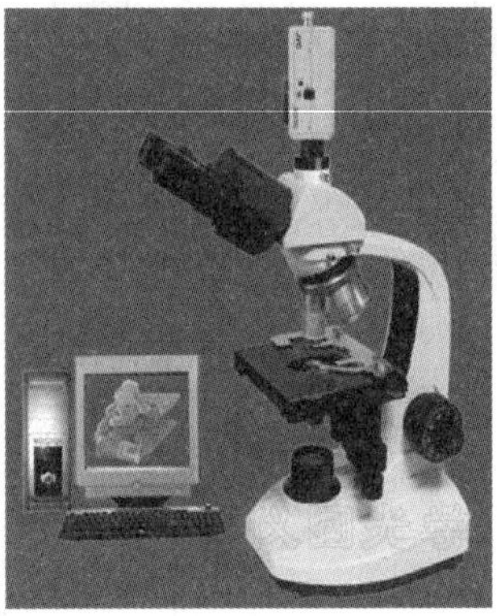

图 1.3 电脑型显微镜

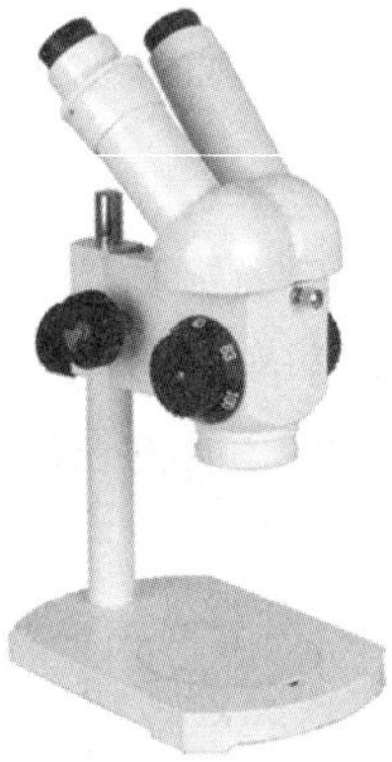

图 1.4 体视显微镜

3)生物切片机

生物切片机可以将新鲜的或固定的动物、植物组织材料均匀地切割成薄片，置放于显微镜下进行观察，见图 1.5。

4)PCR 仪

PCR 仪又称“基因扩增仪”，是为 PCR 核酸扩增技术所设计的自动化仪器。PCR 仪的工作原理是通过变性、退火、延伸三个循环步骤，使目标 DNA 片段成指数扩增。因此，PCR 系统是一个极其灵敏的信号放大系统，能将极微弱、甚至是单拷贝的基因信号检测出来并进行扩增。PCR 仪大大简化了基因克隆的步骤，它操作简便，结果准确可靠，已广泛应用于生物学研究的各个领域，包括：基因表达分析，基因突变检测的基础研究，细菌、病毒等致病微生物的临床诊断检测，食品卫生检疫，海关检疫工作等，见图 1.6。

图 1.5 生物切片机

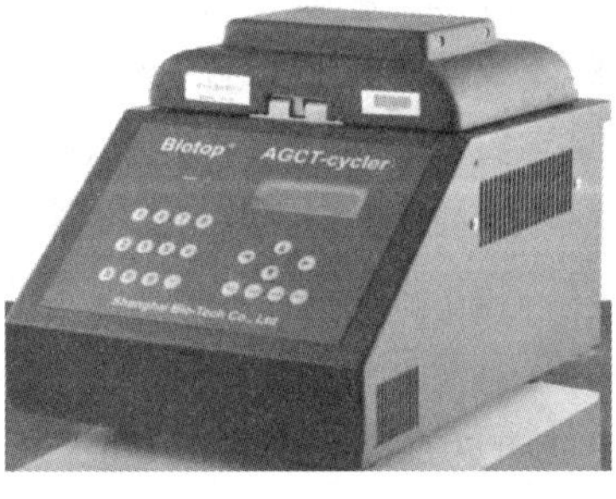

图 1.6 PCR 仪

5)“网络化智能型生物学实验室”

“网络化智能型生物学实验室”是充分利用网络技术作为载体，建立起生物学实验室局域网，将与实验相关的信息直接发布在生物学实验局域网上，便于学生及时了解实验课程的进度与规划安排，提前预习相关实验内容，了解有关实验的背景知识点，方便查找和收集实验相关信息与资料，自主或合作进行预实验和实验。这样，学生就可以在自己方便的时候自主进行实验，从而可以解决一个教师面对多个学生无法一一指导到位的困难；对一些验证性实验，还可以充分利用网络化智能型的技术媒体的强大信息支撑和计算机仿真功能，结合CAI课件、视频、PPT幻灯片、录像、实物投影展示等开展形式多样的形象实验教学，起到生动、形象以及规范化的实验教学效果；还可穿插播放一些供观摩学习的实验教学片断，这样既有利于规范学生的基本操作，也尽量避免、消除、纠正、减弱了因教师对学生要求的不一致，或因实验的环境、实验误差而带来的实验效能不一致的影响；同时，还可将那些因为试剂价格昂贵或试剂剧毒不宜在实验室完成的，或因为时间、空间、条件、环境而不能在实验室实施的，以及有些还不易重复的实验展现给学生，是实验教学的重要补充和延伸。

因为“网络化智能型生物学实验室”具有鲜明的个体化、交互性、智能化、数字化和网络化的特点，充分体现了实验教学观念的与时俱进与教学思想和教学理论的发展，促进了实验教学手段现代化，强化了学生实验设计和操作技能的提高以及教师实验教学的优化，所以成为了当前实验室建设中的一种发展趋势，具有极强的生命力，引领着当前实验室建设的潮流。“网络化智能型生物学实验室”由以下系统构成。

(1)图像系统。“网络化智能型生物学实验室”的图像系统包括Motic Processer和Motic Multiplexer专业图像处理硬件，可以保证MOTIC数码显微互动教室有高品质图像。一台Motic Multiplexer能实现显微镜图像的合并或切换，可接入多路画面，用户可选择配置多台显微镜。Motic Processer是计算机与Motic Multiplexer间的接口，可管理Motic Multiplexer，所有的控制指令和图像数据都通过Motic Processer传输。计算机通过Motic Processer控制Motic Multiplexer的工作方式，实现显微镜画面的分组显示与单显示，Motic Multiplexer输出的图像经Motic Processer处理后输入计算机，利用Motic数码显微互动教室软件，可以实现显微镜画面选择、图像处理、图像分析、测量等功能。

(2)语音问答系统。“网络化智能型生物学实验室”的语音问答系统可实现教师与学生间的双向沟通。学生借助Motic Digiral Class的语音问答系统向教师提出问题，教师选择通话模式与学生交流。通话方式主要有如下四种。①全通话模式：教师利用耳麦讲话，全体学生均用耳机收听，但不能发言。②学生示范模式：教师选择1～6位学生对话，所有学生都可听到谈话内容，但其他学生不可发言。③师生对讲模式：教师可与学生进行一对一对话，只有被选择的学生才可以收听和发言。④分组练习模式：学生分组，组内学生可互相通话，教师也可随时加入。

(3)数码显微镜系统。“网络化智能型生物学实验室”的数码显微镜系统中，教师、学生用的显微镜与内置数码的MOTIC摄像系统结合，选择高分辨率的CCD晶片和数字处理器晶片，分辨率高，并保证大量数据高清晰图像的快速传输。

MOTIC显微镜还安装了MOTIC独创的显微镜LED光标箭头指针系统，光标能在观察范围内任意移动，用以指示学生；光标还设有亮度调节旋钮，能满足从低倍到高倍观察的不同需要。参与讨论的双方可用光标箭头作为指示，使讨论内容一目了然，沟通起来更加方便。

(4)计算机系统。“网络化智能型生物学实验室”的计算机系统包括：Motic Digital Class1.1、Motic lmages Advanced 3.1，以及图像显示、捕捉和放大，学生端和教师端图像的平衡，图像除噪，学生端和教师端图像增加动态红、蓝、灰、绿和反转滤色片，双向语音问答功能，多种图像处理功能，测量功能，生成打印报表功能等以及实现图片的远程共享和远程教学。

“网络化智能型生物学实验室”的计算机系统还可以安装其他的网络教室软件，教师通过网络教室软件授课，既能体现学生的主体地位，又能实现教师的主导作用，达到教学和信息技术的深度整合。任何网络教室软件都具有演示、观察和辅导学生操作、远程控制等基本功能，对生物学实验具有很大帮助。

(5)数码显微网络互动教学系统。“网络化智能型生物学实验室”的数码显微网络互动教学系统具有清晰真实的音频视频效果和丰富的交互手段，通过高品质数码生物显微镜和多媒体音视频服务器，实现了师生之间的互动。教师通过计算机可以看到课堂上每个学生在显微镜下所观察到的实时标本画面，及时发现实验室中存在的问题并指导学生改正；学生也可以通过网络互动语音提问系统向教师请求帮助并通过显微镜的示教指针与教师交流讨论，真正使教和学的沟通更直观有效。

(6)实验课程开展的“网上学习系统”。“网络化智能型生物学实验室”的“网上学习系统”将实验大纲和实验计划、实验目标、实验原理、实验内容、实验程序、常规生物学实验方法、常用实验仪器操作技术在网上呈现，将实验中常见疑难问题的自助解决办法、实验报告模板等进行简单介绍。

(7)“实验信息资源系统”。“网络化智能型生物学实验室”的“实验信息资源系统”将实验教学录像片、演示实验的多媒体课件、常用实验数据处理分析软件、本学科实验发展历史与动态趋势等实验课程资源整合在“实验信息资源系统库模块”中。

通过“网络化智能型生物学实验室”的实验载体，将艺术地对实验教学内容进行静态与动态的、平面与立体的、宏观与微观的、实物与模拟的、多层次与多侧面的嫁接与展示；把实验内容制作成图、文、声、像一体化的多媒体生物学实验教学课件或视频，友好地展现在中学生面前。其能极大地丰富中学生物学实验教学内容，实现资源共享；方便学生进行实验预习、进行自主独立实验或合作实验以及创新实验的开展、进行实验自我检测；实现“师一生”“生一生”“人一网”的互动观摩交流；方便了教师进行实验的指导与管理，从而形成了系统性、渐进性的：“演示实验课→基础技能训练实验课→验证实验课→探究式实验课→综合设计性实验课→课外自主专题研究性实验课”不同层次的中学生物学实验体系，形成了“师生共同参加与学生自主实施”相结合的实验架构，极大地促进了实验教学质量的提高，见图1.7。

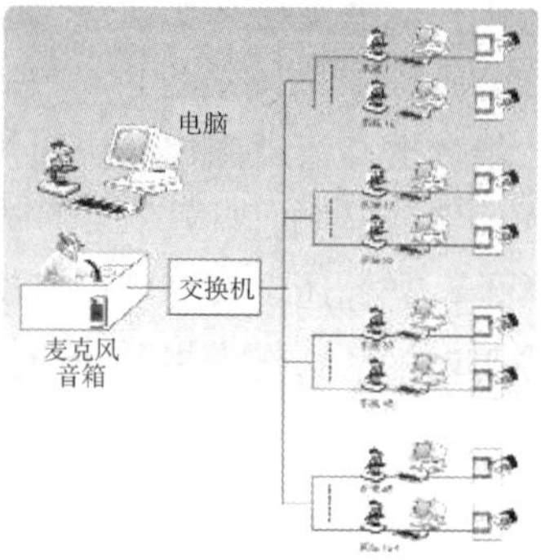

图1.7 “网络化智能型生物学实验室”

1.1.3.2　实验常用化学药品与试剂配制

在中学生物学实验中经常使用化学药品与试剂来对生物材料进行处理和染色，有利于实验现象更加明显。

1. 实验常用化学药品与试剂简介

化学药品与试剂种类繁多，分类的标准不尽相同，下面对中学生物学实验中常用的化学药品与试剂的分类以及规格标准进行简要介绍。化学药品与试剂分为：一般试剂、标准试剂、高纯试剂和专用试剂四种(徐作英等，2005)。

(1)一般试剂是实验室中最普遍使用的试剂，其规格标准是以其中所含杂质的多少来划分，包括一、二、三、四级试剂。一般试剂的规格和适用范围见表 1.2。

表 1.2　一般实验试剂的规格和适用范围①

等级	规格符号	规格符号的中文名、原文名	标签颜色	实验适用范围
一级	G. R.	优级纯、保证试剂 Guaranteed Reagent	绿	精密实验
二级	A. R.	分析纯、分析试剂 Analytical Reagent	红	一般实验
三级	C. P.	化学纯 Chemical Pure	蓝	一般实验
四级	L. R.	实验试剂 Laboratory Reagent	黄色	一般实验

(2)标准试剂是用于衡量其他待测物质化学量的标准物质，习惯称其为基准试剂。标准试剂的特点是试剂主体含量高而且准确可靠。我国规定容量分析的第一基准和容量分析工作基准，其主体含量分别为 100%±0.02%和 100%±0.05%。

(3)高纯试剂中的杂质含量低于基准试剂，其主体含量与优级纯试剂相当。

(4)专用试剂是指具有专门用途的试剂。例如，仪器分析专用试剂中有色谱分析标准试剂、薄层分析试剂、核磁共振分析用试剂、光谱纯试剂等。专用试剂主体含量较高，杂质含量更低。

2. 中学生物学实验中常用化学药品与试剂的配制

1)中学生物学实验中常用的化学药品的种类

中学生物学实验中经常使用的化学药品与试剂清单按照化学性质与用途划分如下：①酸类：甲酸、乙酸、正丙酸、丙酮酸、乳酸、硼酸、磷酸、盐酸、硫酸、硝酸等；②碱类：氢氧化钠、氢氧化钾、酒石酸钾钠等；③盐类：氯化钠、氯化钾、氯化铁、氯化镁、氯化钙、高锰酸钾、硝酸钾、硫酸铜、乙酸钠、碳酸钙、碳酸钠、柠檬酸钠、硫代硫酸钠、磷酸氢钾、磷酸二氢钾、磷酸氢钠、磷酸二氢钠、重铬酸钾、草酸铵等；④染料：醋酸洋红、地衣红、番红、伊红(曙红)、中性红、甲基红、石蕊、碱性品红、酚红、碘、碘化

① 引自：华中师范大学等(2004)。

钾、吡罗红甲基绿、固绿、孔雀绿、亚甲基蓝(美蓝、次甲基蓝、甲烯蓝)、健那绿、龙胆紫、结晶紫、苏木精、苏丹III或苏丹IV；⑤其他：甲醛、甲醇、二甲苯、丙酮、丙三醇、过氧化氢、石油醚、苯酚(石炭酸)、间苯三酚、亚铁氰化钾、甘油、石蜡、树胶、二氧化硅、葡萄糖、淀粉酶。

2)中学生物学实验中常用试剂的配制

中学生物学实验中经常使用的化学试剂按用途划分为：洗涤液(清洁剂)、常用试剂与溶液等。

(1)实验中常用洗涤液(清洁剂)的种类、配制与使用方法。实验中所使用的实验器皿清洁与否直接影响到实验结果。由于器皿的不清洁或被污染，往往造成较大的实验误差，甚至会出现相反的实验结果。因此，实验器皿的洗涤清洁工作是非常重要的。

①铬酸洗涤液：重铬酸钾-硫酸洗涤液(简称洗液或清洁液)可广泛用于实验器皿，特别适用于玻璃器皿的洗涤，洗涤效力高。常用的配制方法有以下4种：第1种，取100mL工业浓硫酸置于烧杯内，小心加热，然后慢慢地加入重铬酸钾粉末，边加边搅拌，待全部溶解后冷却，贮于带玻璃塞的细口瓶内即可；第2种，称取5g重铬酸钾粉末置于25mL烧杯中，加水5mL，尽量使其溶解后，再慢慢加入100mL浓硫酸，边加边搅拌，冷却后贮存备用即可；第3种，称取80g重铬酸钾，溶于100mL自来水中，慢慢加入工业浓硫酸1000mL，边加边搅拌即可；第4种，称取200g重铬酸钾，溶于500mL自来水中，慢慢加入工业浓硫酸500mL，边加边搅拌即可。

特别提醒：加入工业用浓硫酸时，注意要分多次、每次5～10mL逐渐缓慢地加入，以免发生高热，造成玻璃容器爆裂。铬酸洗液的腐蚀性极强，因此操作时要小心，勿使其沾染衣物和皮肤等。

②浓硫酸-硝酸钠洗涤液：由浓硫酸(化学纯)5.72mL、硝酸钠(化学纯)2g、蒸馏水94mL配制而成，洗涤效力高，操作时要小心。

③浓盐酸洗涤液(工业用浓盐酸)：用量筒量取浓盐酸2mL，沿玻璃棒倒入烧杯中，再加入水250mL，用玻璃棒慢慢搅动，使其混合均匀即可，可洗去水垢或某些无机盐沉淀，洗涤效力中。

④5%草酸洗涤液：称取3.0～3.3g草酸，加入250mL蒸馏水充分溶解即可。用于洗去高锰酸钾留下的痕迹，洗涤效力较弱。

⑤清洁剂：用70%乙醚和30%无水乙醇混合，装入滴瓶备用。用于擦拭显微镜镜头上油迹和污垢等(注意瓶口必须塞紧，以免挥发)。

上述洗涤液(清洁剂)可多次重复使用，但使用前必须将待洗涤的实验器皿先用水冲洗多次，除去肥皂液、去污粉或各种废液。若实验器皿上有凡士林或羊毛脂时，应先用软纸擦去，然后再用乙醇或乙醚擦净，否则会使洗涤液迅速失效，例如肥皂水、有机溶剂(乙醇、甲醛等)以及少量油污物均会使重铬酸钾-硫酸液变绿，降低其洗涤能力。当洗涤液重复使用多次后逐渐变成黑绿色时，说明其已氧化变质，则可妥善弃之，及时更换新的洗涤液。

(2)洗涤液(清洁剂)的使用：在用洗涤液(清洁剂)时，要视以下情况对各种实验器皿进行分别洗涤。

①初次使用的实验器皿的清洗。新购买的实验器皿表面常附着有其他物质，可先用肥

皂水(或去污粉)洗刷，再用自来水洗净，然后浸泡在1%～2%盐酸溶液中，过夜(不少于4h)，再用自来水冲洗，最后用蒸馏水冲洗2～3次，在100～130℃烘箱内烘干备用。

②重复使用后的实验器皿的清洗。在对重复使用后的实验器皿的清洗时，因不同的实验器皿的材质、用途的区别，所以要区别对待：a. 对一般实验器皿的清洗：如载玻片、盖玻片、试管、烧杯、锥形瓶等(包括量筒)，先用自来水洗刷至无污物，再选用大小合适的毛刷蘸取去污粉(掺入肥皂粉)刷洗或浸入肥皂水内。将器具内外，特别是器具内部，细心刷洗，用自来水冲洗干净后再用蒸馏水洗2～3次，烘干或倒置在清洁处，干后备用。凡洗净的实验器皿，不应在器壁上带有水珠，否则表示尚未洗干净，应再按上述方法重新洗涤。若发现内壁有难以去掉的污迹，应分别使用下述的洗涤剂予以重新洗刷，直到清除掉污迹。b. 对量器的清洗：如吸量管、滴定管、量瓶、研钵、实验盘等，使用后应立即浸泡于凉水中，勿使物质干涸，工作完毕后用流水冲洗，以除去附着的试剂和其他物质，晾干后浸泡在铬酸洗液中4～6h(或过夜)，再用自来水充分冲洗，最后用蒸馏水冲洗2～4次，风干备用。c. 对其他实验器皿的清洗：具有传染性样品的容器(如分子克隆后、病毒玷污过或生物体血液浸染过的容器)常规先进行高压灭菌或其他形式的消毒，再进行清洗。盛过各种毒品(特别是剧毒药品和放射性元素物质污染过的容器)必须经过专门处理，确定没有残余毒物存在时方可进行清洗，否则可考虑使用一次性容器。

(3)实验中常用试剂与溶液的种类、配制与使用方法。

①各级梯度酒精(脱水液兼作固定液)的配制。由于无水乙醇价格较高，中学生物学实验中常用三级化学纯(Chemical Pure)或四级实验试剂(Laboratory Reagent)的95%酒精配制。其配制方法很简便，即用95%的酒精加上一定量的蒸馏水即可(表1.3)。

表1.3　配制方法

配制酒精浓度/%	95%酒精用量/mL	加入蒸馏水量/mL
85	85	10
70	70	25
50	50	45
30	30	65

注：原浓度(95%)酒精－配制浓度＝所需蒸馏水量。

②各种固定液的种类、配制与使用方法。

F. A. A固定液(又称万能固定剂)：福尔马林(38%甲醛)5mL、冰醋酸5mL、70%酒精90mL混合。用于生物材料的固定。为了防止幼嫩材料收缩，可用50%酒精代替70%酒精；还可加入5mL甘油(丙三醇)以防水分蒸发和材料变硬，此液兼有保存剂的作用。

F. P. A固定液：福尔马林(38%甲醛)5mL、正丙酸5mL、70%酒精90mL混合配制而成，效果比F. A. A固定液好。

卡诺氏固定液：无水酒精3份，冰醋酸1份混合配制而成。材料经卡诺氏固定液固定后，用95%→85%酒精浸洗，最后转入70%酒精中保存备用。

甘油－酒精软化剂：甘油1份，50%或90%酒精1份混合配制而成，适用于生物材料的软化，生物材料经固定液固定后，可用此液隔水蒸煮24h，然后长期保存备用。

铬酸－硝酸离析液：铬酸为三氧化铬的水溶液，先将10mL铬酸加入90mL蒸馏水兑制成A液，再将10mL浓硝酸加入90mL蒸馏水兑制成B液，将上述A、B两液临时等量混合，适于对植物导管、管胞、纤维等木质化的组织进行解离时使用。

盐酸-酒精固定离析液：浓盐酸1份，95%酒精1份，等量混合备用。

③各类指示剂(染色剂)的种类、配制与使用方法。

中性红指示剂：中性红0.04g、95%乙醇28mL、蒸馏水72mL混合均匀(也可以取中性红0.1g溶于100mL蒸馏水中即可)，过滤待用。用于细胞中液泡的染色，还可鉴定细胞的死活。中性红pH6.8~8，颜色由红变黄，常用浓度为0.04%。

碘液指示剂(染色剂)：碘片1g、碘化钾2g、蒸馏水300mL加热溶解，充分混合均匀，过滤后放入具有毛玻璃塞的棕色玻璃瓶中，置于暗处保存待用。也可将医用碘酒稀释2~3倍后代用。碘液指示剂能将蛋白质染成黄色，还可用于淀粉的鉴定，如果用于淀粉的鉴定，应将以上配制的染色剂稀释3~5倍成为指示剂使用。如果用于观察淀粉粒上的轮纹，则需稀释100倍以上，观察才会更加清晰。

淀粉遇碘变蓝色的原理：淀粉是白色无定形粉末，由直链淀粉(占10%~30%)和支链淀粉(占70%~90%)组成。直链淀粉能溶于热水而不呈糊状，支链淀粉不溶于水，但一遇热水与之作用则膨胀而成糊状。其中溶于水中的直链淀粉，呈弯曲形式，并借分子内氢键卷曲成为中空的螺旋状分子，加入碘液后，其中碘分子便钻入螺旋之中的空隙处，并借助范德华力与直链淀粉联系在一起，从而形成络合物，这种络合物能比较均匀地吸收除蓝光以外的其他可见光(波长为400~750nm)，从而使淀粉变为深蓝色。

溴甲酚紫指示剂：溴甲酚紫0.04g，0.01mol/L的NaOH6.4mL，混合均匀，过滤待用。溴甲酚紫pH5.2~6.8，颜色由黄变紫，常用浓度为0.04%。

溴麝香草酚蓝指示剂：溴麝香草酚蓝0.04g、0.01mol/L的NaOH6.4mL、蒸馏水93.6mL，混合均匀，过滤待用。溴麝香草酚蓝pH6.0~7.6，颜色由黄变蓝，常用浓度为0.04%。

甲基红染色剂：甲基红0.04g、95%乙醇60mL、蒸馏水40mL，混合均匀，过滤待用。

铁醋酸洋红染色剂：取洋红1g、冰醋酸100mL、蒸馏水110mL，配制方法有以下3种。配法(1)：冰醋酸100mL加入110mL蒸馏水中煮沸，移去火苗后立即加入1g洋红，充分搅拌，迅速冷却并过滤，再加入数滴醋酸铁或氢氧化铁媒染剂的水溶液，至颜色变为红葡萄酒色即可。注意铁剂不要加得太多，否则洋红会发生沉淀。配法(2)：先将200mL 45%醋酸水溶液放入锥形瓶中煮沸，移去火苗，然后慢慢地分多次加入1g洋红粉末(注意不能一下倾入，以防溅沸伤人)，煮1~2min，再用棉线悬入一生锈的小铁钉，过1min后取出，或滴入4%的铁明矾液5~10滴，使染色剂略含铁质，以增进染色性能。过滤后，放棕色滴瓶中备用(避免阳光直射)。配法(3)：如无洋红可用胭脂红(胭脂红为同物异名)代替，还可用地衣红代替，配法同洋红，而且对于某些生物材料染色效果更好。

龙胆紫染色剂：取1g龙胆紫(或常以结晶紫、医用紫药水稀释5倍后代替)，溶于200mL蒸馏水中。

改良苯酚品红染色剂：改良苯酚品红染色剂是观察植物染色体时比较理想的染色剂，优点较多，使用方便。配法顺序如下：

母液A：取3g碱性品红溶于100mL 70%酒精中，此液可以长期保存。

母液B：取A液1mL加入90mL 5%苯酚(即石炭酸)水溶液中(2周内使用)。

母液 C：取 B 液 45mL 加入 6mL 的冰醋酸和 6mL 38%的甲醛(可长期保存)。

染色剂：取 C 液 10～20mL，加入 80～90mL 45%醋酸和 1.5g 山梨醇，放置 2 周后即可使用，染色效果显著，可普遍用于植物、动物组织的压片法和涂片法，2～3 年不变质。山梨醇为助渗剂，兼有稳定染色剂的作用。如果没有山梨醇，也能染色，但效果稍差。

番红染色剂：番红是一种碱性染料，可使木质化、栓质化和角质化的细胞壁以及细胞核中的染色质和染色体染成红色，在植物组织制片中常与固绿配合进行对染，是最常用的染剂之一。常用配方有下列两种：

番红水液：取 0.1g 番红，溶于 1000mL 蒸馏水中，过滤后备用。

番红酒液：取 0.5g 或 1g 番红，溶于 100mL 50%酒精中，过滤后，即可使用。

固绿染色剂：固绿是一种酸性染料，可使纤维素的细胞壁和细胞质染成绿色，在植物组织制片中常与番红配合进行对染，是最常用的染色剂之一。常见配方为固绿酒液：即取 0.1g 固绿溶于 100mL 95%酒精中，过滤后使用。

苏木精染色剂(指示剂)：苏木精是植物组织制片脂肪鉴定中常用的染色剂，它不单是很强的细胞核染料，而且可以分化出不同的颜色，配方很多，现仅举一种，即代氏苏木精。配制方法如下：

甲液：苏木精 1g，95%酒精 7～10mL；

乙液：铵明矾(硫酸铝铵)10g(饱和量)；

丙液：甘油 25mL，甲醇 25mL。

首先分别配制甲液、乙液，充分溶解后，将甲液一滴一滴加入乙液中，并不断摇动，放入广口瓶后，瓶口用纱布扎住，置于光线充足的地方，使其氧化一周以上，再加丙液，混合均匀，瓶口仍用纱布封住，继续充分氧化，直到颜色变成深紫黑色为止，再经过滤后密封瓶口，此液两个月后充分氧化成熟，染色力强，多年不坏。如果急用，可加少量过氧化氢促其氧化。使用时根据需要可将染液 1 份加入蒸馏水 3～5 份稀释，用稀释液染色后，分化更明显。

曙红(伊红或真曙红)染色剂：取曙红或真曙红 0.25g 溶于 95%100mL 酒精中。常与苏木精对染，能使细胞质染成浅红色，起衬染作用。

间苯三酚染色剂：取 5g 间苯三酚的白色粉末溶解于 95%酒精 100mL 中(注意溶液呈黄褐色即失效)。

④各类鉴定类试剂的种类、配制与使用方法。

双缩脲试剂：

取 10g NaOH 放入容量瓶(或有刻度的烧杯)中，加水至 100mL，待充分溶解后倒入试剂瓶中，配成质量浓度为 0.1g/mL 的氢氧化钠溶液，瓶口塞上胶塞，贴上标签，写上试剂 A。

取 1g 硫酸铜放入容量瓶(或有刻度的烧杯)中，加水至 100mL，待充分溶解后倒入试剂瓶中，配成质量浓度为 0.01g/mL 的硫酸铜溶液(蓝色)，瓶口塞上胶塞，贴上标签，写上试剂 B。

双缩脲试剂可与蛋白质发生作用，产生紫色反应，所以双缩脲试剂是鉴定蛋白质的常用试剂。

苏丹溶液：

苏丹Ⅲ溶液的配制：称取0.1g苏丹Ⅲ干粉，溶于100mL95%的酒精中，待全部溶解后再使用。

苏丹Ⅳ溶液的配制：称取0.1g苏丹Ⅳ干粉，溶于50mL丙酮中，再加入70%的酒精50mL，充分混合后即可使用。

苏丹溶液可以用作脂肪的鉴定试剂。脂肪被苏丹Ⅲ染液染成橘黄色，或被苏丹Ⅳ染液染成红色。脂肪被染色，实际上是苏丹染料被脂肪溶解吸附而呈现染料的颜色。当脂质在液态或半液态时，苏丹染料着色效果最好。

斐林试剂：

甲液：质量浓度为0.1g/mL的氢氧化钠溶液；

乙液：质量浓度为0.05g/mL的硫酸铜溶液。

将乙液4～5滴滴入2mL甲液中即成斐林试剂，使用时临时配制，配完后立即使用。

斐林试剂是作为鉴定还原糖(如葡萄糖、果糖)的常用试剂，还原糖与斐林试剂发生作用后，生成明显的砖红色沉淀。

⑤各类封固剂的种类、配制与使用方法。

树胶封固剂：

将固体的加拿大树胶或冷杉胶，溶解于二甲苯中，稀稠要适当(绝对不能混入水或酒精)，其是玻片标本最好的封固剂。现在已有成品树胶封固剂出售。

明胶粘贴剂：

配方：明胶1g，石炭酸(苯酚)2g，蒸馏水100mL，甘油15mL。

配法：先将蒸馏水加温至30～40℃，慢慢加入明胶，待全部溶解后，再加入2g苯酚和15mL甘油，搅拌至全溶为止，然后用纱布过滤，贮于瓶中备用。

1.2 中学生物学实验课程的规划与建设

根据初中、高中学段的人才培养目标的不同以及初中、高中学段生物学实验课程的要求差异，应作出中学生物学实验课程的长、中、短期规划与建设。

生物学的实验材料有时间性和季节性。时间性是指生物的生长、发育、繁殖不可能在短时间内完成，如种子萌发，不同种子在不同地区、不同温度下萌发的时间是不一样的，需要提前培养。有的实验过程很长，课内看不到实验结果，只能演示实验结果，如“探究植物在光下制造淀粉的实验”“茎对有机营养的输导”等实验，必须提前准备。季节性指的是实验材料必须在合适的季节采集，如“人间四月芳菲尽”过了季节，再想找到桃花、玉兰等材料就困难了，所以应当事先选择合适的材料进行采集和制作标本，也可以在对教科书体系没有大的影响前提下，调整教学进度或顺序，保证教学时有合适的实验材料。教师应该在实验开设前，作好实验教学计划的统筹安排。还有些实验、实习，如采集和制作动植物标本，观察动植物，还应当由学校统一安排，进行提前落实和联系。为了保证各年级生物学实验顺利进行，就必须由教研组统一安排，这也需要任课教师作好实验教学计划，只有做好了中学生物学实验课程的长、中、短期规划与建设，才能保证生物学教学质量，实现教学目标。

中学生物学实验课程的长、中、短期规划与建设，包括长期的学段实验课程规划与建设、中期的学年(学期)实验课程规划与建设、短期的学时(课时)实验课程规划与建设三种类型。

1.2.1　长期的学段实验课程规划与建设

对于基础教育中的生物学课程开设分为初中学段与高中学段，学段实验课程教学计划就是分别将初中学段、高中学段所开设的实验作出统筹规划，要开设哪些实验？什么时间开设？需要哪些条件？还应增加和补充什么实验内容、实验条件等？都要事先作好思考、安排与部署。

1.2.2　中期的学年(学期)实验课程规划与建设

编制学年(学期)实验课程教学计划的方法是：首先分析“课标”对实验的内容、要求都做了哪些明确的说明，对实验以及探究性课题的研究都提出了什么样的建议，这些都是教师在制定学年(学期)实验教学计划时的依据，也是保证实验教学高质量完成的基础。还要分析当地的气候、资源条件以及学生的实际情况，这也是教师编制学年(学期)实验教学计划的依据。其次，在教学计划中列出实验教学的内容清单。最后，将每次实验的内容、时间、实验活动的组织工作以及实验准备的内容、时间列于实验计划表中，使计划一目了然。编制学年(学期)实验课程教学计划设计见表1.4。

表1.4　学年(学期)实验课程教学计划设计表

周次	教学内容	实验内容	教学要求	准备内容

1.2.3　短期的学时(课时)实验课程规划与建设

1.2.3.1　实验课程课时教学计划的规划

具体到每一个实验，都要有实验课程课时教学计划，要设计好实验教学评价。与一般的教学设计相似，单个实验教学计划设计(以下简称实验教学设计)包括如下基本内容：①对教学内容、教学对象(学生)、实验教学资源进行细致分析，即实验教学设计的前端分析；②明确提出希望学生达到的教学目标以及确定学习的具体目标；③安排好帮助学生达成学习具体目标的各项活动(或称为教学策略)；④设计测量学生目标达成度的评价方法与工具；⑤根据每一个学习具体目标达成度以及学生对教学活动的态度对教学进行调整。

1.2.3.2 实验课程课时教学计划的编制

要写好实验课程课时教学计划之前，首先应深入分析教科书，明确实验目标，确定重点、难点，认真备课，方能写出实验课程课时教学计划。

(1)确定实验课程课时教学计划的重点和难点。重点是指生物学中最本质、最重要的基础知识和基本技能，是教学应达成的核心目标。难点是指大多数学生对某些基础知识和基本技能学习有困难的部分。一般来说，重点常常是难点，但难点不一定都是重点。

实验技能往往包括一连串的操作程序，每一步的失误都会影响实验结果，甚至使实验失败，因而一般都把某一完整的实验技能列为教学重点，尤其是学生新学习的技能。当一节课有两个新的技能时，则应以一个技能为重点。分析难点是首先要了解学生前期实验的情况与技能基础，才能比较准确地预计出这次实验将会发生的困难，以确定如何帮助学生克服困难。如加强演示、增加学生操作时间、变集中实验为分段实验、培养学生开展互帮互学等。只有明确了重点、难点，才能选择适当的教学方法，合理安排时间，以突出重点，解决难点，达到实验教学的目标。

(2)编写实验课程课时教学计划。实验课程课时教学计划又叫实验教案，其形式多样，但都应包括：课型、实验教学目标、实验材料、设备用具、药品、重点、难点、课前准备、课堂教学、小结与评价等，还要写出实验组织教学的方法、实验操作前的讲解内容以及实验要求、实验后的讨论题或思考题、巡视辅导中应主动关心的问题、实验报告的要求等。总之实验教案要充分体现学生的主体地位和教师的主导作用，并要根据学生实验操作中反馈的信息，围绕实验要求及时调整实验教学。

1.3 中学生物学实验课程资源的规划与建设

在进行实验前，实验教师与实验教辅人员应共同对所要开展的中学生物学实验课程资源进行规划与建设。

1.3.1 实验教学资料的准备

在进行中学生物学实验课程的资源准备过程中，教师应当首先为中学生选择或规划建设或设计实验指导用书、实验指导学案、实验报告册、实验习题本等材料，这是中学生在实验课程中的基础性与条件性课程资源。

1.3.2 实验辅助教具的准备

1.3.2.1 实验辅助教具的类型

为了使实验更好并高效地开展，除了实验教学资料的准备外，在有条件的学校，应尽可能地准备一些实验辅助教具。实验辅助教具的类型有：常规实验教学挂图、模具、模型、切片、玻片标本、动植物标本、允许采摘的生物材料等。

1.3.2.2　自制实验辅助教具的规划与建设

自制教具也是生物学素质教育中不可缺少的活动之一，其好处在于：①这是一种新颖的实验情境创设的方式，能很好地培养学生学习生物学的兴趣；②这是实验教学的重要手段之一，几乎可以用在生物学教学的各个环节中，其中包括实验教学中，能让学生获得更直观、更逼真、更形象、更深刻的感性认识，使抽象的知识形象化、具体化，解决实验教学中的重点与难点，理解生物体的生命活动过程与实验原理，从而达到高效地传播非语言教育信息的功效；③发动师生一起开展生物学实验教具的自行设计与自制，可激发学生创造性思维和动手欲望，因地制宜地采用简单的材料，充分发挥自己的想象，有利于培养学生的观察能力、操作能力、思维能力、信息表达能力等综合素养；④师生互助、学生协同开展生物学实验教具的自制，还有利于培养学生踏实认真的科学态度与团结合作的协同精神。

1. 自制实验教具的类型以及特点

自制实验教具是教师或学生根据教学需要，亲自动手制作的构造简单、经济实用、科技含量高的直观实验教具。中学生物学教学中常见的实验教具的类型及特点，总结如表 1.5 所示。

表 1.5　常用实验教具的特点①

教具类型	教具性质	教具特点	不足
实物教具	是生物活体	真实、具体、有生命性； 能反映生物的形态、习性、运动情况、活动过程、生活状态和一些可见功能； 能显示生物与环境的关系； 是进行实验的首选材料	不便演示生物体构造和生理特点； 受时空、个体大小、生态保护、资源利用的限制
标本教具	是生物体或其器官组织经过加工处理而保存下来的完整的或部分的物体形态	真实反映生物体形态结构特征和部分过程性特征； 不受时间和空间的限制	容易失去生物体的真实色泽和生活动态特征； 小体积的标本信息传递面受限制
模型教具	是模拟生物体的结构特点，人工制成的实物仿制品、实物放大或缩小制品，以及简约表达生命过程的示意制品	能立体地显示生物体结构特征和各组成部分相互间的联系； 能显示生命活动过程的关键环节以及特征； 能显示生物界发展变化过程； 能反映生态学关系； 容易说明生物体或局部的三维空间结构； 可以拆卸、重组	不能作为全真替代物； 常带有非真实性的特征； 细微之处演示效果不好
挂图教具	是绘有生物体信息的图像纸制品	图像是平面的，且传递面宽； 能准确、规范、全面地表现出生物体的形态结构特征； 可呈现生物体内外各种联系； 可演示生命活动阶段性流程； 既方便对生物体写实，又方便对生物体进行灵活性与创造性再现； 可将复杂结构简约化、模式化； 可将抽象过程具体化	辅助教学效果较单一、呆板；难以表现立体的、活动的生物体； 难以表现环境与生物体之间的关系

① 选编自：刘恩山(2003)。

续表

教具类型	教具性质	教具特点	不足
替代物教具	是无须加工的现成物体	用于生物体彼此之间的替代，有一定的相似性； 极易获取	真实感欠佳； 作用有限
投影和幻灯教具	多指用透明胶片制作的投影片	放大效果好，信息传播面大； 可以简约方式表示生物体结构、生命活动各组成成分之间的空间位置和本质联系； 可用拟动手法产生动态感； 具有较强的事后再现功能； 可作为光学黑板、电子教案一学案使用	需要一定的设备和环境条件支撑； 辅助教学效果较单一、呆板
电视录像教具	集电影、录音、摄影、幻灯功能于一身	不受时间和空间的限制； 生动逼真地表现生物体的动态形象和行为； 可作快速、慢速播放的技术处理； 便于形象地创设教学情景； 声像结合，易于重播	使用过程中难于及时反馈； 需要一定的设备和环境条件支撑
多媒体教具	集图形、图像、动画、声音、视频等信息媒体为一体的友好呈现方式	可以将生物体本身的信息与声音、文字、动画、影像等不同类型的信息整合在一起友好呈现； 实现人机交互式互动与资源共享； 方便将生物体的内部结构、环境、抽象的认知领域进行形象地再现与虚拟模拟； 形式多样，如幻灯、动画、视频等	开发者需要一定的技术技能要求； 需要一定的设备和环境条件支撑

2. 自制实验教具的原则

(1)科学性原则。要客观、真实地反映生物体的形态构造和生命特征。

(2)启发性原则。实验教具的演示应能启发学生去联想教具展示的内容所反映出来的事物的本质特征，启发学生对某种现象进行探究性思考，达到释疑解疑的目的。

(3)实用性原则。实验教具所展示的内容要有针对性和实用性，操作要方便，组装和拆卸要容易，并能反复使用。

(4)简易性原则。因地制宜，因陋就简，提倡利旧利废、变废为宝，材料易找、易作、易用、易保存、省钱。在教育经费比较紧张，中学生物学实验教具相对短缺的背景下，发动师生，修旧利废、因地制宜地自制实验教具，在中学生物学实验课程实施中有其特殊的意义与作用。

(5)艺术性原则。简易生物学实验教具讲究取材美观、巧妙设计、形象再现，这样才会对学生产生较强的刺激与感染。特别在当前信息技术与媒体的广泛渗透的背景中，充分整合新技术、新方法、新材料，使简易生物学实验教具具有更好的辅助实验教学的效果。

(6)直观性原则。自制实验教具特别强调直观性。直观性原则就是指利用生物学实验教学中的自制实验教具作为感觉传递物，作用于学生的多种感官，促使学生多种感官并用，根据直观教具去看、去听、去说、去动、去独立思考，从而加深他们对知识的理解、提高学习的效率。

3. 自制实验教具的方法

在生物学实验教学中，特别提倡制作简易的实验教具，当教具的简洁程度正好符合学生心理的简化水平时，促进实验开展的作用便会凸显出来。作为生物学教师，自己亲自付诸行动、或带领学生、或指导学生，形成一种对制作简易生物学实验教具的偏爱，是难能可贵的教师职业素养所在。现将自制实验教具的方法介绍如下所示。

(1)仿制法。可从形态结构上仿制有关生物体的模型，根据其大小、形状以及结构，用塑料泡沫、纸浆等仿照制作。如草履虫模型、叶芽模型等。

可从生理功能上去模仿设计，变抽象内容为直观的、动画的、惟妙惟肖的立体化实验教具。如学生学习肺的吸气、呼气功能原理时，因为摸不着看不到而难以理解，那么模仿胸腔中的胸廓、膈肌的结构与生理功能，用塑料桶、气球等就可制作成“胸腔模型”，帮助学生把百思不得其解的吸气、呼气的抽象内容变得直观易懂。

(2)改造法。即将原生物学实验教具从局部进行修改、扩充、调整后再制作的方法。如将仅有动物、植物单一图形的生物学挂图，加上环境氛围的设计而改造成生态类型图。

(3)现代教育技术手段整合法。利用计算机、摄像机、网络资源等技术手段，进行相关技术手段的整合。如：“人体消化过程的动态演示”动画、“艾滋病的病理机制”动画、“人体刺激传导过程与机制的演示”等美观实用的实验教具的设计与制作。

4. 自制实验教具的使用策略

自制实验教具的使用策略概述如下所示。

(1)以普通教具为主、自制实验教具为辅。如果已有普通教具辅助教学，应首先考虑使用之，在必要时可以适当地、严谨地补充一些自制实验教具辅助普通教具的演示。

(2)注意营造实验教具演示的环境条件。要考虑各种教具是否有合适的摆放位置，挂图、剪贴图是否有固着物，电器的电源、位置是否合适，演示台的高度、光线是否合适，一些较小的、颜色与周围环境相似的教具是否需要反差大的背景衬托等。

(3)实验教具有序、清晰的展示。实验教具演示辅助时，不宜混乱，不宜滥用，不宜出示过多、过频，应有序、清晰的出示。要注意说明教具的种类、演示的解剖学位置和剖面、替代物的含义、需要做哪些思考等。另外，使用完毕后应及时收起来，避免多个教具同时出现在学生的视野中，分散学习注意力，干扰思维的顺序性。

(4)出示实验教具的时机选择。根据生物学科的特点和学生的学习心理，把握有利时机出示实验教具，可以收到事半功倍的效果。①思绪游离时机：刚上实验课时，学生尚处在观望、等待的思绪游离状态，此时利用实验教具提出问题、设置悬念，烘托实验氛围，可以集中学生的注意力，顺利引入实验状态中；② 疑难时机：使用实验教具解决实验中的难点，是难点突破方法之一；③疲沓时机：当某个实验环节出现学生精力分散、松懈疲沓的情形时，此时呈现新颖、生动的实验教具，会使学生眼前一亮，大脑再次兴奋起来。

5. 自制实验教具的使用方式

教师在实验中，单一使用教具辅助实验叫做实验教具的单一使用，一般用在单一问题、简单问题的印证实验中。而经常是将两种或两种以上的教具以“教具串”的方式结合起来在一些实验中使用，即进行实验教具的组合出示。教具的组合出示有横向组合方式和纵向组合方式两种。

(1)横向组合方式。针对同一个问题，用几种实验教具同时从不同角度去揭示其实质、辅助教学。有的生物学实验内涵极其丰富，需要用多种实验教具来阐释。例如，进行验证

“植物细胞吸水和失水的原理”的实验教学时，可先用萝卜、马铃薯等实物分别在低渗和高渗的溶液中亲自验证植物细胞吸水和失水的实验，让学生获得真切的感受；还可用动画或视频来展示植物细胞分别在低渗和高渗的溶液中时，细胞结构上所发生的变化以及细胞吸水、失水的动态过程，从而比较容易对植物细胞吸水和失水的原理进行解释，这样的形式服务于内容的组合会使学生对所学有更透彻的理解与应用。

(2)纵向组合方式。让几种实验教具在不同的实验教学过程中依前后次序、从外到内、由浅入深地有序出示。例如，进行“单细胞生物的形态结构和生命活动特点”的实验教学时，指导学生先用显微镜观察制成的草履虫临时玻片标本，认识自然状态下草履虫的形态；再用挂图描述草履虫的细胞结构；后用动画或视频来展示草履虫的整体结构和生命活动的行为功能以及对外界刺激的反应特点。

1.3.3 实验教学指导素材的准备

(1)文本类实验教学指导素材的准备。除了教科书中本身具有的实验指导内容外，教师根据当地的生物学教学资源情况，还可以设计一些文本类的指导材料作为帮助学生更好地完成实验的辅助手段。这种文本类资料可分为两类。一类是学生实验过程中需要或可能需要的文本类资料，如实验的背景知识点、引导学生进行小组的活动指南、网络信息收集的“拾荒式搜索”(中小学网络主题探究的一种常见形式)的指导以及需要对实验作出补充、拓展，对实验技能进行规范和指导的实验课程资源。例如，教科书上的其他基础知识和素材、实验指导用书、实验操作要领、参考文献等。另外一类是设计评价体系的文本类资料，通过评价的形式来规范学生的实验行为，帮助他们正确的、安全的完成各项实验活动的实验课程资源，如实验报告、学生活动记录表、出勤表、小组活动评价的行为量规等。

(2)实验教学其他指导素材的准备。其他辅助类指导材料包括：挂图、模型、玻片标本、动植物标本、阅读资料、CAI课件、实验演示光盘、视频等，也要在实验前作好相应的准备。

1.4 中学生物学实验课程规章制度的制定与建设

中学生物学实验室是以充分满足中学开设生物学实验所需、满足中学生训练实验技能的要求和人才培养提供科学、合理、优化的生物学基础课实验教学课程体系为核心的、设备先进完善的、管理科学的开放性实验室。为了保证中学生物学实验室正常高效地运转，更好地发挥出实验室的功效，需要制定出科学、规范的中学生物学实验室的管理制度。

1.4.1 实验室管理制度建设

实验室的管理制度应涵盖：实验室的常规管理、实验仪器的管理、实验室课程资源的管理、实验药品的管理、“三废”物质的处理制度。其具体条款如下所示。

一、实验室应有比较规范的工作作息时间，用告示牌明确告之。

二、对各种实验仪器、设备、药品、标本、其他课程资源按不同性质和不同类别分别有序、规范、定位存放。保持实验室内环境整洁，走道畅通。对精密贵重物品，要重点管理，定期检查，确保其安全。

三、加强实验室档案的管理。实验室档案是指在实验使用中，作为原始记录保存起来以备查考的文字、图表、声像及其他各种形式的材料，是教师和实验工作人员开展实验教学和实验管理及经验总结的沉淀结晶，也是中学生实验后所保留下来的历史成果的记录，应该进行全面的收集整理、分类登记、编号存档、妥善保存，同时接受学校档案部门和实验室主管部门的监督与检查。

实验室工作档案包括：本实验室承担的实验课程名称记载、历年实验课程安排、历年实验教学计划、历年实验教学大纲、历年实验教科书以及指导书、历年学生实验报告(样本)、学生成绩记录、实验项目开设情况记录、仪器设备运行情况记录、设备仪器维修记录、实验软件、论文、专著、鉴定、专利、获奖等情况。

要做好实验室工作档案的管理工作，需首先使用实验记录本做好记录工作。实验记录本的类型和风格可以是笔记本的纸质文档；也可以是与时俱进的电子文档的“实验室信息管理系统”的数据库，这将在很大程度上方便了动态演化发展的实验室工作档案数据的输入和存储以及管理。

四、加强实验药品的分级、分类管理，包括对一般药品的常规管理，对易燃、易爆、有毒药品的强化安全分类管理。

五、坚持“预防为主，防消结合”的消防管理工作的指导思想和行为准则，进行火灾预防，保证消防通道的畅通，配备足够的消防器材和消防设施，并定期进行消防器材和消防设施的有效检查，避免失效、损坏和挪用消防器材的事情发生。

六、坚持实验中的“三废”物质的集中处理制度，防止中毒事件发生，全力减少污染。用后的实验废液与有毒废液不能随意倾入水槽和下水道中，应集中存放，并及时加以妥善处理。

七、坚持实验室开放的管理制度，充分利用实验教学资源，促进实验教学课程改革，培养学生的实践能力和创新精神，规范有序地作好实验室的开放工作。

实验室向学生开放的具体形式分为：学生参与科研型、学生科技活动型、自选实验课题型、计算机应用技术提高型等，采取以学生自主活动为主、教师辅以指导为辅的实验开放的教学模式。

(一)学生参与科研型开放实验：主要面向高年级学有余力的中学生，实验室定期发布科研项目中的开发研究课题，吸收部分优秀中学生早期进入实验室参与教师的科学研究活动。

(二)学生科技活动型开放实验：学生自行拟定科技活动课题进行研究，实验室提供相应的实验条件，指派教师进行指导。

(三)自选实验课题型开放实验：实验室定期发布教学计划以外的综合性、设计性自选实验课题，鼓励学生进行创新设计实验。学生在实验中必须独立完成课题的方案设计、实验装置安装与调试、完成实验并撰写实验报告论文。

(四)计算机应用技术提高型开放实验：针对中学生的具体情况，利用计算机进行实验课件制作、实验软件开发、网页设计、网站建设、实验信息的收集与利用等，提高计算机实际应用能力的实验活动。

八、要切实加强对实验室所有人员的安全防范意识的教育，注意防漏电、漏水、漏气、雷击、防盗防丢失。对发生的如火灾、触电、地震等突发事件要立即启动应急预案，进行切实可行的应对和处理。

1.4.2 实验室安全制度建设

为了切实做好实验室的安全工作，确保实验室各项工作顺利进行，确保师生人身安全和国家财产安全，中学生物学实验室必须建立健全相应的实验安全管理制度。

1.4.2.1 建立健全化学药品安全规范管理制度

一、所有化学药品都应当检查和造册登记，进行分类有序存放。普通化学药品可存放在专门的橱柜中。而对于化学危险药品必须存放在专用仓库、专用场地或专用储存室(柜)内，专用仓库、专用场地或专用储存室(柜)应当符合有关安全、防火规定，并要进行定期检查与管理。

二、化学危险药品专用仓库内外严禁吸烟和使用明火，根据消防条例和物品的种类、性质，设置相应的通风、防爆、泄压、防火、防雷、防晒、调湿、消除静电、防护围堤、报警等安全设施。

三、化学危险药品应当分类分项存放，堆码之间的主要通道应当符合消防安全距离，不得超量储存。仓库内温度要控制在30℃以下，通风良好，仓库内应配置适量的安全消防设施。

四、对爆炸药品、剧毒药品应严格遵守双人保管、双人收发、双人使用、双人运输、双把锁的“五双”制度。

五、使用化学危险药品的实验时，应做到需要多少领多少，并注意规范安全地使用。使用后对于剩下的化学危险药品要及时退还给仓库，不得在实验室里存放大量的化学危险药品。

1.4.2.2 建立健全实验室安全规范操作制度

为了确实保证学生人身安全和公共财产安全，使师生能在一个安全有序的实验环境中进行实验，特制定出中学生物学实验室安全规范操作制度。

一、强化预备实验安全意识。一切实验都要在预备室准备预作，做到实验无误后，方可拿到实验室作。准备实验时要准备防护以及保险措施，实验装置要牢固，放稳妥；实验时要严格遵守操作规程，在实验中严禁学生随意混合化学药品，以免发生意外，并仔细审查不安全因素，消除隐患；实验教师要学习和掌握实验室伤害救护常识，作好急救工作。

二、确保用电安全。用电安全是实验室安全管理的重要任务之一，实验室要设总配电盘，装设漏电开关，离开实验室时要将总电源断开。实验指导教师要严格控制学生实验用电，尽量使用36伏以下的安全电压。实验室供电线路的布设、电线截面积和保险丝的选用，要符合国家颁布的安全供电标准，供电线要定期检修和更换。安装电器设备要做到电流、电压与用电器的标准匹配。一般情况下用电器都应接地，并经常检查接地是否良好，电线或电器盒盖破损要及时修复。

三、管理好化学危险药品的贮藏与使用。实验室中的化学危险药品有三大类：易燃化学危险药品、易爆化学危险药品、有毒化学危险药品，要严格管理，谨慎使用。化学危险药品在入库前要验收登记，入库后要定期检查，严格管理，做到“五双管理”（即双人管理、双人收发、双人领料、双人记账、双人把锁）。操作可能发生危险的实验时，要准备好防护用品。化学危险药品的使用要严格遵守操作规则，任课教师领用化学危险药品时，必须填写“危险以及剧毒化学危险药品领用单”，经实验室负责人批准，限量发放，取用量要逐一登记，剩余部分要回收，回收数量要入账。如发现化学危险药品特别是剧毒品被盗，要立即报告领导，并通知当地公安部门查处。

四、实验室要注意通风排气。操作发生有强刺激或有毒气体的实验时，必须在通风橱内进行；禁止用汽油代替酒精或煤油作燃料，酒精、汽油等易燃液体大量撒落地面时，要立即打开窗户或排气扇通风，严格禁止在实验室内吸烟。

五、定期检查实验室消防设施。实验室的消防设施，如沙箱、沙袋、灭火器、消防水管等都要定点布设，做到取用简单、使用方便。每学期要定期、不定期地全面并严格检测所有消防设施，并熟练掌握各种灭火器的使用方法。严禁在消火栓（箱）前堆放物品，全面保证消防通道的畅通无阻。

六、实验室要加固门窗，安装防盗设施，管好钥匙，作好防盗工作。

七、实验室内新配制的化学试剂应贴上专用标签，标签上标明名称、浓度、配制日期，对不能鉴定的试剂一律作报废处理。

八、加强安全防范意识教育，指导学生掌握预防触电、中毒、灼伤、烫伤、机械割伤的基本知识及救护措施。

1.4.2.3　建立健全突发事件的应急预案制度

1. 制定生物学实验室应急预案的依据

制定生物学实验室应急预案，应当首先依据国家有关法律、法规以及规章制度来制定。国家有关法律、法规以及规章制度中，有许多条目都是针对突发事件提出来的，如“国家突发公共事件总体应急预案”“国家自然灾害救助应急预案”“中华人民共和国突发事件应对法”“实验室生物安全通用要求”等都为学校制定实验室应急预案提供了明确的标准和尺度，帮助学校检查应急预案是否符合要求。

制定生物学实验室应急预案还要结合实验室实际情况。实验室的具体情况不同，如地质结构、建筑强度、位置朝向、周围环境、学科特点、实验室主要用途及人员年龄等的差异，所采用的应急预案应该是不同的。因此，必须由实验室工作人员具体设计本实验室的应急预案。

制定生物学实验室应急预案应当研究历史上本地灾害记录。自然灾害看起来是随机的、突发的，但也是有一定规律可循的。一个学校的地质结构类型、气象资源、植被情况和学生年龄特点，这些看起来是在变动的因素，实际存在着相对不变的内涵，研究以往的灾害记录，对于面对不能准确预测发生的新灾害，有着一定的借鉴作用。

制定生物学实验室应急预案还要参考邻近地区灾害的情况。我国是一个自然灾害频发的国家。但发生自然灾害的地区并不平均。因此，对于本实验室以外发生的灾害和事故及时的加以研究是非常必要的。例如，2008 年四川省汶川地震发生时，处于震区的四川省桑枣中学却无一人死亡，他们的应急预案就值得认真研究。又如我们的邻国日本，人口不仅密集，且自然灾害时有发生，他们的经验教训也应该注意研究和思考。在网络中，出现了许多有参考价值的实验室应急预案，它们也可以为我们制定相应的应急预案提供重要依据。对于查询的应急预案，我们要仔细研究本实验室与他人实验室是否处在相同的背景之下，不能盲目的完全照搬套用。

2. 制定生物学实验室应急预案的方法

制定生物学实验室应急预案的方法，是调查和分析各种突发事件可能在生物学实验室里发生的物质条件，以及预测各种突发事件发生的频度与强度及危害。调查和分析可以采用三种方法：历史法、走访法和实验法。

(1)历史法就是调查本地、本校曾经发生过的突发事件与灾难的前因后果以及采取的措施；调查实验室建筑的年代，及其当时的建筑设计理念，这是制定具体预案的前提条件。

(2)走访法就是到当地相关部门进行了解，如地质局、地震局、气象局、消防部门、建筑的原设计施工单位、城建局、规划局等，调查实验室的各种可能潜藏的危险因素。必要时其他有关的单位也要进行走访，如供电、供水、供暖和电讯等有联系的单位。这是制定预案的基础条件。

(3)实验法就是通过各种专业人员对实验室进行物理检测，如抗震强度、防雷击的能力、水电气布局是否合理等，这是制定预案的直接条件。

此外，预测各种突发事件发生的频度与强度以及危害是要经过相关专业部门的专业人士科学分析后才能得到。

3. 建立健全突发事件的应急预案

(1)综合分析制定出实验室的应急预案。综合分析以上利弊条件，具体分析各种可能发生的突发事件，如：漏电、火灾、水灾、致病微生物感染、危险化学药品污染、毒气泄漏、爆炸事件、恐怖袭击、空袭事件、地震灾害等的具体情况，各种突发事件可能造成危险的各种因素，可以用来避险的各种条件，权衡各种利弊后制定出生物学实验室的应急预案与救援预案。此预案完成后需请有关专家对其科学性、安全性和可操作性进行论证。专家同意以后，将应急预案绘制成流程图，向学生宣传。在平常实验中继续研究应急预案的问题，不断修改、补充和完善其条款。

(2)应急出口的明确标示。应在实验室显著位置告示和指引应急消防出口、消防楼梯间的确切位置，告示师生如遇险情逃生的确切线路图。

(3)险情电话显著标示。应在实验室显著位置张贴以下电话号码以及地址，以便突发事件发生时便于紧急救助：①实验室本身的电话、门牌号码与地址；②实验室负责人、实验指导教师电话；③学校医院办公室电话；④学校校长电话；⑤火警、急救救护、公安民警电话；⑥水、电、气的维修部门紧急救助电话等。

(4)坚持应对突发事件的教育制度化建设。中学生物学实验教学中应当把应对突发事件的教育制度化、常规化、具体化，把应对突发事件的相关教育活动纳入实验教学的必修内容中。在每学期实验开始时，就各种突发事件的应急预案与救援预案，组织中学生开展形式多样化的专门学习与讨论，根据教育部相关规定每年举行一次突发事件的应急预演与操练，进行实地险情逃生线路的模拟与演练，培养学生的安全意识、训练对突发事件的敏锐洞察力和应对能力以及自救与互救能力。

1.4.3　实验室操行制度建设

1.4.3.1　建立健全实验员工作手册

实验员是帮助实验指导教师开展实验教学的教学辅助人员，也是实验室的具体管理人，为了明确实验员与实验指导教师各自的责任，应制定出如下实验员工作手册：

一、负责实验室的常规管理与维护，负责实验室进行常规实验环境条件与卫生的保持。

二、进行常规实验室的安全防范检查与巡查，对实验室存在的不安全因素，要及时向有关部门反映、请求整改。若发生安全事故时，要协同实验指导教师立即组织学生疏散与进行抢救，同时应及时上报，不得隐瞒或拖延上报。

三、协助实验指导教师负责教学仪器设备的提前申报和验收。

四、负责实验所需的药品、实验消耗品以及低值耐用品的领用与登记管理。

五、在实验前，作好实验所需要的一切准备工作，包括：实验仪器的准备、实验用具的准备、实验药品的准备、实验材料的事先培养和采集及准备等。

六、了解实验室有关的实验原理和技术，了解中学生物学实验中常规使用的器材、设备的一般性能。

七、在实验课进行时，实验员必须在岗，辅助实验指导教师开展对学生实验的指导与监管。

八、写好实验开展的日志，记载各次实验、课外科技活动及其他与实验有关的各项工作记录，做好设备仪器使用情况登记，做好易损实验材料的记录。

九、在实验课结束后，督促学生进行仪器、用具与实验材料的回归。要及时清理实验现场，及时对仪器、设备、试剂等加以清查，将所用仪器清洁后并摆放整齐或按要求放回柜中(实验柜内仪器应存放有序、干净整洁)，并放归原处。同时，督促并指导学生将实验室及时整理打扫干净，检查水源、电源、通风、送风、门窗等是否关闭，一切检查合格后，方可离开实验室。

十、负责中学生物学仪器、设备、器材的监管、保养与维修。

1.4.3.2　建立健全实验教师工作职责

实验教师具体从事学生实验工作的开展与学生实验的指导，其职责如下：

一、学期初提前拟定出一学年、一学段的实验课开设计划，按实验教学计划总体安排全校“中学生物学实验课程表”，并分学科、分年级提前告之学生。提前拟定出所需的仪器药品等清单，提前规划并准备实验材料。

二、指挥学生进入实验室按序就座，课后依次有序退场，防止拥挤。遇有突发事件时，实验指导教师要指挥学生有序、快速地撤离，确保学生安全。

三、认真钻研业务，不断地改善和提高自己的实验技术水平，按实验教学计划编写出实验教案，开展实验教学研究，改革实验教学方法，更新实验教学内容。

四、积极开创条件，使每次实验教学能达到或超过实验大纲所要求的目标，并注重培养学生创新实验的设计能力与独立操作能力。

五、实验过程中要求学生严格按照操作规程做好每个实验，爱护仪器，厉行节约，培养学生规范严谨的专业实验素养。

六、将课堂所学知识和实验有机的结合起来，用课堂所学知识去指导实验的开展，用实验的结果去验证课堂所学知识。

七、实验结束后，要组织学生搞好实验室的清洁卫生，仪器、药品要排放整齐，离开实验室要检查水电、门窗的开关情况。

八、实验完毕后，布置下一次实验内容，批改实验报告，认真填写实验记录、仪器使用记录。

九、进行实验室常规的安全防范检查与巡查，教育学生遵守实验操作规程，严防触电、中毒、烫伤等事故的发生。实验指导教师还要具备与掌握实验室救护的基本常识与一般处理措施，以便对学生临时做出急救。

1.4.3.3　建立健全中学生实验守则

中学生物学实验室是中学生进行生物学实验和科学研究的教学载体，为了更好地规范中学生在中学生物学实验中的言行举止，特制定中学生实验操行守则如下：

一、实验时必须遵守实验室的有关规定，不迟到早退，不无故缺席，按时完成实验，不得任意拖延实验时间。实验室内严禁高声谈笑，不准抽烟、随地吐痰、乱丢纸屑杂物等。

二、认真预习，明确实验的目的和要求。实验前必须认真预习实验内容或实验指导，了解掌握实验的原理、方法、步骤。了解有关仪器的性能，熟悉操作规程以及安全注意事项，并在指导教师指导下提前拟订出实验方案。

三、学生应在指定区域或位置做实验，不做与实验无关的事，不动与实验无关的实验用品与设备，不能未经允许随便动用他人的仪器以及用品。公用和临时公用的仪器与书籍、资料使用完后应清理好后立刻放回原处。使用的各种药品以及用过的材料器具严禁带出实验室，特殊情况需教师同意后方可带出。

四、实验过程中应爱护各种实验仪器和设备。设备使用中若出现故障，要及时报告，不得隐瞒或擅自拆卸。如果损坏以及丢失仪器要及时登记、补领并按规定予以赔偿。

五、严格遵守操作规程，科学进行实验。实验过程中必须听从实验教师和实验工作人员的指导，做到独立思考与小组交流讨论相结合，科学操作、细致观察、如实记录各种数据，坚持严谨、求实的科学作风。

六、树立实验安全意识，严格遵守实验室安全、卫生、防火、防盗等管理制度。注意实验卫生，保持实验室的整洁、规范、文明、有序，创造师生身心愉悦的工作环境。注意节约水、电、气、药品、实验材料等。

七、实验后，及时整理实验记录，按要求写出实验报告，按时送交实验指导教师。不得弄虚作假，不得请人代做实验和抄袭他人实验报告，否则，一经发现，按有关成绩管理办法处理。

八、实验全部结束后，要及时清洁实验现场，应将所用仪器清洁后并摆放整齐或按要求放回柜中(实验柜内仪器应存放有序、干净整洁)，试剂架及实验台必须擦净。值日生要在教师的指导下及时对仪器、设备、试剂等加以清查、并放归原处。将实验室及时整理打扫干净，检查水源、电源、通风、送风、门窗等是否关闭，经教师检查合格后，方可离开实验室。

第二章　中学生物学实验课程教学概论

2.1　中学生物学课程的概念、性质与任务

1)中学生物学课程标准对中学生物学课程的性质描述

中学生物学课程是以生物科学为课程背景，以适应中学生身心发展阶段和社会要求为目的的基础性的生物科学内容，是中学实施生物学教育的一种载体。中学生物学课程包含初中生物学与高中生物学两个学段的生物学课程，中学生物学课程标准对中学生物学课程的性质作出了如下的几种描述。

中华人民共和国教育部(2011)指出，“生物科学是自然科学中的基础学科之一，是研究生物现象和生命活动规律的一门科学。它是农业科学、林学、医学科学、环境科学及其他有关科学和技术的基础。生物科学的研究经历了从现象到本质、从定性到定量的发展过程。当今，它在微观和宏观两个方面的发展都非常迅速，并且与信息技术和工程技术的结合日益紧密，正在对社会、经济和人类生活产生越来越大的影响。”“义务教育阶段的生物学课程是国家统一规定的、以提高中学生生物科学素养为主要目的的必修课程，是科学教育的重要领域之一。”

中华人民共和国教育部(2003)指出，“高中生物学课程是普通高中科学学习领域中的一个科目。高中生物学课程将在义务教育基础上，进一步提高学生的生物科学素养，尤其是发展学生的科学探究能力，帮助学生理解生物科学、技术和社会的相互关系，增强学生对自然与社会的责任感，促进学生形成正确的世界观和价值观。”

2)课程实施建议

既然中学生物学课程属于科学教育的重要领域，是有关“生命认知与应用”的一门自然科学，生命性和实验性是它根本的学科特性，而它与人文学科、社会学科又有着本质的区别。通常采用自然科学的方法，如：观察实验的方法、数学方法、逻辑推理的方法等。实验与实证是其常规的教学方式之一。因此，中学生物学课程标准在课程实施建议中提出以下要求。

(1)学校应逐步完善生物学实验室的建设、仪器设备和用具的配置，保证实验教学经费的投入。生物学教师也应创造条件，就地取材、因陋就简地开设好生物学实验。

(2)实验设计应多样化。例如，可以采用比较规范的实验仪器设备设计实验，也可以设计低成本实验；可以采用生物材料设计实验，也可以设计模拟性实验；有条件的地方还可以适当引入多媒体技术进行虚拟实验。应鼓励学生参与设计实验。

(3)在重视定性实验的同时，也应重视定量实验，让学生在量的变化中了解事物的本质。教师应向学生提供量的测定，实事求是地记录、整理和分析实验数据，定量表述实验

结果等。

(4)要注意实验安全教育。安全使用实验器皿(如解剖器皿、玻璃器皿、酒精灯等)和实验药品(如酒精、酸、碱等)是生物学实验的基本技能，教师应强化安全教育，增强学生的自我保护意识(中华人民共和国教育部，2011)。

3)关于技能

特别提出：在中学生物学实验课程实施中既有关于知识的学习巩固，还有关于技能的训练和能力的培养及自然生成的情感态度与价值观的过程。

所谓技能指的是：运用一定的知识、通过练习和培养而获得的在实践中顺利完成某种任务的活动方式和程序。广义的生物学技能范畴较为宽广，它包含着以下几方面内容。①科学过程技能：指从事科学研究工作的能力，包括对实验的计划，实施过程中的观察、测量、对数据的计算和处理等能力，它属于外显的技能。②操作技能：指操作层面的动手能力与操作技能，如：使用显微镜、解剖镜，制作徒手切片，人工杂交等能力，它也属于外显的技能。

以上的生物学科学过程技能与操作技能的主要训练条款包含如下内容：使用实验仪器、器皿的技能；观察、测量、采集、培养和处理实验材料的技能；制作装片和徒手切片、解剖动植物和做简单实验的技能；绘图、记录和统计分析实验结果的技能。而生物学科学过程技能与操作技能的形成过程一般采取“训练－巩固－强化”，即很容易达成此类外显技能的目标。

(3)智慧能力：指的是对概念、原理、规律的深度理解，对事物进行比较、分析、总结、归纳等的能力，它属于内潜的能力素养。

以上生物学能力包含：观察能力、比较能力、分析能力、总结能力、信息能力、创造能力、综合能力等内容的培养。而生物学智慧能力的达成需要长期坚持的培养过程，其培养方式一般坚持从“好奇”中引入、从“问题”中求索、从“质疑”中思考、从“批判”中求证、从“求异”中创新等。

2.2　我国中学生物学实验课程的发展

2.2.1　我国中学生物学实验课程发展总趋势

与原来的中学生物学课程相比，我国新课程体系中的中学生物学实验课程发生了许多变化，主要体现在以下几个方面。

(1)实验形式多样化。新课程中的学生实验涉及观察或鉴别、验证、引导式探究、自主式探究、模拟或制作等多种形式。实验形式的多样化可以更好地帮助学生掌握探索知识的科学方法和技能。例如，新增的自主探究活动，需要学生完成“发现问题、提出假设、设计实验、验证假设、得出结论”的完整科学研究过程。这样，不仅可以培养学生综合运用生物学技能的能力，还可以培养学生之间相互交流与合作的能力。有些实验还引入了信息技术、数学模型等，这是一种全新的尝试，丰富了学生认识和表述生物世界的方式，对于学生创新能力的培养具有积极的作用。

(2)实验教学目标“三维化”。中学生物学实验课程的开设，不仅促进了学生对知识的巩固，而且重在比较友好地兼顾了学生的“知识、能力、情感态度与价值观”的“三维”目标的实现。新课程将发展学生的科学探究能力和增强学生的生物学实验的基本技能列入了具体目标，尤其是对发展学生的科学探究能力做出了分层次推进的要求。如：“高中课标”中明确提出了十一项具体要求：客观地观察和描述生物现象；通过观察或从现实生活中提出与生物学相关的、可以探究的问题；分析问题、阐明与研究该问题相关的知识；确认变量；做出假设和预期；设计可行的实验方案；实施实验方案，搜集证据；利用数学的方法处理、解释数据；根据证据做出合理判断；用准确的术语、图表介绍研究方法和结果，阐明观点；听取他人的意见，利用证据和逻辑对自己的结论进行辩护以及做必要的反思和修改(中华人民共和国教育部，2003)。

(3)实验难度要求加大。从“高中课标”中提出的十一项实验具体要求(其中：通过观察或从现实生活中提出与生物学相关的、可以探究的问题；确认变量；做出假设和预期；设计可行的实验方案；利用数学的方法处理、解释数据；用准确的术语、图表介绍研究方法和结果，阐明观点；听取他人的意见，利用证据和逻辑对自己的结论进行辩护以及做必要的反思和修改等)中可以看出实验难度比较传统的“基本技能”的要求，其外延与难度系数明显增加，其目的除了加强基本操作技能外，还要强化学生生物科学探究的一般方法、搜集和处理信息的能力、获取新知识的能力、分析和解决实际问题的能力及交流与合作的能力。

(4)实验数量与实验内容明显增多拓宽。在新的初中“课标”教科书中增加了比原来老教科书更多的实验，“课标”还提倡根据学校自身情况与学生需求自定实验探究内容；在高中生物学教科书(人教版 2004 年 6 月版)必修三个模块中设置了常规实验 23 个、探究实验 7 个、模拟实验 8 个、观察 5 个、调查 7 个、构建模型 6 个等。与原来老教科书相比，新教科书实验数量明显增多(徐作英和赵广宇，2008)，尤其是探究性实验的比例明显增大，这种变化体现了新课程改革教育任务的根本性转变。原教科书以帮助中学生建立系统的生物学知识体系为主要目的；而新教科书既注重学生有关生物学知识体系的构建，更强调探索知识发生发展过程中科学方法和技能的掌握。通过生物学实验，一方面可以帮助学生深入理解所学知识，另一方面可以使他们体验探索和检验生物学知识的过程，从而学习和掌握相关的科学方法和技能。实验数量和内容的增多，也有助于改变学生背诵、记忆等传统学习方式，培养学生动手、动脑的探究能力，促进学生身心的全面均衡发展。

(5)实验的评价方式多元化。传统的实验评价目标、形式、内容都比较单一，评价内容往往狭窄，使其成为仅仅检测实验技能与实验考试分数的评价方式。而新课程对学生实验的评价则是“立足过程，有利发展、促进发展”的全面评价，强调“应根据目标多元、方式多样、注重过程的评价原则，综合运用观察、交流、测验、实际操作、实验报告与作品成果展示、自评与互评等多种方式，为学生建立综合、动态的成长记录手册，全面反映学生的成长历程”。实现评价目标多元化、评价手段多样化、形成性评价与终结性评价相结合、定性评价与定量评价相结合、反思性评价与激励性评价相结合的、旨在“促进学生全面发展的评价体系(中华人民共和国教育部，2003)”，其方式多样、内容多元、内涵丰富，不仅考查学生的实验技能的掌握、还考查学生的科学态度、安全防范意识、与人协同合作、实验的规范、实验的成果、交流表达的能力、信息获取与处理应用的能力等。

2.2.2 我国中学生物学实验课程内容的演变

我国新世纪启动的基础教育课程改革正好处于全球课程改革的历史背景下，中学生物学课程与包含其中的生物学实验与生物学实验教学也进行了大胆探索和革新，呈现出了明显的发展变化趋势。

1. 新技术、高水平实验内容的下移

当今，生物技术的成果渗透进入了人们的生活方式，已悄然改变了社会的形态、人们的意识、工作与生活方式，同时也融合与应用到了中学生物学实验中。例如：初中生物学中“收集或实测不同植被环境中的大气湿度数据比较分析”实验，需要用到数理统计的方法进行数据处理。而高中生物学课程中已经把“DNA 的提取与鉴定”、“用某一 DNA 片段进行 PCR 扩增”、“植物组织培养”等相关实验引入了实验内容。这些不仅借助于生物新技术手段进行中学生物学实验；而且比较于旧的中学生物学实验内容，其难度系数增大了许多，这是高水平实验内容下移的一个缩影。

2. 实验内容综合化的发展趋势

在我国中学生物学实验教学的改革中，另一个明显的变化趋势是实验内容不再以单一学科的分科体系呈现。例如，初中生物学已经打破了植物学、动物学、人体生理卫生学的体系，而以“人与生物圈”为主线展开；高中生物学则以学科知识模块化进行综合，划分为三个必修模块：“分子与细胞”“遗传与进化”“稳态与环境”；三个选修模块：“生物技术实践”“生物科学与社会”“现代生物科技专题”。同时在实验中也采用了具有综合特性的组织方式，如中学生物学实验中的：“探究环境因素对光合作用强度的影响”“比较过氧化氢酶与 Fe^{3+} 的催化效率”“植物芳香油的提取”等实验内容，就很好地体现了生物学科内的综合和生物学与其他学科之间的综合。

3. “探究”成为实验教学的主要范式

倡导探究性学习，在我国中学生物学实验教学中有了较为突出的体现。过去的生物学实验主要以验证性实验为主，学生一般按部就班地操作。这种方式，虽然在培养学生的实验操作技能方面，取得了较好的成果；但在一定程度上禁锢了学生的创造性思维。新课改后，中学生物学教科书中增加了很多的探究性实验。例如，“植物向性运动的实验设计与观察”“探索淀粉酶对淀粉和蔗糖的作用”等实验。在给出方法建议、推荐器材后，指导学生遵循“提出问题→做出假设→制订计划→实施计划→得出结论→表达和交流”的科学探究程序展开实验；还要强化训练学生“预测”实验结果，设计实验方案等技能。探究教学这一实验教学范式，符合整个自然科学发展和培养创新型人才的大趋势。

4. 实验由重视结果向重视过程的并置转化

一个人的发展是包括知、情、意的全面和谐的发展，而情、意的发展在学习过程中不是一蹴而就的，要更多依赖于教育过程中长期的潜移默化和熏陶感染。过去我国的实验教学注重检查学生技能最终的达成状况结果与实验报告呈现出来的好坏，用实验考试结果来评价学生的优劣，不关注实验过程中的态度，不看重实验过程的体验、实验过程中的学习与掌握过程、实验过程中正确情感态度价值观的形成与行为修正。

我国中学生物学新课程顺应了社会对课程改革的需要，在实验教学中不仅关注实验结果；也同时注重实验过程，积极鼓励学生发现问题、做出假设、因地制宜地创新设计实验与因陋就简创新地开展实验。在这样的实验过程中，学生的创新意识得到启发，学生的创新精神与实践能力得到升华，学生不仅达成了实验的显性技能与知识目标，对于团结合作、礼貌修养、待人接物、尊敬他人等隐性目标也很好的得以兼容。因此，重视实验结果向重视实验过程转变体现了新课程的又一种趋势。

5. 实验追求低成本、高效益的发展趋势

受经济影响和地域的限制，不是所有学校都能按常规标准配置实验的用具和器材。因此，提倡因地制宜地开展实验，降低实验成本追求最大实验结果的产出效果，倡导使用成本低廉的物品替代实验中昂贵的器材。例如，中学生物学实验中使用的白磁盘，可以用塑料的包装盒替代，培养皿也可采用饮料瓶替代等。

6. 环保意识在实验教学中的强化

时代发展到今天，环境问题已经开始直接或间接影响到人们的生产、生活。而在我国中学生物学新课程中以及实验内容上表现出了对这一时代和社会发展的需求的迎合，明确提出了“热爱大自然，珍爱生命、理解人与自然和谐发展的意义，提高环境保护意识”的要求(中华人民共和国教育部，2011)，具体内容如下所示。

(1)要求学生爱护生物，保护动植物及其生存环境。如“调查校园、社区或农田的生物种类”时，在教科书的注意事项上明确写道：“不要伤害动植物，不要破坏生物的生活环境”。

(2)取消了伤害动植物和破坏生态环境的实验。以前有解剖蚯蚓、河蚌、蝗虫、鲫鱼、青蛙、家鸽等杀戮性实验，动物学、植物学均有采集和制作植物标本、动物标本的传统实验，基于对动植物资源的爱护与保护及环保的考虑，这些实验如今已被取消。

(3)将实验后的生物放归大自然，强调了人与自然的和谐相处。如“探究鼠妇的生活环境”实验中有醒目的提醒：“做完实验后，别忘了把鼠妇放回适合它们生存的自然环境中”。

以上这些，充分反映了人类对动植物的关爱和对生态环境的保护，倡导实验中的生态环保。

2.3 中学生物学实验课程类型概述

生物科学隶属于自然科学的范畴，生物学实验是生物科学研究的重要方法。生物学实验随着科学技术的进步与发展和实验仪器、设备等手段的不断更新，再加上生物科学研究的复杂性，导致其种类也越来越具有多样性。

2.3.1 生物学实验课程类型的分类

有关生物学实验的类型和分类依据，按照我国当代生物学教育专家叶佩珉(2001)的著述(叶佩珉，2001)，可以参照表 2.1。

表 2.1 生物学实验的类型和分类依据

分类依据	生物学实验类型
依据精确性及环境	实验室实验、自然实验
依据实验的目的	探索性实验、验证性实验
依据实验研究的质和量	定性实验、定量实验
依据实验的研究内容	动物实验、植物实验、微生物实验、遗传实验、细胞实验、人体实验等
依据实验的学科特点	形态学实验、解剖学实验、生理学实验、分类学实验等
依据实验的作用	析因实验、对照实验、模拟实验
依据实验的进程	预备性实验、正式实验
依据实验实施的主体	学生独立实验、教师演示实验

从表 2.1 中所列举的生物学实验的分类依据以及类型可以看出其分类依据是根据实验的某些属性进行类化，使人一目了然。但是，这样的分类不一定非常完善，因为并没有把所有的生物学实验类型全部涵盖在内。例如，在中学生物学课程中，还有一些观察实验、调查实验等。下面就生物学实验中经常涉及的几种基本类型加以分析。

1. 实验室实验和自然实验

实验室实验是指在实验室内，通过各种实验仪器和设备，在人为地制造、控制或改变实验对象的状态和条件下，考察研究实验对象的一种有目的、有计划的操作或实践活动。

由于实验室内的各种环境和条件便于实验者根据实验目的或实验材料的需要人为制造、控制或改变，而受自然环境干扰较少。因此，实验室实验从实验的设计到实验的控制过程、操作过程都比较严格，其实验结果的精确度也比较高。

自然实验是在研究对象处于自然环境中和自然状态下对其加以考察的一种实践活动。自然实验的优点是把观察的自然性和实验的主动性结合在一起，因此在生物学实验中被广泛应用。例如，生态学、环境科学以及生物的生活习性方面的实验研究等都离不开自然实验。但是由于自然实验中对某些自然因素的控制不容易严格把握，常常影响其实验结果的精确性。

2. 探索性实验和验证性实验

探索性实验是探索研究对象的未知属性、特征以及与其他因素的关系的实验方法。探索性实验的特点就是对研究对象的不了解或不完全了解，全凭实验者去“摸索”和“尝试”，所以探索性实验也称“试验”。实验者根据一定的实验目的，利用已知的条件，用外加因素去干扰研究对象，以观察实验中发生了什么现象，产生了什么结果，并通过推理得出结论。因此，探索性实验是一种开创性的研究工作。生物科学史上的很多重大发现和理论的建立，都是通过长期的探索性实验才得以实现的。例如，绿色植物的光合作用是由众多的生物学家和化学家经历了大约300年的探索才逐渐被认识的。

验证性实验是验证某一个理论是否正确的实验。当对研究对象有了一定的了解，并形成一定认识或提出某种假设时，就需要用实验来证明其正确与否。因此，验证性实验是把研究对象引向深入的重要环节。验证性实验有两种：一种是实验者验证自己提出的某种设想或假设；另一种是对别人提出的某种理论、假设或成果的验证。

实际上，在生物科学研究的过程中，探索性实验和验证性实验往往是不可分割的。验证性实验的结论也并非都是已知的，假设本身就不是结沦，只能是一种预期。在对研究对象的探索过程中，对未知的研究目标，必然要提出假设或猜想，并做出预期，只有通过验证性实验来证明假设的正确与否，才能得出科学的结论。虽然探索性实验是带有尝试性质的，但仍然是有一定的目标和方向的，只不过验证性实验的目标更具体。

3. 定性实验和定量实验

各种研究对象都具有“质”和“量”两个方面的特性。如生物激素对生物体的生长、发育等一系列生理作用有重要影响，这是生物激素“质”的方面。同时，激素浓度的高低对生物体的生长发育以及各种代谢所起的作用是不同的，甚至是相反的，如吲哚乙酸(即植物生长素)的不同浓度对植物的同一器官的生长所起的作用是不同的，这是生物激素“量”的方面。由此说明，“质”和“量”在生物学实验中的作用都是不可忽视的。

定性实验是判断研究对象具有哪些性质，并判定某种物质的成分、结构或者鉴别某种因素是否存在，以及某些因素之间是否具有某种关系的一种实验方法。一般来说，定性实验要解决的是“有与无”“是与否”的问题，这是一种最基本的实验方法。定性实验在生物科学研究中占有十分重要的地位，多用于某些探索性实验的初期阶段。它主要是把注意力集中于了解研究对象“质”的特性面，是进行定量实验的基础。只有首先确定了某种因素是否存在以及不同因素间是否有联系，才可能进一步研究某种因素不同“量”的影响。也只有通过定性实验，了解和掌握了研究对象及其相关因素的定性组成以及大约含量，才有可能正确运用定量分析的方法进行定量实验。

为了对研究对象的性质、组成以及影响因素有更深入的认识，就必须探究它们之间的数量关系，否则得出的结论就可能是相反的。上述生长素对植物生长的影响就是很好的说明。这种揭示各因素之间数量关系的实验称为定量实验，其中测量是定量实验的重要手段和方法。

由于生物学实验的研究对象及其环境影响的复杂性，生物学实验中的定量往往难于把握，也很难形成如物理学中的或化学中的“玻意耳-马略特定律的数学表达式”等函数关系。因此，以往在生物学实验中不重视定量实验，而当今现代生物科学的迅猛发展，特别是生物科学与计算机、信息学、数学等多学科的交叉渗透，生物学实验中的量化也可以逐渐用数学函数式来表达。如中学生物学实验中涉及的pH与酶的促进生长抑型生长活性的关系，植物的光合作用与环境的温度、二氧化碳浓度、光照强度等的关系，生物体内微量元素对生物代谢的影响，亲代及其环境对生物遗传力的影响等，都有其相应的数学表达式或函数曲线图来表达。

定量实验有定性实验所不能取代的作用，它能够从测量到的具体数量上准确地判定研究对象所具有的某种性质及其各种因素之间的函数关系或相关关系，从而更深入地揭示其生命运动的本质规律。

中学生物学教学中设计一些定量实验不仅可以帮助学生树立“量化”意识，学会用数据表达实验结果的科学方法和严谨的科学态度；还可以通过探寻各因素之间的量化关系，进行逻辑思维的强化训练。

4. 比较实验

比较实验是通过对照或比较来研究和揭示研究对象某种属性或某种原因的一种实验方法。这种实验要设置两个或两个以上相近似的实验组，一个是对照组，作为比较的标准；另一个是实验组，通过某种实验步骤，在两组之间判定实验组是否具有某种性质或影响。

在实际研究中，根据需要，又把比较实验分为相对比较实验和对照比较实验。①相对比较实验是在两种或多个相似组样之间进行比较，以确定实验组样之间某种特性上的异同、优劣。生物学中的比较解剖实验是典型的相对比较实验。例如：对双子叶植物和单子叶植物的各个器官进行比较观察，对脊椎动物五个纲的代表动物中的神经系统、循环系统、消化系统等八大系统进行比较观察等，都是相对比较实验。同一物种在不同环境中引起的形态方面的变化，或不同物种由于生活在相同的环境中发生的系统的趋同效应，也可以进行比较。②对照比较实验是在两个相近似的实验组中进行，其中一个是已经确定其结果的事物，称之为“对照组”，让其自然发展，实验者对之不加干涉；另一组是未知的、需要研究的事物，称其为“实验组”。将实验组中的未知因素同对照组的已知因素进行对照比较，通过对实验组的人为干预，以确定该因素的影响作用。对照比较实验在生物学研究的各种实验中是广泛应用的。

依据对研究对象的影响与否，又可以将对照比较实验分为“阳性对照”和“空白对照”。①阳性对照。给对照组施以已经被证明是一种有效的处理因素。例如，实验者在研究一种新的抗生素时，可以用已经被证明有抗菌作用的青霉素或其他抗生素作对照。经实验，如果这种新的抗生素与有效的青霉素有同样的作用，则这种抗生素的抗菌作用得到证明；反之，则被否定。用青霉素作对照的组样称为阳性对照组。②空白对照。给对照组施以对研究对象没有任何影响的处理因素，这样的对照叫空白对照。需要说明的是，“空白”绝不是什么影响因素都不给予，而是针对实验组所要研究的因素给予空白，以突出或纯化所要研究的因素。例如，以小白鼠为材料进行抗癌药物的实验时，在其他条件相同的情况下，实验组给予的是溶解在棉籽油中的抗癌药物，对照组则必须给予等量的棉籽油作空白。如果实验组给予的是溶解在生理盐水中的抗癌药物，则对照组就应给予等量的生理盐水作空白。在对人类进行实验时也应注意空白的含义。例如，在研究一种叫做“生脉散”的药物对运动员消除疲劳的作用时，实验组服用的是生脉散糖水制剂；而空白对照组并非什么都不服用，而是服用5%的淡糖水作为空白，也称“安慰剂”。这种安慰剂的颜色、浓度、剂量与实验组服用的生脉散完全一样，这样才能保证消除溶解生脉散的糖水的影响，也可以避免人在服用药物时因心理因素影响所导致的实验误差。

在对照比较实验中，为了获得可靠的实验结果，应该注意以下两点：第一，除了用于比较的因素外，其他因素必须加以严格控制，并尽量趋于相同；第二，要注意消除实验中的系统误差，这需要采取随机方法抽取样本，并运用数理统计的方法来做出显著性检验。

相对比较实验和对照比较实验虽然都是通过比较的方法进行实验，但两者的不同在于相对比较实验只是对比较的双方做出差异的鉴别，而对照比较实验需要通过与已知因素的对照来确定未知因素的影响或作用。因此，对照比较实验中对相关因素的控制作用即人为干预的作用相对更大。

5. 析因实验

生物科学史中的一些实验，是生物学家针对某些生命现象或生命运动的变化来寻找其原因而进行的，这种实验称为析因实验。

有些生命现象或生命运动的变化是在偶然之中发现的，如俄国生理学家、心理学家、高级神经活动学说的创始人巴甫洛夫，就是在偶然之中发现饲养员的脚步声与狗的唾液分泌之间的关系，并追根溯源地进行了一系列的实验；又如，1780 年，意大利生理学家伽伐尼无意中发现挂在铁架子上的青蛙标本的腿抽搐了一下，为了弄清蛙腿抽搐的原因，伽伐尼进行了大量的实验，最终找到了原因，并发现了“生物电”。

析因实验的特点是：结果是已知的，即所表现出的生命现象是客观的、可见的，而影响或造成这种现象或结果的各种因素，特别是主要因素是未知的。通过析因实验对未知原因的探索，常常导致科学上的重大发现或科学理论的建立。

析因实验还可以用于探索性实验中实验现象和结果与预期的不一致，或实验出现了异常现象时，在解决实际生活或生产中的具体问题时，也常会用到析因实验。

6. 模拟实验

实验者在进行生物学实验时，就是按照研究目的，利用一定的手段，去控制和干预研究对象或研究过程中的某些因素。但是，自然界中有许多现象是人们难以直接控制和干预的，这些现象包括：被研究的对象在时间上或空间上极为遥远，如地球上的生命起源距今已有 30 多亿年，且现代人很难再直接看到生命现象自然发生的过程；或被研究的对象涉及的范围广泛，或者存在和发展的延续时间很长，如寿命长的动物、植物的遗传变异和自然选择；或以人作为研究对象时，为了保证人的安全和健康而不能把人直接用于实验。因此，必须采取模拟的方法，即通过模拟实验才能进行。

1)模拟实验的含义

模拟实验是在实验研究工作中，由于对研究对象不能或不允许进行实际实验，为了取得对研究对象的认识，根据已知的事实、经验和一定的科学理论，设计和构想出研究对象的“替代物”，通过对替代物的实验，以获取研究对象的信息和资料，这种实验就叫做模拟实验。

模拟实验是根据相似性原理，用模型来代替研究对象，这种实际存在的研究对象叫“原型”，而模拟的“替代物”叫“模型”。在实验研究中，实验手段只直接作用于模型，而不直接作用于原型。由此可见，模拟实验是将模型实验的结果类推到原型上去，以揭示研究对象的本质和规律的一种研究方法。

2)模拟实验中的模型

根据模拟实验的含义，可以将模拟实验的构成用下图表示出来。模拟实验的产生，使实验者突破了传统的生物学实验的思维模式，同时也使生物学实验过程中又增加了一种特殊的要素——模型。那么，模型在生物学实验中有什么样的作用呢？对实验者来说，模型是研究对象；对原型来说，模型是替代物，所以它可以成为实验者认识原型的工具。模型的这种双重作用，决定了模拟实验在生物学实验和生物科学研究中的重要性。

实验者⟺实验手段⟺实验模型⟺实验原型

模拟实验中的模型大致可以分为两大类，一类是理论模型，另一类是实物模型。理论模型包括图像模型、逻辑模型和数学模型等。理论模型的特点就在于它的抽象性，它的替代物是数字、公式等，现代生物学实验中常常运用这类模型。另一类实物模型的替代物是具体的实物，它可以被人的感官直接感知，并与原型在结构或功能上相似。

按其来源的不同，实物模型又可分为自然模型和人造模型。自然模型是人们从自然界已有的事物中选择出来代替原型作为研究对象的事物。例如，在医学中，选择某种动物作为人类的模型进行药物反应实验。自然模型在生物学实验中有着广泛的应用，但它也有其自身的局限性，这主要表现在：由于客观条件的限制，人们往往难以找到相似程度比较高的自然模型。人造模型是指人工制造出来的代替原型进行实验的某种装置。人造模型是通过人的控制，人为地制造出与原型更为相似或更为一致的模型，它可以克服自然模型的局限性，从而使得模拟实验的结果更为精确和科学。

2.3.2　中学生物学实验课程类型概述

中学生物学实验是中学生学习生物学课程的基本方式之一。中学生物学教师应该首先了解中学生物学实验的基本类型和实验教学的作用，在准备实验教学的工作中，教师还要研究并明确实验教学的目标，并能够根据实验教学目标制定出学年和课时的实验教学计划。

按照传统的中学生物学实验课程类型分类，可将现行的中学生物学课程中的实验，依据实验实施的主体而分成：学生独立实验与教师演示实验。如果是以学生为主的实验部分，按其实验的作用来分大致有三种类型：一是强化学生实验技能的操作性实验；二是通过实验结果或结论去验证生物学的理论和规律的验证性实验；三是通过实验结果或结论去探究生物学规律的探究性实验。如果是以教师为主的实验部分，则叫演示性实验。

本书将中学生物学实验以操作性实验、验证性实验、演示性实验、探究性实验四大类型在第三章中分别呈现阐述，并对师范生进行实验技能的强化训练。

1. 操作性实验的概述

操作性实验是指在教师指导示范下，中学生运用已学到的知识，反复练习，从而在身心全面协调下，准确把握实验方法要点，高效地完成实验动作操作能力目标的实验。

操作技能与知识学习方式不尽相同，知识主要通过语言文字等形式传授、领会、获得，而操作技能在领会要点后必须亲自实践学习，并经过多次反复练习后才能熟练掌握其中的技巧。

2. 验证性实验的概述

验证性实验是指教师在课堂上先讲授知识，后组织学生实验，让学生用实验结果或结论来验证已学过的基本原理和基础知识。此类实验教学的一般步骤和方法是：①引导学生运用已学的知识和理论去分析实验原理以及实验应出现的结果；②让学生了解为达到实验目的应采用哪些仪器、用具、材料、药品；③让学生学会实验的方法和步骤，并按照操作规范进行实验；④通过对实验现象的观察和分析得出结论，验证和巩固已学过的知识；⑤帮助学生对实验中出现的误差做出判断和纠正，达到实验的教学目标。

开展验证性实验教学，应根据学生接受能力和实验目标，决定实验组织形式(如：模仿式、分段式、自主独立式)。验证性实验对于学生理解和巩固基础知识，学习和掌握实验基本技能是很有好处的。但是，从培养学生创造性思维和主动获取知识的能力方面看，验征性实验有其局限性。

3. 演示性实验的概述

演示性实验主要操作者是教师，学生主要是观察、领悟。所以，演示实验只需要一套装置就能满足全班学生的观察。

在演示实验中，教师实验能力的高低决定着演示教学的效果，因此教师必须做到：①在演示前，要认真备课，明确该实验所要达到的目标要求，并围绕目标要求处理好实验和讲课的关系；设计好演示程序；选择好实验材料、实验装置、实验方法、确定实验时机以及对学生提出的观察要求和思考问题。②在演示时，要注意实验操作的精确性和规范化，指导学生正确的实验方法。同时，要注意实验的教学性，通过实验突出教学重点，教师要交代清楚学生难以理解的内容。③注意发挥演示教学的示范作用，因此演示实验的现象必须明显，以体现“示”的作用。④而“范”则是教师操作一定要规范，这对培养学生规范化的实验操作起示范、指导作用。

因为演示实验能紧扣课堂教学环节，又以其形象生动的教学效果和灵活多变的实验方式，有效地配合了生物课堂教学，从而有利于提高学生学习的兴趣，推进学生对知识的理解和掌握。

在教学过程中可配合讲授或课堂讨论紧扣各个教学环节，进行演示实验。演示时机可依据不同的教学目标而定，如为了引起学生的学习兴趣、激发其求知欲望，在讲授新课时进行演示以便于导入新课；如为了学生学习生物学理论提供必要的感性知识，可在讲授新课中进行演示实验；另外，在学生实验课上，也可以进行演示实验，其目的是为了给学生正确使用实验仪器和掌握实验方法做出示范。

1)演示实验的类型

如果按照演示实验目的来分，一般分为获得新知识的演示实验，验证、巩固知识的演示实验，指导学生进行实验的演示实验三类。如果按照演示实验的内容范围来分，大致可分为全过程演示实验和片段演示实验两类。

(1)对于获得新知识的演示实验，多采用边讲边演示或边演示边谈话的方式。实际上这是一种实验归纳法，它是演示在前，结论在后，实验是获取新知识的手段。进行这类演示实验教学时，教师说明讲授的课题之后，不暗示任何结论便开始一边演示，一边用语言引导学生观察主要实验现象，启发学生对实验中某些变化发生的原因进行思考，对实验结果进行分析，从而得出科学的结论或新的知识。

采用这种演示实验的教学方法应注意以下方面。①在演示时，教师可配合操作采用自述、谈话等方式，引导学生注意观察、思考，让学生看懂实验，注意实验条件和观察实验现象。②实验结束后，教师应启发学生自己来解释实验现象，并尝试作出结论，培养学生的思维能力。③实验归纳法是一种由特殊到一般的认识过程。由于实验常常是取一个特定对象，所以即使得出了结论也还是属于特殊的(个别的)结论，必要时需再做实验才可以得出结论，最后由这些结论归纳出总的结论(或一般结论)。如为了使学生认识细胞吸水原理，可按照课本介绍的材料、方法进行演示实验。实验完成后，应向学生说明，用其他实验材料，用不同实验方法，也能了解细胞吸水的原理。④可以演示实验的全过程，也可演示实验的片段。

(2)对于验证、巩固知识的演示实验，一般是在讲授新课后进行，以达到加深理解、强化记忆的目的，用来巩固和印证所讲的知识。此类实验教学是推理判断在前，实验验证在后，是一种从一般到特殊的认识方法，即演绎法。其教法是教师在开始讲一段内容时先提出结论，然后一边演示，一边说明，最后用实验结果证明开始提出的结论是正确的。教师可以根据学生具体情况，让他们参与设计演示实验的方法和步骤，从而来帮助学生巩固已学知识和培养学生应用知识解决问题的能力。同时此类实验教学是在学生获得新知识后进行的，因而学生是在已有一定理论和知识的基础上进行观察，所以能预见实验的结果，教师可利用这一特点来启发学生思维，充分运用和巩固已学的知识。若演示实验结果部分，必须在演示前向学生介绍前段的实验情况，既可以由教师讲述，也可以请参加过前一段工作的学生汇报，还可以出示前一段实验的装置。若演示的只是一个需较长时间才能完成的实验的开始部分，那么实验的过程和结果必须在课后组织学生继续观察，教师事先拟好观察提纲或表格，提出具体的观察要求，指导学生观察的方法，完成实验记录。

2)演示实验教学中需要注意的几个问题

(1)演示实验必须目标明确，能说明问题。任何一个演示实验，对于落实认知领域和情感领域的实验教学目标都有很大作用，有助于突出教学重点，解决教学难点。所以，不仅教师要明确演示目标；而且要使学生明确演示目标，并通过具体的实验操作过程达到实验目标，充分发挥演示教学的作用。

(2)演示实验必须现象明显，可见度高。为了使实验现象明显，可见度高，让课堂上所有的学生都能看得清楚。因此，教师在设计演示实验时就应该注意实验现象要显著，合理使用投影设备，采取多种的方法使观察的主体对比强烈，产生好的效果。

(3)演示实验装置要简单，准确可靠，确保实验成功。要排除次要因素的干扰，便于教师操作，便于学生理解实验装置。为此，教师事前备课要充分准备、仔细操作、掌握好演示条件、熟悉仪器性能、做好演示前的预试工作。

4. 探究性实验的概述

探究性实验是指教师在实验前不告诉学生实验将会出现什么现象，实验结论是什么，而是让学生带着问题，自己动手进行实验观察，在实验过程中去探究、发现、获得新知识。

探究性实验整个过程虽然是让学生带着问题自己做实验，但也是在教师控制下进行的。事先教师准备好一定的仪器、用具和药品，帮助学生确定好实验的方法等，观察实验步骤和进度，管理控制学生的探究活动在一定范围内规范地进行，并时时进行启发与指导。

探究性实验教学的一般步骤和方法：①教师根据教科书或教学目标要求，从生产生活中提出与教科书有关的探究性课题，刚开始时应选一些容易观察、操作简单、结论浅显的实验内容，以后逐步提高探究要求；②使学生明确实验目的、方法和步骤；③学生在教师指导下实验，掌握感性材料，结合讨论探究问题，得出结论；④教师引导学生进一步思考，通过实验结果和结论概括出概念、规律和定理。

探究性实验教学符合“实践－认识－再实践－再认识”的学习规律。学生是在亲自动手实验过程中获取知识的，因此大大提高了对知识的理解程度和巩固率。这种实验教学方法能很好地培养学生的思维能力、分析综合能力和解决实际问题的能力。对培养学生实事求是的科学研究态度、训练科学探究的基本方法等方面都有很大作用。这种实验教学还为学生创设了一种情景，能使学生进入积极的动脑、动手状态，从而激起学生学习的内在动机，提高学生对现象的观察、问题的探究、概念的形成，使知识的理解、结论的检验、思维的发展融为一体，非常有利于学生掌握科学的逻辑思维方法和提高解决问题的能力。但这类实验难度较大，花费时间较多，一般宜在学生掌握了科学实验的一些基本知识和具备一定实验技能的基础上使用这类实验教学方法。同时，与此相适应的是使用这种教法的教师必须要有扎实的专业基础知识和较强的实验教学能力才能适应探究性实验教学的要求。

2.4 中学生物学实验课程的教学设计

中学生物学教师在准备实验教学的工作中，首先要进行中学生物学实验教学的整体构思与设计。实验课程的教学设计应包括：教学内容分析、教学对象分析、编制教学目标、选择教学策略与方法、设计教学评价等，其教学设计的一般工作流程如图 2.1 所示。

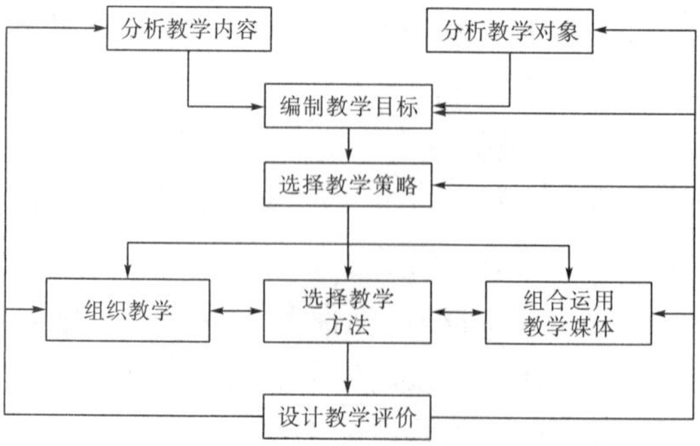

图 2.1 实验教学设计的工作流程图

2.4.1　中学生物学实验课程教学目标的设计

实验教学目标应该是准确具体的，是可操作和可检测的。实验目标是实验教学的核心，教师应认真钻研“课标”和教科书，根据每次实验的具体内容，了解教科书的横向和纵向联系，根据学生的实际水平制定实验教学目标，切忌把实验教学目标定得低于或超过学生实际。

2.4.1.1　确定实验课程教学目标的依据

1. “课标”是确定实验课程教学目标的根本依据

“中学生物学课程标准”是中学生物学教学实施的纲领性文件。中学生物学实验课程的开展与任务的完成均与生物学知识目标、能力目标、情感态度与价值观目标相互关联。因此，依据“中学生物学课程标准”中的“中学生物学课程目标”是确定中学生物学实验课程教学目标的指导思想和根本依据。

1)中学生物学课程目标的结构

中学生物学课程目标的结构按照“中学生物学课程标准”的界定，是由三部分组成：知识目标、能力目标、情感态度和价值观目标构成，简称“三维”目标。三维目标在课程实施过程中是一个有机的整体，并通过相互渗透构成了中学生物学课程目标的完整结构体系，如图 2.2 所示。

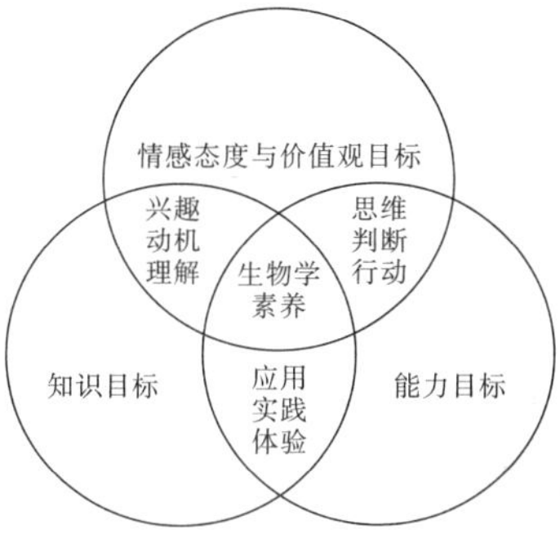

图 2.2　中学生物学课程目标结构图①

2)中学生物学课程目标的具体内容

(1)初中生物学课程目标的具体内容。在义务教育的初中生物学课程标准中，生物学课程目标的总目标是如此表述的：“通过义务教育阶段生物学课程的学习，学生将在以下几方面得到发展：获得生物学基本事实、概念、原理和规律等方面的基础知识，了解并关注这些知识在生产、生活和社会发展中的应用。初步具有生物学实验操作的基本技能、一定的科学探究和实践能力，养成科学思维的习惯。理解人与自然和谐发展的意义，提高环境保护意识。初步形成生物学基本观点和科学态度，为确立辩证唯物主义世界观奠定必要

① 引自：广东省教育厅教研室(2005)。

的基础[①]”。而在初中生物学课程标准中，生物学课程目标其具体目标则明确规定了生物学课程的知识、能力、情感态度与价值观的目标应当达成的具体内容。

根据“初中课标”，知识目标的内容包括下面三个方面：①获得有关生物学基本事实、概念、原理、规律和模型等方面的基础知识，知道生物科学和技术的主要发展方向和成就，知道生物科学发展史上的重要事件；②了解生物科学知识在生活、生产、科学技术发展和环境保护等方面的应用；③积极参与生物科学知识的传播，促进生物科学知识进入个人和社会生活。

根据“初中课标”，能力目标的内容包括下面三个方面：①能够正确使用一般的实验器皿，掌握采集和处理实验材料、进行生物学实验的操作、生物绘图等技能。②能够利用多种媒体搜集生物学的信息，学会鉴别、选择、运用和分享信息。③发展科学探究能力。

根据“初中课标”，情感态度与价值观目标的内容包括下面六个方面：①初步形成生物体的结构与功能、局部与整体、多样性与共同性相统一的观点，形成生物进化观点和生态学观点，树立辩证唯物主义自然观，并逐步形成科学的世界观。②关心我国的生物资源状况，对我国生物科学和技术发展状况有一定的认识，更加热爱家乡、热爱祖国，增强振兴中华民族的使命感与责任感。③认识生物科学的价值，乐于学习生物科学，养成质疑、求实、创新以及勇于实践的科学精神和科学态度。④认识生物科学和技术的性质，能正确理解科学、技术、社会之间的关系。能够运用生物科学知识和观念参与社会事务的讨论。⑤热爱自然、珍爱生命，理解人与自然和谐发展的意义，树立可持续发展的观念。⑥确立积极的生活态度和健康的生活方式。其中结合教学内容最紧密的是树立辩证唯物主义自然观的教育。

(2)高中生物学课程目标的具体内容。在高中生物学课程标准中，生物学课程目标的总目标是如此表述的：“通过高中生物学课程的学习，学生将在以下几方面得到发展：获得生物科学和技术的基础知识，了解并关注这些知识在生活、生产和社会发展中的应用；提高对科学和探索未知的兴趣；养成科学态度和科学精神，树立创新意识，增强爱国主义情感和社会责任感；认识科学的本质，理解科学、技术、社会的相互关系，以及人与自然的相互关系，逐步形成科学的世界观和价值观；初步学会生物科学探究的一般方法，具有较强的生物学实验的基本操作技能、搜集和处理信息的能力、获取新知识的能力、批判性思维的能力、分析和解决实际问题的能力，以及交流与合作的能力；初步了解与生物科学相关的应用领域，为继续学习和走向社会做好必要的准备[②]”。

在高中生物学课程标准中，生物学课程目标其具体目标则明确规定了生物学课程的知识、能力、情感态度与价值观的目标应当达成的具体内容。

根据“高中课标”，知识目标的内容包括下面三个方面：①获得生物学基本事实、概念、原理、规律和模型等方面的基础知识，知道生物科学和技术的主要发展方向和成就，知道生物科学发展史上的重要事件。②了解生物科学知识在生活、生产、科学技术发展和环境保护等方面的应用。③积极参与生物科学知识的传播，促进生物科学知识进入个人和

① 引自：中华人民共和国教育部(2011)。
② 引自：中华人民共和国教育部(2003)。

社会生活。

根据“高中课标”，能力目标的内容包括下面三个方面：①能够正确使用一般的实验器皿，掌握采集和处理实验材料、进行生物学实验的操作、生物绘图等技能。②利用多种媒体搜集生物学的信息，学会鉴别、选择、运用和分享信息。③发展科学探究能力，初步学会：客观地观察和描述生物现象；通过观察或从现实生活中提出与生物学相关的、可以探究的问题；分析问题，阐明与研究该问题相关的知识；确认变量；作出假设和预期；设计可行的实验方案；实施实验方案，搜集证据；利用数学方法处理、解释数据；根据证据做出合理判断；用准确的术语、图表介绍研究方法和结果，阐明观点；听取他人的意见，利用证据和逻辑对自己的结论进行辩护以及作必要的反思和修改。

根据“高中课标”，情感态度与价值观目标的内容包括下面六个方面。①初步形成生物体的结构与功能、局部与整体、多样性与共同性相统一的观点，形成生物进化观点和生态学观点，树立辩证唯物主义自然观，逐步形成科学的世界观。②关心我国的生物资源状况，对我国生物科学和技术发展状况有一定的认识，更加热爱家乡、热爱祖国，增强振兴中华民族的使命感与责任感。③认识生物科学的价值，乐于学习生物科学，养成质疑、求实、创新以及勇于实践的科学精神和科学态度。④认识生物科学和技术的性质，能正确理解科学、技术、社会之间的关系。能够运用生物科学知识和观念参与社会事务的讨论。⑤热爱自然、珍爱生命，理解人与自然和谐发展的意义，树立可持续发展的观念。⑥确立积极的生活态度和健康的生活方式。

将义务教育生物学课程目标(即初中生物学课程目标)与高中生物学课程目标进行比较，其知识目标、能力目标、情感态度与价值观目标的比较如表 2.2 所示。

表 2.2　义务教育生物学课程与高中生物学课程目标的比较①

课程 / 比较内容 / 目标	义务教育生物课程	高中生物新课程
知识目标	* 获得人与生物圈的生物学基本知识、概念、原理和规律； * 获得人体生理卫生知识，促进生理、心理健康； * 知道生物技术在生产、生活和社会领域中的影响	* 获得生物学的基本知识、原理、规律和模型、科学史； * 了解生物知识在生产、生活和社会领域中的应用； * 积极参与生物科学知识的传播，促进生物科学走入生活
情感态度与价值观目标	* 培养爱国爱乡情感、使命感； * 热爱自然、珍惜生命，理解人与自然和谐的意义，提高环保意识； * 培养探索生命奥秘的兴趣、科学态度、创新精神和创新意识； * 初步形成主动参与社会决策意识； * 良好的生活习惯，积极健康的生活态度	* 了解国情、乡情，增强爱国和家乡情感、使命感、责任感； * 认识生物科学的价值，培养兴趣、科学态度、科学精神； * 正确理解科学、技术、社会的关系，运用生物知识参与社会事务的讨论； * 树立可持续发展的观点； * 确立积极的生活态度和健康的生活方式

① 引自：广东省教育厅教研室(2005)。

续表

课程 / 比较内容 / 目标	义务教育生物课程	高中生物新课程
能力目标	*具备一定的操作能力； *初步具有收集、利用信息的能力； *初步学会生物科学探究的一般方法，发展合作、实践、创新能力	*正确使用仪器，掌握采集和处理实验材料、实验操作、绘图方法； *运用多媒体搜集信息、鉴别、选择、运用、分享信息； *发展科学探究能力，主要是实验设计、分析能力、表达、表述、判断、反思、修改能力

3)中学生物学实验中知识领域的教学目标及其水平分类

中学生物学实验中，中学生需要运用已经学到的生物学知识，进行以验证、巩固、探究相结合的智力活动，并支持中学生自身能力、情感态度价值观目标的达成。例如，观察生物体的形态结构、解释分析实验结果，完成实验报告等。认知领域中的教学目标分成了三个层次水平：了解、理解和应用，这三个层次是遵循着从低层到高层的发展过程。中学生物学实验中认知领域的水平分类见表 2.3。

表 2.3　生物实验中知识领域的水平分类

水平分类	水平分类说明	行为动词		完成实验报告水平分类
		观察	思维	
了解	看清、记忆、再认	看见、认识	知道、记忆、说出	指出、注字、填写、列表
理解	知道操作与处理的原理、说明实验结论	比较观察、系列观察	比较、分析、综合、推导、设计	简述、辩解、说明、解释、总结
应用	运用有关知识与技能分析实验现象，解决实际问题	比较观察、系列观察	比较、分析、综合、推导、设计	剖析、解决、使用

4)中学生物学实验中能力领域的教学目标及其水平分类

中学生物学实验中的能力是指学生在学习过程中，在神经系统支配下，有关肌肉骨骼按合理的方式协调而顺利地完成某项工作的动作技能以及知识内化形成解决问题的内涵能力，即“动作技能+智慧能力”统称“能力”。而能力培养的教学目标达成是实验教学的主要目标之一，能力领域的教学目标制定时应从课程标准对实验教学的要求以及学生学习技能的心理特点等方面入手。

(1)能力要求的类别。①使用实验仪器、器具和药品的操作技能：使用放大镜和显微镜的技能；使用解剖器的技能(解剖剪、解剖针、解剖刀、镊子、解剖盘的使用方法)；使用各种器材器皿和配制试剂的技能。②采集、培养和处理观察实验材料的能力：制作装片、徒手切片、涂片和染色的技能；采集植物与昆虫，并制成标本的技能；培养常见植物与小动物的技能。③实验过程中的能力：如进行光合作用的有关实验及森林植物群落考察的相关技能。④绘图和记录的能力：如绘制显微图、实验图、观察记录和统计等技能。

(2)能力的教学目标。有的国家或地区将能力的形成过程以及相应的目标分为模仿练习、初步学会、正确操作、熟练操作和灵活应用五个层次。①模仿练习阶段：学生不能离开教师的指导。②初步学会阶段：教师只起指点作用，学生基本能完成实验操作。③正确操作阶段：学生不依靠教师的指导，能够独立正确地完成实验操作。④熟练操作阶段：学生能较快地进行规范操作。⑤灵活应用阶段：是操作技能的最高级阶段，能灵活地将学习到的操作技能运用于其他基础实验。

我国生物学课程标准将技能性目标分为：模仿水平和独立操作水平，见表2.4。能力目标序列的制订，是教师对实验教学做出的宏观上的安排，并且使每节实验课对学生都有明确的要求，前一层次的能力目标达成的程度教师应心中有数，本节课的主要技能要求应明了，对存在问题的补救措施应事先预设。

表2.4　我国高中生物课程标准技能型目标的分类和要求

	各水平的要求	内容标准中使用的行为动例
技能性目标	模仿水平： 在原型示范和具体指导下完成操作	尝试，模仿
	独立操作水平： 独立完成操作；进行调整与改进；与已有技能建立联系等	运用，使用，制作，操作，进行

5）中学生物学实验中情感态度与价值观领域的教学目标及其水平分类

情感态度与价值观领域的目标由低到高可以分为注意、接受、兴趣、满意等几个层次。在中学生物学实验中，不仅注意完成认知领域的教学目标与能力领域的目标，还应抓住实验时是最适宜对中学生进行情感培养的大好时机。因为在实验过程中，学生直接观察到了生命现象，因而在兴趣、好奇心等方面的情感培养上有其独特的作用。在认真、踏实、规范等方面对其进行要求和引导，会无形中对中学生的科学实验态度和科学素养培养上起到潜移默化和强化的作用。

综上所述，在确定实验课程的教学目标时注意兼顾认知领域、能力领域和情感态度价值观领域的“三维”目标，如“初中生物中观察植物细胞”实验的教学目标的确定，见表2.5。

表2.5　植物细胞实验的目标分析

实验内容	认知领域			能力领域	情感态度与价值观领域
	观察	思考	实验报告		
制作洋葱表皮装片	学会用放大镜观察	①将取下的洋葱表皮放在载玻片中的水滴中的道理； ②染色的原理	按照实验要求填写	①学会取材； ②熟练制作； ③会染色	培养耐心细致的作风
低倍显微镜的使用方法	学会用低倍显微镜观察洋葱表皮细胞结构	看不到物象或看不清物象的原因		显微镜的对光、调焦、视野中物象的观察	

此处特别注意：在实验课程的教学目标兼顾“三维”目标时，也应有侧重点在于：应尽力促成“课标”中的“能力目标”维度的达成，而“能力目标”的达成又不是孤立的，它又是与其他两个维度目标的实现而紧密联系的。

在实验课程中重点完成“课标”中的“能力目标”。而初中、高中两个学段中“能力目标”的要求在方向上虽然是一致的，但却有着明显递进的变化要求趋势。其中，初中学段更注意学生的实验操作技能的形成与初步的科学探究方法的训练。高中学段则更注意学生的独立实验能力的达成与更高段位的科学探究能力的发展。尤其在培养中学生的科学探究能力素养上，围绕着提出问题、做出假设、制订计划、实施计划、得出结论、表达与交流这 6 个科学探究过程提出了不同的学段要求。

实验教学目标既是指导设计整个教学过程的依据，又是衡量教学质量的尺度。所以，在制订课时计划时，一定要有明确的实验教学目标。

2. “教科书”是确定实验课程教学目标的基本依据

中学生物学教科书中，呈现出了具体的实验内容，教师应结合教科书中的每一个实验内容进行详细分析，将实验中要求达成的实验原理、知识内容——知识目标，能力的训练、科学探究能力的培养——能力目标，实验的良好习惯与规范、实验中的团队协作素养的培养——情感态度与价值观目标，进行逐一具体分析，从而将课标中对实验课程教学目标的宏观目标要求逐一具体为比较清晰的实验课程教学目标。

1)初中生物学课程内容的主线内容框架

初中生物学课程内容是以“人与生物圈”为主的课程体系，旨在培养初中学生的生物科学素养。其主线框架见图 2.3。

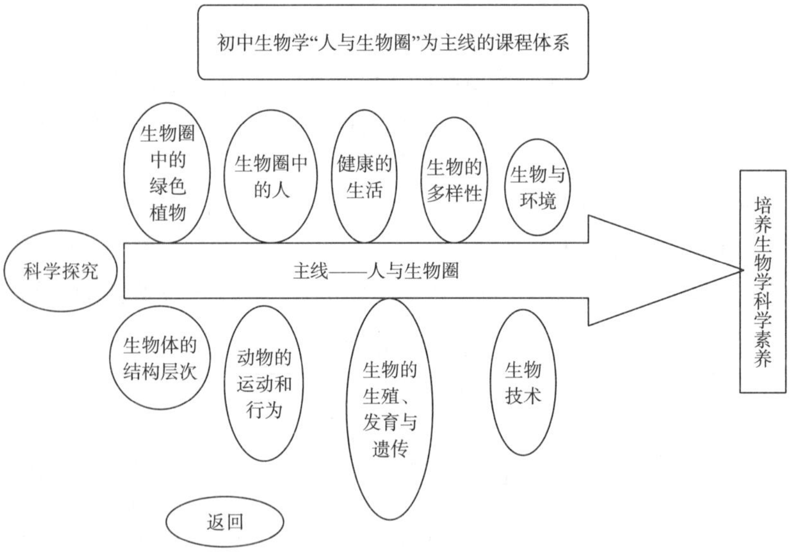

图 2.3 初中生物学课程内容的主线内容框架

2)高中生物学课程的模块内容框架

高中生物学新课程分为必修与选修两个部分，各包含三个相对独立的模块，每一模块都有一个明确的主题，并通过整合学生经验和相关内容，构成相对完整的学习单元。

必修模块 1：分子与细胞，其核心主题是：“细胞是生物体结构和生命活动的基本单位”。其从系统的构成、系统的物质交换和能量变换、系统的发生发展三个角度进行了展示和阐述，模块内容框架结构见图 2.4。

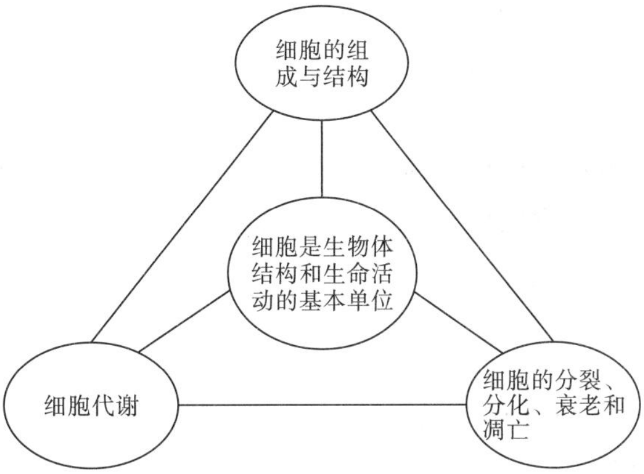

图 2.4　高中生物学必修模块 1："分子与细胞"内容结构

必修模块 2：遗传与进化，其核心主题是："生命的延续和进化"。其主要从生殖、遗传和进化三个角度进行了展示和阐述，模块内容框架结构见图 2.5。

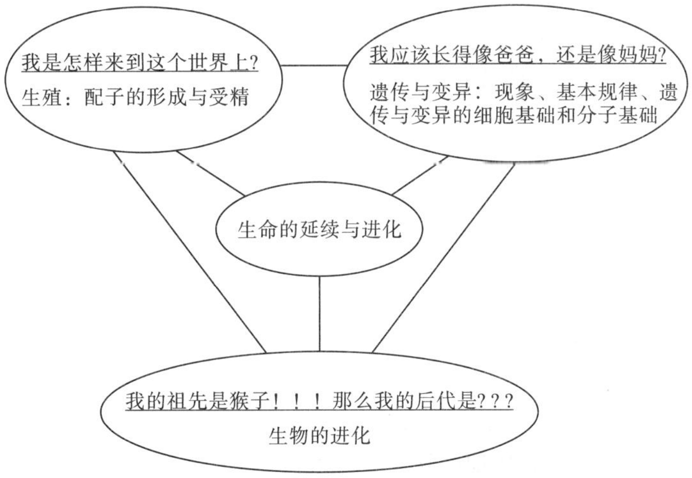

图 2.5　高中生物学必修模块 2："遗传与进化"内容结构

必修模块 3：稳态与环境，其核心主题是："变化的环境条件与生命系统相对的稳态"。其分别从个体和群体两个层次上进行了展示和分析，模块内容框架结构见图 2.6。

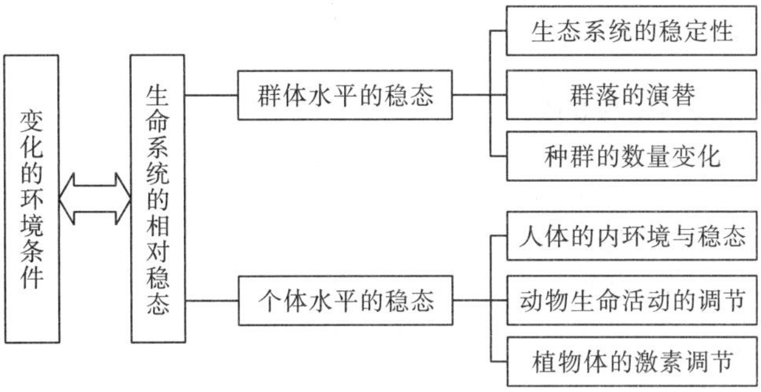

图 2.6　高中生物学必修模块 3："稳态与环境"内容结构

选修部分也由三个模块构成。选修模块 1：生物技术实践，重点是培养学生设计实验、动手操作、搜集证据等科学探究的能力，适合于继续学习理工类专业或对实验操作感兴趣的中学生选修。选修模块 2：生物科学与社会，突出了生物技术教育与人文精神的培养，适合于继续学习文科类专业的学生选修。选修模块 3：现代生物科技专题，旨在帮助学生了解现代生物科学和技术中一些重要领域的研究热点、发展趋势与应用前景，以开拓学生视野，增强科技意识，激发学生探索生命奥秘和热爱生物科学的情感，为学生进一步学习现代生物学奠定基础。

3）“学情”是确定实验课程教学目标的重要参考依据

在依据“课标”与“教科书”确定中学生物学实验课程教学目标时，应对教学对象——中学生进行“学情”分析，如教学对象——中学生的实验能力的初始情况、学习风格、学习需要、兴趣爱好、性格差异等，“学情”分析可以作为实验课程教学目标确定的参考依据。

2.4.1.2 确定实验课程教学目标的方法

首先，考虑“课标”活动建议所对应的具体内容标准中所要求的主要内容就是实验教学的目标。如探究酵母菌的呼吸方式，对应的具体内容标准是：说明细胞呼吸，探讨其原理的应用。因此，比较有氧、无氧条件下，酵母菌细胞呼吸产物种类和含量的差异，成为实验主要的知识目标。结合知识目标中所蕴含的辩证唯物主义观点，使学生经历和认同这些观点，就是情感目标。如上例中明显的唯物论观点是，外因是变化的条件，内因是变化的根据，外因通过内因起作用。所以，认同外界的有氧、无氧条件，通过酵母菌细胞内部结构，完成有氧呼吸或无氧呼吸，就是本次实验的情感目标。不要离开教学的实际内容，片面的附加其他泛泛而谈的大而空的目标，如“正确理解科学、技术与社会之间的关系”；或者泛化的提出一些任何实验都可能的目标，如“养成质疑、求实、创新以及勇于实践的科学精神和科学态度”。当然，这两种目标，在学生有特殊需要时，也可以特别考虑。但是完成此类目标，要附加很多其他实际内容。结合知识目标，设计实验发展科学探究能力，进行科学思维训练，就是实验的能力目标。因此，能够使用现有设备，设计并进行有氧呼吸和无氧呼吸的对比实验，即是本次实验的能力目标。结合学生成长需要，循序渐进的强调六个科学探究过程中的某一个或两个过程，也未尝不可，如“对实验现象做出合理的分析与判断”等。结合教学内容中，进行有氧呼吸和无氧呼吸的对比，进行寻找事物的异同及其本质与特性的训练，应该作为主要的能力目标。

1. 确定实验课程教学目标的要点

确定的实验目标要具体、要有可操作性、还能检测。实验目标一要具体，要根据实验的操作技能和心智技能的难易程度，把所定目标落实到某项技能上来，让学生学有可依，对达到目标充满信心，切忌所定目标笼统、模糊，让学生不知所云。确定的实验目标二要有可操作性，即目标是外显和可见的，一般采用外显行为动词来表述，如“能够模仿……”“能够说出……”“能够使用……”等。同时还要能具体落实到教学工作中去方便实现，一般摒弃“理解、掌握、把握……”不好落实的模糊行为动词。确定的实验目标三要能检测指的是，实验目标既作为实验开始前的“预设期望”，又是实验结束后的“达成结果”，所以要既可观察，又可量化，还能作为实验结果的检测评判标准，从而测定出学生实验是否实现了既定的学习目的。

2. 实验课程教学目标表述的方法

在当前新课程的实施中，实验课程教学目标表述的规范性要求如下所示（刘恩山，2003）。

(1)行为主体是学生(常省略)，即教学目标描述的是学生最后要达成的学习行为结果。所以，教学目标表述时，为了达成教学目标的行为主体是学生，即教学目标表述句中的主语应是学生。而不是像以往教学目标表述时主要强调教教师的行为，或以教师作为教学目标表述句中的主语去描述教师的教学程序或活动安排。

(2)行为动词恰当表述，即依据并参考“课标”的“学习目标的说明”中列举出的一些常用行为动词来恰当表述学生实验后要达成的可观察、可操作、可评价的行为动词(如认出、说出、举例说明……)，而不能用一些模糊的行为动词，如“了解、理解、掌握……”来表述。

(3)恰当表述行为条件(有时有、有时无)即有时需要限定学生在什么情况下或在什么学习内容范围里或在什么时间中去完成指定的学习目标。

(4)行为程度的准确表述(有时有、有时无)，即有时需要对学生的学习结果做出明确的程度与水准要求。

按照以上实验课程教学目标表述的规范性要求举例说明：通过学习碱基互补配对规则(行为条件)，学生(行为主体)能从已知 DNA 双链中腺嘌呤所占的比例正确地(行为程度)说出(行为动词)鸟嘌呤所占比例。

2.4.2　中学生物学实验课程教学手段方法的设计

实验教学手段方法是实现教学目标的媒介，也是完成实验教学内容的手段。因此，设计实验教学手段方法时，必须依据实验教学目标和实验教学内容的要求，同时教学理念也将直接影响实验教学手段和方法的选择。

2.4.2.1 选择实验教学手段方法的原则

1. 根据课程目标选择实验教学手段方法

国家课程标准在课程目标表述和分类上将其分为知识、技能、情感三个领域，这“三维”目标同样也渗透于实验课的教学中。

(1)根据知识目标选择实验教学手段方法。以生物学理论基础知识、生物学实验基础知识的学习为目标的实验，可选用讲授法、谈话法、讨论法等。借助这些方法可帮助学生认识生物学实验室的常用器皿(如显微镜的结构、使用等)、化学药剂、了解生物学实验中的基本实验操作技术(如制作装片等)，把握实验原理、过程及设计科学探究实验的一般方法。

(2)根据技能目标选择实验教学方法。以培养学生实验操作技能及其他相关实验能力为目标的实验，可采用讲授法、观察法、演示法、谈话法、探究法、讨论法等。生物学实验的过程往往是使用相关的实验技术按一定的步骤有序地开展的，在获得实验结论的同时要加深学生对知识的理解与深化，并实现相关能力(如科学探究能力、表达能力、合作学习能力)的培养。例如，“观察植物细胞的质壁分离与复原的实验”中，教师可通过讲授、演示，使学生学会制作洋葱鳞片叶表皮临时装片及其他相关操作的过程，借助显微镜这一工具观察植物细胞质壁分离与复原的现象，培养学生的观察能力，之后的讨论可使学生进一步认识发生渗透吸水的条件，并从中锻炼表达交流、合作学习的能力。

(3)根据情感目标选择实验教学方法。以德育、智育、美育为目标的实验教学可采用谈话法和讨论法。课程目标中的情感目标如关爱生命、保护环境等都可在实验教学中体现出来。实验完成后，对植物、小动物(如鼠妇)、废弃物的处理方式的思考有助于培养学生爱护生物、保护环境的意识。

然而，“三维”目标也不是孤立存在的，实验不仅包括生物学实验基础知识的获得和实验操作技能的掌握，同时也渗透着情感的教育。因此，在依托课程目标来选择实验教学手段方法时，也不能孤立地看待，而要结合具体的实验内容，权衡相应的目标来侧重选用特定的实验教学手段方法。

2. 根据实验课程内容选择实验教学手段方法

中学阶段所涉及的生物学实验，可分为：显微镜观察类实验，如“观察植物细胞的有丝分裂”“观察植物细胞的质壁分离与复原”等；鉴定类生化实验，如“生物组织中还原糖、脂肪、蛋白质的鉴定”“DNA 的粗提取与鉴定”等；生理现象分析类实验，如“比较过氧化氢酶和 Fe^{3+} 的催化效率”等及实习与实地调查类实验。根据不同的实验课程内容以及不同的实验类型，可侧重选择不同的实验教学手段方法。对于显微镜观察类实验来说，一般可选用讲授法、演示法、谈话法等，将显微镜的使用方法和操作中应注意的事项呈现给学生，同时使学生明白实验的基本原理，采用观察法观察显微镜下微观世界所发生的物质变化过程，并讨论其特点；鉴定类生化实验一般可先通过讲授法让学生明白基本的实验原理，之后进行探究实验、并观察实验现象，对实验结果的讨论有助于学生进一步认识和巩固所学到的理论知识；生理现象分析类实验侧重于对实验现象以及结果的分析，经过“观察－分析－讨论”这一过程，不仅能加深学生对知识的理解，同时也有助于锻炼学生的科学思维能力。另外，对于在中学内难以实施却有助于学生理解基本概念、规律的实验，可以采用模拟的方法来进行，例如采用模拟法对“性状分离比的模拟实验”的教学有助于学生理解遗传学的这一基本规律。

3. 根据学生情况选择实验教学手段方法

学生的情况包括学生的一般特征、学习风格、初始能力等。学生的不同特点虽未直接决定学生的学习方式、学习成绩，但仍然会对其产生一定的影响。因此，在进行实验教学时，如果能有针对性地根据学生的具体情况如年龄特征、认知成熟度、生活经验等，采用与之相适应的教学方法，则可以达到更好的教学效果。

4. 根据学校设备选择实验教学手段方法

不同的学校有其特定的条件，学生的情况、学校设备、环境都存在一定的差异。这种教学资源的差异影响着学校实验课的开设，进而影响着教师选用实验教学的手段方法。对于同样的实验内容，不同的学校需要根据当地实验材料的获得情况因地制宜地选择不同的实验材料，同时也需要根据学校自身的实验设施来选择与之相适应的方式。对于设备比较齐备的学校，实验课上可充分利用计算机辅助教学，向学生充分地展示实验发生的现象甚至微观的过程；不具备这些教学设备的学校则需要教师通过形象生动、富有感染力的语言、清晰的讲授以及清楚的演示来向学生展示这一过程；而对条件比较艰苦的一些农村学校而言，其周围的自然环境以及学生的生活经验也是生物课的一种教学资源，对生活经验的讨论也有助于学生对知识的深化，同时周围的实验材料也弥补了学校实验设备不完善的不足。

以上介绍了选择实验教学手段方法的一些原则，根据不同的分类方式可以选择不同的实验教学手段方法，然而这些手段方法并非唯一的选择标准。在具体操作的过程中，可以结合自身特定的情况，从以上几个方面或者其他方面综合地判断什么样的教学手段方式更适合各自的实验教学。

2.4.2.2　实验教学手段方法的设计

“教有法而无定法”，同样在实验教学也有多种多样的教学手段方法如：传统的、现代的、单一的、综合的手段方法，相互交织在一起。中学生物学教师根据实验内容、学校条件、学生实际情况进行选择与使用。

(1)实验教学常规手段方法的设计。常规的实验教学方法有讲授法、演示法、谈话法、观察法、讨论法、探究法、模拟法等，这些教学方法是实验教学中的传统教学方法，中学生物学教师可以根据实验内容、学校条件、学生实情进行使用。然而，这些实验教学方法并非彼此孤立，在教学中也常常将它们结合在一起。如在七年级生物上册(人教版)的“练习使用显微镜”这一实验中，不仅需要教师讲解显微镜的基本构造，还需要教师清楚地演示使用显微镜观察标本时的每一个细节步骤，并采用讲解、谈话等方式与学生交流以强调操作中的注意事项，适时的提问：“如果从目镜中看到的视野很暗，原因可能是什么？应该怎样处理?”这样有利于帮助学生理解实验的内涵，加深对实验操作过程以及现象的印象，并能引发学生进一步的思考。由此可见，多种实验教学方法可贯穿于同一实验中。然而，不同的实验方法在同一实验中并非具有同等的地位，在教学中可根据实验教学目标、实验教学内容、学生的具体情况以及实验设备和条件等的不同侧重于选择某一种或结合使用某几种实验教学方法。

(2)实验教学现代手段方法的设计。当前，信息技术的日新月异的发展，改变了传统的实验教学模式，极大地丰富了实验教学手段方法的更新，如：“显微数码互动实验教室”的师生、学生交互，“模拟演示生物学实验室”的实验模拟与演示的强大功能，“多媒体生物学实验室”的丰富课程资源的共享，另外 CAI 辅助等都提供给生物学教师更多的选择空间。

2.4.3　中学生物学实验课程教学评价与检测的设计

评价是一个对事物的判断过程。教学评价是指以教学目标为依据，通过多种方法系统地搜集各种信息，对教学效果做出判断，并对教学进行必要调整的过程(张可柱和张祥沛，2006)。中学生物学实验教学评价设计是中学生物学实验教学中不可缺少的一个重要环节。

2.4.3.1 中学生物学实验教学评价设计的依据

中学生物学实验教学的评价应以“初中课标”和“高中课标”为依据，从知识、能力、情感态度和价值观方面去客观、公正、合理地评价，使评价起到增强学生的学习自信心，提高学生学习生物学的兴趣，激发学生的学习动力，最终达到促进学生发展的目的。

在“初中课标”和“高中课标”的课程目标中，都从知识、技能、情感态度与价值观几方面提出了对不同学段学生的基本要求。

在“初中课标”中是如此表述的：“通过初中学段生物学课程的学习，学生将在以下几方面得到发展：获得生物学基本事实、概念、原理和规律等方面的基础知识，了解并关注这些知识在生产、生活和社会发展中的应用。初步具有生物学实验操作的基本技能、一定的科学探究和实践能力，养成科学思维的习惯。理解人与自然和谐发展的意义，提高环境保护意识。初步形成生物学基本观点和科学态度，为确立辩证唯物主义世界观奠定必要的基础①”。

在“高中课标”中是如此表述的：“通过高中学段生物学课程的学习，学生将在以下几方面得到发展：获得生物科学和技术的基础知识，了解并关注这些知识在生活、生产和社会发展中的应用；提高对科学和探索未知的兴趣；养成科学态度和科学精神，树立创新意识，增强爱国主义情感和社会责任感；认识科学的本质，理解科学、技术、社会的相互关系，以及人与自然的相互关系，逐步形成科学的世界观和价值观；初步学会生物科学探究的一般方法，具有较强的生物学实验的基本操作技能、搜集和处理信息的能力、获取新知识的能力、批判性思维的能力、分析和解决实际问题的能力，以及交流与合作的能力；初步了解与生物科学相关的应用领域，为继续学习和走向社会做好必要的准备②”。

生物学是一门以实验为基础的自然科学，实验课程是达成以上各学段生物学课程目标对学生所提出的各项要求所必不可少的。这是因为：第一，学生可以在实验课上培养多方面的能力，例如正确使用显微镜等生物学实验中常用的工具和仪器，具备一定的实验操作能力；初步具有收集和利用课内外的图文资料及其他信息的能力；初步学会生物科学探究的一般方法，发展学生提出问题、做出假设、制订计划、实施计划、得出结论、表达和交流的科学探究能力；在科学探究中发展合作能力、实践能力和创新能力等。第二，通过实验教学，学生可以进一步理解所学生物学的基础知识与相关原理并在实践中加深理解或运用。第三，生物学实验可以培养学生的科学态度和创新精神，认识科学的本质，理解科学、技术、社会的相互关系以及人与自然的相互关系，逐步形成科学的世界观和价值观等。

2.4.3.2 中学生物学实验教学评价设计的范围

根据各个学段课程标准的要求，中学生物学实验教学的评价内容也应当相应的包含生物学实验知识、技能、情感态度与价值观三个方面。

---

① 引自：中华人民共和国教育部(2011)。
② 引自：中华人民共和国教育部(2003)。

1. 对实验中知识目标达成的评价设计

(1)生物学实验的相关知识。生物学实验的相关知识是学生进行生物学实验的基础，也是中学生物学实验教学评价的基本内容。如：生物学实验开展的背景知识点，生物学基本事实、生物学概念、生物学定律等，实验的原理，实验设计的原则与方法，对实验结果的预测和分析，实验语言的组织与书面语言的表述等。

(2)明确生物学实验知识目标评价的行为动词。“课标”中以“行为动词”来描述生物学实验所需要的基础知识应该达成的目标状态，并将知识性目标的认知水平划分成了解、理解、应用三种水平。不同的水平用不同的行为动词来描述，所以对这些目标达到程度的评价也要符合相关行为动词的要求(表 2.6)。

表 2.6　对生物学实验知识的评价

认知水平	各水平的要求	用以评价的行为动词	举例说明
了解水平	再认或回忆知识；识别、辨认事实或证据；举出例子；描述对象的基本特征等	描述，简述，识别，列出，列举，说出，举例说出，指出，辨别，写出，排列	描述显微镜下人体口腔上皮细胞的特点； 简述动物学习行为的几种表现； 说出光学解剖镜下草履虫的基本构造； 指出动物细胞与植物细胞的异同； 辨别显微镜下根尖分生区的细胞位置
理解水平	把握内在逻辑联系；与已有知识建立联系；进行解释、推断、区分、扩展；提供证据；收集、整理信息等	说明，举例说明，概述，评述，区别，解释，选出，收集，处理，阐明，示范，比较，描绘，查找	说明 PCR 扩增 DNA 片段的实验技术的关键步骤； 概述生物组织中还原糖，脂肪，蛋白质等物质鉴定的原理与方法； 解释光照强度与光合速率的关系曲线； 查找有关生物模型制作方法的资料，并进行比较整理
应用水平	在新的情境中使用抽象的概念、原则；进行总结、推广；建立不同情境下的合理联系等	分析，得出，设计，拟定，应用，评价，撰写，利用，总结，研究	为高考学生设计一份备考的营养食谱； 应用预防传染病的基本原理，拟定关于社区预防 SARS 的行动方案； 探究蚂蚁的信息传递方式，并进行总结； 撰写出一个城市生活垃圾的处理方案； 研究绿化校园的创新设计方案

2. 对实验中能力目标达成的评价设计

1)“课标”对生物学能力的具体目标要求

“能力”既包括操作层面的“而动作技能”，又包括知识内化形成解决问题的内涵能力，即“智慧能力”，而“动作技能+智慧能力”统称“能力”；而且，知识是能力形成的基础。一般而言，我们很难把能力和知识分开去进行评价。对生物学实验能力的评价同样也需要进行全面的、综合的考虑。中学“课标”对实验操作的基本技能、实践能力、获取和处理信息的能力、科学探究能力等均有明确的表述。对中学生的生物学实验能力进行评价，必须首先清楚中学“课标”对实验能力的具体要求。解析中学“课标”，可以概括出对中学生的生物学实验能力评价的内容为：能够正确使用如显微镜等一般生物学实验中常用的器具，掌握采集和处理实验材料、进行生物学实验的操作、生物学绘图等技能；具有收集和处理以及使用信息的能力。

学会生物学科学探究的方法，发展科学探究能力，初步学会：①客观地观察和描述生物现象；②通过观察或从现实生活中提出与生物学相关的、可以探究的问题；③分析问题，阐明与研究该问题相关的知识；④确认变量；⑤做出假设和预期；⑥设计可行的实验方案；⑦实施实验方案，搜集证据；⑧利用数学方法处理、解释数据；⑨根据证据做出合理判断；⑩用准确的术语、图表介绍研究方法和结果，阐明观点；⑪听取他人意见，利用证据和逻辑对自己的结论进行辩护以及做必要的反思和修改。

在中学生物学实验教学的实际评价时，要根据“初中课标”与“高中课标”中的各项具体目标，对中学生的生物学实验能力做出比较准确的评价。

2)明确评价生物学实验的行为动词

参考中学”课标”的要求，可以用相应的行为动词对生物学实验能力进行评价。生物学“课标”将实验能力分为两个水平，即模仿水平和独立操作水平，不同的水平用不同的行为动词来描述，所以对这些目标达到程度的评价也要符合相关行为动词的要求(表 2.7)。

表 2.7 对生物学实验能力的评价

实验能力水平	各水平的要求	用以评价的行为动词	举例说明
模仿水平	在示范和指导下完成操作	尝试，模仿	尝试果酒和果醋的制作； 尝试进行某种植物无土栽培； 模仿植物芳香油的提取； 采用信息技术手段，模仿饲养小鸡、小鸭生殖发育过程
独立操作水平	独立完成操作；进行调整与改进；与已有技能建立联系等	运用，使用，制作，操作，进行，测定	制作肌肉牵动骨运动的模型； 制作泡菜并测定亚硝酸盐含量； 操作月季的花药培养； 运用数学模型解释生物种群数量变动的原因

对于实验能力内容的评价，可以进行常规的纸笔测验，更应注重对实验操作能力和科学探究方法的表现性评价(表 2.8)。

表 2.8 对生物学实验能力的具体评价

评价方式	能力评价主要指标	生物学实验能力评价主要指标中的具体内容分解
纸笔测验	利用信息的能力	客观地观察和描述生物学实验中的现象；收集、记录、分析、处理、运用实验数据；分析实验结果得出科学实验结论
	语言表达能力	准确地使用生物学相关术语表述实验目的、原理、设计、过程、现象、结果
	生物学实验绘图能力	掌握生物学实验绘图的技巧；生物学实验图大小、比例适当，美观整洁，客观、科学
	实验设计能力	明确实验目的；正确做出实验假设；明确实验原理；正确选择材料、用具；设计合理实验方法步骤；实验记录科学、准确、客观全面；科学预期实验结果；正确分析实验现象，得出实验结论
	实验报告撰写能力	生物学实验报告的格式规范；书面语言表达清晰、逻辑性强；内容真实客观；正确分析实验失败的原因
	创新思维能力	实验设计思路上的创新；实验选材上的调整；实验手段上的改革；实验方法上的变化

续表

评价方式	能力评价主要指标	生物学实验能力评价主要指标中的具体内容分解
表现性评价	观察能力	明确观察目的和任务；观察方法正确(如验证观察、比较观察、循序观察、动态观察)；观察过程细致、准确
	实验操作能力	实验熟练程度：正确地使用实验仪器；实验操作过程协调和流畅； 实验准确程度：实验操作规范、到位； 实验灵活程度：对意外情况作出恰当的和及时的处理； 实验完成程度：实验完成时间的快捷程度； 实验行为习惯：实验进行中的生物学实验素养情况，实验结束后对实验仪器和用具进行快速整理与回位的素质
	交流与合作能力	具有交流与合作意识；善于听取别人意见，改进自己实验方案；具有团队意识；善于与人合作

3. 对实验中情感态度和价值观目标达成的评价设计

1)明确评价情感态度和价值观的行为动词

参考中学”课标”的要求，可以用相应的行为动词对中学生的情感态度和价值观进行评价，对中学”课标”中的情感态度和价值观评价要求解析见表2.9。

表2.9　对中学”课标”中的情感态度和价值观评价要求解析

情感态度和价值观水平	各水平的要求	用以评价的行为动词	举例说明
经历(感受)水平	从事相关活动，建立感性认识	体验，参加，参与，交流，讨论，探讨，参观，观察	参加当地绿化志愿者小分队活动； 探讨怎样保护当地特色的生物资源； 讨论人的身心健康生活的实质内涵
反应(认同)水平	在经历基础上表达感受、态度和价值判断；做出相应反应等	关注，认同，拒绝，选择，辩护	关注地震灾区植被破坏情况； 辩护转基因食品与人类生活的正反关系； 关注全球变暖问题
领悟(内化)水平	具有稳定态度、一致行为和个性化的价值观念等	确立，形成，养成，决定	确立每天锻炼的计划； 形成向残疾人献爱心的定期活动； 养成乐观豁达的生活态度

2)情感态度和价值观的评价

在制定实验教学设计及其评价目标时，要注意适当使用对应的行为动词，准确表达一个课时中可以达到的目标。情感态度和价值观的评价应采用多种途径进行评价。由于情感态度和价值观都是内隐的个人品质，很难直接进行评价，可以采用“质性评价”的方式。“质性评价”是指在教师与学生的日常实验教学的接触、互动过程中，以观察(包括直接和间接的观察)和交流为主要方式，从不同角度了解学生，进而形成对学生的看法和判断。“质性评价”强调对评价对象进行全面、深入、真实的观察，描述评价对象的特点与发展趋势。日常实验教学活动为情感态度、价值观的评价提供了平台和载体。例如，教师可以观察到学生的实验态度与兴趣；是否具有积极参与实验，认真踏实地操作实验等；实验言行中的经历、反应、感悟情况，如一丝不苟、互助合作、严谨、规范、整洁与高效的情况等。对这些方面的考察可以综合运用观察、目测学生的言谈举止，学生实验结果与成果作品的交流展示等方式进行，还可以采用学生自评与互评等多种方式，为学生建立综合、动态的实验记录手册，全面反映学生的成长历程。

2.4.3.3 中学生物学实验教学评价设计的方式

突出评价的发展性功能是中学生物学新课程评价改革的核心，突出评价的过程性是开展发展性评价的基本策略。所以，中学生物学实验评价的核心内涵乃是要注重学生实验状况的过程性评价，实现评价目标多元化、评价手段多样化，强调形成性评价与终结性评价相结合、定性评价与定量评价相结合、反思性评价与激励性评价相结合。

综合以上评价的核心内涵，在中学生物学实验教学对学生具体评价中，可采用建立学生生物学实验记录卡、实验的纸笔测验、实验操作评价、实验探究能力的考察、访谈与调查结合的质性评价、表现性评价、设置学生实验成长记录袋等方法进行学生实验的评价。

1. 建立学生生物学实验记录卡

“学生生物学实验记录卡”是教师用于系统观察并记录学生平时实验课中情况的一种评价方式，也是教师和学生进行交流的工具(徐作英和赵广宇，2008)。通过记录卡，教师可以了解学生的学习行为，有针对性地指导学生实验学习；学生也可以清楚地看到自己在实验学习过程中取得的进步和存在的问题。一般情况下，记录卡只限于教师和学生本人之间进行交流，不宜向他人公开。记录卡可由教师根据本班学生的具体情况自行设计，主要项目包括以下几项：①学生实验课中的出勤情况；②学生在实验课上的表现；③学生在实验小组合作学习中的表现；④学生完成实验的情况；⑤教师对学生实验课表现的评价和完成实验报告的情况等。

2. 实验的纸笔测验

纸笔测验常用来作为评价学生学业成绩的一种常规方法，也是一种非常重要而有效的评价方式。评价的目的不仅要给学生阶段性实验学习的质量做出结论性评价或者评分，还要诊断学生在实验学习中存在的问题，便于教师和学生有的放矢、对症下药地进行解决。目前单元测评、会考、中考、高考的纸笔考试中都包含了部分实验内容。实验题在各类考试命题中占有非常重要的地位，是考查学生综合能力的有效方法。要充分利用好传统的纸笔测验，就需要教师编制好实验测试试题，对学生进行实验相关考察内容的测试。

1)编制实验的纸笔测验试题

首先，教师要明确测试的目的，是为了诊断教学缺失和学习困难还是评定学生等级还是甄别学生等。根据测验目的来选择测验的试题类型、测验时间、范围和内容等。

其次，把握中学生物学实验纸笔测试试题编制基本原则。①试题取材均匀，并具有代表性的实验内容。②试题的叙述应力求简明扼要，题意明确。③各个试题宜彼此独立，避免含有暗示答案的线索。④试题要避免错误，避免偏难的琐碎性的知识。⑤试题要有科学正确的答案。⑥多数试题难易适中，尽量避免太难或者太易的试题。⑦在试卷中，试题排列顺序上遵循先易后难。

再次，在命制生物学实验的纸笔测验试题时，在内容上主要考虑三方面。①突出实验基础知识和核心实验内容的考查。不必过分强调枝节内容和零散的知识，也无需过多注重对单纯的生物学实施过程、学生对有关内容的记忆情况以及还不了解的知识的考查；考查学生是否具有良好的实验知识体系或结构。②重视能力考查。实验纸笔测验试题主要在检测能力上，因此试题要注重考查学生运用所学知识解决实际问题的能力，信息采集、编译、导出能力，分析思考能力，书面表达能力等。③注重题型创新，如实验分析题适用于考查学生的原理应用能力，案例设计适用于考查学生的探究能力和表达能力。④兼顾情感、态度和价值观目标内容的考查。

最后，以实验教学目标为横轴，以实验内容为纵轴，设计双向细目表，尽量使试题的取材充分涵盖所要评价的实验教学目标和实验内容(刘恩山，2003)。根据双向细目表，选定测验的题型，并参考各类型试题应有的命题原则与技巧，从而设计并编制出实验的纸笔测验试题。

2)分析实验的纸笔测验试题

分析实验的纸笔测验试题，包括实验试题的分析和经过实验的纸笔测验试题测试后的学生答卷情况进行分析。

实验的纸笔测验试题测试后，经过对学生的答卷情况进行分析，可以衡量出命制的生物学实验纸笔测验试题是否科学，是否达到有效地对学生进行检测的目的，其衡量标准的量化指标如下所示。

(1)试题的难度(difficulty index)分析是指试题答对人数占总人数的百分比。难度值愈大，表示答对的人数愈多，说明试题愈简单；反之，说明试题愈困难。

(2)试题的区分度(discrimination index)分析是指试题能够区别答对和答错人数的百分比，具有衡量试题区别高低不同能力组群的功能。区分度愈大表示将能够答对和答错人数很好地进行了区别。

在实验的纸笔测试中，对学生经过实验纸笔测试后的学生答卷情况分析，主要是分析学生在解答试题的过程中反映出来的一些具体问题：是实验的背景知识点、实验的基础知识没有掌握，还是实验原理不明晰；是实验能力、信息能力欠佳，还是审题不仔细导致过失性错误等。同时，要有针对性地进行实验纸笔测验试题的变式训练，提高学生的实验纸笔测验的应对能力。

3)实验的纸笔测验试题案例

为了考核学生对基因突变，微生物的营养、代谢等核心知识的理解，在实验纸笔测验中可以编制如下试题：

下列是有关细菌 A 的 4 项实验：

实验 1　将 A 接种于一般培养基，结果出现菌落。

实验 2　用放射线处理 A，以产生 a1 突变种。将 a1 接种于一般培养基后，不出现菌落；但在培养基内添加营养物质甲后，出现了菌落。

实验 3　另用放射线处理 A，得突变种 a2。将 a2 接种于一般培养基后，也不出现菌落；但在培养基中添加营养物质乙后，出现了菌落。

实验 4　将 a1 和 a2 一起接种于一般培养基，数日后出现菌落。

请解释实验 4 中出现菌落的原因，并说明需要哪些证据才能使你的解释更为合理。

【点评】

本题以实验为背景，将基因突变，微生物的营养、代谢等核心知识通过细菌的培养综合在一起，既考查了学生对相关实验基础知识的理解和掌握，又考查了学生综合运用相关知识解决实际问题的能力。

3. 实验操作的评价

1)实验操作的评价内容

实验操作的评价主要包括科学态度、实验设计、实验过程和方法、实验效果等方面的评价。常使用多种评价工具或形式，评价学生在实际情景中应用生物学实验基本知识的能力以及在技能和情感态度领域的结果。

考查前，可以将考核内容提前告知学生，让学生有一定的准备时间，同时为学生实验操作准备好所需的各种材料和器具。考查过程中，让学生自主设计实验操作，自主选择所需的材料和器具，教师进行评价，参考表2.10。

表2.10 对学生的生物学实验操作评价表

项目	标准(优=总是；良=基本上；中=有时；差=很少)	评价
科学态度	积极参与、认真观察、如实记录、实事求是地报告实验结果	
实验设计	实验目的明确，实验设计有新意，仪器和用具准备充分	
实验过程与方法	按照实验室规章制度进行实验操作；了解实验器皿、药品的用途、原理、使用方法以及注意事项，能够科学正确地进行使用；实验操作逻辑顺序合理，操作规范，能预见实验室和野外研究中所存在的潜在危害并对自身实施有效的保护措施，在危险发生后能正确及时从容应对	
实验效果	按时完成实验；实验效果很好；能提出改进实验操作的建议或方法	
教师评价	教师评语： 教师签名：　　　　　　　　日期：	

2)实验操作的评价案例

“绿叶中色素的提取和分离”实验的评价

(1)确定评价目标和评价内容。

①知识目标：识记绿叶中的色素种类以及颜色。

②能力目标：初步学会提取、分离绿叶中色素的方法。探究绿叶中含有几种色素。

③情感、态度和价值观目标：培养科学、严谨的实验态度。小组合作学习。

(2)制定实验行为评价表2.11。

表2.11 “绿叶中色素的提取和分离”实验行为评价表

序号	内容	是	否
①	是否先检查材料、用具?		
②	是否正确处理菠菜叶片?		
③	向研钵中加入的药品以及用量是否恰当?		
④	过滤操作是否正确?		
⑤	是否正确制备滤纸条?		
⑥	是否正确收集滤液?		
⑦	是否正确画滤液细线?		
⑧	滤纸条上的色素带是否完全分离?		
⑨	做好实验后是否洗手、打扫卫生和整理?		
⑩	是否写好实验报告?		

续表

序号	内容	是	否
评价建议			

(3)制定实验操作评价量表(表 2.12)。

表 2.12　“绿叶中色素的提取和分离”实验操作评价量表

班级________学生姓名________教师姓名________

评价项目	评价要点以及标准	分数	评定分数	
提取叶绿体中的色素	取材：正确称量，菠菜叶去茎秆，剪碎	10		
	研磨：充分，快速。研钵上应加一纸盖	15		
	过滤：滤液收集于小试管中，及时用棉花将试管口塞紧	10		
制备滤纸条	形状规则；下端对称地剪去两角；用铅笔在下端 1cm 处画线	10		
画滤液细线	滤液细线画 2～3 次；滤液细线要细、齐	15		
分离叶绿体中色素	滤液细线不能淹没于层析液；用培养皿盖住小烧杯(或者用棉塞塞住试管)	20		
观察记录	滤纸条上出现四条色素带；色素带相互分离	20		
实验持续时间		累计分值		

(4)制定实验过程评价量表(表 2.13)。

表 2.13　“绿叶中色素的提取和分离”实验过程评价量表

考查内容	考察要点	同伴互评	教师评价
实验原理	①理解实验原理 ②了解实验所用药品的性质和作用		
实验过程	①收集的滤液颜色浓绿 ②滤液细线细、齐		
实验结果	从上到下有四条色素带，颜色分别是：橙黄色、黄色、蓝绿色、黄绿色		

【点评】：生物科学是一门实验科学，实验操作是生物学课程培养的重要能力之一。该案例是将学生在实验过程中的表现纳入评价视野进行全面评价，这种评价叫“表现性评价”。采用表现性评价除了观察学生在完成实验任务时的表现，还适合考查学生综合运用知识解决实际问题的能力，也适宜测评学生的情感、态度和价值观等非智力因素。这是一种对能力的行为表现进行直接评价的方法，也是当前流行的评价方法之一。

4. 实验探究能力的考察

培养学生的探究能力是中学生物学实验课的重要目标之一。在生物学实验教学过程中，对学生探究能力的评价重点应放在考查学生根据观察或生活经验发现有探究价值问题的能力，提出有效、准确、高质量的探究问题的能力，根据问题做出合理假设的能力，自行设计实验的能力，有步骤地进行实验、操作规范完成实验的能力。有时也需要综合运用纸笔测验、“质化+量化”等方法进行评价，同时也要关注对学生的情感态度、价值观的综合评价。

5. 访谈与调查结合的质性评价

1)访谈与调查结合的质性评价内容

访谈是中学生物学实验评价中收集具体情况和征求意见时常用的办法。对学生实验过程中教师观察收集到的信息，有时还需要进一步了解学生本人以及他人的看法或意见，这就可以采用访谈的方法。访谈时，教师需要事先设计好目的与要求，围绕目的与要求提问，并控制好访谈的议题中心，防止跑题。一旦出现跑题的情况，教师要及时干预。此外，要做好访谈记录，以便能顺利地将记录综合成评价报告。

调查也是中学生物学实验教学评价中的常用方法。调查问卷从短小的表格到详细的说明可以有不同的规格和样式。如何设计问卷使其能够恰当、高效地获得教师想要得到的信息，就显得极为重要。

例如，为了了解和评价学生对生物学实验的兴趣、态度、价值观等方面的发展情况，教师可以设计一份生物学实验调查问卷，在实验课开设之前、课程之中、结束之后各进行一次调查，比较分析调查结果。实施调查可以采用面谈或笔答的方法。

2)访谈与调查结合的质性评价案例①

说明：

(1)本调查纯属个人研究课题所需，别无他意，请如实填写，不要有任何顾虑。

(2)不用填写姓名和学校，只需选择所在年级即可(高二________、高三________)。

(3)答题时，请选择你认为最合适的答案，并将答案序号填入题后的括号里，谢谢！

1. 你喜欢做生物学实验吗？(　　)

a. 很喜欢　　b. 喜欢　　c. 较喜欢　　d. 不喜欢

2. 你做分组实验时，动手情况是(　　)

a. 每个实验都动手做　　b. 多数实验动手做

c. 少数实验动手做　　d. 从来不动手，只看别人做

3. 实验前，你常做预习吗？(　　)

a. 每个实验都预习　　b. 多数实验能预习　　c. 少数实验能预习　　d. 从不预习

4. 做某一实验前，你对该实验的目的(　　)

a. 很清楚　　b. 清楚　　c. 较清楚　　d. 不清楚

5. 你对“生物学实验”的理解是：(　　)

a. 实验是人为控制生物现象的过程　　b. 实验是研究生物学的重要方法

c. 实验课是动手课　　d. 实验就是在实验室上课

6. 你在实验观察中，发现过可疑的现象吗？(　　)

a. 经常发现　　b. 发现过　　c. 较少发现　　d. 从未发现过

7. 你对实验中观察到的现象，做记录吗？(　　)

a. 经常做记录　　b. 多数做记录　　c. 少数做记录　　d. 从不做记录

---

① 改编自：敏思博客：http：//www. blogms. com/StBlogPageMain/Efp _ BlogLogSee. aspx？cBlogLog＝1001497764.

8. 你能独立完成实验操作吗？（　　）

a. 全部能　　b. 大部分能　　c. 少部分能　　d. 不能

9. 你在实验中对实验仪器的不足之处提出过改进意见吗？

a. 多次提出　　b. 提出过　　c. 较少提出过　　d. 从未提出过

10. 你在实验中自制过简单的仪器吗？（　　）

a. 多次自制过　　b. 自制过　　c. 很少自制　　d. 从来没有自制过

11. 你们班的生物学实验分组情况是（　　）

a. 一人一组　　b. 两人一组　　c. 三人一组　　d. 四人以上

12. 课本上的“小实验”、“小制作”，你是（　　）

a. 全做　　b. 多数做　　c. 少数做　　d. 全没做

13. 你对生物学实验课时数的看法是（　　）

a. 多　　b. 较多　　c. 较少　　d. 太少

14. 自己设计实验数据记录表格的情况是（　　）

a. 全部自己设计　　b. 多数自己设计　　c. 少数自己设计　　d. 从未设计过

15. 你能独立完成实验报告吗？

a. 能　　b. 大部分能　　c. 少部分能　　d. 都不能

6. 表现性评价

表现性评价是一种新型的学生学业评价方式。其是指教师在学生完成一项具体的学习任务过程中，对学生的认知、情感、技能和学习成果进行的实际考查。这种评价的关注点是学生能够做什么而不是知道什么，它既可以了解学生在完成任务过程中所表现的行为、情感与心理过程，也可以评价经过学习过程之后所取得的外显的学习“产品”。这种方法联系学生对真实生活世界的体验，强调在真实的任务情境中对学生学业情况进行评价，所以西方评价学者也把它称作“真实性评价”。

表现性评价是利用一种行为量规来评价。量规是一种表格形式的评价工具，它既可以进行评价或者进行等级评价；同时也是一个有效的教学工具，可以进行学生的行为指导，是连接教学与评价之间的一个桥梁。

1）表现性评价的实施程序

（1）确定表现性评价标准。评价标准的来源主要有四个方面：一是国家课程标准；二是实践经验总结，如“仪器操作技能的评价标准”、“小发明的评价指标”；三是教师专业判断；评价标准与教学目标、课程内容、教学过程之间要高度一致；四是师生共同商讨，被评价者参与评价设计的程度越深，对评价过程的认同度越高，也就越愿意在评价中投入更多时间和精力。

表现性评价是一项具体的任务，可通过编制评价等级量表和细则来完成。按照习惯做法，表现性评价可划分为优秀、良好、一般和较差四个等级。在实际操作中，也可根据评价项目的不同，做出相应的等级划分。

（2）制定表现性评价的评分细则。在评价细则的制定方面，可以通过对表现进行等级描述来完成，通常描述应把握以下几点：①教师应先自行操作一遍，找出可能出现的情况；②列出实验操作的重要步骤，作为评价的标准；③标准的数量不宜太多，一般限制在

10～30 项；④评价尽可能用可观察、可测量、可量化的指标；⑤将标准按行为表现的先后排列，以方便观察和判断。

(3)编制表现性评价量规。评价量表可以由诸如 1～10 之类的数字构成，数字与质量水平相对应。评价量表也可由执行某种行为的频率(如：总是、基本上、有时、很少)构成，还可能由表现的一般特性(如：优、良、需努力)构成。

2)表现性评价案例

用行为量规指导学生练习使用显微镜[①]

一、教学内容分析

显微镜的使用在生物学课程标准中第二个主题“生物体的结构层次”中是要求学生学会的技能。正确规范的使用显微镜是生物学的基本技能之一，也是进而形成能力的重要因素。同时，使用显微镜可以帮助学生更加直观的认识动、植物细胞的结构特点，了解微观的生物世界，加深对生物学知识的学习，因此在有限的时间里要让学生熟练且规范的使用显微镜。

由于显微镜是中学生物学实验仪器中较为贵重的仪器之一。对于七年级学生来说，结构复杂且操作相对繁琐，要求他们在两课时的时间内记忆显微镜的结构、各部分的功能，同时学会正确操作显微镜是一件比较困难的事情。因此在传统的教学中，一般采用同步式教学：即教师面对几十名学生，边演示指导，学生边完成实验的过程。

现在的学生求知欲和探求事物的愿望很强烈。教师很难顾及到每一个学生，难免会出现相当一部分学生虽然学习了操作，但是却并不能够真正规范的进行操作。加上操作过程中存在的问题，自己并不清楚，不利于进一步的学习。作者发现使用表现性评价中的行为量规可以有效地解决这个问题。

二、量规的设计

根据国家课程标准和以往教学评价的要求，经过比较、分析，采用以操作技术、观察结果、知识掌握、安全与维护四个目标作为评价要素。将练习使用显微镜分解成取镜、安放、对光、观察、理解计算、收镜、清洁等几个步骤，再将每一个步骤细化并赋予不同的权重制作成评价量规，见表 2.14。

表 12.14 “显微镜的使用”评价量规表

实验者姓名： 班级：

实验日期： 评分人姓名：

实验步骤		序号	实验操作	权重	自评			他评		
					☺	😐	☹	☺	😐	☹
操作技术	取镜	1	①一只手握住镜臂，另一只手托住镜座取出显微镜	3						
		2	②将镜箱放回实验台下	1						
	安放	3	①显微镜离实验台边缘 10 厘米左右	3						
		4	②显微镜略偏左，镜筒向前，镜臂向后	1						
		5	③不得用手指接触镜头	2						

① 引自：何刚等(2008)。

续表

实验步骤		序号	实验操作	权重	自评			他评		
					☺	😐	☹	☺	😐	☹
操作技术	对光	6	①低倍物镜正对通光孔	5						
		7	②物镜前端与载物台保持 2 厘米左右距离	2						
		8	③选择遮光器上最大的光圈	3						
		9	④一只眼注视目镜，另一只眼睁开	5						
		10	⑤根据光线强弱正确选择使用反光镜	3						
		11	⑥对准室内散射光源，不使用太阳直射光源	3						
		12	⑦得到圆形的明亮视野，如日光灯的亮度	5						
	观察	13	①标本置于通光孔正中	5						
		14	②用压片夹夹住切片	3						
		15 15	③调节粗准焦螺旋，下降镜筒，注视物镜与玻片间的距离	6						
		16	④寻找目标时，左眼看目镜，右眼睁开，调节粗准焦螺旋，上升镜筒	6						
观察结果		17	⑤看到较清楚的物像	5						
		18	⑥调节细准焦螺旋，看到清晰的物像	5						
知识掌握	理解计算	19	①会移动玻片，寻找自己需要观察的对象	5						
		20	②知道观察到的物象与实际物象的关系	4						
		21	③会计算物像放大倍数	5						
安全与维护	收镜	22	①取下装片	3						
		23	②转动转换器使物镜离开通光孔	3						
		24	③下降镜筒到最低位置	3						
		25	④将反光镜竖直	3						
		26	⑤一只手握镜臂，另一只手托镜座，收镜回箱	3						
	清洁	27	整理清洁实验台	5						
合　计										

注意：

(1)实验者应严肃对待自己的操作，评分人应客观公平的进行评分。

(2)观察中：③调节粗准焦螺旋，下降镜筒，注视物镜与玻片间的距离和④寻找目标时，左眼看目镜，右眼睁开，调节粗准焦螺旋，上升镜筒，最为重要。如有压碎载玻片或损坏物镜头者成绩不及格，还要赔偿损失。

在评价量表中，三个等级从笑脸到哭脸分别代表 5 分，3 分，1 分。每一项的最终得分由所得到的分数乘以权重得到。自评分×30%＋他评分×70%＝最终的学生得分。

等级标准：

优　　　　学生最终得分在 90 分以上；

良　　　　学生最终得分在 76～89 分；

合格　　　学生最终得分在 60～75 分；

不合格　　学生最终得分在 60 分以下。

三、在课堂教学中使用量规

1. 知识准备

第一课时，教师通过实物、挂图或多媒体课件展示显微镜的结构并结合其功能加以讲解，尽可能让学生记住显微镜各部分结构的名称与功能。

2. 用行为量规指导学生使用显微镜

第二课时，先复习显微镜的结构以及功能，然后向学生发放评价量表，同时分组(两到四人一组)，让学生依据量规互评。具体操作方法如下所示。

(1)发放表格。每个学生一份，要求认真如实填写相关信息：实验者姓名、班级、实验日期、评分人姓名。

(2)学生自学量规要求。

(3)教师与学生配合演示。教师请一个同学配合，让学生根据量规指导教师操作(学生念量规，教师操作，学生给出客观公正的评价)。

(4)学生交互指导。根据教师的演示，学生交互指导。评分人逐条读出显微镜的操作步骤，实验者按照听到的内容操作使用显微镜。在量表中有三张脸谱，分别表示三个等级。评分人边读边观察实验者的操作是否规范并给予评价：若实验者可以规范且迅速的完成操作，评分人可在与笑脸对应的空格中打钩；若实验者操作失误，但经指正后能够及时改正，则评分者可以选择第二等级；若实验者操作失误且经指正后仍不能正确操作，则评分者可在与哭脸对应的空格中打钩。

实验者在操作的同时，也需要给自己的操作做出评价。

(5)角色互换。实验者与评分者的角色交换，再进行一次操作和评价。

(6)教师将评价量表收回并作总结。整个评价过程基本可以控制在20分钟内完成，平均每人有10分钟的操作时间。中学一般40分钟一课时，教师有充分的时间解释整个实施过程，并在学生评价结束后做出相应的总结性评价。

四、量规评价功能分析

(略)。

五、总结

当“行为量规”作为评价工具的时候，由于主观因素无法控制，所以会导致评价结果的信度不高。为了提高信度，我们可以让被评价者与评价者共同讨论，使大家对评价的重点达成共识，对评价的标准和等级有相同的理解，澄清观察中的模糊现象，制定行之有效的评分规则，并且采用师生共同评价、学生相互评价等方法来解决。

7. 设置学生实验成长记录袋

学生成长记录袋又称学生档案夹，根据教育教学目标、有意识地将学生的相关作品及其他有关素材(包括学生的实验记录卡、纸笔测验试卷、实验操作评语、实验报告、成果作品、访谈调查等)都收集起来，就构成了学生成长记录袋的主要内容。成长记录袋是师生共同创建的过程，民主、透明、真实是一大特点，“质性+量化”是第二大特点。学生通过自己的实验过程的亲身经历与自己成长记录袋建设中的全程参与，学会了反思和判断自己的进步与努力。教师则通过对学生成长记录袋合理地思考、分析与评价，从而比较全面地了解学生在生物学实验过程中进步与成长过程。

1)成长记录袋的主要内容

如表 2.15 所示，是成长记录袋的主要内容。说明：①学生的任务：对成长记录袋中的主要内容进行设计、收集、编排。②教师的任务：指导学生操作完成自我评价；引导学生学会自我反思、定位、激励；指导学生改进行为；指导学生收集、保存学生的成长记录袋。

表 2.15　成长记录袋的主要内容

序号	主要内容
1	自我简介与评价
2	随机评价记录表(包括实验课上操作情况、平时测验、作业、实验等)
3	我的发现(发现的问题、设计的解决方案或探究方案、与别人不同的解决问题的方法等)
4	一件科技小制作或一篇小论文
5	一份或几份很满意的实验考试或考查试卷
6	一篇较好的调查报告
7	一本保存最好、质量较高的实验报告册
8	一张或者几张较好的生物学实验绘图
9	实验竞赛等方面的获奖证书或影印件
10	我的实验学习总结或反思
11	……

2)设置学生成长记录袋的步骤

(1)明确设置学生成长记录袋的目的。设置学生成长记录袋的终极目的就是全面“三维”地反应学生的成长过程，使师生很方便地掌握学生在生物学实验中的发展情况，从而促进学生“全域”的发展。

(2)确定学生成长记录袋所装内容。成长记录袋所装内容的确定由师生共同商议而定。档案袋内装的应该是学生认为最能反映其实验课成就的实物材料，可以包括阅读过的书目以及使用过的材料清单、实验设计方案、实验录像资料、小组活动资料、实验报告、调查报告、实验成绩测验分数、自制的实验模型及其他媒体资料、自我实验反省材料，其中也包括教师对学生所做出的评价量化分数与质性评语。

(3)进行有序存放，方便师生使用。将已经建立的学生成长记录袋进行归类有序存放，按照年级、班、小组编制成册，方便师生的查阅与使用。不能杂乱堆放不便检索，或束之高阁成为形式。

在当今信息技术条件下，师生可运用信息手段来记录和展示学生通过生物学实验的成长历程而建立起电子文档的学生成长记录袋，这将更方便、更快捷、更形象、更真实地反映学生实验中的成长历程。

2.5 中学生物学实验教学实施的基本策略

教学策略是指在一定的教学思想指导下，为完成特定的实验教学目标和内容而采取的适合学生特点的教学措施。它不仅包括根据实验教学目标和内容对实验教学的理念、实验教学的组织形式、教学媒体和教学手段的选择，还包括根据实验教学目标和内容对实验教学方法的选择，而且这些实验教学措施、实验教学的组织形式、教学媒体和教学手段、教学方法等还应具有可操作性，能随实验环境、目标、对象的不同而适当调整，因而更具有灵活性。

2.5.1 中学生物学实验制度的教学实施策略

在生物学实验过程中，对于实验室制度的教育、安全的教育、预防事故发生的教育、应对突发事件的教育，应引起高度重视，这不单涉及规范学生实验操作、正确行为习惯的养成和情感态度价值观的培养，还涉及学生如何安全规范地实验及如何应对突发事件发生的问题。但是，长期以来，实验室制度的教学向来被忽视，现状不容乐观。很多时候，实验室制度就是几块招牌被挂在墙上束之高阁，或者在学段实验开始时或每个实验中教师很随意地进行了宣读与提醒，学生们充耳不闻，没有引起师生必要的重视。如果像实验内容一样按照传统的方法效果又不好，此处特别提出一些实施建议策略供生物学教师借鉴。

(1)坚持生物学实验制度教学的制度化。坚持生物学实验室制度教学的制度化，指的是实验室制度教学要建立相应的教学制度，使实验教师明确生物学实验室制度教学与其他生物学实验内容一样重要，必不可少。生物学实验教师还应把实验室制度作为常规实验内容进行教学设计，写进教案。生物学实验教师作为施行教育的第一责任人，要在不同实验阶段，采用不同形式，针对不同实验内容进行规范化、常规化的生物学实验室制度的教育，坚持不懈。

(2)采用“案例”进行生物学实验室制度教学的策略。通过各种渠道，收集各种忽视实验室制度造成的影响或造成事故的典型案例，收集因为漏电、水灾、火灾、致病微生物感染、危险化学药品污染、毒气泄漏、爆炸事件、恐怖袭击、空袭事件、地震灾害等突发事件发生的案例，组织学生观看、讨论、分析，让惨痛的教训深刻刺激学生心灵，从而达到教育的目的。

(3)“辩论+表演”进行实验室制度教学的策略。让学生自动组合，将实验室制度作为辩论题材与表演元素，展开实验室制度的大辩论与表演，深刻剖析实验室制度的内容，理会其内核，从而达到教育学生的目的。

(4)“演习+预演”进行实验室制度教学的策略。每学期定期或不定期地进行消防演习，按照已经制定的漏电、水灾、火灾、致病微生物感染、危险化学药品污染、毒气泄漏、爆炸事件、恐怖袭击、空袭事件、地震灾害等突发事件的应急预案进行预演。可以个别预演，也可以分组进行对抗赛预演，然后总结评价，修正差的，奖励好的。

(5)实验室制度进入实验评价内容的策略。可将实验室制度教育内容与实验教学内容一样纳入实验的评价指标中去，可采用平时实验操作考察、加上口试、笔试的方式进行检测，还可将实验室制度的内容进行权重加分，从而强化学生对实验室制度的刺激反应和重视并自觉执行。

2.5.2 中学生物学实验教学实施的基本策略

根据中学生物学新课程的实验教学目标和内容，根据学生学习情况的实情，为了形成好的实验效果，中学生物学实验教学的基本策略主要有："先讲解后实验"策略、"边讲解边实验"策略、"边示范演示边实验"策略、"边实验边指导"策略、"先实验后总结"策略、"随机应变式"策略等(徐作英和赵广宇，2008)。

1. "先讲解后实验"策略

教师讲授是组织实施各种实验教学策略的必要环节，因为学生无论是观察还是进行实验操作，都离不开积极的思维活动；而教师启发讲授恰恰是运用有声的语言以及无声的文字，甚至辅以形体动作的演示和多媒体辅助的示范来激发学生积极的思维活动和规范安全地开展实验。

适用于教师运用"先讲解后实验"策略的条件是：实验的安全系数较小、实验内容难度系数较大、学生组织纪律较好、容易组织教学的班级。

(1)在采用"先讲解后实验"策略时，教师的启发讲授主要聚焦在：①引导和指导学生正确理解实验目的和实验目标；②启迪和辅导学生按照规范操作要求把握实验要领；③提示和引导学生进行定向观察和有序操作；④适时、随机纠正学生的错误操作和解答学生实验中的疑难；⑤引导学生根据实验事实和现象进行科学总结概括。

(2)有效地运用"先讲解后实验"策略，应注意以下事项：①要言简意赅，切中要害，点明主题，不可模棱两可，占用时间应在10分钟以内；②要启发引导学生主动思考问题，采取循循善诱的方式进行；③提示操作环节，要给简单的指导语，便于学生实验；④实验禁忌事项要一次性强调到位，并解释原因，使学生一次性掌握。

2. "边讲解边实验"策略

"边讲解边实验"是指教师讲解一段，学生实验一段的策略，适用于教师运用"边讲解边实验"策略的条件是：实验的安全系数较大、学生年龄较小、自我控制能力较差、组织教学较困难的较低学段的班级，尤其对实验难度不大，但内容较生僻又较分散的实验宜采用"边讲解边实验"的策略。例如：初中一年级的"认识显微镜的结构，练习使用显微镜"实验。对于大多数初一学生来讲，使用显微镜是新生事物，就可采用把实验分成两大段：第一大段是教师结合显微镜实物，并配合显微镜挂图或课件进行显微镜结构的讲解后，学生再反复观察、认识、讨论交流并记住显微镜的结构，从而完成第一大段的实验教学目标；第二大段是教师示范讲解如何正确使用显微镜后，学生再实验操作反复练习正确使用显微镜。在第二大段"正确使用显微镜"中还可将使用显微镜划分成"正确取镜"、"低倍镜的正确使用"、"高倍镜的正确使用"几段内容采取教师一段讲教、学生一段练习而展开。

3. “边示范演示边实验”策略

“示范演示”在实验教学中起着独特的作用，教师或指定学生进行的演示或特意进行的规范操作，为学生们提供视觉形象和模仿的模板以及学生的实验操作规范化以及形成严谨的学风和良好的实验态度都有较大的影响。因此，演示或示范必须注意以下几点：①操作规范，准确无误，动作协调、快慢适中；②操作力求严谨，尽力与教科书内容一致，如果是创新之处要特别加以说明；③照顾到前、中、后所有学生的观察，注意演示实验的可视性；④配合简明的语言、和蔼可亲的语气、和谐轻松美妙的演示气氛；⑤保持演示台(或桌)上整洁干净，避免演示桌上“脏、乱、差”，避免给学生造成不良的第一印象，失去观察模仿的兴趣。

适用于教师运用“边示范演示边实验”策略的条件是：实验的安全系数较大、实验难度系数适中、学生组织纪律较好、比较容易组织教学、对生物学实验兴趣较浓的班级。

实验教学中的示范演示包括：引导示范演示、矫正示范演示和总结示范演示。

(1)引导示范演示是新实验操作的开始时为学生做出的操作示范，目的在于为学生提供模仿的样板，便于教师结合示范操作扼要介绍实验操作要领和操作注意事项。教师在进行引导性示范时，应注意示范的高质、高效，并结合操作要领讲清正确操作的根据和原理。

(2)矫正示范演示是教师在学生出现错误操作后，再次向学生进行的示范操作。教师应注意有针对性地帮助学生分析错误操作的原因及其可能带来的不良后果，并及时要求学生进行操作上的矫正与改进。

(3)总结示范演示是配合实验片断告一段落或整个实验结束时进行的一种终结性示范。教师应注意引导学生尽可能自己总结概括出各实验的规律、方法、技巧、结果等，必要时进行画龙点睛的总结和示范。

实验示范演示时，可以是教师的亲自操作示范演示，也可以是学生之间的交流示范演示，还应注意选择和介入其他手段，如直观教具的直接展示、CAI的辅助演示、师生在显微数码互动系统的交互使用中互相示范演示与观摩交流等。

4. “边实验边指导”策略

“边实验边指导”策略是让学生直接进入到实验操作程序中，教师着重对实验中期、后期的指导。实验中期指导是针对学生做实验的过程中遇到疑难问题或背离操作规程时教师给予指导。这类指导的针对性一定要强，对疑难问题宜采取启发诱导的方式；对操作中的难点，宜让学生重复操作，在操作中予以及时指导；对某些危险性实验操作，应讲清道理并给予示范。实验后期指导是指学生完成实验后由教师所做的评价性指导，这类指导要言简意赅，着重面对普遍性、倾向性的问题进行全班指导或分层指导。

适用于“边实验边指导”策略的条件是：实验的安全系数较小、实验难度系数较小、学生组织纪律较差、组织教学较困难，但学生们对生物学实验兴趣较浓的班级。

5. “先实验后总结”策略

“先实验后总结”策略是指将实验中获得的零散实验现象、事实、数据等进行分析总结归纳概括，将实验中的感性认识上升为理性认识，抽象概括出概念、规律、结论的一种重要实验教学策略。

要有效地进行先实验后总结概括，必须引导学生科学观察、认真分析实验现象，准确记录、整理比较实验数据，从中得出现象与理论之间的联系与规律。引导学生观察实验现象要有针对性、目的性，要观察入微；分析实验数据要用一定的数学方法与模型，要进行对比和必要的统计计算。

适用“先实验后总结”策略的条件是：实验的安全系数较小、实验难度系数大、学生组织纪律较好、对生物学实验兴趣较浓、学生自主实验的能力较强的较高学段的班级。

6.“随机应变式”策略

“随机应变式”策略是将以上几种策略交叉组合在一起使用，或随着学生在实验中的状态变化及实验完成的情况等，而分别采用不同策略的变通，即随机应变策略。

2.6　中学生物学实验课程的教学组织实施

实验设计完成与实验教学策略确定以后，就进入到了中学生物学实验课程的教学组织实施阶段，分以下几个阶段推进。

2.6.1　实验课程实施前的准备

实验之前的准备是成功的基本保证，包括实验小组的建立、实验安全教育、实验的材料准备、指导材料准备、完成预实验和培训学生中的生物学“科代表”等。下面从教师准备与学生准备两个方面展开介绍。

2.6.1.1　实验课程实施前的教师准备

1. 实验教学场所和仪器的准备

在实验教学前，实验教辅人员应及时和生物学教师联系，确定参加实验的学生数目，以准备相应的实验场地、药品、用具和实验器材。

中学生物学大部分实验是在实验室进行，所以首先还应准备好实验教学的场所，如果实验教学的场所不是在实验室，要提前联系和落实好其他实验基地。其次，实验仪器、药品、器具是实验顺利进行的保证。实验之前，要认真检查实验设备，确保仪器能良好运行，实验器皿、药品齐全。在配制药品、试剂时，要按照实验要求的浓度和纯度进行准备，否则会影响实验结果。对于易变质或浓度易发生变化的药品、试剂最好现配现用，控制好配置的量，避免造成浪费。配制好的试剂要贴上标签，标明名称、浓度以及配置日期。

2. 实验课前材料准备

实验课的效果和实验材料的优劣直接相关，所以实验课前一定要准备好实验材料，尽可能选择和课本一致的、新鲜的、活的实验材料。只有这样，才能真实地呈现出生物的形态结构特征和生命活动特征。如果实验材料在实验之前需要饲养(如动物)或需要培养(如植物)都要提前做好准备，如果选用的材料是微生物，还要事先进行接种、培养。还要准备好辅助实验开展的其他材料与资料，如CAI课件、实验演示光盘、视频、阅读资料等。总之，实验材料在实验课前一定要准备好，保证实验课的顺利进行。

3. 实验教案、实验指导素材的准备

1)教案的准备

做好实验课前的准备是保证实验教学成功的前提，而教师围绕目标认真备课是重中之重。教师首先应熟悉实验原理和实验流程，选择合适的实验教学方法，并精心设计好实验教学程序。

其次，实验备课另一重要方面是教师“备学生”。“备学生”要求教师要在课前了解学生的知识准备程度、动手能力以及考虑学生对该实验可能产生的心理反应等，并对此找出相应的教学对策。在正式上课前还可以和学生交流一下，以了解学生对实验的预习程度和确定自己的准备是否到位。对于“备学生”，虽然早就有人提出，但在实践中却少有人用。作者认为，在生物学实验教学中学生的“元认知结构”更为重要，因此实验课前“备学生”是非常重要的一点，希望生物学教师能引起重视。

最后，在此基础上，认真编写好实验课教案。实验课的教案应包括：实验名称、实验教学目标、实验材料、设备用具、药品、重点、难点、实验课前准备、实验教学方法、实验教学过程、小结、布置作业。实验教学过程中还要写出实验操作前的精讲内容、实验要求、实验后的讨论题、巡视过程中教师应注意的问题等。这样的实验课教案，教师会走出“纯知识”教案的圈子，向更深层次即“创造性”教案的方向发展。

2)实验指导素材的准备

(1)文本类指导材料的准备。除了教科书中规定的实验指导，教师根据当地的生物学教学资源情况，还应该设计文本类的指导材料作为帮助学生完成实验的辅助手段。这种文本类资料可分为两类：一类是对学生实验过程中需要或可能需要的相关文献、行为、操作等做出补充、规范和指导，如社会关注热点问题的背景知识点、引导学生进行小组的活动指南、网络信息收集的“拾荒式搜索”(中小学网络主题探究的一种常见形式)指导等；另外一类是设计评价体系，通过评价的形式来规范学生的实验行为，帮助他们正确、安全的完成各项活动，如学生活动记录表格、出勤表、实验报告、小组活动评价的行为量规等。

(2)其他辅助类指导材料的准备。其他辅助类指导材料包括：挂图、模型、标本、阅读资料、CAI课件、实验演示光盘、视频等，也要在实验前作好相应的准备。

4. 预实验的准备

在条件允许时，实验教师与实验教辅人员要亲自将实验预作几遍，有时还可吸纳学生参与进来，使教师与学生的规范操作、熟练动作、言谈举止都成为其他学生的楷模。同时通过实际操作，教师可以预见学生实验中可能出现的问题，把握实验成功的关键。

1)预实验的作用

在进行科学研究时，有时需要在正式实验前先做一些准备性实验，简称预实验。从更广泛的角度看，某次实验之前的实验都可以作为预实验。预实验对于科学研究来说具有重要意义，对于中学生物学实验教学来说，做好预实验也是实验教学顺利进行的重要保证。预实验可以为正式实验筛选出最佳的实验材料，提供最科学的实验方案，确定更准确的测定方法等。

(1)可以检验实验设计的科学性和可行性。预实验可以为进一步的实验教学摸索条件，也可以检验实验设计的科学性和可行性，发现问题及时调整，以免由于设计不周、盲目开展实验而造成时间、人力、物力和财力的浪费，从而更好地实现实验教学的目的。

(2)可以预见实验中可能出现的问题。通过预实验，教师及时发现问题并加以解决，能最大限度地避免在正式上课时出现同样的问题。例如，通过预实验，教师对实验仪器设备事先调整校验，使之准确无误，减少实验误差，也可以检测试剂是否有效、条件是否容易控制等。如果没有预实验，无法预料实验中可能出现的各种问题，一旦出现不良情况，不仅影响实验课的正常进行，还可能使教师面临难题而窘迫，最终势必影响该实验课的教学质量。

(3)更好地发挥教师的指导作用。在正式实验之前，任课教师要按实验流程将实验操作一遍，这就要求对实验有一个全面的了解，对实验原理、材料、试剂、操作流程、结果计算等都能有一个总体把握。这样，可以增加教师对实验流程的系统性操作技能的掌握和对实验结果的感性认识；可以在预实验过程中发现不适当的操作以及实验条件、实验材料等对实验结果的影响；可以发现学生易出现失误的环节，在课堂上提醒学生在操作时注意；还可以把自己在做预实验过程中的一些关键步骤和技巧详细地向学生讲解，保证学生实验的成功。

(4)提高学生参与预实验培养探究能力。如果在预实验中让学生参与准备和操作，通过筛选材料、调试仪器、探索最佳条件等过程，无疑使学生体验了一次科学探索的过程，这将极大地激发学生探究的兴趣和对生物学实验的热情。

2)预实验的基本程序

(1)初步实验。初步实验可以称为原始性实验，是进一步实验的基础和参照。如果在初步实验中发现效果较理想则保持原有的方案，否则就进行探索性实验。

(2)探索性实验。探索性实验的目的是改变初步实验方案，可以更换实验材料、改变实验条件、完善操作方法等，以求得到更好的实验效果。

(3)对原实验设计进行修改或完善。经过探索性实验后，对照原实验设计，将不够科学的地方进行修改和完善而得到更好的实验方案。

3)预实验注意事项

(1)做好记录，建立实验档案。在预实验记录中，要对实验中存在的问题以及解决办法、学生容易出现的操作失误等情况进行总结。在此基础上，可由教研室主任统一大家的意见，形成完整的预实验档案。随着教学的不断发展，预实验档案也将不断充实和完善。

显然，这种档案对于不断提高教师素质、提高实验课教学质量有着不可忽视的作用。

(2)加强交流与合作。教师之间应当互相交流预实验情况，彼此吸取经验教训；兄弟学校之间也要经常交流与合作，这必将有助于各校生物学教师开阔视野，更新观念，极大地促进实验课预实验的建设与发展，从而为提高实验教学质量注入源源不断的活力。

(3)现代教育技术手段与预实验相结合。尽量把实验记录档案整理成电子档案，这样既便于充实、修改，又可直接用于教学过程。此外，还可以考虑将多媒体、网络化手段与预实验相结合，使教师在预实验中的重要内容及时与学生“见面”。这样既可以加强对学生正式实验时的情况的预见与指导，又能够大大提升学生实验的真正效果。

2.6.1.2 实验课程实施前的学生准备

1. 学生实验小组的建立

将学生们组织起来，建立起实验小组，对于学生们的团结协作、互助学习、合作竞争都大有好处。

1)实验小组建立的原则

小组建立要按照“互补互助、协调和谐、异质搭配”的原则，特别要有利于成员之间帮助、竞争、合作、监督。教师要综合学生的学习基础、能力、特长、性别等因素，把学生编成小组。分组时体现“互补互助、协调和谐、异质搭配”的原则。具体来讲就是要做到“差异组合、男女搭配、自由组合”。其中，“差异组合”就是要考虑小组内学生学习情况的不同，有善于知识记忆的，也有动手操作的。这样有利于组内成员在各自努力完成自己的学习任务的前提下，相互学习、共享资源，提高实验质量。其中，“男女搭配”是使学生形成健康正常的人际关系和社会交往习惯，培养健全的人格。其中，“自由组合”就是由学生自由组合实验小组，这样小组里的成员大多兴趣、爱好相投，感情相融，有利于培养学生的个性。具体作法是：通常一个实验小组由 4～6 人组成，最好是 4 人一组，性别比例大体为男女各半。

2)实验小组建立的方法

根据所设实验建立起实验小组，并选取同等数量的对生物学课外有兴趣的学生，同时组建成课外兴趣小组，选举出每个实验小组的常任召集人。然后，考虑实验中可能用到的其他技术能力，如计算机使用能力、标本采集能力等，把具有这些能力的学生比较平均地分到各个实验小组中。最后，将学生按男女分成两组，按所分小组数连续报数后，依照次序分配到每个实验小组，直到选完所有学生为止。分组完成后，各组可对组内成员做适当分工，可暂设小组长一名，以后由组员轮流担任，一周一轮换。小组长主持小组活动，按教师布置的实验要求，组织大家实验、交流、争辩、汇报小组学习情况，并作为本组“代言人”向全班展示小组的实验成果等。小组长作为“代言人”能获得伙伴们的信任，心中自然充满自豪感和使命感，必然会努力做得好些。小组分完后，课堂上学生座次要以小组为单位，小组成员集中就座。实验小组创造了共同学习的条件，是一种小组伙伴式的学习方式，有利于实验教学活动的开展。接下来小组成员共同协商，为自己的小组命名、设计标志、口号等，强化学生的团队意识，增强成员的归属感。上实验课时，属于一个组的学生，集中邻桌而坐。实验用品、材料、设备都由小组派专人负责清理和清点，便于实验也便于管理。

另外，因小组长的不断变动，每个学生都有机会成为小组“代言人”，也就使每个学生都有机会获得一种成就感。这种不断变动的小组角色，使学生获得了与同学交往的机会，在学习中逐渐形成了用他人的眼光看问题、向他人学习的能力，与他人交往和合作的能力，有利于建立起良好的人际关系，增强团队意识和团结合作精神，这在当今社会中是非常重要的素质。

3)实验小组的运作程序

合作学习的运作程序是灵活多样的。实验合作小组组建好以后，首先要给学生提供合作实验的主题，其次是指导学生如何合作，再次是对合作效果做评价。不断强化学生的合作意识，加强小组建设。

(1)首先确定探究目标。通过观察思考，学生首先以自己的生活经验为背景，利用已有知识对新知识进行探索和尝试性的学习，为建构新的“认知方式”作准备。其次是质疑求异，学生在观察、阅读、思考中，一般出现两种学习情况：一是把理解的知识进行了内化、整合；一是对不理解的知识质疑并提出问题。合作学习对后一种学习情况给予更大的关注，鼓励学生不断地发现问题、提出问题、质疑问题。接着确定目标，质疑是自主学习的起步阶段，学生必须在教师的引导下，提炼探究主题，列出实验方案，制定出实验的主要目标。最后选择或分配探究主题，每个小组选择自己最感兴趣的探究主题进行实验，全组成员协商选定主题，少数服从多数。同组成员一定要研究共同的主题，可以选择一个或两个探究主题，一般选择一个主题作为主攻任务。

美国心理学家罗杰斯说过，学习目标最好来源于学生的认可。合作学习的目标是师生共同协商而产生的，来源于学生的最近发展区，这就大大增强了学生夺标的信心与夺标成功的可能性，为下一步的合作探究铺设坦途。

(2)组内合作实验。学生根据教师的要求或者实验探究方案，围绕探究主题进行实验操作、交流讨论。小组成员各司其职、各尽其能，共同完成实验任务。这一阶段，教师应放手让学生自己去动手操作，教师可以观察各小组的实验过程，并随机进行点拨指导。

(3)组间交流反馈。组间交流反馈，可分两个层面进行。①研究相同主题的实验小组之间，由组长把各小组的实验结果带到全班或通过信息中转站交流，同时记录下本组与他组在研究相同主题上的差异，再回到原组报告。小组汇总意见后进行修正，再由汇报员向全班汇报小组实验情况。②研究不同主题的实验小组，在倾听其他小组汇报时，可以质疑，可以求教，也可以与不同主题的小组自由交流，在交流的过程中完成所有主题的实验任务。

各小组向全体同学汇报学习结果时，教师和其他各组同学在进行认真分析后，做出判断；大家共同切磋，共同分享讨论研究的成果，共同纠正错误，优化思想品质，提高学习能力。这一过程，教师注意不要轻易地对学生的实验结果进行评价，应引导学生畅所欲言，鼓励学生发表自己的见解，以免合作学习流于形式。

(4)学习效果评价。小组评价是不可缺少的，评价要以能发挥各小组成员的积极性为标准。小组评价重在阶段评价，以小组为单位，用各组的平均分分别跟各自上次平均分进行比较得差，按差的大小进行排序，差值大者进步大，为优胜组，给予奖励。个人评价重在自己与自己比，以分组时成绩为评价基础，按小组阶段评价的方法，对进步大者进行奖励。平时的评价，可以实验课堂表现与实验作业完成情况为主。从而为学生的实验探究注入强大的活力，调动学生全员参与的积极性，有效地促进实验教学质量的提高。

2. 学生预习

在实验前，教师可采用设问、作业或安排预习实验内容的方式布置学生实验前的预习。如果是验证性实验，如"观察细胞质的流动"，就让学生预习实验原理、过程和实验步骤等；如果是探究性实验，如"探索淀粉酶对淀粉和蔗糖水解的作用"，可让学生在预习的基础上，自己设计实验过程与步骤，学生带着疑问和思考进入实验室，既有利于学生在实验学习中集中精力、认真思考，又有利于探究情境的创设。例如，在进行"探索淀粉酶对淀粉和蔗糖水解的作用"时，给学生布置一些预习作业，如酶的特性的实验原理，并在此基础上让学生自己选择实验用品、设计实验步骤等，以锻炼学生的思维能力和实验设计能力。在实验教学前，教师可用谈话的方式，检查学生的预习情况，学生之间进行方案的对比，找出不足，提出疑问，教师结合学生实验设计出现的问题，进行点拨、启发、讲解。

2.6.2 实验课程实施中的指导与安全教育

2.6.2.1 实验课程教学实施中的主要环节

不论采用哪种实验教学的实施组织方式，实验课一般都具有组织教学，复习提问，指导性谈话，学生实验操作观察，检查实验效果，实验小结以及结束清理等环节，其最主要的环节以及功能如下：

教师组织教学——引入、引导、指向、演示

↓

学生实验、教师管理——学生操作、观察、思考、分析，教师管理、指导、帮助

↓

师生实验小结——教师指导、学生总结、得出结果结论

(1) 实验中的组织教学环节。组织教学是保证教学工作正常有序地进行的基本条件。教学不仅在实验课开始时要稳定学生情绪，安定课堂纪律，而且这一过程应贯穿在全部教学过程中。要组织好教学，需要：①教师首先要教育学生认真、安静地操作和观察，应允许学生围绕实验讨论问题、交换意见的小声议论；②教师应努力创设实验条件，合理进行实验分工，使每位学生都有事做；③教师应注意选择合适、新鲜、足量的实验材料，以保证实验操作和观察的需要，提高学生实验的积极性，维持良好的课堂秩序；④教师要进行认真的指导和必要的当堂实验检查，以督促学生认真实验、自觉遵守课堂纪律。

(2) 实验中的指导性谈话教学环节。指导性谈话是实验开始前教师要向学生讲清楚实验目的、内容和要求，使学生明白实验的方法和步骤，提出实验时应注意的事项以及关键

性的问题，这是保证实验顺利进行的重要环节。

在指导性谈话时，要注意突出重点，讲清关键、语言简练、明白，表达清楚、规范，指出的特有实验现象语言清晰、聚焦在主要问题上。在讲解实验原理和示范操作时，注意运用电影、电视、幻灯等直观手段或设计一个好的辅助教具，以提高演示效果。指导性谈话一般掌握在 10 分钟左右，不易时间过长，影响实验操作。

(3) 实验中的学生实验操作环节。学生实验操作是实验教学的主要环节，是实验课的重中之重，因此教师在这一教学环节上应该注意几个问题。首先在时间的安排上要保证这一环节有尽可能多的时间，一般情况下，学生动手的时间不应少于 30 分钟，以确保教学目标的实现；其次，教师要在这一环节中注意学生操作的安全问题，确保学生的活动符合实验室的规范，如遇个别学生的危险行为，教师应及时制止，并提醒全班同学注意；再次，教师要指导各小组顺利开展实验工作，及时发现有困难的小组，并给予启发或点拨，教师还要督促各小组将注意力放在实验内容上，不要做与实验无关的事。

(4) 实验中的效果检查教学环节。绝大多数的实验课要包括检查实验效果这一环节，个别实验可能会因为时间等因素将效果检查这一环节放到课后或下一次实验中。检查应依据教学目标来进行，看学生是否掌握了目标规定的操作技能或完成了探究任务。

(5) 实验中的小结以及结束清理教学环节。教师小结通常包括两部分内容：一是根据教学目标再次强调本次实验课中学生应掌握的技能或知识方面的要点；另一方面教师可在学生态度、表现、纪律等方面进行小结，表扬表现突出的同学，指出应注意的问题，小结的时间一般不超过 5 分钟。

要求学生整理器具，打扫卫生有两方面的作用：一是使学生养成良好的实验室工作习惯，形成自觉遵守实验室要求的良好风气；另一方面是能保证课间 10 分钟后，实验教师能顺利地为下一个班级的实验做好准备。

2.6.2.2　实验课程实施中的指导

实验课中的指导有很多方面很多技巧，以下从几个主要方面进行介绍。

1. 实验中的“精讲、巧讲”

教师在实验课的前、中、后穿插进行的实验课程的指导讲授属于“精讲”，主要让学生明确为什么要做这个实验、怎样做这个实验以及如何做好这个实验，即讲清楚实验的目的要求、实验原理、实验装置、方法步骤以及操作注意事项(提示学生思考“为什么?”)。特别是对初中学生，他们初涉实验，好奇心强，随意性大，操作不认真，教师的“精讲、巧讲”更为重要。

2. 实验中的“示范、示意”

掌握实验的基本技能是做好实验的基础。教师可用示范的方法，结合讲解有关的操作原理，进行示范操作(或模拟操作)，并指导学生进行操作训练，使学生做到操作规范化，如显微镜的使用、临时装片的制作等生物学实验的基本技能训练，教师的示范尤为重要。

3. 实验中的“诱导、启发”

教学过程中，教师结合教学内容，设疑、置疑、解惑，激发学生对实验的兴趣，引导和诱发学生的思维动机，使学生在实验操作的同时积极思考，培养学生的思维能力。如“光合作用产生淀粉”的实验，可以设置以下系列问题引导学生思考、回答：①叶片为什么是绿色的？②叶绿体有什么作用？③什么是光合作用？光合作用的进行都需要哪些条件？都有哪些“原料”参加？产物是什么？④为什么要对天竺葵进行暗处理？⑤使绿叶脱色为什么要用酒精？⑥实验中对叶片添加碘液时叶片发生了什么变化？⑦遇碘变成蓝色，这是什么物质的特性？⑧对实验结果进行分析可以得出什么结论？

上述问题中的①、②可以在实验开始前设问，要求学生思考并回答；问题③可以在实验开始时设问，只要求学生思考；问题④～⑥要求学生在实验中思考；问题⑦、⑧可以在实验操作结束后设问，要求学生回答。通过这些系列问题，有助于教学过程按照该课程的教学目标和轨道有序地进行。

4. 实验中的“指导、管理”

(1)指导学生观察并进行实验过程监管。教师首先要向学生交代观察的任务、目的，并向学生提供具体的观察方法。一般来说，对材料的观察应遵循先整体后局部，由表及里，由上而下；先整体观察外部形态，后解剖观察内部结构的原则。在实验中要时时注意学生的观察是否准确、到位，要对学生不正确的观察方法和习惯给予及时的纠正。

(2)指导学生操作并管理。首先，实验中一些直接影响实验效果的关键步骤，需要教师耐心指导。如在进行“探索淀粉酶对淀粉和蔗糖的水解作用”的实验过程中，教师应提醒学生注意以下两点：一是制备的可溶性淀粉溶液，必须完全冷却后才能使用；二是两只试管保温时，要控制在60℃左右，低于50℃或高于75℃，都会降低化学反应速度。其次，对某些技巧性较强的步骤，教师需精心指导，并让学生反复练习。再者，对于有生物学特长的学生，教师可根据教学需要和本校的实验条件，让学生设计某些实验的过程以及步骤，并加以重点指导，不必拘泥于教科书安排。

(3)指导学生分析思考。在实验操作过程中，对于学生出现的问题，教师不要急于回答，而是由现象到本质地引导学生分析问题，解决问题，不断提高学生解决问题的能力。如在上述实验中，如果蔗糖溶液中也出现砖红色沉淀，可引导学生分析以下几个原因：蔗糖溶液放置的时间是否过长？试管是否干净？蔗糖本身是否纯净？

2.6.2.3 实验课程实施中的安全教育

我国基础教育课程改革大大增加了生物学实验课时和实践课时，这使学生主动参与学习，有利于实践能力和科学素养的培养。然而，在生物学实验或实践过程中加强安全教育，预防安全事故的发生，也应引起高度重视，这不单单是一个安全事故的防范问题，还涉及行为习惯的养成、情感态度和价值观的教育。

1. 生物学实验室常规安全教育

在实验室里进行实验操作对学生来讲是有趣和令人兴奋的，但如果不自始至终严肃认真地对待，不采取适当的安全措施，也存在安全隐患甚至是相当危险的。在实验室里，教师对于活动的指导性和安全的保证均负有直接责任，不安全的操作不仅威胁到操作者本身的安全，也威胁到周围的人。

1)制定生物学实验室安全制度

实验室与教室的教学环境不同，各校应该根据实际情况，订出切实可行、简明扼要、便于督促检查的实验室安全工作制度和学生实验安全守则，并将实验室安全工作制度和学生实验安全守则友好地、醒目地张贴在实验室里或印制成手册使教师、教辅人员、中学生人手一份。

2)生物学实验室安全教育的策略

在学生第一次进实验室上课时向全班学生介绍安全制度，并经常教育学生，共同遵守。必须指出的是即使新课程的理念，也不是让学生事事去体验的。尤其实验室的制度，学生是需要教师进行指点的，使他们注意学习科学也会遇到的危险，才会注意安全。这样积极地注意安全问题不仅能防止实验室出事故，而且有助于养成严谨的实验态度，使人受用一生。在人们没达到足够的推断能力和认识之前，安全知识只能靠别人传授，而不能自己学会，教师有责任告诉学生在做科学试验时需要小心，应尽力避免以下两种可能性的结合：

危险的条件＋人为的错误＝事故

以往讲授安全知识的方法过于单一，说教训诫式的教学令中学生反感，不利于学生认识安全制度的意义，更不利于学生内化成为个人的行为规范。采用案例教学、多媒体辅助、安全事故资料的分析、变化的教学方式、师生间互动讨论、正反方辩论等方式进行教育，可以使学生更深入地认识到安全实验的重要性，提高安全防范意识，更自觉的遵守实验安全守则。

在关于实验室安全教育中，师生间要在以下条款的注意事项中尽力达成共识：

实验室可以做的事：

(1)要严格地遵从教师的指示进行实验。

(2)要保持实验室整洁，实验后要清理实验桌。

(3)使用煤气、酒精灯、带电仪器后，要及时关闭开关。

(4)所有盛载化学药品的容器都需要贴上正确、清晰的标签，标签上应写明化学药品的危险警告字句以供其他实验室使用者参阅。

(5)使用溶液和化学药品后，要立即放回适当的位置，并使瓶上标签向外。

(6)接触、解剖动物时要戴上手套。

(7)穿上适当的防护衣服以及手套，以免身体接触化学药品与实验材料。

(8)在实验室内，应该把长发或宽松衣服扎起。

(9)每次实验后要洗手。

(10)使用实验室时要保持所有出口和通道畅通。

(11)遇有意外或仪器损毁，要立刻向教师报告。

(12)实验室地面应该长期保持干爽、清洁。如有化学品泄漏或者水溅湿地面，应提示实验室内其他人员并即刻处理。

(13)要使用试管夹、铁架台等夹持取拿加热器皿。

实验室不可以做的事：

(1)不可实施未经教师指定的实验。

(2)不可未经教师准许便开始进行任何实验。

(3)不可把固体弃置在洗涤槽内。

(4)不可直接在洗涤槽内清洗用电仪器、设备。

(5)不可在未经批准的情况下从实验室带走任何物件。

(6)不可将食品、医药品、化妆品等生活用品带入到实验室。

(7)不可在实验室内打闹嬉戏、大声喧哗、化妆、吸烟、饮食。

(8)不可在实验室内把手指、铅笔之类的东西放入口内。

(9)不可用嘴吸吮化学药品，应使用化学药品专用的移液管抽吸。

(10)不可用水浸泡清洗电器。

(11)不可将金属物体插入电源插座。

(12)不可采用太阳直射光使用显微镜。

3)常规性地进行实验安全教育检查

每次实验之前根据安全制度的要求和本次实验的特殊性，检查学生是否报告了对实验动物或药品有无过敏反应；是否佩戴了防护目镜；是否穿着了衣罩；是否注意到用电和用火的安全；是否遵照使用化学物质安全和使用玻璃器皿的安全规则；使用尖锐器具时，必须佩戴防护手套；处理活的生物时，要遵从教师的指导，处理动物或它们的笼子后彻底洗手；实验结束时，要清洁工作区，并把所有设备放回原来的位置；每次实验后洗手；离开实验室前关掉所有水、电和门窗。必要时将安全警示项目，制成卡片，实验前要求学生阅读，逐一在相应的条款下作记号，承诺履行注意事项，并签字保证。

2. 生物学实验室应对突发事件的安全教育

生物学实验室是生物学教学工作的重要资源。为了有效地应对紧急危害，处置师生在实验室进行实验、学习时可能发生的突发事件(火灾、触电、中毒、地震、空袭等灾害)，保障师生安全，减少损失。首先应制定生物学实验室应急预案，并绘制应急预案流程图，悬挂于实验室明显处，并作为计划内的实验教学内容进行常规教育，使师生将其熟记在心；同时，还要教育师生，一旦发生重大灾害或突发事件时，能从容应对，处变不惊，减少不必要的伤亡，把灾害造成的损失降低到最小，更是应对突发事件安全教育的目的。

2.6.3 实验课程实施后的总结与评价

当实验操作过程阶段结束或全面结束后，教师要和学生一起进行讨论分析和总结。如果学生实验失败，要求学生分析失败的原因，也可以在课外重做实验，以重做实验的结果评价实验结果。这样做，不但可以培养学生的能力以及科学的实验态度，还可以培养学生不断追求上进、追求完美的精神。对于实验中学生感兴趣但在实验操作过程中来不及探讨的问题，可以和学生进行更深入的讨论，并借此激发学生学习生物学知识或探究生物学问题的兴趣。

预先设计好实验评价方式与内容。实验评价是学生学习的指针，是顺利完成实验的重要保证。教师可根据实验目标、方法训练、知识体验、合作态度甚至工具收拾情况等各个方面的要求，选择针对学生存在问题的一两个侧面设计评价方式与内容。

实验评价方式可以是实验过程中教师对学生实验目测，可评价学生实验的态度如何、实验操作是否快捷规范、实验观察是否认真仔细、与其他同学合作的情况怎样等；也可当堂测试学生实验操作；还可随堂进行提问，检测评价学习思考问题、口头表达能力；还可诱导或提出新的问题让学生做出实验方案，从而检测评价学生的思维创新能力；还可以让学生写出实验报告，对实验进行分析总结；检测评价方式还可以采取学生自评和他评的形式。经过检测评价，学生不仅可以获知自己存在的问题，而且能够成为学生完成实验的外在动力，又可以成为学生期末总评的参考成绩，以达到对学生全面、系统地进行评价。

2.7　中学生物学实验课程教学的反思

教学反思涉及教学价值、教学实践和教学环境等多方面的反思内容，在层次上又表现为理论性的、伦理性的和技术性的反思。如果说教学价值的思考是理论性的并且是伦理性为主的反思层面，那教学实践和教学环境就是以教学操作为主的技术性层面的反思。

2.7.1　教学反思的含义及解析

什么是“教学反思”？按照我国在反思教学研究中的权威专家靳玉乐先生在《反思教学》一书中的界定：教学反思指教师自觉地围绕自己已经实施了的课堂教学实践活动进行重新评价，对课堂教学实践活动中好的地方和不尽如人意的地方所进行的深度思量与改进(靳玉乐，2006)。因此，教学反思，首先主要是教师本人出于道德观、责任心、成就感而进行的自我反思(有时也来自学生的或同事的视角或其他方面的刺激)，即教师自己把已经实施了的课堂教学实践中的各个教学部分，包括教学目标、教学内容、教学策略、教学方式、教学过程、教学评价等教学环节，作为认识对象而进行的重新全面深入的审视和质疑以及总结梳理；其次，教师自己在反思中找准已经实施了的教学实践活动中的差距；然后，做出整改方案；最后，在下一循环的课堂教学实践活动时，教师尽量发扬其教学实践长处，尽量避免或克服教学实践短处，使教师进入到一个不断循环、螺旋上升的更优化的教学状态中，从而进一步提高教学的实效性，在此过程中同时提升了教师本身的教育教学素养。

2.7.2 教学反思与教师成长的关系

随着时代的发展、教育的深化改革，社会对教师的素质要求越来越高。在新一轮基础教育课程改革的推动下和新的课程观影响下，教师仅仅作为单一的经验型教师或单一的专家型教师都有失偏颇，已经不能满足高要求的现代教学需要，社会深情呼唤“经验型+专家型+反思型”的教师。

美国心理学家迈克尔·波斯纳(Michael I. Posner)曾提出教师的成长公式是“经验+反思=成长”，我国著名心理学家林崇德也提出“优秀教师=教学过程+反思”的成长过程(林崇德，1995)。教学反思与教师成长的关系见图 2.7。从图 2.7 中可以看出，教师就是在这样不断反思、不断改进、不断发展中怒放出了教学生命的“火花”，到达了教学艺术的更高境界，步入了教学效果中的“神圣殿堂”。

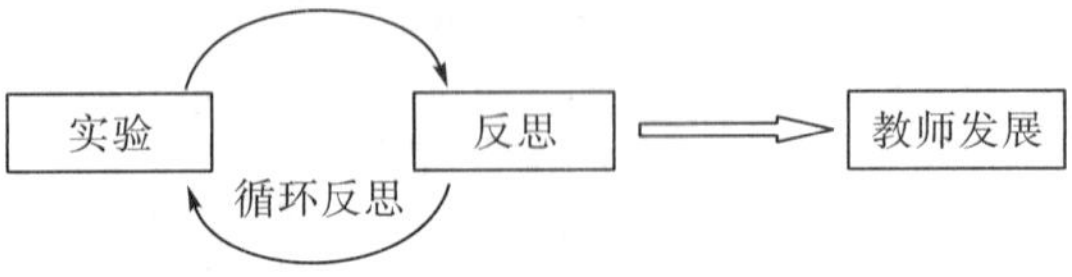

图 2.7 教师发展过程

2.7.3 教学反思的程序流程

教师的教学反思是教师重新理性地去回顾与审视课堂，即是从“反思”开始，总结自己的成功，审视教学的不足，提出整改方案计划(即提出计划)；然后做好教学实施准备，进入下一循环教学实施中(即实施教学“行动”)。而且，还对实施的教学“行动”情况进行信息收集(即收集数据)、对实施的教学“行动”情况进行思考分析(即分析数据)，对其再次评价并进入到下一个循环的反思中。即反思教学是从“反思”开始，又跃升到下一次“反思”中去，这样的反思不是从反思到反思的简单循环，而是从这一次反思到下一次反思不断的螺旋上升。教师的教学反思的一般程序流程见图 2.8。

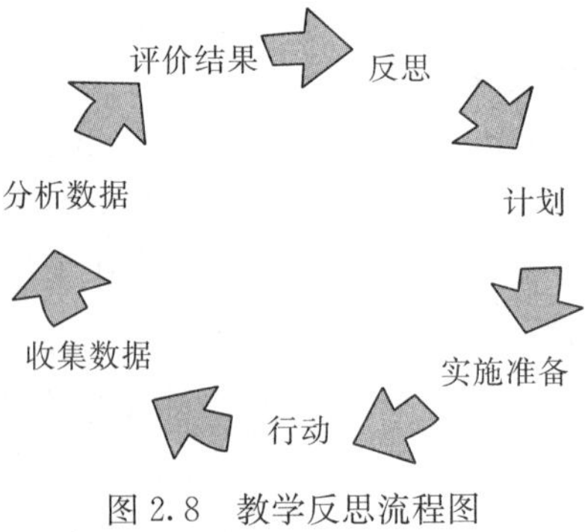

图 2.8 教学反思流程图

引自：靳玉乐(2006)。

2.7.4　中学生物学实验课程教学的反思

中学生物学实验教学反思，指的是教学反思主要聚焦在中学生物学实验教学的相关方面。当上完一节、一个单元、一个学期或一个学段的中学生物学实验课后，教师本人、师生一起或教师与实验教辅人员一起对已经进行过的实验，进行定期或不定期的总结和信息反馈，主要目的是促使教师总结经验教训，便于下一循环实验课的改进和提升，更好地提高中学生物学实验教学的效果。

2.7.4.1　中学生物学实验教学反思的类型

中学生物学实验教学反思的类型，按照反思时间可分为“行动后反思”、“行动中反思”和“为行动反思”，即“实验教学后反思”、“实验教学中反思”和“为实验教学反思”。这三类反思并不是一种线性关系，而是一个螺旋上升的发展过程，你中有我、我中有你、相互交织。“实验教学后反思”与“实验教学中反思”虽然发生的时间不同，但都是对已做过的中学生物学实验或正在进行的中学生物学实验所做出的审视和反应。

“实验教学后反思”是在实验教学课后，教师对实验的各个环节的轨迹进行回溯与改进思考，使下一循环的中学生物学实验教学更加完美，有助于提高教师教学总结能力和评价能力。

“实验教学中反思”直接指向正在行进中的中学生物学实验教学，教师对实验中出现的始料不及的情况做出的快速反应、调整与解决，从而确保实验教学顺利高效地进行，有助于提高中学生物学教师的教学调控和应变能力。

“为实验教学反思”则是对还未开展的实验所进行的一种事前反思、预测反思、主动性反思，是教师通过平常的“实验教学中反思”、平常的“实验教学后反思”而形成的一种习惯性超前反思，对即将进行的中学生物学实验进行前瞻性思考、预测、计划拟定，以未雨绸缪，以促进今后的实验教学更加有效地实施，有助于提高教师的教学预测和分析能力。

一般来讲，青年教师偏爱“实验教学后反思”与“为实验教学反思”。而对于“实验教学中反思”，因为缺乏教学的丰富经验和组织教学的能力而不能游刃有余地进行。资深教师突出表现在“实验教学中反思”的自如操控，他们的敏锐、机智能及时帮助发现问题，然后及时做出反应并进行解决。

2.7.4.2　中学生物学实验教学反思的方式

实现教学反思的方式现在比较推崇和流行的是：行动研究、案例分析、教学后记三种基本途径。此处重点推荐简便易行的“教学后记”。

“教学后记”可以写、可以录。“写”教学后记，方便、快捷、成本低，可以是条款型的反思“备忘录”，也可以是叙事型的反思“记叙文”，还可以是夹叙夹议的反思“教后记”，不拘一格，形式多样，自行选择。“录”教学后记，直观、形象、方便交流、便于保管。当今，手机、照相机、摄影机的日趋普及，为“录”教学后记提供了更加便捷的载体条件，非常方便教师将平常实验教学中的“实情实景”完整地摄制并保存下来，既可作为教师的教学欣赏、教学交流的“资源包”，又可作为教学研究、教学后记的“素材库”，为教师“教学后记”开启了更加“三维”“立体”的视野。下面着重从“写”教学后记入手，介绍教学后记包含的几个方面。

(1)记成功之处。将实验教学过程中的成功之处真实地记录下来，如：教学理论基本原理具体应用时的“顿悟”；教育教学思想方法的有效渗透与应用的过程；引起学生实验“共鸣”的策略与手段；实验教学中临时应变得当的措施与方法；达到实验教学目标的教学方法上的独到与创新；实验教学评价渗透的新理念、新方式、新内涵的实践体会等，将其详细得当地记录在实验教案上，供以后实验教学时参考使用，并可在此基础上不断地改进、完善、推陈出新。

(2)写不足之处。即使是成功的实验教学也难免有疏漏失误之处，对它们进行回顾、梳理，并对其做出深刻的反思、探究和剖析，使之成为以后再进行实验教学时应该加以注意与吸取的教训。

(3)记教学机智。实验教学中，随着实验内容的展开，师生的思维发展以及情感交流的融洽，往往会因为一些偶发事件而产生瞬间灵感，这些“智慧的火花”“瞬间的灵感”“艺术地处理”常常是不由自主、不期而遇的，是创造性实验教学中的“结晶”，若不及时利用反思去捕捉并记录下来，可能会因时过境迁而遗忘。这种记录是非常有意义的，随着教师的教育教学生涯的延伸，这些记录下来的“教学机智”就是承载着一个教师由稚嫩的开始，走向成熟、成功、怒放生命的“教育家的丰富足迹”。

(4)写学生见解。在实验教学过程中，学生是比较兴奋的，总会有“创新的火花”在闪烁，如自行实验设计思路上的创新、实验选材上的调整、实验手段上的变化、实验方法上的改革、实验中的小制作、实验中的小“聪明”等，教师应当首先持充分肯定的态度真实地记录。同时，这些难能可贵的“创新的火花”也是日后实验教学的补充、完善与利用，是教师作为启发其他学生的“引子”，在下一轮实验中，这些来自学生群体中的“活生生的点点滴滴”对其他学生的实践创新提供了更加具有教育意义的素材，这其中的教育意义便更加明显。

总之，写“教学后记”，一在行动上，贵在及时、贵在坚持；二在内容上，短小精悍、一事一议、一得一记，有感而发，求真务实，能真实反映教师本人在实验课中的思考、发现、感悟、体会或困惑；三在文体上，不拘形式，可以是教后记，教育随想，情景记录，案例分析，问题争鸣等；四在篇幅上，有感则长，无感则短，长短不拘，一有所得，及时记下，以记促思、以思促改、以改促教；五在时间上，做到记录及时，一般不超过当天，每周 2~5 篇，目的是使教学后记成为实验教案的延伸拓展与有效补充。

2.7.4.3 中学生物学实验教学反思的内容

中学生物学实验教学反思的内容包括：中学生物学实验教学价值体现的情况、中学生物学实验教学实践的效果和中学生物学实验教学环境的是否适切等方面。

1. 中学生物学实验教学价值的反思

中学生物学实验教学中的主体是中学生，教师是实验教学中的发动者、组织者、引导人。中学生物学实验教学价值的反思，就要考虑所开设的实验类型、实验训练的内容元素、实验开设的手段方式、实验的指导辅助、实验资源的合理分配等方面是否体现了以中学生作为学习主体、尽可能地调动其兴趣、满足其各种层次的需求，使中学生在实验中不仅得到了科学严谨的熏陶，还增加了兴趣、体验到了快乐、人格日趋成熟、素质全面发展。

2. 中学生物学实验教学实践效果的反思

中学生物学实验教学实践的反思，宏观的讲是对实验课程进行的各个大环节的回忆、整改，如实验课程的计划、实验教学的目标达成、实验教学的组织实施策略、实验课前准备、实验教学的实施、实验教学的评价方面的审视。而具体讲，主要集中在对实验课程设计、实验教学目标、实验教学内容、实验教学手段方法、实验教学评价的反思上。

(1)实验课程设计的反思。实验课程设计反思从这几个方面去思忖：实验课程设计的科学性、目的性与创新性。实验课程设计的科学性应依据“课标”的要求去做出正确判断；实验课程设计的目的性是依据实验教学目标进行权衡；实验课程设计的创新性是教师是否充分运用了学校实验条件的软硬件设施而开设出了所有要求开出的实验？是否照顾到了学生的需求？是否体现出了实验本身的特色和独具教师本人的个人特质等做出的总体审视性反思，同时对下一循环的实验课程设计做出相应的合理调整。

(2)实验教学目标的反思。实验教学目标的反思应从以下方面入手：实验教学目标的确定上思考依据“课标”制定的目标是否具体？除了根据“课标”制定实验教学目标外，是否需要根据学生实情基础、兴趣所然、今后发展的方向进行了一些差异性地适度“微调”。

实验教学目标的生成实现上的情况反思，对预设的目标与真正实现的目标进行差异性分析，对已经实现的目标层次、实现范围和达成率的情况也具体分析，思考其中的问题，找出其中的原因，提出解决办法。

例如：“初中课标”在学生操作技能上的要求是：“正确使用显微镜等生物学实验中常用的工具和仪器，具备一定的实验操作能力”。如果在初中一年级“显微镜的构造与使用”实验之后反思发现，班上大部分同学从没见过显微镜，对显微镜使用需要手把手教，而班上个别同学已在小学阶段接触并学会了显微镜的使用，因此在实验课中，班上这些个别同学兴奋不起来，显得无所事事。

因此，实验目标的反思后，在下一个班或下一个循环实验时，如果班上仍然是这种情况，就要适度调整实验教学目标，对大部分同学仍然采取精讲显微镜的构造、强化显微镜的使用，努力实现“初中课标”中“正确使用显微镜”的基本要求；而对个别同学适当加深拓宽实验教学目标，除了适当练习显微镜的使用外，同时还可以考虑指导解剖镜的使用或其他生物学实验中常用的工具和仪器，达成“初中课标”要求的：“正确使用生物学实验中常用的其他工具和仪器”的更深度目标。

(3)实验教学内容的反思。实验教学内容的反思依据“课标”、教科书或自行确定的实验内容去思考是否进行了创造性的、个性化的演绎。可以沿着一连串的“追问”去进行反思：实验实施中对本实验的重点、难点、特点的把握与突出情况怎样？实验选材恰不恰当，是否达到了印证实验、演示实验、探究性实验的目的？实验操作上简单明了吗？实验效果明显吗？课程素材的引进与加工能更好帮助学生理解实验原理与实验方法吗？哪些部分可以修改？怎样改进？

(4)实验教学手段方法的反思。实验教学手段方法的反思主要按照“行为主义教学理论”的“刺激－反应”的原理去反思，重点思考为什么本次实验安排了这种教学手段与方法的实验刺激？安排这种手段与方法的实验刺激的理论依据是什么？这种实验教学的手段与方法建立起了“刺激－反应－巩固”的有效联系吗？还有没有更直观、更人文化、更友好、更独具教师个人魅力的手段与方法去强化对学生的刺激？实验教学策略中的“先讲解后实验”“边讲解边实验”“边示范演示边实验”“边实验边指导”“先实验后总结”“随机应变式”的这些策略是否满足实验教学的组织？有没有更好的满足学生实际情况的策略？学生进行实验操作、实验分析、实验交流与表达的学习探究方法暴露出了那些缺憾？如何改进与修复这些不足？

(5)实验教学评价的反思。实验教学评价的反思是以确定的实验教学目标作为标准，对教师的实验教学工作与学生的实验效果做出客观衡量与价值判断的过程。可以从实验教学评价的理念、评价的主体、评价的方式、评价的内容、评价达成的最后效果等方面去回忆思考和提出整改方案。如评价除了关注实验的技能规范、实验报告的整洁以及实验成绩的评定主要是测验而来等以外，是否还对学生实验态度进行了观察，对实验中的言行举止是否关注，对实验过程中观察能力、分析能力、信息能力、交流表达能力的情况是否强化进行了考察，对实验中与同学合作、与教师合作的情况是否进行了记录，是否进行了量化评价与质性评价、师评与自评、形成性评价与终结性评价的有机结合等的反馈总结，从而使教师更好地了解自己实验的教学状况和学生的实验状况。

3. 中学生物学实验教学环境的反思

按照靳玉乐(2006)在《反思教学》一书中的观点，教学环境指的是：教学物理环境与教学心理环境。简单的讲，教学物理环境指教师为学生构建的能使学生实验正常进行的各种物化条件，包括实验室的空间大小和环境整洁、实验器材的恰当数量配置、实验小组的人员组织、座位编排的方式等情况。

教学心理环境指的是：师生、学生之间的人际关系，教师的组织管理方式，学生的校风班风小组风气等因素对实验产生的影响。师生、学生之间和谐的人际关系，有助于营造出和谐轻松的实验教学心理环境，能极大地提高学生学习的兴趣和效率；教师的组织管理方式中的民主性、放任性或专制性，都直接对实验教学效果产生作用，民主的教师尊重学生、欣赏鼓励学生，因而实验教学心理环境较为平等和谐，有助于学生思绪飞扬，进行创造性实验的开展。教师组织管理方式的放任或专制都有失偏颇，造成实验教学效果的低下；学生“主流性”的校风班风小组风气对学生具有心理的趋同并效仿和约束作用，是影响实验教学的重要力量之一。

在教学反思时，教师本人应对以上教学环境的方方面面，反思自己所创设的实验环境对学生的实验态度和实验行为以及实验效果是否起到了引导、帮助、促进、规范、约束的作用，有什么问题？应该如何改进？

【案例】

“DNA 的粗提取与鉴定”实验教学反思案例①

一、实验案例背景

“DNA 的粗提取与鉴定”是中学生物学教科书中一个重要的实验。该实验操作步骤繁复，在实际操作过程中需要注意的细节多。虽然学生们思维活跃、素质良好，对许多事物都有新鲜感，但是对于 DNA 分子的认识只局限在教科书的图片以及模型上，谁也没有见过 DNA 分子实物究竟是何模样。如果按照课文中的实验原理、目的、材料用具、方法步骤等按部就班地进行实验，学生就只能是被动地记忆实验，无法体会实验中所体现的原理，这种实验方式既不受学生欢迎，也已经不能适应新课程改革的要求。针对上述情况，我改变了以往的教学模式，将实验课的重点放在如何引导学生在实验中主动地发现问题，采取小组合作实验的方式，培养学生分析和解决问题的能力。

二、附：学生的“点点滴滴”顿悟与教师的指导点评

(1)盛放鸡血细胞液的容器和实验中的烧杯以及试管为什么不是玻璃制品而最好是塑料制品？

（因为玻璃制品表面带电荷，DNA 中的磷酸基带相反的电荷，会被吸附于玻璃表面，减少 DNA 含量，影响实验效果）

(2)用镊子将纱布上的粘稠物夹至氯化钠溶液中时大多数 DNA 还是留在纱布上，导致后面的实验效果不好。

（提议：学生用镊子将纱布上的粘稠物尽量刮下或者可以将纱布直接放至氯化钠溶液中）

(3)最后出现的 DNA 丝状物太短。

（建议：在搅拌操作步骤中宜轻而慢）

(4)制取的 DNA 粗制品带有暗红色。

（说明：过滤步骤中纱布层数过少而未将暗红色的血红蛋白等杂质充分滤去）

(5)鉴定时，滴加入一定量的二苯胺试剂并震荡后，溶液会出现白色浑浊，水浴加热后，白色浑浊消失，为什么？

（回答：二苯胺遇水后大量析出使溶液浑浊，加热时，由于二苯胺能很好地溶解于醋酸中，因此白色浑浊消失）

(6)在实验中提取的 DNA 的量足够，但是加热了很长时间后仍然没有变色，为什么？

（分析：可能原因在于试管水浴一段时间后需静置冷却，然后试管内会或深或浅的呈现出蓝色。冷却后不同试管内溶液变色的时间可能会有差异，有的可能会立刻变色，有的则几天之后才慢慢变色）

(7)为什么 DNA 鉴定后试管内的蓝色偏黑？

（回答：与所提取的 DNA 中所含的杂质如血红蛋白等有关）

(8)学生好的建议：在实验中有三次用放有纱布的漏斗过滤，过滤时很慢，可改成直接将纱布覆盖在烧杯口过滤效果更好。

---

① 改编自：浙江省天台中学陆杨老师网上随笔 http：//www. zjttzx. com.

三、实验“教学后记”

在整个实验教学过程中，学生积极思考，相互交流，分工合作，参与意识明显加强。学生的知识应用能力、主动发现问题、解决问题的能力都得到了很好的培养。

(一)成功之处

(1)小组分组上：在实验操作过程中，小组的实验记录员这一角色的安排是最重要的，需要挑选认真负责、思维敏捷、善于思考，而且事先做了充分预习的同学来担任。他往往能带领同组同学抓住实验过程中稍纵即逝的问题，真正理解实验的原理和步骤安排的科学性。

(2)教师的角色上：教师作为组织者、启发者、引导者的角色，一是多提问，让学生首先明白实验原理，用原理去指导学生设计、探究、操作、解释、解决实验中的主要问题；二是教师尽可能让所有学生都要行动起来，在实验中都有收获，还要创造条件让思维活跃的学生有创新的机会；三是在课后尽快安排学生自己总结实验，则能使学生将实验课中各个知识点快速消化后，转化为自身的知识。

(二)不足之处及修正方案

(1)课时紧，效果欠佳。本实验步骤多而安排一课时，导致很多学生在实验操作时没有充足的时间而无法获得理想的实验效果。建议安排两课时，第一课时引导学生探究实验原理和步骤，第二课时安排小组合作进行实验操作。

(2)预测准备不充分。虽然预实验时我做了精心的问题准备与操作准备，但事实证明，我的准备远远不够。面对学生这样或那样的问题，一部分我能解答并指导，但是仍有许多问题都是在课后查找有关资料后再回答学生的。使我感觉到学生所蕴藏的巨大能量，学生的跳跃式思维、一些实验中的奇思妙想，给了我很多启发。

改进措施：一是今后实验时，可异质性地选择几个同学与教师一起预实验，以利提前预知并了解到学生可能出现的问题，提前做好指导的准备；二是对于学生的创新火花、好的建议要注意整合到正式实验中去；三是改变“给学生一杯水，自己有一桶水”就足够了的传统定式，应坚持要给学生一杯水，教师不仅要有一桶水，而且要是一桶流动的、新鲜的、充满活力的水。要用“活”的教学方式去教“鲜活”的学生，达到把学生教成“活而灵气”的效果。

第三章　中学生物学实验教学能力训练

作为高师院校的师范生，在从事中学生物学教学中，尤其是实施中学生物学实验教学时，要求既有丰厚的本领域学科知识底蕴，同时对实验教学的能力素养要求颇高。下面选择了部分中学生物学中有代表性的实验内容，按照操作性实验教学能力、验证性实验教学能力、演示性实验教学能力、探究性实验教学能力进行强化训练。

3.1　中学生物学操作性实验教学能力训练

操作性实验主要指在教师指导示范下，学生运用已学到的知识，通过反复练习，从而在全身协调下，准确把握实验方法要点，高效地完成实验动作操作能力目标的实验。

3.1.1　初中生物学操作性实验教学能力训练

训练 1 练习使用显微镜

【预备知识】

本实验选自“人教版”初中生物学教科书七年级上册第二单元第一章第一节中的内容，是初中生物学中的第一个操作技能训练实验。

背景知识点：光学显微镜(Light Microscope，以下简称“显微镜”)、放大镜(Magnifier)都是常用来观察、研究生物的重要工具。它们都是利用可见光把生物标本的影像放大，从而达到更深入认识、观察与研究的目的。对显微镜与放大镜的熟练使用能力是中学生物学课程要求达成的基本技能之一，初中学段主要任务是达成对显微镜的规范操作与熟练使用显微镜的低倍镜。

1. 显微镜的主要部件及功能

显微镜的主要部件及功能，如图 3.1 所示。

(1)目镜：放大作用。显微镜一般有 3 个不同放大倍数的目镜镜头。

(2)物镜：放大作用。显微镜一般有 2 个不同放大倍数的物镜镜头，短的放大倍数低一些，叫低倍物镜；长的放大倍数高一些，叫高倍物镜。

(3)镜筒：安放目镜和物镜的地方。

(4)反光镜：反射光线，使光线向物镜、目镜聚集。有两面，一面为平面镜，一面为凹面镜。光线强时用平面镜，光线弱时用凹面镜。实验室中多用凹面镜。

(5)镜臂：支持作用。在取放显微镜时，是用手握的部位。

(6)镜柱：支持作用。

(7)镜座：支持作用。在取放显微镜时，是用手托的部位。

(8)转换器：调节放大倍数的物镜。

(9)载物台：放置被观察的物体的地方，通常放置的是玻璃装片。

(10)压片夹：将玻璃装片固定。

(11)通光孔：位于载物台正中，可让光线通过。

(12)遮光器：上有大小不同的光圈，可调节进入通光孔的光线的量(光线强时用小光圈，光线弱时用大光圈。一般在实验室中都用大光圈)。

(13)粗准焦螺旋：上升或下降镜筒，调节焦距，帮助看清物体。顺时针扭动下降，逆时针扭动则上升。

(14)细准焦螺旋：上升或下降镜筒，调节焦距，帮助看清物体。顺时针扭动下降，逆时针扭动则上升。

粗、细准焦螺旋两者的不同在于粗准焦螺旋调节幅度大，细准焦螺旋调节幅度小。通常用粗准焦螺旋找到物像，再用细准焦螺旋使物像变得更清晰。

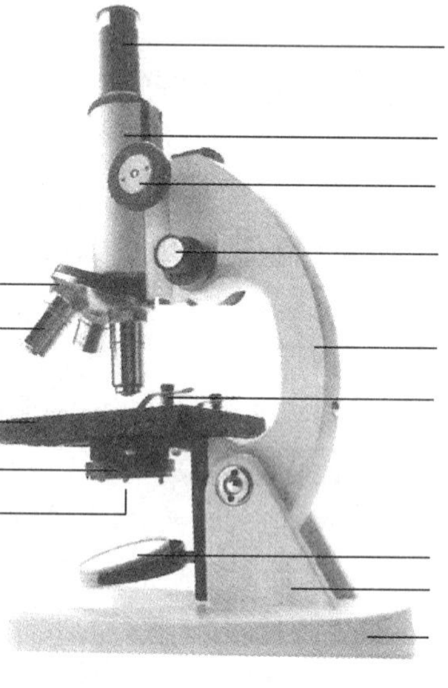

图 3.1 普通光学显微镜结构图

2. 显微镜的工作原理

显微镜的光学部分包括两块凸透镜：目镜、物镜。因此，物体会被放大两次。显微镜是靠会聚通过物体的光线来工作的，因此被观察的材料必须是薄而透明的，这样才能让光线通过。

3. 显微镜的成像原理

显微镜通常采用两级放大，分别由焦距很短的物镜和焦距很长的目镜组成，其成像光路如图 3.2 所示。被观察物体位于物镜的前方，被物镜做第一级放大后成一倒立的实像；然后此实像再被目镜做第二级放大，成一虚像，人眼看到的就是虚像(徐作英和王重力，2009)。

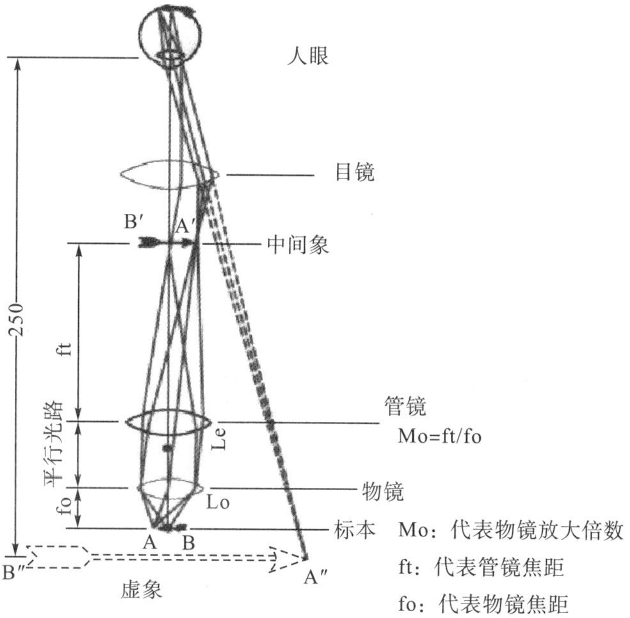

图 3.2　光学显微镜成像原理图

4. 显微镜的放大倍数

放大倍数是指眼睛看到像的大小与对应标本大小的比值。它指的是长度或宽度的比值，而不是面积的比值。显微镜的总放大倍数等于物镜和目镜放大倍数的乘积，即：显微镜的放大率=目镜的放大率×物镜的放大率。

显微镜的视野以及镜像亮度：视野是指一次所能观察到的被检标本的范围。视野的大小与放大倍数成反比，即放大倍数越大视野越小，看到的标本范围就越小。镜像亮度是视野里所看到的亮暗程度，它与放大倍数成反比，即在光源一定的情况下，放大倍数越大，视野越暗。所以，在用高倍镜或油镜观察标本时，必须移动标本才能看清其他部位，并使用凹面反光镜、大光圈或增强光源，以改善视野亮度，而使物像明亮清晰。

【实验目的要求】

1. 练习使用显微镜，学习显微镜规范的操作方法。

2. 能规范并熟练地使用显微镜的低倍镜观察生物标本。

3. 进行本次操作性实验的教学设计与教学实施模拟。

【实验材料用具】

1. 动物、植物玻片标本；

2. 显微镜、擦镜纸、纱布。

【实验训练内容】

一、实验技能的强化训练

1.1 实验的方法步骤

1. 取镜和安放

①打开镜箱，一手握镜臂，一手托镜架，将显微镜取出。②将显微镜放置在实验桌上

合适的位置。

2. 对光

转动转换器，让低倍物镜对准通光孔。如果显微镜上有两个物镜，则短的为低倍物镜，长的为高倍物镜。转换物镜时，应旋转物镜转换器的转动板，不要用手直接推物镜，以免使物镜光轴发生倾斜(图 3.3)，即通过转动转换器而不是扳动物镜来转动物镜。

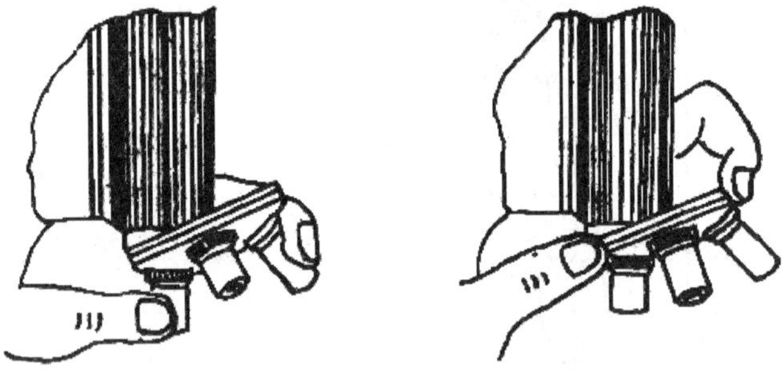

(a)不正确的操作方法　(b)正确的操作方法

图 3.3　转换物镜操作方法图

对光时，两只眼睛都要睁开，一般用左眼看着目镜。看镜的同时转动反光镜，使光线进入通光孔。如果光对好了，视野中会呈现出明亮的视野。

3. 放置玻片标本

将动物、植物玻片标本放在载物台上，用压片夹固定好。要观察的标本有些本身就有颜色，有些则没有。为了观察方便，通常会将无色的标本染色。因此，要将有颜色的部分放置在通光孔的正中央，尤其是观察非常小的装片时更要注意这一点。

4. 观察

从侧面注视物镜，双手缓慢转动粗准焦螺旋使镜筒下降，直到距离玻片 2～3mm 位置，即物镜的下方快接近标本但还有一点缝隙的位置时为止。

注视物镜，同时双手缓慢转动粗准焦螺旋使镜筒上升，直到视野中出现物像为止。

调节细准焦螺旋，使物像变清晰。

缓慢移动玻片，观察物像的各个部分。

如果一次没成功，再重复上述步骤。

需要注意的是：镜筒一定先降后升，否则很容易将玻片标本与物镜损坏。

5. 收放显微镜

①提升镜筒，将玻片标本取下；②转动转换器，把物镜旋成“外八”字；③降下镜筒，取下目镜；④一手握镜臂，另一手托镜座，把显微镜放回显微镜箱内锁好，放回原处。

1.2 实验注意事项

(1)实验完毕，把显微镜的外表擦拭干净，如需擦拭目镜和物镜，请用擦镜纸。

(2)转动转换器，把两个物镜偏向一旁，并将镜筒缓缓下降到最低处。

(3)最后把显微镜放进镜箱里，送回原处。

二、实验教学技能的强化训练

2.1 实验教学实施前的准备

1. 实验教学场所和仪器的准备

实验教学场所应为专用的生物学实验室，最好是专用的生物学观察室，实验室光线应充足。显微镜为普通的学生用显微镜，通常每人一台或每两人一台或 4～6 人组成一个小组共用一台显微镜。

2. 实验教学的教案教具准备

编写实验教案和实验指导要点，绘制简图、准备辅助教学的课件、课程资源等。

3. 实验教学实施前仪器材料准备

显微镜、写有字母“E”的永久装片、擦镜纸、纱布、实验报告单。如果没有写有字母“E”的永久装片，教师可以自行制作，制作方法如下：在载玻片中央用红色圆珠笔写下“E”、“上”或“6”，待笔迹干后，用一小块方形的透明胶封住所写内容，使其透明即可待用。

4. 预实验的准备

①检测每台显微镜是否能正常使用。②检查写有字母“E”的永久装片是否有损坏，如损坏应及时补充。

5. 学生实验小组的建立

分编小组：练习使用显微镜是初中阶段的第一个实验，因此应提前分组。分组可以由教师“异质分组”(即综合考虑学生的学习基础、能力、特长、性别等因素进行混合分组)；也可以由学生自由组合的方式进行；如果班级已经建立了学习小组，则可以班级已建立的学习小组为准。一般 4～6 人为一个小组，每组设小组长一名。

固定座位：将小组的序号、组长名、成员名打印出来，放置在实验桌显眼位置，便于学生对号入座。

固定仪器：对中学生物学常用仪器如显微镜，也应固定编号，分组使用，以便中学生掌握仪器性能特点而使用起来更得心应手，同时也利于在出现问题时分清责任。

2.2 实验教学目标的确定

1. 确定实验教学目标的依据

依据《义务教育生物学课程标准(2011 年版)》与“人教版”初中生物学教科书：七年级上册中本次实验相关的“目标要求”部分进行制定。

2. 本实验的教学目标

(1)知识目标：说出显微镜的基本构造和作用。

(2)能力目标：使用显微镜和制作临时装片。

(3)情感态度与价值观目标：培养初中学生学习生物学的兴趣，初步养成良好的实验习惯。

2.3 实验教学实施中的策略和指导

1. 实验教学实施中的策略

本次实验可以采用传统的“先讲解后实验”策略，也可以根据本次实验的特点，建议采用：“边讲解边实验”策略或“边示范演示边实验”策略。

本次实验是进入初中学段的第一个操作性实验，难度不大、比较安全，但实验内容较生僻。而初中学生年龄较小、自我控制能力较差、组织教学较困难，所以宜采用“边讲解边实验”的策略。

对于大多数初一学生来讲，使用光学显微镜是新鲜体验，所以可采用把实验分成二大段：第一大段是教师结合显微镜实物，并配合显微镜挂图或课件进行显微镜结构的讲解后，学生再反复观察、认识、讨论交流并记住显微镜的结构，从而完成第一大段的实验教学目标；第二大段是教师示范讲解如何正确使用显微镜后，学生再实验操作、反复练习、正确使用显微镜。在第二大段“正确使用显微镜”中还可将使用显微镜划分成“正确取镜”、“低倍镜的正确使用”、“高倍镜的正确使用”几段内容，采取教师一段讲教、学生一段练习而展开。

如采用“边示范演示边实验”的策略时，即可由教师进行显微镜使用的规范演示并辅以讲解、操作要领和操作注意事项的提示，从而为学生提供模仿的样板，学生再亲手实验操作反复练习正确使用显微镜。

2. 实验教学实施中的指导

对光：学生常常容易出现以下不规范操作现象：一是不用低倍镜，直接采用高倍镜对光；二是转换低倍镜的时候不用转换器而是直接扳动目镜；三是将一只眼闭住或遮挡住进行对光。此时，应及时指导学生通过转动转换器，使低倍物镜对准通光孔再对光，同时尽量将两只眼睛睁开进行对光。

放置标本：指导学生将标本中有颜色的部分放置在通光孔的中央。

观察：学生易犯的错误是压坏装片。应指导学生先将镜筒下降至物镜和装片之间只有少许缝隙时，这时双眼应注视物镜，再缓慢上升镜筒，左眼注视目镜，将物镜调至合适的距离是能否看清物体的关键，也是学生不易掌握的难点。一般来说，当视野中出现一些深色的杂质或模糊的颜色时，就比较接近合适的距离了，这时应更加缓慢地调节细准焦螺旋，直至看清物体；同时，应提醒学生在观察时两眼都要睁开，尽管开始学生不习惯，但是坚持几次就习惯两眼睁开使用显微镜观察生物细胞了。

2.4 实验教学实施中的安全教育和注意事项

1. 实验教学实施中的安全教育

本次实验是初中学生第一次进入实验室，应进行生物学实验室安全工作制度和学生实验安全守则的学习，特别要强调关于安全用水、用电的注意事项。同时，还要进行应对突发事件的安全教育，必要时，将实验室的应对突发事件的应急预案进行友好地预演。

实验过程中还需要提醒学生在放置装片、观察装片的过程中注意不要损坏装片，如有损坏，应及时报告并妥善处理好损坏的装片，避免被损坏的装片划伤。

2. 实验教学实施中的注意事项

取镜：学生常出现单手取镜摔坏显微镜的现象，应强调用双手规范地从镜箱中稳当地取出显微镜。

安放：学生会出现随意安放显微镜的现象，有些学生甚至将显微镜反着放。应强调学生将显微镜正放在自己座位略偏左的位置，镜座的边缘离桌面约 10cm 的距离，以免摔坏显微镜。

收放：在收放显微镜时，学生常常出现忘记取下玻片标本就直接下降镜筒而损坏了玻片标本的现象，所以要及时提醒中学生首先要将标本取下，再转动转换器，将低倍物镜和高倍物镜转至载物台的前方，再下降镜筒至最低处后才能将显微镜放入镜箱。

2.5 实验教学实施流程

教学流程	设计意图
1. 提前分组，按小组就座	便于学生合作学习，也便于实验课堂管理
2. 宣讲安全工作制度和学生实验安全守则	让学生对实验室要求有一个明确的认识，帮助养成良好的实验习惯
3. 提出本次实验的目的要求，清点实验器材	让学生对本次实验的目的要求有一个清晰的认识。帮助学生养成良好的实验习惯
4. 指导学生阅读教科书中实验的相关内容	通过阅读，对光学显微镜的原理、构造以及使用步骤有一个初步的了解
5. 教师“边讲解或边演示”或指定请一名学生演示显微镜的操作过程，其他学生模仿学习或纠错	部分学生可能在小学时使用过光学显微镜，安排其中一名做演示，如果操作正确，可以做示范；如果错误，请学生们指出，利用同伴互助比教师的说教效果更好
5. 学生分别或分组练习正确使用显微镜，教师巡视，进行个别指导	对学生的操作过程中出现的错误以及难点进行即时指导，同时调控课堂秩序
6. 学生完成实验报告单	及时强化巩固本节内容
7. 交流反馈	对学生的学习情况进行总结，对表现较好的学生提出表扬，对做得不够理想的地方提出建议
8. 整理清洁实验桌	培养学生良好的实验习惯

2.6 实验教学的评价设计

1. 实验报告的设计

教师可提前设计出以下实验报告。

实 验 报 告

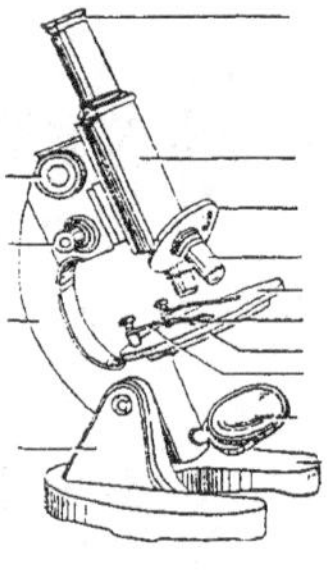

姓名________班级________学号________

实验日期：______________实验题目：______________

(1)如何计算显微镜的放大率？

显微镜放大率=______________×______________

(2)如果某显微镜的目镜为10×，物镜的放大倍数为10×，则该显微镜可以将物体放大________倍。

(3)将显微镜各部件的名称填入右图：

目镜、物镜、镜筒、反光镜、镜臂、镜柱、镜座、转换器、载物台、压片夹、通光孔、遮光器、粗准焦螺旋、细准焦螺旋。

(4)思考：

①你所观察的物像被放大了多少倍？______________________________

②如果你看到的图像在左上方，向什么方向移动才能将其移到视野中央？______________________________

2. 编制“显微镜使用”的评价量表

教师应提前编制出“显微镜使用”的评价量表，见表3.1。

表3.1 “显微镜使用”的评价量表

实验者姓名： 班级：

实验日期： 评分人姓名：

实验步骤			权重	自评			他评		
				🙂	😐	🙁	🙂	😐	🙁
技术	取镜	①一只手握住镜臂，另一只手托住镜座取出显微镜	3						
		②将镜箱放回实验台下	1						
	安放	①显微镜离实验台边缘10cm左右	3						
		②略偏左，镜筒向前，镜臂向后	1						
		③不得用手指接触镜头	2						
	对光	①低倍物镜正对通光孔	5						
		②物镜前端与载物台保持2厘米左右距离	2						
		③选择遮光器上最大的光圈	3						
		④一只眼注视目镜，另一只眼睁开	5						
		⑤根据光线强弱正确选择使用反光镜	3						
		⑥对准室内散射光源，不使用太阳直射光源	3						
		⑦得到圆形的明亮视野，如日光灯的亮度	5						

续表

实验步骤			权重	自评			他评		
				☺	😐	☹	☺	😐	☹
	观察	①标本置于通光孔正中	5						
		②用压片夹夹住切片	3						
		③调节粗准焦螺旋，下降镜筒，注视物镜与玻片间的距离	6						
		④寻找目标时，左眼看目镜，右眼睁开，调节粗准焦螺旋，上升镜筒	6						
结果		⑤看到较清楚的物像	5						
		⑥调节细准焦螺旋，看到清晰的物像	5						
知识	理解计算	①会移动玻片，寻找自己需要观察的对象	5						
		②知道观察到的物象与实际物象的关系	4						
		③会计算物像放大倍数	5						
安全与维护	收镜	①取下装片	3						
		②转动转换器使物镜离开通光孔	3						
		③下降镜筒到最低位置	3						
		④将反光镜竖直	3						
		⑤一只手握镜臂，另一只手托镜座，收镜回箱	3						
	清洁	①整理清洁实验台	5						
合计									

【实验教学教案范例】

“练习使用显微镜”的实验教学设计[①]

实验科目：生物　　　　实验班级：　　　　实验教师：

实验类型(分组或演示)：　　　　实验时间：　　年　　月　　日

【教学目标】

知识目标：说出显微镜的基本构造和作用；

能力目标：使用显微镜和制作临时装片；

情感态度与价值观目标：培养初中学生学习生物学的兴趣，初步养成良好的实验习惯。

【教学重点难点】

教学重点：显微镜的使用方法。

教学难点：规范使用显微镜，并观察到物象(要求学生用一只眼注视目镜内图像的同时，另一只眼睁开)。

【课前准备】

显微镜，三种材料(写有“上”字的玻片、有数字的透明纸、有数字的不透明纸)，擦镜纸，纱布。

① 引自：周密(2010)。

【实验教学过程设计】

一、引入

细胞、细菌、病毒等用你的肉眼不能看到，但是你只需要一部显微镜，就可以揭开它们神秘的面纱。

二、展开新课

(一)认识显微镜

(先让学生熟悉显微镜，认识各部分名称并熟练记忆显微镜的结构和功能)

(1)课件展示显微镜的结构和功能；

(2)同桌之间相互介绍显微镜的结构；

(3)教师检查自学效果；

(4)教师总结显微镜的构造并举例讲解显微镜的放大倍数的计算方法。

(二)练习使用显微镜

(1)课件展示：演示显微镜的使用方法、步骤。①取镜和安放；②对光；③安放玻片；④调焦观察；⑤复原放回。

(2)学生上台演示显微镜的使用，边演示边讲述使用方法。

(3)学生分组练习使用显微镜。

观察标本：①观察写有“上”“E”字的玻片；②观察印有数字的透明纸；③写有数字的不透明纸。

教师强调：①用低倍物镜(10×，即短的物镜)对准通光孔；②转动转换器的手法，手指不能扳物镜，对学生进行爱护显微镜的教育；③镜筒下降时，眼睛一定要看着物镜；④一只眼看目镜，另一只眼睁开，多次尝试就会习惯。

(4)问题讨论：①使用显微镜观察时，为什么在下降镜筒时眼睛要注视物镜？②在显微镜下能看清写在不透明纸的“上”字吗？写在玻片上的“上”字，在显微镜下看到的是什么字？③玻片上的标本的移动方向跟物像的移动方向是相同还是相反？④对好光后，不能再移动显微镜，为什么？⑤物像的放大倍数怎么计算？低倍镜与高倍镜下哪个看到的视野面积大？亮度高？细胞数目多？

(5)学生总结。①显微镜的成像是倒像；②放大倍数=目镜的放大倍数×物镜的放大倍数；③光学显微镜只能观察能被光穿透的物体；④放大倍数越大，看到细胞越大，个数越少；放大倍数越小，看到细胞越小，个数越多。

(6)归纳小结：显微镜的使用方法。

(7)课件展示：使用显微镜的注意事项。

三、小结

显微镜顺口溜：(课件展示)

一取二放，三安装；

四转低倍，五对光；

六上玻片，七下降；

八升镜筒，细观赏；

九退整理，后归箱；

十全十美，你最棒。

四. 巩固练习(课件展示辅助)

(1)使用显微镜时，取镜要用一只手________，另一只手________，放在自己实验台的偏________的位置，然后安装好________；

(2)对光时，转动转换器，使________倍镜对准________，转动遮光器，使一个较大的________也对准________。用________眼朝________里注视，________眼睁开，然后用手调节________，直到看到明亮的视野为止；

(3)转动________准焦螺旋，使镜筒________下降，直到物镜接近玻片标本；

(4)为什么此时眼睛一定要看着物镜? 因为______________________________；

(5)________时针方向转动________准焦螺旋，使镜筒缓缓上升直到看清物像为止。再略微转动________准焦螺旋，使看到的物像更加清晰；

(6)如果物像偏左，你应将标本向________移，才能使物像居中；

(7)有一台显微镜，它有两个目镜和两个物镜，目镜的放大倍数分别为5×和15×，物镜的放大倍数分别为10×和40×。请问，这台显微镜的最大放大倍数是________，最小的放大倍数________。假如现在观察一个标本，需要放大150×，应该选用的目镜为________，物镜为________；

(8)用下列四组镜头看同一块血液的玻片标本，其中可以看到血细胞数目最多的一组为(　　)；

A. 目镜—5×，物镜　10×

B. 目镜—5×，物镜—40×

C. 目镜—10×，物镜—10×

D. 目镜—10×，物镜—40×

(9)在载玻片上写下一个小小的字母“d”，用显微镜观察时，会看到放大的图像形状是(　　)；

A. b　　B. D　　C. Q　　D. p

(10)当显微镜视野很暗，影响观察时，应调节光亮程度，此时应采取的措施是(　　)；

A. 缩小光圈　　B. 换高倍物镜　　C. 选用凹面镜反光　D. 调节准焦螺旋

(11)显微镜放大倍数的计算方法是(　　)；

A. 以目镜倍数为准　　B. 以物镜倍数为准

C. 目镜与物镜倍数的乘积　　D. 目镜与物镜倍数之和

(12)遮光器上光圈的作用是(　　)；

A. 调节焦距　　B. 调节光亮度　　C. 调节光线角度　　D. 调节图像清晰度

(13)观察同一材料的同一部位时，高倍物镜与低倍物镜相比，其(　　)；

A. 物像小、视野亮，看到的细胞数目多

B. 物像小、视野暗，看到的细胞数目少

C. 物像大、视野暗，看到的细胞数目少

D. 物像大、视野亮，看到的细胞数目多

(14)当显微镜物镜由低倍换成高倍后，视野亮度比原来________，此时可采用的方法一是换成________反光镜，二是将________调大；

(15)某同学在用显微镜观察标本时，发现视野中总有污物存在，移动玻片时污物不动；换上高倍物镜，污物仍存在，那么污物在(　　)。

A. 玻片上　　B. 物镜上　　C. 反光镜上　　D. 目镜上

【训练报告】

“练习使用显微镜”训练报告

本实验是初中生物学的第一个基本操作技术实验，本实验的成效非常重要，将直接为后续实验打基础。因此，请思考以下几个问题。

(1)正确的取镜动作要领是什么？

(2)对光过程的要点有哪些？如何判断是否对好光了？

(3)在使用显微镜观察下降镜筒时，眼睛应注视显微镜的什么部位？为什么？

(4)能快速顺利地从低倍镜下观察到玻片标本的要领有哪些？

(5)组织中学生有序高效地完成整个实验过程，你觉得有哪些必要的教学讲解、演示与指导环节与措施？

(6)总结本实验教学中关键的教学环节与注意事项；

(7)对自己“练习使用显微镜”的实验教学设计方案进行必要的修改与完善。

【实验创新视野】

一、实验视野拓展

部分学生可能对显微镜的使用要领掌握较快，因此可以多准备一块空白装片，鼓励这部分学生观察身边的一些材质，如头发、皮屑等，满足学生的探求欲，提高学生使用显微镜的兴趣。

二、实验教学创新－中学生示范代替教师示范

部分中学生在此之前可能已经操作过显微镜，因此可以请曾经操作过的一名学生到讲台上演示显微镜的使用，如果该学生的操作非常规范，可以为其他学生做正确的示范；如果该学生操作中存在一定问题，则可以请下面的同学指出错误，提出改正意见，供学生们借鉴。利用同伴互助演示显微镜的正确使用，比教师本人的说教效果好得多。

【链接】

[1] 佚名. 光学显微镜的构造和使用方法 . http：//www. doc88. com/p－74183880293. html.

3.1.2　高中生物学操作性实验教学能力训练

训练 1　使用高倍显微镜观察几种细胞

【预备知识】

本实验选自“人教版”高中生物学教科书：“必修 1：分子与细胞”第一章第二节中的内容，是高中生物学中的第一个操作技能训练实验。

背景知识点：

1. 显微镜的成像原理

与“3. 1. 1 初中生物学操作性实验教学能力训练：训练 1 练习使用显微镜”中相同。

2. 细胞的染色原理

酵母菌细胞的染色原理：酵母菌细胞较大，不必染色即可用显微镜观察其形态，但也可用亚甲基蓝对酵母菌进行染色。亚甲基蓝是一种弱氧化剂，氧化态呈蓝色，还原态呈无色。活的酵母细胞，因新陈代谢的不断进行，具有一定的还原能力，能将进入细胞的亚甲基蓝还原，而细胞不被染色；而死亡细胞或新陈代谢微弱的衰老细胞则成蓝色或淡蓝色。

口腔上皮细胞的染色原理：口腔上皮细胞是用碘－碘化钾进行染色，因为碘－碘化钾属于碱性染料，遇蛋白质将会使口腔上皮细胞染成黄色，细胞核部分染色最深。

【实验目的要求】

1. 能规范并熟练地使用显微镜的高倍镜观察生物标本，比较不同生物细胞的异同点。

2. 掌握不同生物材料临时装片的制作方法要点。

3. 尝试对显微镜一般故障的简单处理。

4. 进行本次操作性实验的教学设计与教学实施模拟。

【实验材料用具】

1. 真菌(如酵母菌)细胞，低等植物(如水绵等丝状绿藻)细胞，高等植物细胞(如叶的表皮保卫细胞)，动物细胞(如鱼的红细胞或蛙的皮肤上皮细胞)或其他材料；

2. 显微镜，载玻片，盖玻片，镊子，滴管，蒸馏水(或清水)，常用染色液等。

【实验训练内容】

一、实验技能的强化训练

1.1 实验的方法步骤

1. 高倍镜的使用

首先在显微镜的低倍镜下观察到物像，使需要放大观察的部分移动到视野中央；

转动转换器，移走低倍物镜，换上高倍物镜；

缓缓上下调节细准焦螺旋，使物像清晰；

调节光圈，使视野亮度适宜。

2. 临时装片的制作要点①

一般将制作临时装片的过程归纳为擦片、滴水、取材、展平、盖玻片和染色 6 阶段进行。

1)擦片

用洁净的纱布把载玻片和盖玻片擦拭干净。盖玻片易碎，应重点指导，可用两种方法。一是在平整、光滑的实验桌面或玻板上垫一张干净的纸，将盖玻片放上，用干净纱布先擦一面，再擦另一面。二是用左手大拇指和食指卡住盖玻片边缘，右手大拇指和食指或中指垫上纱布捏住盖玻片相对移动纱布，均匀用力，轻轻擦拭(图 3.4)。擦好的盖玻片可对光检查，如不干净，沾点水再擦。载玻片则用左手卡其边缘，右手用纱布包住上下两面来回擦拭(图 3.5)。擦好的载玻片和盖玻片应放在干净的培养皿中，取用时用镊子，不要用手，以免被污染。

① 引自：徐作英和王重力(2009)。

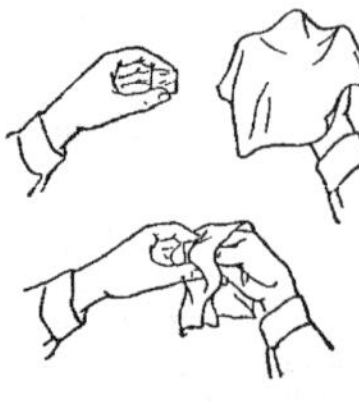

图 3.4　盖玻片擦拭

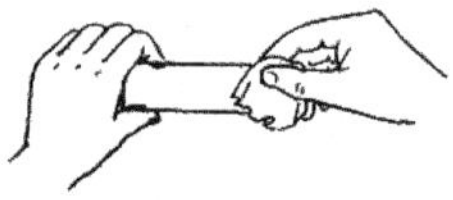

图 3.5　擦拭载玻片

参考：盛占春编著《中学生物学实验手册》。

2)滴水

用吸管在擦净的载玻片中央滴上一滴清水，注意水量适当(图 3.6)，学生常滴水过多或过少。水过多，盖玻片容易浮动或污染载物台，可用少许吸水纸在盖玻片一侧吸去部分清水。水过少，加盖玻片易产生气泡。

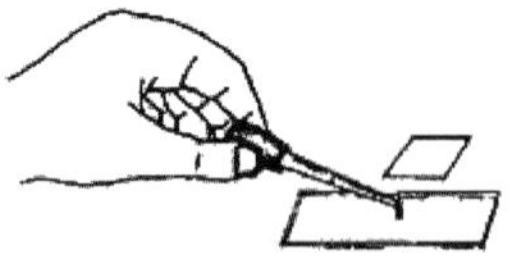

图 3.6　滴水

3)取材

用镊子从洋葱鳞片叶内侧的表皮上，撕取一小块透明薄膜，这是关键步骤，往往取材过多或未取到成熟细胞。其要点是：取洋葱表皮细胞，先剥去洋葱外表的干鳞片，再剥下肉质鳞片，纵横切划成长宽约 0.5cm 的正方形小块，再用镊子撕下其 2～3mm 大小的内表皮，把表皮内面即平滑面朝上放在载玻片上。如表皮细胞不成熟，无发达的液泡，应重新取材。观察番茄果肉细胞，则剖开番茄果实，用解剖针挑取其中少许成熟的果肉细胞。取口腔上皮细胞时，用消毒牙签的钝端，在漱净的口腔任意一侧的颊部，轻轻刮几下，动作要轻，刮的次数不宜太多(图 3.7)。

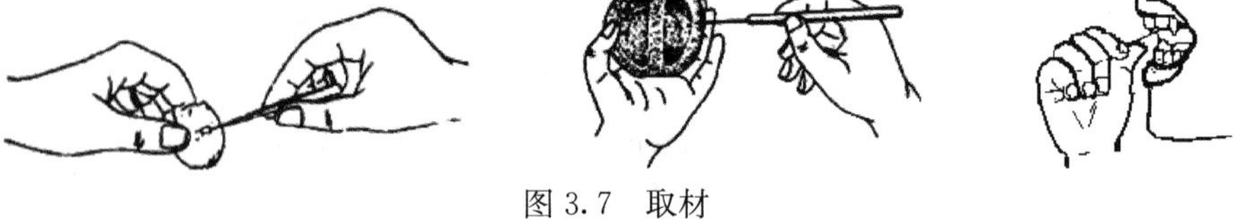

图 3.7　取材

4)展平

取下的洋葱表皮或番茄果肉细胞应迅速放在载玻片的水滴中，用解剖针展平。番茄果肉细胞、人体口腔上皮细胞还要用解剖针搅散(图 3.8)。

5)盖玻片

用镊子夹起盖玻片，让其一边先接触载玻片，再轻轻地盖上，以免产生气泡，这是学生易出现的问题。此步可用示教大载玻片和盖玻片边讲边示范(图 3.9)。

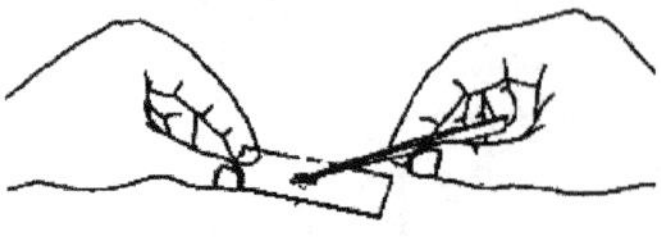

图 3.8　展平

图 3.9　盖玻片

6)染色

染色的目的是为了更清楚观察酵母菌。可用亚甲基蓝直接滴在载玻片中央，对酵母菌进行染色。

1.2 实验注意事项

(1)使用高倍镜观察的步骤与要点：先在低倍镜下清晰观察到物像后，使需要放大观察的部分移动到视野中央，再转高倍镜观察，小心进行微调聚焦。

(2)临时装片制作的程序：依次是擦片、滴水、取材、展平、盖片和染色6阶段。

(3)气泡的防止：一是滴水量适当，二是盖片时宜慢。

二、实验教学技能的强化训练

2.1 实验教学实施前的准备

1. 实验教学的教案教具准备

编写本次实验的教案和实验指导要点，绘制简图、准备辅助教学的课件、课程资源等。

2. 实验教学实施前仪器材料准备

检查显微镜：实验前应对所用显微镜逐一检查，发现故障应及时排除。

准备生物材料：观察各种各样细胞的生物材料建议选用以下部分：

- 单细胞生物
  - 真菌细胞：酵母菌
  - 植物细胞：衣藻
  - 动物细胞：草履虫
- 多细胞生物
  - 植物细胞
    - 低等植物细胞：水绵
    - 高等植物细胞：菠菜叶、洋葱鳞片叶表皮细胞
  - 动物细胞：鱼的红细胞、蛙的皮肤上皮细胞、人的口腔上皮细胞

准备试剂：亚甲基蓝即美蓝试剂：将0.006mL/L的$NaOH$、0.015%的美蓝液和6%的葡萄糖液三种溶液等量混合，加热至美蓝褪色，迅速放入嫌气罐中(李顺鹏，2003)。

碘—碘化钾染色液：碘化钾2g加5mL蒸馏水，加热使之溶解，然后溶入1g结晶碘，待碘溶解后，稀释成100mL(用于染细胞质)，装入棕色瓶中保存(稀释成300mL可用于淀粉染色)。

3. 预实验的准备

事先进行预实验，并作好表3.2中的预实验记录，比较各种材料的观察效果，筛选最佳的实验材料与染色时间。

表3.2　预实验记录表

材料	效果	染色液	难点与解决方案	备注
酵母菌				
衣藻				

续表

材料	效果	染色液	难点与解决方案	备注
草履虫				
水绵				
菠菜叶				
洋葱鳞片叶表皮				
口腔上皮细胞				
鱼的红细胞				

提示：如观察鱼的红细胞时最好只能滴 2 滴鱼的血液，切记不能太多；人的口腔上皮细胞的采集应当是中学生在自己漱净的口腔内侧壁用牙签小心取下口腔的上皮细胞。

4. 学生实验小组的建立

与“3.1.1 初中生物学操作性实验教学能力训练：训练 1 练习使用显微镜”中相同。

2.2 实验教学目标的确定

1. 确定实验教学目标的依据

依据《普通高中生物学课程标准(实验)》与“人教版”高中生物学教科书：“模块 1：分子与细胞”中本次实验相关的“目标要求”部分进行制定。

2. 本实验的教学目标

知识目标：使用显微镜观察多种多样的生物细胞，比较不同细胞的异同点；

能力目标：能正确制作临时装片并进行染色，熟练使用显微镜的高倍镜去观察多种多样的细胞；

情感态度与价值观目标：认同细胞的多样性与共同性相统一的观点。

2.3 实验教学实施中的策略和指导

1. 实验教学实施中的策略

本次实验可以采用传统的“先讲解后实验”策略，也可以根据本次实验的特点，建议采用：“边讲解边实验”策略或“边示范演示边实验”策略进行本次实验。

其中的“高倍镜的聚焦与观察”和“临时玻片标本制作要点”的内容应重点讲解与演示。

2. 实验教学实施中的指导

1)高倍镜的聚焦与观察

指导学生要先用低倍镜观察清楚后，把要放大观察的物像移至视野的中央，再换高倍镜、增大光亮、缓慢调节细准焦螺旋至物像清晰后观察。

2)演示并讲解装片制作的要点

讲解什么是临时玻片标本：临时玻片标本是实验中观察标本常使用的玻片标本，是临时制作的，保存时间不长久是其缺点。如：草履虫的形态以及应激性、口腔上皮细胞、植物细胞质壁分离以及复原、洋葱根尖有丝分裂、病原体观察等。

这种临时的，不用长期保存的玻片标本，根据其制作方法不同有以下三种形式：①切片——采用生物材料切取的薄片制成；②涂片——采用液体的生物材料(如细菌培养液、血液)经过涂抹制成；③装片——从生物体上撕下或挑取少量的生物材料制成。

因此，临时装片制作的方法要点是：忌取材料过多、切片或撕下材料太厚，染色液用量与时间要恰当。

3)指导学生观察思考

指导学生注意观察并思考、比较和总结出植物细胞与动物细胞结构上的异同点：从而认识生物细胞的多样性和统一性。

2.4 实验教学实施中的安全教育和注意事项

(1)制作临时玻片标本时，应注意防止刀片等锐器的划伤。

(2)爱护显微镜的高倍镜头，避免不规范操作而引起的损坏。

(3)对化学染液等废弃物必须集中收集，合理处理。

2.5 实验教学实施流程

教学流程	设计意图
提前分组，按小组就座	便于学生合作学习，也便于实验课堂管理
↓ 交代实验目标，交代本次实验的要点	让中学生清楚本次实验的目标要求：高倍镜的使用与临时装片的制作
↓ 学生分组进行实验，教师巡视，进行个别指导	提高学生实验操作能力，及时对学生操作过程中的不当进行指导，同时调控课堂秩序
↓ 学生对实验结果分析与讨论，得出结论	提高学生观察和思维能力，并及时强化本节内容
↓ 学生交流反馈	提高学生语言表达和交流能力，对学生的实验情况进行总结

2.6 实验教学的评价设计

1. 设计思考讨论题

教师可提前设计出以下思考讨论题：

(1)使用高倍镜观察生物材料的步骤与要点是什么？

(2)结合本实验所选的材料，哪些需要染色？哪些不需要染色？为什么？

(3)试归纳所观察到的各种细胞在结构上的共同点，并描述它们之间形态结构上的差异，分析产生差异可能的原因。

2. 进行技能评价

教师可随堂考察中学生的实验技能，观察中学生自己制作的临时玻片标本，从而对中学生的实验技能进行实作评价。

【实验教学教案范例】

“使用高倍显微镜观察几种细胞”的实验教学设计①

【引言】

我们知道细胞是构成生物体的基本单位和功能单位，不同生物体的细胞形态相同吗？功能相同吗？同一生物体不同部位的细胞形态相同吗？这些不同形态的细胞又有哪些共同之处呢？今天，我们就来学习“细胞的多样性和统一性”。

【问题探讨】

课件展现多种生物组织图片，学生根据生活以及学习经验加以认识思考问题。

提问：请分辨一共有几种细胞？你能说出它们的名称吗？它们的共同的结构有哪些？

提问：你能从中举一两个例子，说说造成细胞不同形态结构的原因吗？

学生讨论：有红细胞、口腔上皮细胞等，而洋葱表皮细胞具有细胞膜、细胞核、细胞质；

因为细胞分化而形成了细胞不同的形态结构。

教师引导分析总结：从图中至少可以看出5种细胞，红细胞、白细胞、口腔上皮细胞、洋葱表皮细胞、正在分裂的植物细胞。这些细胞共同的结构有：细胞膜、细胞核、细胞质(植物细胞还有细胞壁，人的成熟红细胞没有细胞核)。细胞具有不同形态的结构是因为生物体内的细胞所处的位置不同，功能不同，是细胞分化的结果。例如，红细胞呈两面凹的圆饼状，这有利于与氧气充分接触，起到运输氧气的作用。

教师：现在，让我们尝试用高倍镜来观察更多种类的细胞。

(多媒体课件展示实验目标)

知识目标：能说出本实验的材料和器具、显微镜使用的方法步骤、临时装片制作的方法步骤，比较所观察细胞结构的异同。

能力目标：能正确制作临时装片并进行染色，正确使用高倍显微镜观察多种多样的细胞。

情感态度与价值观目标：认同细胞的多样性与共同性(都有相似的基本结构)相统一的观点。

(多媒体课件展示高倍显微镜的使用步骤和要求)

步骤：对光→放置装片→使镜筒下降→使镜筒上升→观察→将要用高倍镜观察的部位移至视野中央→转动转换器，换至高倍镜→观察。

要求：使粗准焦螺旋下降时，双眼要注视物镜与玻片之间的距离，到快接近时(约0.5 cm)停止下降；在使用高倍镜观察时，不能转动粗准焦螺旋。

① 选编自：人民教育出版社等(2010)。

提问：是低倍镜还是高倍镜的视野大，视野明亮？为什么？

生：低倍镜，放大倍数小，通过的光多。

提问：为什么要先用低倍镜观察清楚后把要放大观察的物像移至视野的中央，再换高倍镜观察？

生：直接用高倍镜观察，往往观察的对象不易在视野范围内找到。

提问：用转换器转到高倍镜后，再转动粗准焦螺旋行不行？

生：不行，只需细准焦螺旋即可，若转动粗准焦螺旋，容易压坏玻片。

（多媒体课件展示临时装片的制作步骤和要求）

(1)酵母菌等单个细胞的材料制作临时装片的步骤是：在载玻片上滴清水→用镊子夹起一小块材料放在载玻片上的清水中涂匀或展开→盖上盖玻片。

(2)洋葱表皮等多细胞构成的器官临时装片的制作步骤是：在载玻片上滴一滴清水→用双面刀片在叶的上表皮划一个小方块→用镊子撕取方块中的表皮→放在载玻片上的清水中展开→盖上盖玻片。

提示容易犯的错误：用的材料过多；切片太厚；不盖盖玻片或盖上盖玻片的方法不当；压片的方法不当；气泡太多而不易观察到细胞等。

（一名学生演示操作过程）

学生：观察，并指出其不足之处。

【领取仪器与材料】

教师：小组成员分别选用准备材料1～2种，也可以选用自己带来的材料，与之合作，保证每种材料均有人选择。请自己动手吧。

生：学生分工合作自选材料。

【制作临时装片并观察】

学生：制作临时装片；先观察，再交换相互观察。

【实验结果与结论】

学生：将观察到的结果填入下表，并得出结论

<table>
<tr><th>细胞名称</th><th>大小形态</th><th>细胞壁</th><th>细胞膜</th><th>细胞质</th><th>细胞核</th><th>结论</th></tr>
<tr><td>口腔上皮细胞</td><td>球形</td><td>无</td><td>有</td><td>有</td><td>有</td><td rowspan="4">细胞既具有多样性又具有统一性</td></tr>
<tr><td>洋葱表皮细胞</td><td>长方体形状</td><td>有</td><td>有</td><td>有</td><td>有</td></tr>
<tr><td>酵母菌</td><td>椭球形</td><td>有</td><td>有</td><td>有</td><td>有</td></tr>
<tr><td>……</td><td></td><td></td><td></td><td></td><td></td></tr>
</table>

提示：结果：不同的细胞，其形态、大小千差万别；不同的细胞具有共同的结构：细胞膜、细胞质、细胞核。

【问题讨论】

提问：试归纳观察到的细胞在形态、结构上的共同点，并描述它们之间的差异，分析产生差异的可能原因。

学生：不同的细胞在形态、大小上千差万别，造成细胞之间产生差异的原因是这些细胞的位置和功能不同，其结构与功能相适应，这是个体发育过程中细胞分化的结果。

提问：出示一个大肠杆菌的照片和结构示意图，它与本实验所观察到的细胞有什么主要区别？

学生：大肠杆菌没有明显的细胞核，没有核膜，细胞外有鞭毛等。

【评价反馈】

(1)一个细小物体若被放大 50 倍，这里“被放大 50 倍”是指该细小物体的

A. 体积　　B. 表面积　　C. 面积　　D. 长度或宽度

(2)在光照明亮的教室里，用显微镜观察植物细胞时，在显微镜视野上能够清晰看到细胞，但看不清楚内容物，为便于观察，此时应

A. 改用凹面反光镜，放大光圈　　B. 改用凹面反光镜，缩小光圈

C. 改用平面反光镜，放大光圈　　D. 改用平面反光镜，缩小光圈

学生：(答案：1. D　2. D)

【课堂小结】

由各小组组长总结自己组在实验过程中成功的经验和失败的教训。(略)

【教学反思】

本实验主要通过观察大量的实验材料，引导学生比较不同生物体的细胞异同，进而来认识细胞的多样性和统一性。而所选材料不能单一，既要有单细胞真菌如酵母菌、单细胞原生生物(如衣藻、草履虫等)，又要有多细胞的高等植物细胞(如叶肉细胞、洋葱鳞片叶表皮细胞等)，多细胞的动物细胞如鱼的红细胞、蛙的皮肤上皮细胞、人的口腔上皮细胞等。

【训练报告】

设置“使用高倍显微镜观察几种细胞实验教学技能强化训练报告表”(表 3.3)，进行“实验操作技能”与“实验教学技能”的自我评价反思与评价。

表 3.3　“使用高倍显微镜观察几种细胞”实验教学技能强化训练报告表

实验教学技能强化内容		自我反思与评价	改进措施
实验操作技能	临时装片制作		
	显微镜高倍镜的使用方法		
实验教学技能	实验教学设计		
	实验教学目标		
	实验教学内容		
	实验教学手段、方法		
	实验教学评价		

【实验创新视野】

观察衣藻的一种新方法：将含有衣藻的液体滴于载玻片上，加入一滴 0.4%的碘酒，衣藻便停止运动，盖上盖玻片后可在高倍显微镜观察衣藻的形态结构。

【链接】

[1] “观察植物细胞”一节的教学设计. http://www.shengwu.com.cn/swrw/HTML/31241.html.

[2] 淘宝网：临时装片的制作和植物细胞的观察. http://space.taobao.com/8621cf3644afd02b81f236e98693514b/show_blog-13972555.htm.

[3] 王延玲，张明宇，2008.“使用高倍显微镜观察几种细胞”实验材料的选择、培养和观察 [J]. 中学生物教学，10：11.

附：显微镜简单故障的处理[①]

(1)镜筒下滑。镜筒下滑是由于粗准焦螺旋手轮与轴套之间摩擦力减小而引起的。新显微镜由于运输中的颠簸，使其松动。这种情况可以双手握住粗准焦螺旋手轮，同时顺时针转动粗准焦螺旋，紧固即可消除。但旧显微镜是紧固不动的，这是由于长期使用，使得塑料垫圈磨损造成的，这时可以回松手轮上后，在手轮和轴套之间加入塑料垫圈再紧固。

(2)镜筒不动。镜筒不动是由于镜筒与镜臂之间的燕尾滑动槽中的润滑油干涸造成的。处理这种情况可以用60～70℃煤油，反复淋洗或浸泡燕尾槽，使其干涸的润滑油松动后，取下镜筒，再反复清洗，最后加入干净机油，使其保持滑动自如。

(3)微调失灵。微调失灵是由于学生只用细准焦螺旋调整光学系统，致使细准焦螺旋中螺纹偏挤至一侧造成。可将右侧细准焦螺旋手轮取下，用花鳃钳夹紧中轴向后旋松，调整到适中位置后，将手轮装好，即可消除。

(4)关节松动。关节松动是由于学生经常过度倾斜镜臂所造成。可以先取下显微镜所有光学部分，用铁钉顶住关节双孔螺丝的一侧小孔，用小钳工锤轻击，使其顺时针方向旋转紧固。如紧固不动，可回松该螺母，取出关节螺杆，在镜柱与镜臂之间加入塑料垫圈后，再紧固。

(5)转换器过松或过紧。转换器过松或过紧是由于学生长期不正确的转换物镜造成。可用螺丝刀紧固转换器中央的螺钉，注意螺钉的三种情况(图3.10)。

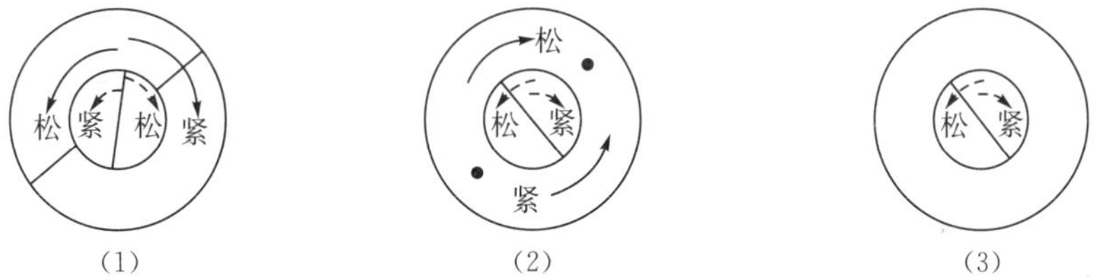

图3.10　物镜转换器紧固螺钉示意图

第(3)种情况螺钉下是一个锥形的垫圈，没有螺纹。此种显微镜不容易出现紧或松的故障。其他型号显微镜可以视故障情况，酌情松或紧螺钉，消除故障。

(6)物镜转换器不能定位。可能是定位卡过松，可调整其弹性，也有时是螺钉松动。如果是滚珠定位的，要查看滚珠是否脱落，再检查三角形弹片的弹性是否合适。

(7)遮光器不能定位。在载物台与遮光器之间有定位弹簧滚珠。滚珠遗失或弹簧失效都可能造成光栏不能定位，应更换，组装时应涂润滑油。

(8)反光镜过松过紧。反光镜夹以及插座，如果是镜夹松动，可先取下反光镜，将镜夹同内弯，再将反光镜卡入夹内。插脚在插座内过松过紧则要调整插脚缝宽窄，插脚过紧不易转动时，容易将插脚与镜夹的铆合处拧松，致使插脚不在插座内转动，造成插脚与镜夹间的转动。遇此情况应将插脚与镜夹铆接牢固，并调整插脚缝的距离，使其能在插脚座内转动而不松弛(图3.11)。

---

①　引自：徐作英和王重力(2009)。

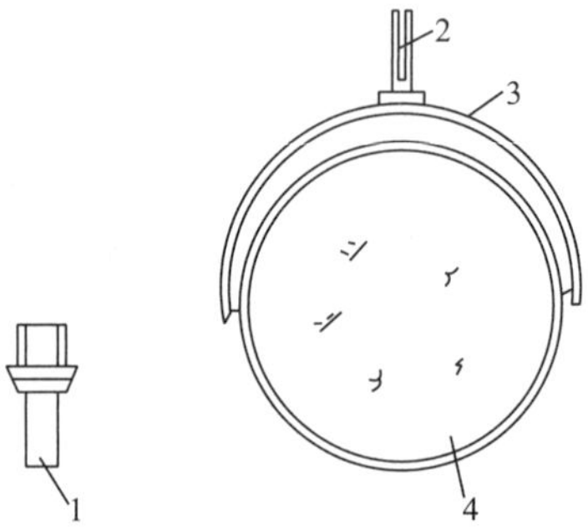

图 3.11 反光镜夹与插座关系图

训练 2 制作 DNA 双螺旋结构模型

【预备知识】

本实验选自“人教版”高中生物学教科书：“必修 2：遗传与进化”第三章第二节中的内容，本实验既可加深中学生对 DNA 结构的感性认识和理解，也可以培养中学生的动手能力。

背景知识点：

1)DNA 分子的基本单位是脱氧核苷酸

每分子脱氧核苷酸由一分子含氮碱基、一分子磷酸和一分子脱氧核糖通过脱水缩合而成(图 3.12)。由于构成 DNA 的含氮碱基有四种：腺嘌呤(A)、鸟嘌呤(G)、胸腺嘧啶(T)和胞嘧啶(C)，因而脱氧核苷酸也有四种，它们分别是腺嘌呤脱氧核苷酸、鸟嘌呤脱氧核苷酸、胸腺嘧啶脱氧核苷酸和胞嘧啶脱氧核苷酸。

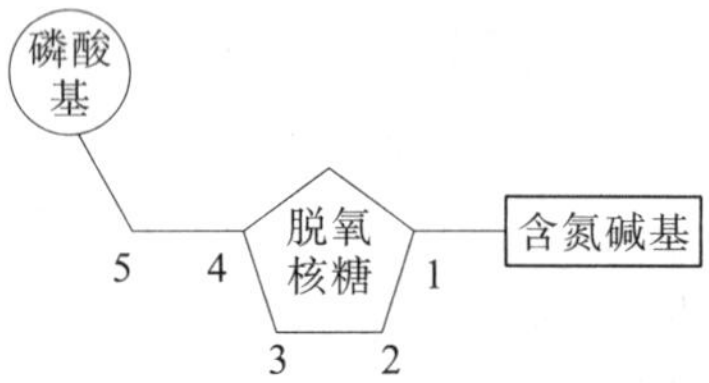

图 3.12 脱氧核苷酸结构简图

注：图中数字为脱氧核糖的碳原子序号。

2)DNA 链的形成

DNA 分子的立体结构为规则的双螺旋结构，具体为：由两条反向平行的 DNA 链盘旋成双螺旋结构。DNA 分子中的脱氧核糖和磷酸交替连接，排列在外侧，构成基本骨架，碱基排列在内侧，DNA 分子两条链上的碱基通过氢键连接成碱基对(A 与 T 通过两个氢键相连、C 与 G 通过三个氢键相连)，碱基配对遵循碱基互补配对原则。应注意以下几点。

(1)脱氧核苷酸的连接：由一分子脱氧核苷酸的 3 号碳原子与另一分子脱氧核苷酸的 5 号碳原子端的磷酸基团之间通过脱水缩合形成磷酸二酯键，由磷酸二酯键将脱氧核苷酸连接成链。

(2)DNA 链的 5′端和 3′端：由于 DNA 链中的游离磷酸基团连接在 5 号碳原子上，称 5′端；另一端的 3 号碳原子端称为 3′端。

(3)DNA 链的反向平行：指构成 DNA 分子的两条链中，总是一条链的 5′端与另一条链的 3′端相对，即一条链是 3‘－5’，另一条为 5‘－3’。

(4)碱基配对原则：两条链之间的碱基配对时，A 与 T 配对、C 与 G 配对。

3)DNA 的结构特点

(1)稳定性：规则的双螺旋结构使其结构相对稳定，一般不易改变。

(2)多样性：虽然构成 DNA 的碱基只有四种，但由于构成每个 DNA 分子的碱基对数、碱基种类以及排列顺序多样，可形成多种多样的 DNA 分子。

(3)特异性：对一个具体的 DNA 分子而言，其碱基对特定的排列顺序可使其携带特定的遗传信息，决定该 DNA 分了的特异性。

4)模型建构

(1)模型方法是以研究模型来揭示原型的形态、特征和本质的方法，是逻辑方法的一种特有形式。模型舍去了原型的一些次要的、非本质的细节，以简化和理想化的形式去再现原型的各种复杂结构、功能和联系，是连接理论和应用的桥梁。模型的种类很多，一般所说的模型主要有物理模型(用实物代替原型)、数学模型、概念模型等(徐作英和王重力，2009)。

(2)DNA 双螺旋结构(原型)：由两条反向平行的 DNA 链盘旋成双螺旋结构。其中，DNA 分子中的脱氧核糖和磷酸交替连接，排列在外侧，构成基本骨架，碱基排列在内侧，DNA 分子两条链上的碱基通过氢键连接成碱基对。

【实验目的要求】

(1)通过制作 DNA 双螺旋结构模型，加深对 DNA 分子结构特点的理解和认识。

(2)因地制宜，采用普通材料，学会制作 DNA 双螺旋结构“物理模型”的方法。

(3)进行本次实验的教学设计与教学实施模拟。

【实验材料用具】

曲别针、泡沫塑料、纸片、牙签、橡皮泥等常用物品都可用做模型制作的材料。

【实验训练内容】

一、实验技能的强化训练

1.1 实验的方法步骤

1. 模型设计

模型设计时，主要聚焦在以下问题的考虑：

(1)分别用哪几种材料来代表组成 DNA 分子的磷酸、脱氧核糖和碱基？这三种物质是在什么部位相互连接的？怎样连接？

(2)在 DNA 分子中，每个脱氧核苷酸之间是在什么部位相互连接的？怎样连接？

(3)在模型中，如何体现 DNA 分子的两条链是反向平行的？又怎样体现两条链的碱基之间互补配对？

2. 模型制作

组装DNA模型制作的程序：首先组装好四种脱氧核苷酸→连接一条脱氧核苷酸，再根据反向平行和碱基配对原则连接另一条脱氧核苷酸→两条链之间的碱基配对→形成双螺旋结构。

1.2 实验注意事项

(1) DNA分子“物理模型”建构设计中的注意事项。选用什么材料来分别比较醒目地代表DNA分子中的磷酸、脱氧核糖和碱基；每个脱氧核苷酸之间的相互连接部位的考虑；DNA分子的两条链反向平行的体现。

(2) DNA分子“物理模型”的制作流程顺序。首先组装好四种脱氧核苷酸→连接一条脱氧核苷酸，再根据反向平行和碱基配对原则连接另一条脱氧核苷酸→两条链之间的碱基配对→形成双螺旋结构。

二、实验教学技能的强化训练

2.1 实验教学实施前的准备

(1) 实验教学的教案教具准备。实验前，教师应作好实验教学的教案教具准备，编写实验教案和实验指导要点，绘制简图、准备辅助教学的课件、课程资源等。

(2) 学生预习实验。实验前，安排学生复习本次实验所要用到的背景知识点：DNA分子双螺旋结构的特点(DNA双螺旋结构的主要特点是：①DNA分子由两条反向平行的脱氧核苷酸长链盘旋而成；②DNA分子中的脱氧核糖和磷酸交替连接，排列在外侧，构成基本骨架，碱基排列在内侧；③DNA分子两条链上的碱基按照互补配对原则两两配对，并且以氢键连接)。

2.2 实验教学目标的确定

1. 确定实验教学目标的依据

依据《普通高中生物学课程标准(实验)》与高中生物学(人教版)教科书：“模块2：遗传与变异”中本次实验相关的“目标要求”部分进行制定。

2. 本实验的教学目标

知识目标：概述DNA分子结构的主要特点。

能力目标：制作DNA分子双螺旋结构模型。

情感态度与价值观目标：通过DNA分子双螺旋结构模型建构的体验，互相探讨交流此类“物理模型”制作过程中的经验。

2.3 实验教学实施中的策略和指导

1. 实验教学实施中的策略

本次实验可以采用传统的“先讲解后实验”策略，也可以根据本次实验的特点，建议采用“边实验边指导”+“先实验后总结”结合的实验策略。

“边实验边指导”+“先实验后总结”结合的实验策略是让学生直接进入到制作DNA双螺旋结构模型中，教师着重对实验中期、后期出现的困难与问题进行指导，对得出的结果进行总结。

2. 实验教学实施中的指导

(1)提醒学生在选择材料分别代表DNA分子中的磷酸、脱氧核糖和碱基时应醒目、好操作。

(2)指导学生应首先构建由脱氧核糖和磷酸交替连接形成的、处于外侧的DNA分子的基本骨架。

(3)提示DNA分子两条链上的碱基按照互补配对原则两两配对，并且以氢键连接。

(4)指导“DNA的基本单位制作的流程顺序是：脱氧核苷酸-单链DNA-平面双链DNA-立体空间结构DNA”的流程逐步推进。

2.4 实验教学实施中的安全教育和注意事项

(1)注意尖锐器具的安全使用。

(2)演示指导首先制作单个的脱氧核苷酸：按照每个脱氧核苷酸的结构组成特点，挑选适宜材料，首先组装成若干个独立的脱氧核苷酸单位。

(3)提示按照“碱基配对”原则进行多个脱氧核苷酸连接：按照一定的碱基排列顺序，将若干个脱氧核苷酸依次串起来，组成一条多核苷酸长链。在组装另一条多核苷酸长链时，方法相同，但要提醒学生注意两点：一是两条长链的脱氧核苷酸数目必须相同；二是两条长链并排时，必须保证碱基之间能够相互配对，不能随意组装，这是实验成败的关键所在。

(4)演示指导DNA分子平面结构模型的制作：按照碱基互补配对的原则，将两条多核苷酸长链互相连接起来。

(5)演示指导DNA分子立体结构(双螺旋结构)模型的制作：把DNA分子平面结构旋转一下，即可以得到一个DNA分子的双螺旋结构模型。

2.5 实验教学实施流程

1. 简单讲述DNA双螺旋结构模型制作的要点

↓

2. 学生汇报展示交流讨论模型设计方案

↓

3. 学生进行模型制作

↓

4. 互相观摩讨论调整优化DNA双螺旋结构模型的制作

2.6 实验教学的评价设计

1. 编制实验操作评价表

教师应提前编制出：“制作DNA双螺旋结构模型”实验操作评价表，见表3.4。

表3.4　“制作DNA双螺旋结构模型”实验操作评价表

核查项目	要点	5分	4分	3分	2分	1分
①科学性	要能够体现DNA的分子结构特点，包括DNA分子各个组件的比例是否科学，能否体现出碱基配对的情况，能否灵活转动成双螺旋，以及每个螺旋中的碱基数目是否正确等					
②艺术性	要美观大方					
③创新性	要能够突破教师或课本上提供的材料和制作方法					
④实用性	便于拆卸，便于保存，能够反复使用					
⑤超前性	利用该模型还可以作为DNA分子复制的适宜模型					
⑥合作性	分工合作，积极主动，团结协作					

2. 编制实验报告

教师应提前编制出："学生自查实验报告"，方便学生对自己和小组实验后进行总结与评价，见表3.5。

表3.5　学生自查实验报告

实验内容	学生个别问题	小组普遍问题	优化改进措施
材料选择			
模型设计			
模型方法			
模型制作自查			
其他			

【实验教学教案范例】

"制作DNA双螺旋结构模型"的教学设计①

一、教材分析

"制作DNA双螺旋结构模型"这一学生实验是《高中生物》(人教版)第二册的内容，是"遗传的物质基础"中的一个重要的内容，是学生在学习了相关的遗传物质的知识之后，对知识的巩固和提升。

在这节实验课所提供的材料中，包括磷酸、脱氧核糖、4种含氮碱基三中模具各多个，要求学生能够按照DNA的双螺旋结构特点和碱基互补配对原则进行搭配，构建出一个DNA双螺旋结构模型。生物课程一向重视学生的动手操作能力，所以本节课也是培养学生动手能力的一个很好的载体。因此，通过这节实验课的动手操作，不仅加深学生对知识的理解，更能提高学生的生物动手操作能力。

二、学情分析

学生在学习了相关的遗传物质的结构和功能之后，对DNA有了初步的了解，但是对于双螺旋结构的巧妙之处还是不能很好的掌握和理解，因此通过这个实验，怎样引导才能使学生对DNA知识有更深的理解是本课的关键所在。

三、教学目标

基于以上分析，并结合课程标准，特此确立如下教学目标：

知识目标：概述DNA分子结构的主要特点；

能力目标：制作DNA分子双螺旋结构模型；

情感态度与价值观目标：通过DNA分子双螺旋结构模型建构的体验，互相探讨交流此类"物理模型"制作过程中的经验。

四、教学重、难点以及突破方法

(1)加深学生对碱基互补配对原则的理解。

(2)理解DNA的多样性和特异性。

为了加深学生对知识的理解和应用，在学生动手操作的过程中，不能让他们直接按照模型里的说明书进行组装和操作，而是应该由教师给出一定的要求，让学生按照教师的相应的要求进行操作。比如组装的顺序可以设计如下：4种脱氧核糖核苷酸→脱氧核

① 摘编自：吴晓红."制作DNA双螺旋结构模型"的教学设计.新思考网：cersp.com.

糖核苷酸链→双螺旋结构。另外，不同的小组分别组装不同碱基对排列顺序的DNA模型。

五、学法指导

(1)在动手制作DNA双螺旋结构模型之前，先复习DNA分子结构的主要特点等知识，然后再开始动手制作模型。

(2)熟悉制作模型用的各种零件所代表的物质。

(3)按顺序制作模型。

(4)在组装多核苷酸长链时，必须注意两点：一是两条长链的单核苷酸数目必须相同；二是两条长链并排时，必须保证碱基之间能够相互配对，不能随意组装。

六、教学过程

【课前复习】

温故—会做了，学习新课才能有保障：

(设计目的：在学习新课程前要复习好DNA结构等知识，这样既有利于掌握新知识，又便于将新知识纳入到知识体系中)

(1)组成DNA的基本单位是________，它是由________、________、________构成，这几种物质之间的连接方式可用图表示如下：

答案：脱氧核苷酸、一分子含氮碱基、一分子脱氧核糖、一分子磷酸

连接方式如图3.13。

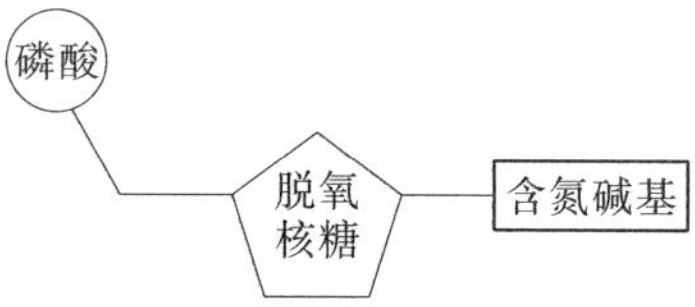

图3.13　脱氧核苷酸构成图

(2)在DNA分子中，每个脱氧核苷酸之间是在________部位连接成长链。

答案：脱氧核糖和磷酸

(3)DNA分子两条长链的方向是____________，它们之间的碱基按__________即A(________)一定与________(________)配对；________(________)一定与________(________)配对并靠________键相连接。DNA分子的立体构型是________________。

答案：反向平行　碱基互补配对原则　腺嘌呤　T(胸腺嘧啶)　G(鸟嘌呤)　C(胞嘧啶)　氢　规则的双螺旋结构

【新课过程】

知新——先看书，再来做一做：

(设计目的：培养学生自己通过看书获取知识的能力、分析问题的能力)

(1)制作DNA双螺旋结构模型的实验原理是什么？

(2)制作DNA双螺旋结构模型应准备哪些材料用具？

(3)制作DNA双螺旋结构模型的方法步骤是怎样的？

【课文全解】

1. 实验原理(设计目的：让学生自学，创造自主性学习的机会)

依据沃森和克里克提出的DNA分子双螺旋结构，其主要特点如下所示。①每个DNA分子是由两条反向平行的脱氧核苷酸长链盘旋而成的规则的双螺旋结构。脱氧核苷酸长链的两端是不同的，一端是脱氧核糖上羟基，另一端是磷酸基，而DNA分子两条长链的同一端，一个是磷酸基，另一个则是羟基，因而两条长链的方向是相反的。②DNA分子的外侧是脱氧核糖和磷酸交替连结构成的基本骨架，内侧是碱基对。③DNA分子两条链上的内侧碱基按照碱基互补配对原则(A配T，G配C)两两配对，通过氢键互相连结。

2. 实验材料(设计目的：请学生分析这些材料的用途以及组装的方法，提高语言表述的能力)

硬塑方框2个(长约10 cm或视两个通过氢键连接的脱氧核苷酸模型宽度而定，方框也可用其他硬质材料代替)，细铁丝两根(长约0.5 m或视制作的长链长度而定)，圆形塑料片(代表磷酸)若干、双层五边形塑料片(代表脱氧核糖)若干、4种不同颜色的长方形塑料片(代表四种不同碱基)若干。这些塑料材料也可用其他材料如硬纸板、泡沫板、卡片等代替。粗铁丝两根(长约10 cm或视两个通过氢键连接的脱氧核苷酸模型宽度而定)、订书器、订书钉。

3. 实验方法与步骤

1)预习DNA分子结构

DNA分子的基本组成单位是脱氧核苷酸：一分子脱氧核苷酸由一分子含氮碱基、一分子脱氧核糖和一分子磷酸基组成。脱氧核糖上的羟基与含氮碱基结合生成脱氧核苷，脱氧核苷另一位置上羟基与膦酸酯化生成脱氧核苷酸，它们的连接部位如图28所示。

在DNA分子中，脱氧核苷酸分子之间通过磷酸与脱氧核糖之间的氢键相互连接而成长链，链的方向是从磷酸基到脱氧核糖，但两条链走向相反，两条链内侧的碱基通过氢键配对连接，这样方向相反的两条平行长链盘旋而成的规则双螺旋结构，这就是DNA分子的立体构型。

2)制作DNA模型

(1)先做支架。取一个硬塑方框，在硬塑方框一侧的两端各拴上一条长约0.5 m或视制作的长链长度而定的细铁丝。

(2)制作脱氧核苷酸模型。将一个圆形塑料片(代表磷酸)和一个长方形塑料片(4种不同颜色的长方形塑料片分别代表4种不同的碱基)，分别用钉书钉连接在一个剪好的五边形塑料片上(代表脱氧核糖)，用同样的方法制作出一个个含有不同碱基的脱氧核苷酸模型，其连接方式如图28。

(3)制作多核苷酸长链模型。将若干个制成的脱氧核苷酸模型，按照一定的碱基顺序(可自行设定)依次穿在长细铁丝上(不同的小组要求组装出不同的碱基序列，可以由教师给出，也可以由学生自己选择。目的是：最后通过不同小组之间的比较，让学生理解DNA的多样性和特异性)。

(4)制作DNA平面结构模型。按同样方法制作好DNA的另一条脱氧核苷酸链(注意碱基的顺序与第一条链上碱基顺序互补配对，但方向相反)，用订书针将两条链之间的互补碱基连接好。

(5)制作DNA的空间结构模型。将串好脱氧核苷酸长链的两条细铁丝的末端分别拴到另一个硬塑方框一侧的两端，并在所制模型的背侧用两根较粗的铁丝加固。双手分别提起硬塑方框，拉直双链，向右旋转一下，即可得到一个DNA分子的双螺旋空间结构模型。

【课后讨论题】

(设计的目的是：加深学生对知识的理解和掌握)

1. 制作DNA双螺旋结构模型的实验原理是什么?

2. 制作DNA双螺旋结构模型注意事项和成功的关键是什么?

先让学生讨论，并表述出来，最后由教师给出如下标准答案：

(1)注意事项：①制作磷酸、脱氧核糖和含氮碱基的模型材料时，须注意各分子的大小比例；②磷酸、脱氧核糖、碱基三者之间的连接部位要正确；③整个制作过程中，各种模型零件间的连接必须牢固；④制作DNA的两条长链时，必须注意每条链上的碱基总数要一致，碱基对间应是互补配对的，两条链的方向是相反的；⑤由平面结构右旋成立体结构时，若未成规则的双螺旋，则应矫正。

(2)关键之处：要注意各分子的大小比例，相同的物质大小要一致。

(3)某DNA含100个碱基，则这样的DNA可以有多少种?

(4)如下图所示，下列制作的DNA双螺旋模型中，连接正确的是：

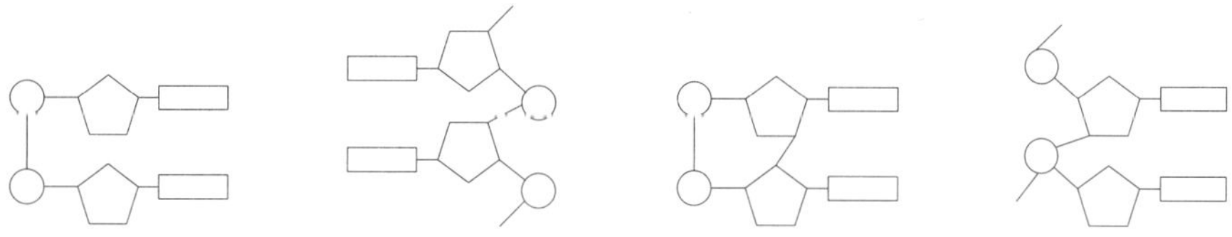

A　　B　　C　　D

答案：B、D

七、教学反思

对于生物学这样的学科，实验课是一个很重要的教学内容(其实物理和化学也一样)。但是在我们以往的工作和教学中，很少会有人关注实验课应该怎么上，也很少会对实验课进行集体备课(即使在网络上搜索也可能找不到有关实验课的教学设计之类的内容)，所以一般来讲实验课都是教师自己随便备一下去上课，而实际上这样的实验课完全失去了这个课程设计的目的，并且很有可能实验课成了学生可以放松的地方，因为他们觉得没什么学习的负担，而且是一个可以打闹的场所，这样的话实验课的效果就更差了。

基于这样的思考，我觉得实验应该好好进行设计，像这节课，经过以上这样的教学设计之后，我觉得可以达到以下几个目的：首先，可以排除学生简单地按照模型说明书上的图示进行模仿，使他们能动手动脑相结合，符合新课程对教学行为的要求，教师真正起到了主导的作用，也真正体现出了学生的主体性；其次，经过几个小组组装出的不同的DNA的比较，可以发现第①组和第②组虽然看起来是碱基互补配对，但是真正一样的可能还有第①组和第③组，而且第①组和第②组有的时候组装出来后会不一样，因为要考虑磷酸的方向。最后，通过教师给出具体的要求，比如一条脱氧核糖核苷酸链上的碱基排列顺序，这样不仅可以加深学生对DNA多样性的理解，对于今后解决“某DNA含有100个碱基，这样的DNA可以有多少种?”会有更多的体会。同时，通过讲练结合，使知识落实的更加到位。因此，这节实验课经过这样的教学设计之后，更加符合新课改的要求，也更能体现新课标的精神。

那么对于实验课这样的教学设计确实可以达到很好的教学效果，那么对于教师又应该有什么样的要求呢？我个人认为，教师应该要做好以下几点。

(1)教师对于实验教学内容要有很好的把握和解读。

(2)教师要有很好的课堂驾驭能力。

(3)教师应该精心设计教学内容。

(4)同一节课也应该预设不同教学方案。

【训练报告】

设置“制作DNA双螺旋结构模型”训练报告表(表3.6)，进行“实验操作技能”与“实验教学技能”自我评价反思与评价。

表3.6　“制作DNA双螺旋结构模型”训练报告

实验教学技能强化内容		自我反思与评价	改进措施
实验操作技能	模型设计		
	模型制作		
实验教学技能	实验教学设计		
	实验教学目标		
	实验教学内容		
	实验教学手段、方法		
	实验教学评价		

【实验创新视野】

学生可自选材料代表磷酸、脱氧核糖和含氮碱基。另外，若采用细铁丝连接脱氧核苷酸，建议把人教版教科书50页上图细铁丝只串在代表磷酸的纸片上略作调整，即用稍软的细铁丝依次从代表磷酸、脱氧核糖的纸片交替穿过，避免误认为脱氧核苷酸的连接是在磷酸与磷酸之间。

教师有意安排，通过对比各小组制作的DNA模型，出现不同DNA分子的结构并不尽相同，差异表现在DNA双链碱基对的排列顺序不同，碱基排列顺序的千变万化构成DNA分子的多样性，而特定的碱基排列顺序构成每一个DNA分子的特异性，DNA分子的多样性和特异性是生物体多样性和特异性的物质基础。

【链接】

[1] 包虹，2005.制作DNA结构模型体验模型方法魅力[J].和田师范专科学校学报，(25)4：35—37.

训练3 设计并制作生态缸，观察其稳定性

【预备知识】

本实验选自“人教版”高中生物学教科书：“必修3：稳态与环境”第五章第五节中的内容。

背景知识点：

1. 生态系统的自我调节能力

生态系统的自我调节能力主要表现在 3 个方面：第一，同种生物的种群密度的调控，这是在有限空间内比较普遍存在的种群变化规律；第二，异种生物种群之间的数量调控，多出现于植物与动物或动物与动物之间，常有食物链关系；第三，生物与环境之间的相互调控。

生态系统总是随着时间的变化而变化的，并与周围的环境有着很密切的关系。生态系统的自我调节能力是以内部生物群落为核心的，有着一定的承载力，因此生态系统的自我调节能力是有一定范围的。

生态系统的调节能力主要是通过反馈(feedback)来完成的。反馈又分为正反馈(positive feedback)和负反馈(negative feedback)两种。负反馈对生态系统达到和保持平衡是必不可少的，正负反馈的相互作用和转化，保证了生态系统可以达到一定的稳态。例如，如果草原上的食草动物因为迁入而增加，植物就会因为受到过度啃食而减少，而植物数量减少以后，反过来就会抑制动物的数量，从而保证了草原生态系统中的生产者和消费者之间的平衡。在生态系统中关于正反馈的例子不少。例如，有一个湖泊受到了污染，鱼类的数量就会因为死亡而减少，鱼类死亡的尸体腐烂，又会进一步加重污染，引起更多的鱼类的死亡。

不同生态系统的自我调节能力是不同的。一个生态系统的物种组成越复杂，结构越稳定，功能越健全，生产能力越高，它的自我调节能力也就越高。因为物种的减少往往使生态系统的生产效率下降，抵抗自然灾害、外来物种入侵和其他干扰的能力下降。而在物种多样性丰富的生态系统中，拥有着生态功能相似而对环境反应不同的物种，并以此来保障整个生态系统可以因环境变化而调整自身以维持各项功能的发挥。因此，物种丰富的热带雨林生态系统要比物种单一的农田生态系统的自我调节能力强。

2. 生态系统的抵抗力稳定性和恢复力稳定性

生态系统的稳定性不仅与生态系统的结构、功能和进化特征有关，而且与外界干扰的强度和特征有关，是一个比较复杂的概念。生态系统的稳定性是指生态系统保持正常动态的能力，主要包括抵抗力稳定性和恢复力稳定性。

以往认为，抵抗力稳定性与恢复力稳定性是相关的。抵抗力稳定性高的生态系统，其恢复力稳定性低，也就是说，抵抗力稳定性与恢复力稳定性一般呈相反的关系。但是，这一看法并不完全合理。例如，热带雨林大都具有很强的抵抗力稳定性，因为它们的物种组成十分丰富，结构比较复杂，然而，在热带雨林受到一定强度的破坏后，也能较快地恢复。相反，对于极地苔原(冻原)，由于其物种组分单一、结构简单，它的抵抗力稳定性很低，在遭到过度放牧、火灾等影响后，恢复的时间也十分漫长。因此，直接将抵抗力稳定性与恢复力稳定性比较，可能这种分析本身就不合适。如果要对一个生态系统的两个方面进行说明，则必须强调它们所处的环境条件，环境条件好，生态系统的恢复力稳定性较高，反之亦然。

实验原理：生态系统的稳定性是其结构与功能发展协调的重要标志。生态系统的稳定程度，则取决于它的物种组成、营养结构和非生物因素之间的协调关系。设计和制作一种模拟淡水生态系统或陆地生态系统的生态缸，观察这个封闭的微型生态系统中动、植物的生存状况，有助于理解生态系统稳定性的原理。

设计生态缸的基本原理：在有限的空间内，依据生态系统原理，将生态系统具有的基本成分进行组织，构建一个人工微生态系统是可能的。要使人工微生态系统正常运转，在设计时还要考虑系统内不同营养级生物之间的合适比例。应该注意，人工生态系统的稳定性是有条件的，也可能是短暂的。

【实验目的要求】

1. 学会设计并制作生态缸，从而观察这一人工生态系统的稳定性。

2. 进行本次操作性实验的教学设计与教学实施模拟。

【实验材料用具】

1. 蚯蚓 8～10 条，蜗牛 5～7 个，小乌龟 2～3 只；

2. 浮萍、水草、蕨类植物和一些低矮杂草，仙人掌或仙人球 2～3 株；

3. 玻璃板 4～5m^2，粘胶足量，沙土 8～10kg，含腐殖质较多的花土 40～50kg，自来水足量。

【实验训练内容】

一、实验技能的强化训练

1.1 实验的方法步骤：

(1)制作生态缸框架：按照 100 cm×70 cm×50 cm 的标准，用玻璃板制作生态缸框架；

↓

(2)堆放生态缸的土层：在生态缸内底部铺垫沙土和花土，花土在下，一边高，一边低，沙土在上，沙土层厚 5～10 cm；

↓

(3)加水：在缸内低处倒进水，水深以 8 cm 为宜；

↓

(4)种植植物：在沙土层上种上仙人掌和仙人球，花土层上种植各种蕨类植物和杂草；

↓

(5)投放动物和水生植物：蜗牛、蚯蚓放在花土上，水中放入小乌龟、水草、浮萍；

↓

(6)加盖封口：对生态缸进行封闭，封闭使用凡士林油膏涂抹沿口，盖上平板玻璃。然后将把它放置于室内通风、光线良好的地方，但要避免阳光直接照射；

↓

(7)观察记录：每一个星期观察一次生态缸内的生物种类与数量变化，并进行记录分析。

简易生态缸效果见图 3.14。

图 3.14 简易生态缸的制作图

附：观察生态缸内动植物稳定性记录表(表 3.7)

表 3.7　观察生态缸内动植物稳定性记录表

姓名_____　日期_____年_____月____日　组别_______

日期	气温	水质	植物生活情况	动物生活情况	基质变化情况

1.2 实验注意事项

(1) 确定生态系统模拟的类型。首先应确定生态系统模拟的类型，如模拟淡水生态系统类型还是陆地生态系统类型。

(2) 配置生态系统的组成成分。应合理配置该生态系统的各组成成分，按照生态系统的组成成分和合适比例进行合理配置。

(3) 做好记录。应定时作好生态缸内生命种类和数量变化记录。

(4) 观察。达到稳定状态后方能观察，一般是每个星期观察一次生态缸内生物种类与数量的变化并记录、分析。

二、实验教学技能的强化训练

2.1 实验教学实施前的准备

1. 实验教学的教案教具准备

编写本次实验的教案和实验指导要点，绘制简图、准备辅助教学的课件、课程资源等。

2. 实验教学实施前仪器材料准备

可用废弃的可乐瓶、矿泉水等较大塑料瓶或罐头瓶代替玻璃缸，教师事先安排学生分组进行动、植物材料的准备。

2.2 实验教学目标的确定

1. 确定实验教学目标的依据

依据《普通高中生物学课程标准(实验)》与“人教版”高中生物学教科书：“模块 3：稳态与环境”中本次实验相关的“目标要求”部分进行制定。

2. 本实验的教学目标

知识目标：讨论生态系统的结构特点。

能力目标：设计并制作生态缸。

情感态度与价值观目标：观察并讨论人工微型生态系统的稳定性。

2.3 实验教学实施中的策略和指导

1. 实验教学实施中的策略

本次实验可以采用传统的“先讲解后实验”策略，也可以根据本次实验的特点，建议采用：“边实验边指导”＋“先实验后总结”结合的实验策略。

“边实验边指导”＋“先实验后总结”结合的实验策略是让学生分组分别进行生态缸

的制作与观察记录，教师着重对实验的制作、观察、记录过程中出现的困难与发现的问题进行指导，对得出的结果进行总结。

2. 实验教学实施中的指导

(1)指导学生设计生态缸时，首先应考虑确定生态系统模拟的类型：模拟淡水生态系统类型还是陆地生态系统类型？

(2)指导应根据生态系统组成成分的原理，合理配置模拟的生态系统类型各组成的成分与恰当的比例；

(3)提示要大约经过一周以后，动、植物适应这个人工生态系统后才能达到比较稳定的状态，此时方可采用列表方式记录和分析。还要引导学生利用实验事实进行科学推理，得出相应的结论；

(4)指导学生注意观察制作的生态缸中哪种生物最先死亡？分析其主要原因；

(5)指导学生依据观察记录，理解生态系统的稳定性，对不同生态缸中生态系统稳定性差异进行比较、分析，指导学生就如何保持与提高生态系统的稳定性进行讨论。

2.4 实验教学实施中的安全教育和注意事项

1. 实验教学实施中的安全教育

实验过程中提醒学生使用玻璃板制作生态缸时的安全。

2. 实验教学实施中的注意事项

(1)制作玻璃缸封闭性能要好。

(2)生态缸中放置的生物宜选择具有较强生活力的动植物，放置生物的数量和比例要合适。

(3)生态缸制作完毕后，应该贴上标签，在上面写上制作者的姓名与制作日期。

(4)实验时间的安排，最好实验课中主要是讨论设计，由学生在实验课中完成实验设计和实验装置的制作，实验的观察记录部分可安排在课外或家中进行。

(5)如果发现生态缸中的生物已经全部死亡，说明此时该生态系统的稳定性已被破坏，及时记录此时的时间。

2.5 实验教学实施流程

1. 教师引导复习生态系统稳定性的含义，简单交待生态缸制作的方法与要点；

↓

2. 学生小组讨论生态缸制作的设计方案；

↓

3. 以小组进行全班汇报交流生态缸制作的设计方案后，进一步修改与完善方案；

↓

4. 学生在实验课内按照完善的方案进行生态缸框架的制作；

↓

5. 课后分小组进行生态缸中生物种类与数量变化的观察记录分析；

↓

6. 若干周后，全班汇报交流讨论分析实验结果，达成对生态系统的稳定性以及如何保持与提高生态系统稳定性的深入认识。

2.6 实验教学的评价设计

1. 设计实验操作评价表

教师可提前设计出实验操作评价表(表 3.8)，对“制作生态缸，观察其稳定性”的实验操作部分学生可进行自评或小组互评。

表 3.8　“设计并制作生态缸，观察其稳定性”实验操作评价表

要素	评价指标	评价要点	分值	自评	互评	师评
自主性	提出问题	实验前独立提出问题作出假设，并推测预期结果	5			
		实验前独立提出问题作出假设，但未推测预期结果	3			
		实验前未独立提出问题未作出假设	1			
合作性	协作态度	小组成员有明确的分工，合作，我能很好地履行自己的职责	5			
		小组成员无明确的分工，但我行动很积极，抢着干活	3			
		小组成员无明确的分工，我行动不积极	1			
探究性	理解能力	参照教科书，自己理解了生态缸设计与制作的原理	5			
		听同伴介绍，理解了生态缸设计与制作的原理	3			
		未能理解生态缸设计与制作的原理	1			
	推理能力	生态系统稳定性的预期与实验的结果一致	5			
		生态系统稳定性的预期与实验的结果部分相同	3			
		生态系统稳定性的预期或测预与实验的结果相反	1			
	表达能力	口头语言表述清楚、书面语言表达规范，全面	5			
		口头语言表述与书面语言表达较好	3			
		口头语言表述与书面语言表达不清晰、不规范	1			
制作生态缸	检查材料器具	检查材料器具是否完好齐备	5			
		未检查	1			
	制作生态缸	透明、封闭性能好	5			
		不太透明、封闭性不好	1			
	土层堆放和加水	沙土与花土适宜、且按要求堆放；从低处加水，适量且缓慢	5			
		沙土与花土太少、且未按要求堆放；加水过多或过少	1			
	种植植物和投放动物和水生植物	植物数量适宜、且按要求种植；动物和水生植物投放适宜	5			
		植物数量过多或过少、且不按要求种植；动物和水生植物投放过多或过少	1			
	观察与记录	生态缸放在有较强散射光的地方；整个实验过程中，不要随意移动生态缸的位置；一周按时观察并作记录	5			
		阳光能够直接照射，出现移动现象；并未按时观察记录	1			

2. 编制实验报告

教师应提前编制出：“学生自查实验报告”，方便中学生对自己和小组实验后进行总结与评价，见表 3.9。

表 3.9 学生自查实验报告

实验内容		学生个别问题	小组普遍问题	优化改进措施
材料选择	生态缸材料选择			
	生物种类选择			
生态缸设计				
生态缸制作				
生态缸观察记录分析				
其他				

【实验教学教案范例】

“设计并制作生态缸，观察其稳定性”的教学设计

1. 教学建议

在高中生物学教材中，生态系统的稳定性一直是重要的教学内容；但是以往的教学在设计思路仅仅是告诉了学生：由于生态系统具有一定的自我调节能力因此具有相对稳定性，系统中的生物种类越多，食物网越复杂，自我调节能力越强；一个生态系统能否在一定时间内保持自身结构和功能的相对稳定，是衡量这个生态系统稳定性的一个重要方面；生态系统的稳定性与它的物种组成、营养结构和非生物因素等都有着密切的关系。根据高中生物学课程标准的要求，我们从探究活动的角度设计了“设计并制作生态缸，观察其稳定性”实验，通过设计并制作生态缸，观察其中动植物的生存状况和存活时间的长短，就可以初步学会观察生态系统的稳定性，并且进一步理解影响生态系统稳定性的各种因素。

本实验研究最好以小组为单位进行，学生可自愿结合组成若干小组，要求选出小组长负责本组的研究工作。教学中教师要特别强调以下内容。

(1)生态缸可制作成封闭型，也可制作成开放型(即不加盖)。前者对生态系统的基本成分及其比例有着更严格的要求。

(2)生态缸中放置的生物必须具有较强的生活力，放置生物的数量要合适。

(3)为了使生态缸内的沙地保持干燥，可在沙土下铺垫一张塑料布，以防止缸中水(气)渗透上来。

(4)生态缸制作完毕后，应该贴上标签，在上面写上制作者的姓名与制作日期。

(5)实验时间的安排是课堂内，学生们在讨论的基础上，课堂内由学生完成实验设计和实验装置，课外或家中安排实验的部分，因此实验的地点可不作统一要求，有条件的学校，可以安排在校内进行实验。

(6)让学生设计一份观察记录表，内容包括植物、动物的生活情况，水质情况(由颜色变化进行判别)及基质变化等。

(7)定期观察，同时做好观察记录。

(8)如果发现生态缸中的生物已经全部死亡，说明此时该生态系统的稳定性已被破坏，记录下发现的时间。

(9)依据观察记录，对不同生态缸进行比较、分析，说明生态缸中生态系统稳定性差异的原因。

(10)实验结束之后，教师要指导学生认真分析实验结果，科学处理实验数据的方法，如尽量用列表式表示。还要引导学生利用实验事实进行科学推理，得出相应的结论，最后完成实验报告。课题报告完成之后，教师应组织学生进行讨论交流。教师在组织学生交流报告时，不但要让学生交流自己所做的实验，还要让学生汇报完成本课题的体会，如经验、教训、克服困难的方法等。

2. 材料用具

按 100cm×70cm×50cm 的标准制作生态缸框架。制作生态缸的材料主要包括三部分，一是非生物的物质；二是植物；三是动物。具体有：水(放置 48 小时以上的自来水足量或无污染河水)，黄土(酸性，10kg)、沙土(8～10kg)、花土(碱性，含腐殖质较多，40kg～50kg)、鹅卵石或小石块；黑藻、蕨类、浮萍和一些低矮杂草，仙人掌或仙人球(2～3 株)；田螺、蜗牛(5～7 只)、蚯蚓(8～10 条)、鲫鱼(2 条)、小甲鱼(1～2 只)、蝌蚪(5～10 只)(按季节选择)、剑水蚤、其他小鱼虾若干。

3. 教学过程

1)提出问题

生态缸应如何设计，才能使整个生态系统维持更长时间?

确定实验题目 设计并制作生态缸，观察其稳定性。

(教师提示：本次实验要求学生设计一个人工微生态系统，主要模拟池塘岸边的生态系统)

2)做出假设

生态系统的稳定性与它的物种组成、营养结构和非生物因素等都有着密切的关系，原放入的生物生活力越强，生物的数量比例越适宜，环境条件越适宜，整个生态系统维持时间更长。

3)实验预期

在一定时间内，一个人工微生态系统保持稳定性是可能的，但达到稳定状态后，系统中的生物种类与数量有变化，稳定状态只是暂时的，当干扰超过系统自动调节能力后，将遭到不可恢复的破坏。

4)设计实验方案

设计实验时教师请学生思考：是否采用对照实验的方法，确定的实验变量是什么?

教师提示：可以有意安排设计多种对照实验，由不同的学生来完成。如水质、植物数量、动物数量、基质内容、见光与否等项目。在分析结果时，让学生通过分析比较找出较好的设计方案。

[提示：生态缸在设计时，应注意缸中的各种生物之间以及生物与无机环境之间，必须能够进行物质循环和能量流动]

5)实验操作

(1)制作一个玻璃缸：长 100cm，宽 70cm，高 50cm。

[教师请学生思考：为什么要用玻璃材料? 提示：生态缸必须是透明的，既让里面的植物见光，又便于学生进行观察]

(2)堆放生态缸的土层。在玻璃缸底部约 1/2 范围，先放入数块小石块。在小石块上面铺上花土，形成一个坡面，坡高约 10cm，坡的最底处约高 5cm；在花土一侧上面铺上一层沙土高约 10cm，另一侧铺上一层高约 10cm 的黄土。

[教师请学生思考：为什么要加入黄土？提示：水生动物最适宜在 pH 为 5.5～6.0 的水中生活，由于花土呈碱性，因此必须加一些酸性黄土]

(3)种植植物。开始种植植物，在沙土层上种上仙人掌和仙人球；在黄土或花土层上种植各种蕨类和阴生植物并种上一层杂草。

[提示：观察各类光合藻类和绿色植物的数量，如果其数量不足，适当加大光照；反之，适当减少光照]

(4)放鹅卵石或小石块。在土层的下沿铺上一圈鹅卵石或小石块，防止滑坡。

(5)加水。先测试 pH，测量结果在 6.5～7.5 以外的，应再加入一些黄土(酸性)或花土(碱性)，搅拌。用杯子把水舀入生态缸，水深以 8cm 为宜。

[提示：水用河水。在河水面以下 5～10 cm 的水样中取，测 pH，一般情况，其 pH 为 6.5～7.5 即可。如果在这个范围之外，可用稀盐酸或稀氢氧化钠溶液调整，直到合适的 pH。

调整氮和磷的含量：在自然河流中，总氮和总磷的含量较低。如果总氮的含量超过 0.2 mg/L，总磷的含量超过 0.02 mg/L 时，即达到富营养化状态。富营养化是一种水体受到污染的状态。因此，建议人工生态缸中总氮和总磷分别控制在 0.1 mg/L 和 0.01 mg/L左右(用有机铜和硝酸银来调整)]

[请学生思考：水为什么不能太深？提示：水深将影响生物的生存环境，使系统朝池塘生态系统转变]

(6)投放动物和水生植物。在土壤和水中加入各种动物及水生植物。

[请学生思考：为什么不能放入过多的小甲鱼？提示：小甲鱼是该生态系统的最高营养级生物，按照能量金字塔原理，它分配的能量最少，所以应该放得最少一些]

(7)加盖封口。几天之后，各种生物生活正常，即可对生态缸进行封闭，封闭使用凡士林油膏涂抹沿口，盖上平板玻璃，完成制作。

[请学生思考：为什么要加盖封口？提示：所形成的生态系统必须是封闭的]

(8)粘贴标签。在生态缸外面贴上标签，写上制作者的姓名与日期，然后将把它放在通风，有光但并非直射(较强散射光)的室内。另外，在整个实验过程中，不要随意移动生态缸的位置。

[请学生思考：为什么不能将生态缸放在阳光直射到的地方？提示：否则会导致水温过高，而使水草死亡]

(9)观察记录。每一个星期观察一次生态缸内的生物种类与数量变化，并做好记录。

附：观察记录表

设计并制作生态缸，观察生态系统的稳定性

姓名： 日期： 年 月 日 组别：

一、实验参数记录

容器	水质	植物数量	动物数量	基质内容	见光与否

二、实验观察记录

日期	气温	水质	植物生活情况	动物生活情况	基质变化

三、记录概况举例

一个月后，生态缸内的生态基本保持完好，但也发生了一些变化：陆地上，一些杂草有些枯萎；蝌蚪变成了小青蛙，但成活不多；在草丛中发现有一只蚱蜢在飞；一株仙人掌的背面有被蜗牛啃吃的疤痕。水域中，鱼类生长良好；小甲鱼正在捕食小虾，有好多只小虾已经死亡。

两个月后，打开盖子观察，生态缸内的生态仍保持基本稳定：仙人掌长出了长长的新枝；土质明显变得松散，虾已经全部灭绝，小甲鱼只能吃一些水生植物了，显得很消瘦；另外一只小甲鱼不知钻到泥土的哪里去了，很难找到；有一只田螺死亡。同学们边观察边记录。

请学生思考：

(1)生态缸内事先并没有放入蚱蜢，数十天后怎么会出现蚱蜢的?（提示：之前可能无意将蚱蜢卵带入缸内，后孵化成蚱蜢的）

(2)你能说出生态缸中的生态系统各成分吗?

(3)通过观察，你能写出生态缸中的食物网吗?

6)得出结论

对实验记录下来的生态缸内的生物种类与数量变化的现象、数据、结果进行整理、分析，让学生得出结论。

(1)实验结果分析。制作生态缸时，由于使用的是河水，因此在这个密闭的生态系统中，除了放入阴生植物如杂草、黑藻、蕨类、仙人掌和仙人球等以外，还放入了田螺、蜗牛、蚯蚓、鲫鱼、虾、小甲鱼、蝌蚪等，水中还有其他原生动物和其他微生物，而且河水中还溶解有各种矿质元素，所以，它是一个完整的生态系统，但也是一个营养结构较为为简单的生态系统。

在该生态系统中，植物在光照下能够进行光合作用，并且放出氧气，除了供它们自身利用外，还可供其他动物和需氧型微生物进行呼吸。植食性动物以植物为食，其排出物和动植物遗体遗骸被微生物分解，并为植物提供养料。一些动物、微生物和浮游生物呼吸时放出的二氧化碳，可供植物进行光合作用。由此可见，在这个密闭的微型生态系统中，既有生产者、消费者和分解者，又有非生物的物质和能量，既有物质循环，又有能量流动。因此，该生态系统能够保持较长时间的相对稳定。

(2)得出实验结论。该生态系统保持其相对稳定性的时间为100d左右，说明人工生态系统可以保持较长时间的相对稳定。同时也说明人工生态系统的稳定性是有条件的，也可能是较短暂的而不是永久性的。

实验结束后，教师应组织学生统计一下全班学生每组所制作的生态缸中生态系统稳定性时间的长短，并引导学生分析出现差异的原因。

[提示：个别组实验现象不明显，让学生分析原因，主要是由于在方案设计上未能根据生态系统稳定性原理，特别是在堆放生态缸的土层、加水、投放生物比例上有较大偏差而致]

请学生思考：这个实验中有哪些因素对人工生态系统的稳定性有影响？如何确保你的实验结果是由你确定的变量引起的呢？

7)表达与交流

实验小组的每一个成员都要写出自己个性化的实验报告，向小组和全班汇报探究过程和结果、经验、教训或体会，包括在科学态度、科学方法和科学精神方面的收获。让学生获得科学探究活动的经验，学会分享成功的快乐，或敢于面对失败，积极分析原因，尊重客观事实。

教师可组织学生举办小型展览，有条件的学校，可以在实验过程中组织一次小小生态缸的小型展览。

4. 问题讨论

(1)设计时要考虑的生态系统各组成成分有哪些？

提示：在这个密闭的微型生态系统中，既有生产者、消费者和分解者，又有非生物的物质和能量；既有物质循环，又有能量流动；植物和动物之间构成了食物网。

绿藻→剑水蚤→小虾→小甲鱼

↘小鱼

仙人掌→蜗牛

(2)生态缸经过多长时间才能达到比较稳定的状态？

提示：一般等到缸内各生物相互适应及依存后，生态缸才能达到比较稳定的状态，大约一个星期以后。

(3)本组制作的生态中哪种生物最先死亡？分析其主要原因。

提示：小虾、小鱼等以浮游生物为食的小型水生动物最先死亡。原因可能是：①浮游生物较少，食物不足；②水中溶氧量较少。

(4)根据生态瓶中生物存活时间的长短，分析如何改进实验装置以延长生态瓶中生态系统的持续时间。

提示：举例说明。3 天后我们去观察，发现水不如刚放藻类时那么绿，5 只小虾横死在水面上，小鱼死了 3 条，有 2 条在水面上浮头，思考：是病死还是饿死？接着又往缸内加了 5 只小虾，同时加了 100 毫升的剑水蚤给它们做食物，结果这 5 只小青虾也未能逃出死亡，改进：加绿藻的数量的同时，适量增加剑水蚤的数量，结果藻类亮绿，小虾、小鱼活动自如。

【训练报告】

“设计并制作生态缸，观察其稳定性”的训练报告表，见表 3.10，师范生可进行“实验操作技能”与“实验教学技能”自我反思与评价。

表 3.10　"设计并制作生态缸，观察其稳定性"训练报告

实验教学技能强化内容		自我反思与评价	改进措施
实验操作技能	生态缸设计		
	生态缸制作		
	生态缸观察记录分析		
实验教学技能	实验教学设计		
	实验教学目标		
	实验教学内容		
	实验教学手段、方法		
	实验教学评价		

【实验创新视野】

可以考虑把本次操作性实验变成探究性实验。

提出问题：生态缸应如何设计，才能使整个生态系统维持更长时间？（教师提示：本次实验要求学生设计一个人工微生态系统，主要模拟池塘岸边的生态系统）

做出假设：生态系统的稳定性与它的物种组成、营养结构和非生物因素等都有着密切的关系，原放入的生物生活力越强，生物的数量比例越适宜，环境条件越适宜，整个生态系统维持时间更长。

实验预期：在一定时间内，一个人工微生态系统保持稳定性是可能的，但达到稳定状态后，系统中的生物种类与数量有变化，稳定状态只是暂时的，当干扰超过系统自动调节能力后，将遭到不可恢复的破坏。

设计实验方案：与实验操作步骤基本相同。

（设计实验时教师请学生思考：是否采用对照实验的方法，确定的实验变量是什么？教师提示：可以有意安排设计多种对照实验，由不同的学生来完成，如水质、植物数量、动物数量、基质内容、见光与否等项目。在分析结果时，让学生通过分析比较找出较好的设计方案。）

实验操作（略）。

表达与交流：实验小组的每一个成员都要写出自己个性化的实验报告，向小组和全班汇报探究过程和结果、经验、教训或体会，包括在科学态度、科学方法和科学精神方面的收获。让学生获得科学探究活动的经验，学会分享成功的快乐，或敢于面对失败，积极分析原因，尊重客观事实。有条件的学校，可以在实验过程中，教师组织学生举办一次各种生态缸的小型展览与汇报交流。

【链接】

［1］陈志祺，1998. 设计并制作小生态瓶，观察生态系统的稳定性［J］. 教学仪器与实验，4：32－35.

3.2　中学生物学验证性实验教学能力训练

验证性实验是指导学生通过对实验现象的观察与对结果的分析来验证课堂教学所学知识或某一个理论是否正确，同时也兼顾训练操作技能、培养科学实验能力的实验。

3.2.1 初中生物学验证性实验教学能力训练

训练 1 观察种子的结构

【预备知识】

本实验选自“人教版”初中生物学教科书七年级上册第三单元第一章第二节中的内容。

背景知识点：双子叶植物的种子中具有两片子叶，这类植物种子的胚通常由胚根、胚芽、胚轴和子叶构成。和双子叶植物相比，单子叶植物的种子中只有一片子叶，但种子中通常具有胚乳，用于储存丰富的养料。

放大镜的工作原理：放大镜的玻璃镜片不是扁平的，而是具有一定的弧度，镜片中央要比周围厚。这种形状的透镜叫凸透镜。当光线通过凸透镜折射后，会向中央弯曲，当这些光线进入到眼睛时，人们会感觉物体看上去要比实际大，从而达到放大物体的原理。

【实验目的要求】

1. 认识几类种子的结构。

2. 学习观察种子结构的方法。

3. 进行本次验证性实验的教学设计与教学实施模拟。

【实验材料用具】

浸软的菜豆(或大豆、蚕豆、花生等)种子，浸软的玉米(或小麦)等种子，刀片，放大镜，滴管，碘液。

【实验训练内容】

一、实验技能的强化训练

1.1 实验的方法步骤

(1) 观察菜豆种子的结构。①取一粒浸软的菜豆种子，观察它的外形。对照人教版教科书图Ⅲ－8 进行操作与观察。②剥去种子最外面的一层薄皮－种皮，分开合拢着的两片子叶。③用放大镜仔细观察胚根、胚轴、胚芽和子叶，看看它们各有什么特点。

(2) 观察玉米种子的结构。①取一粒浸软的玉米种子，观察它的外形；②按照人教版教科书按图Ⅲ－8 中虚线的位置，用刀片将这粒玉米种子从中央纵向剖开；③在剖面上滴一滴碘液，再用放大镜仔细观察被碘液染成蓝色的胚乳以及未被染成蓝色的果皮和种皮、胚根、胚轴、胚芽和子叶，看看它们各有什么特点。

1.2 实验注意事项

①实验观察所用的种子因事先浸软才适宜解剖与观察；②应对照教科书上种子结构图进行解剖与观察；③对单子叶植物的种子如玉米种子的内部结构观察时，应对照教科书上玉米种子结构图，沿着种子扁平面的“矢状线”剖开，并滴上一滴碘液后才适宜比较好地观察。

二、实验教学技能的强化训练

2.1 实验教学实施前的准备

1. 实验教学的教案教具准备

编写本次实验的教案和实验指导要点，绘制简图、准备辅助教学的课件、课程资源等。可提前拍下解剖好的雪豆种子(图 3.15)和玉米种子的照片(图 3.16)，在学生实验后请学生辨认各部分结构，以检测学生实验效果。

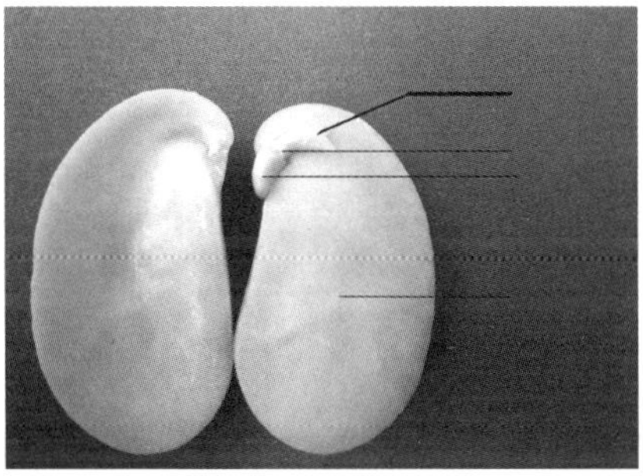

图 3.15　雪豆种子解剖图

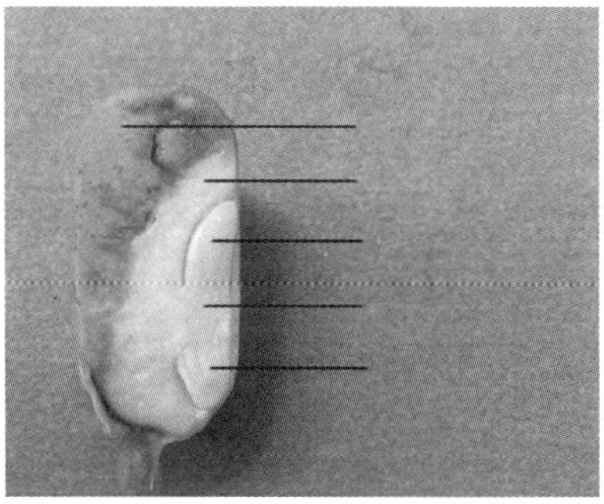

图 3.16　玉米种子解剖图

如有条件，可以提前拍摄解剖雪豆、玉米种子的过程视频，在实验前播放，帮助学生了解正确的解剖方法。

2. 实验教学实施前仪器材料准备

按要求观察种子的结构需要两种典型的植物种子：双子叶植物的种子和单子叶植物种子。双子叶植物种子教科书中提供的材料是菜豆(或大豆、蚕豆、花生等)，单子叶植物种子教科书中提供的材料则是玉米。在实践的过程中，可以利用雪豆的种子来代替菜豆种子，因为雪豆的种子更大，更易观察，也很容易找到。雪豆宜选用大雪豆，种皮要洁白光滑无霉烂。玉米种子要颗粒饱满、两侧对称、白色部分(即胚的部分)位于中线。

在实验前，需要提前对种子进行浸泡，因为泡软后的种子更容易解剖。通常提前一天浸泡种子，提前浸泡的时间如果太长，浸泡种子的水容易出现异味或浑浊；提前浸泡的时间如果太短，种子不够软又不容易解剖。

3. 预实验的准备

①雪豆种子的解剖流程：去掉种皮→将雪豆分成两半→辨认结构。②玉米种子的解剖流程：将玉米平放在载玻片上→有白色突起的一面朝上→将玉米沿中线纵剖→取其中的一个纵剖面滴加碘液→辨认结构。③观察顺序：由外到里、渐进观察。

2.2 实验教学目标的确定

1. 确定实验教学目标的依据

依据《义务教育生物学课程标准(2011 年版)》与“人教版”初中生物学教科书：七年级上册中本次实验相关的“目标要求”部分进行制定。

2. 本实验的教学目标

知识目标：能描述几类种子的结构，并比较出双子叶植物与单子叶植物种子结构上的异同；

能力目标：熟练使用放大镜等工具，解剖、观察和记录几类种子的形态结构特征；

情感态度与价值观目标：交流讨论各类种子结构中胚的重要性。

2.3 实验教学实施中的策略和指导

1. 实验教学实施中的策略

本次实验可以采用传统的“先讲解后实验”策略，也可以根据本次实验的特点，建议采用：“边示范演示边实验”的实验策略。

2. 实验教学实施中的指导

教师应现场演示解剖菜豆种子和玉米种子的方法，并利用实物投影仪展示解剖过程中的细节。如果要节约时间，可以采用先拍摄解剖过程录像，再播放录像的方法演示解剖过程。尤其是玉米种子的解剖过程，一定要强调将玉米种子有白色部分的一面朝上，并沿中线纵剖，然后在纵剖面上滴加碘液。这个环节学生最容易出错，部分学生可能会将玉米种子横剖，这样学生就无法观察到玉米胚的部分。

如果学生实验规范较好，最好先完成菜豆种子的解剖、观察、辨认过程，再完成玉米种子的解剖、观察、辨认过程。

2.4 实验教学实施中的安全教育和注意事项

1. 实验教学实施中的安全教育

由于本次实验需要使用刀片，因此实验过程中需要提醒学生正确使用并保管好刀片，避免划伤自己或他人。

2. 实验教学实施中的注意事项

(1)对各类种子进行解剖时，提示并演示按照教科书上示意图进行；

(2)提示按照教科书上示意图和结合观察种子的具体实物去比较双子叶植物与单子叶植物的种子结构上的异同；

(3)重点指导对各类种子胚的结构的观察与认识。

2.5 实验教学实施流程

1. 演示正确的观察解剖菜豆、玉米种子形态结构的方法要点并指导正确的观察顺序；

↓

2. 学生分组观察解剖菜豆、玉米种子；

↓

3. 学生汇报总结菜豆种子和玉米种子的结构有哪些相同点和不同点，教师指导；

↓

4. 学生完成填写“种子结构比较表”和实验报告单。

2.6 实验教学的评价设计

1. 实验报告的设计

教师可提前设计出以下实验报告单，要求中学生实验时当堂完成。

实 验 报 告 单

姓名________ 班级________ 学号________

实验日期：

实验题目：

(1)填写以下菜豆种子图中各结构名称和各结构的功能，并指出________将会发育成一个完整的植物体：

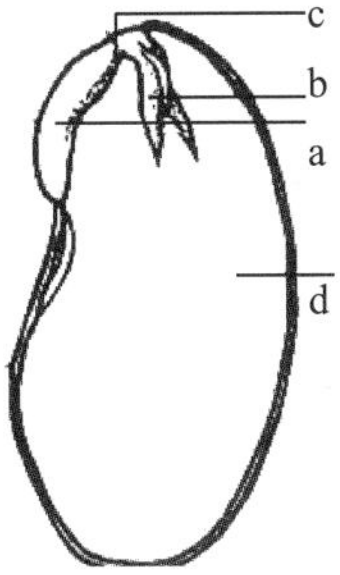

(2)填写以下玉米种子图中各结构名称和各结构的功能，并指出：玉米种子的胚根、胚芽、胚轴和子叶合称为________。

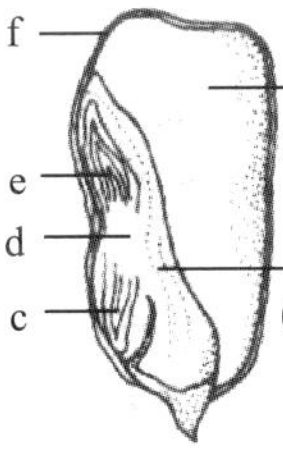

2. 种子结构比较表的设计

教师可提前设计出种子结构比较表，见表3.11，要求中学生当堂完成。

表 3.11　种子结构比较表

种子类型	相同点	不同点
菜豆种子	有种皮和________	
玉米种子	有种皮和________	
其他种子	有种皮和______	

【训练报告】

1. 师范生可根据“观察种子的结构”的实验目的与要求，自我进行“实验操作技能”与“实验教学技能”的自我反思与评价。

2. 分小组进行“观察种子的结构”的实验教学模拟与观摩。

【实验创新视野】

本实验的创新可以从两个方面进行：①根据季节与取材方便因地制宜地进行实验材料的替换，如利用更大、更易观察的雪豆种子或更方便取材的蚕豆或大豆种子代替书上所建议使用的菜豆种子；②在有条件的学校，可以利用实物投影仪放大演示解剖过程中的细节，或可以采用手机事先拍摄好解剖过程的全程录像，再播放录像的方法演示解剖过程。

通过种子实物解剖→教科书示意图－实物投影演示－拍摄的解剖过程录像，帮助学生更好地、更清楚地认识种子的结构。

【链接】

[1] 优酷网：观察种子的结构。

3.2.2 高中生物学验证性实验教学能力训练

训练1 检测生物组织中的糖类、脂肪和蛋白质

【预备知识】

本实验选自“人教版”高中生物学教科书：“必修1：分子与细胞”第二章第一节中的内容，是高中生物学中的一个验证性实验。

背景知识点：糖类中的还原糖(如葡萄糖、果糖)与斐林试剂发生作用，生成砖红色沉淀。生物组织中普遍存在的还原糖种类较多，常见的有葡萄糖、果糖、麦芽糖。它们的分子内都含有还原性基团(游离醛基或游离酮基)，因此叫做还原糖。蔗糖的分子内没有游离的半缩醛羟基，因此叫做非还原性糖，不具有还原性(徐作英和王重力，2009)。本实验中，用斐林试剂只能检验生物组织中还原糖存在与否，而不能鉴定非还原性糖。斐林试剂由质量浓度为0.1 g/mL的氢氧化钠溶液和质量浓度为0.05g/mL的硫酸铜溶液配制而成，二者混合后，立即生成淡蓝色的$Cu(OH)_2$沉淀。$Cu(OH)_2$与加入的葡萄糖在加热的条件下，能够生成砖红色的Cu_2O沉淀，而葡萄糖本身则氧化成葡萄糖酸。其反应式如下：

$$CH_2OH—(CHOH)_4—CHO+2Cu(OH)_2 \rightarrow CH_2OH—(CHOH)_4—COOH+Cu_2O\downarrow +2H_2O$$

用斐林试剂鉴定还原糖时，溶液的颜色变化过程为：浅蓝色→棕色→砖红色(沉淀)。

脂类的主要功能是氧化供能。脂肪主要存积于脂肪组织中，并以油滴状的微粒存在脂肪细胞浆内，脂肪也是构成人体组织的正常成分，其结构如图3.17所示。它不溶于水而易溶于酒精、乙醚、氯仿等脂溶剂中。脂类染色使用最广泛的染料是苏丹染料，最常用的有苏丹Ⅲ，苏丹Ⅳ等。脂肪可以被苏丹Ⅲ染液染成橘黄色(或被苏丹Ⅳ染液染成红色)。脂肪被染色，实际上是苏丹染料被脂肪溶解吸附而呈现染料的颜色。经研究认为生物组织中的脂质在液态或半液态时，对苏丹染料着色效果最好。

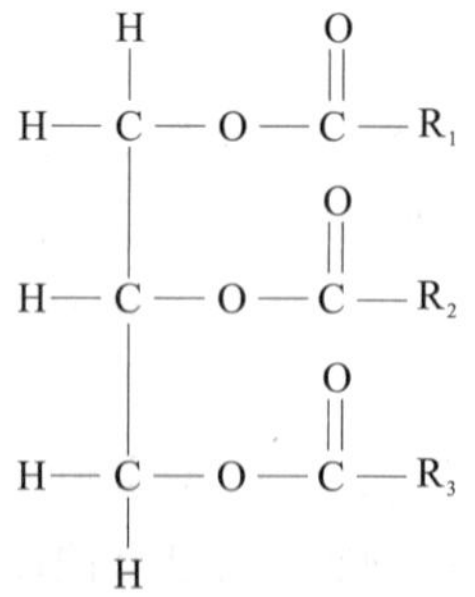

图3.17 脂肪结构式

蛋白质与双缩脲试剂发生作用，产生紫色反应。组成蛋白质的氨基酸分子是通过肽键互相连接起来的，其中的肽键结构与双缩脲(尿素加热至180℃左右，生成双缩脲并放出一分子氨)相似，双缩脲(HONOC—NH—CONH)在碱性环境中能与Cu^{2+}作用，形成紫色或紫红色的络合物，这个反应叫做双缩脲反应，反应式如图3.18所示。

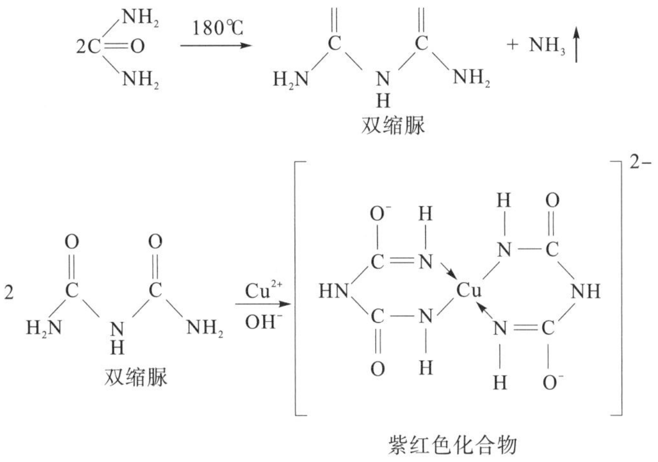

图 3.18　双缩脲反应式

但双缩脲反应不仅为含有两个以上肽键的物质所有，含有一个肽键和一个：—CS—NH_2、—CH_2—NH_2、—CRH—NH_2 或—$CHNH_2$—NH_2 的物质以及乙二酰二胺(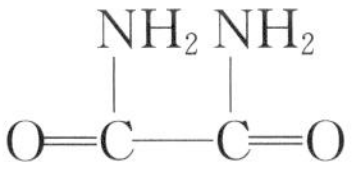)等物质也有此反应。因此，一切蛋白质或二肽以上的多肽都有双缩脲反应。本活动通过设计系列实验，根据蛋白质双缩脲反应的特性来检测生物组织中是否含有蛋白质。

以上实验说明：可以根据与某些化学试剂所产生的颜色反应，检测生物组织中糖类、脂肪或蛋白质的存在。

淀粉遇碘变蓝色：淀粉是白色无定形粉末，由直链淀粉(占 10%～30%)和支链淀粉(占 70%～90%)组成。直链淀粉能溶于热水而不呈糊状，支链淀粉不溶于水，热水与之作用则膨胀而成糊状。其中溶于水中的直链淀粉，呈弯曲形式，并借分子内氢键卷曲成螺旋状(图 3.19)。这时加入碘酒，其中碘分子便钻入螺旋当中空隙，并借助范德华力与直链淀粉联系在一起，从而形成络合物。这种络合物能比较均匀地吸收除蓝光以外的其他可见光(波长为 400～750nm)，从而使淀粉变为深蓝色。

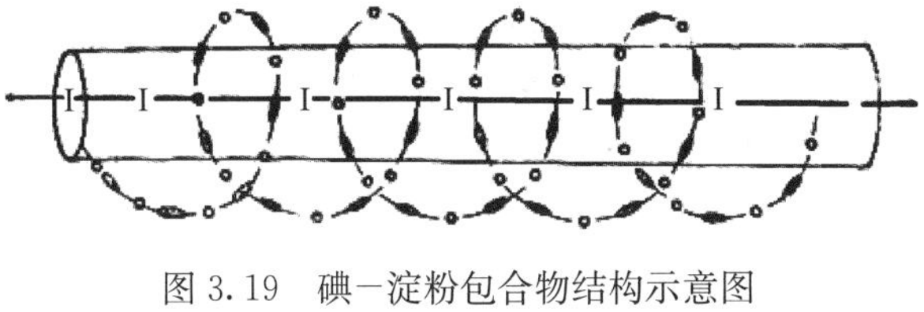

图 3.19　碘一淀粉包合物结构示意图

实验原理：某些化学试剂能使生物组织中的相关的有机化合物，产生特定的颜色反应。如：可溶性还原糖(如葡萄糖、果糖、麦芽糖)与斐林试剂发生作用，可生成砖红色的沉淀；淀粉遇碘变成蓝色；脂肪可以被苏丹Ⅲ染液染成橘黄色(或被苏丹Ⅳ染液染成红色)；蛋白质与双缩脲试剂发生作用，产生紫色反应。因此，可以根据与某些化学试剂所产生的颜色反应，从而检测出生物组织中的糖类、脂肪或蛋白质的存在。

【实验目的要求】

1. 利用化学试剂所产生的颜色反应，检测生物组织中的糖类、脂肪或蛋白质的存在。

2. 进行本次验证性实验的教学设计与教学实施模拟。

【实验材料用具】

实验材料：苹果或梨匀浆，马铃薯匀浆，花生种子，花生种子匀浆，豆浆，新鲜肝脏提取液。

实验试剂：斐林试剂(甲液：质量浓度为0.1g/mL的NaOH溶液，乙液：质量浓度为0.05g/mL的$CuSO_4$溶液)，苏丹Ⅲ或苏丹Ⅳ染液，双缩脲试剂(A液：质量浓度为0.1g/mL的NaOH溶液，B液：质量浓度为0.01g/mL的$CuSO_4$溶液)，体积分数为50%的酒精溶液，碘液，蒸馏水。

实验仪器：双面刀片，试管(最好用刻度试管)，试管架，试管夹，大小烧杯，小量筒，滴管，酒精灯，三脚架，石棉网，火柴，载玻片，盖玻片，毛笔，吸水纸，显微镜。

【实验训练内容】

一、实验技能的强化训练

1.1 实验的方法步骤

1. 还原糖的检测和观察

①取样液：向试管内注入2mL待测组织样液。

②加斐林试剂：向试管内注入1mL斐林试剂后振荡(斐林试剂不稳定，一般配成甲液、乙液来保存，临用时必须将甲、乙两液混合均匀后使用，切勿分别加甲液、乙液进入组织样液中进行检测)。

③浴加热：将试管放入盛有50～65℃温水的大烧杯中加热约2min。

④观察：观察试管中出现的砖红色沉淀。

2. 脂肪的检测和观察

①取材切片：取一粒浸泡过的花生种子，去掉种皮，用刀片在花生子叶的横断面上平行切下若干薄片，放入盛有清水的培养皿中待用，切片要尽可能的薄。

②制片：从培养皿中选取最薄的切片，用毛笔蘸取放在载玻片中央；在花生子叶薄片上滴2～3滴苏丹Ⅲ染液，染色3min(如果用苏丹Ⅳ染液，染色1min)；用吸水纸吸去染液，再滴加1～2滴体积分数为50%的酒精溶液，洗去浮色；用吸水纸吸去花生子叶周围的酒精，滴一滴蒸馏水，盖上盖玻片，制成临时装片。

③观察：先在低倍显微镜下找到花生子叶的最薄处，移到视野中央，将物像调节清楚，再换高倍显微镜观察，视野中被染成橘黄色的脂肪颗粒清晰可见。

3. 蛋白质的检测和观察

①取样液：向试管内注入2mL待测组织样液；②加双缩脲试剂：先向试管内注入双缩脲试剂A液1mL，振荡均匀，再加双缩脲试剂B液4滴，振荡均匀；③观察：观察试管中出现的紫色颜色变化。

4. 淀粉的检测和观察

①取样液：向试管内注入2mL待测组织样液；②加碘液：向试管内滴加2滴碘液；③观察：观察试管中出现的深蓝色变化。

1.2 实验注意事项

(1)实验材料含有哪些有机化合物应事先进行预测和材料、试剂的选择。

(2)斐林试剂不稳定，斐林试剂中的甲液、乙液应事先配好，实验时才将甲、乙两液混合均匀成斐林试剂后使用，切勿分别加入甲液、乙液进入组织样液中进行检测。

(3)双缩脲试剂中的A液、B液应事先配好，但实验时是不需要混合的，而是分别加入组织样液中进行检测。

(4)实验中应边观察边记录。

二、实验教学技能的强化训练

2.1 实验教学实施前的准备

1. 实验教学的教案教具准备

编写本次实验的教案和实验指导要点，绘制简图、准备辅助教学的课件、课程资源等。

2. 实验教学实施前仪器材料准备

1)实验教学常用试剂、溶液的配制

(1)斐林试剂的配制：①甲液：取10g氢氧化钠放入量筒中，加水至100mL，待充分溶解后倒入试剂瓶中，配成质量浓度为0.1g/mL的氢氧化钠溶液，瓶口塞上橡皮塞，贴上标签，写上甲液。②乙液：取5g硫酸铜放入量筒中，加水至100mL，待充分溶解后倒入试剂瓶中，配成质量浓度为0.05g/mL的硫酸铜溶液(蓝色)，瓶口塞上橡皮塞，贴上标签，写上乙液。

(2)苏丹Ⅲ染液的配制：称取0.1g苏丹Ⅲ干粉，溶于100mL体积分数为95%的酒精溶液中，待全部溶解后再使用。

(3)苏丹Ⅳ染液的配制：称取0.1g苏丹Ⅳ干粉，溶于50mL丙酮中，再加入体积分数为70%的酒精50mL，充分混合后即可使用。

(4)双缩脲试剂的配制：①A液：取10g氢氧化钠放入量筒中，加水至100mL，待充分溶解后倒入试剂瓶中，配成质量浓度为0.1g/mL的氢氧化钠溶液，瓶口塞上橡皮塞，贴上标签，写上A液。②B液：取1g硫酸铜放入量筒中，加水至100mL，待充分溶解后倒入试剂瓶中，配成质量浓度为0.01g/mL的硫酸铜溶液(蓝色)，瓶口塞上橡皮塞，贴上标签，写上B液。

(5)碘液的配制：取碘片1g，碘化钾2g，蒸馏水300mL。先将碘化钾溶解在少量水中，再将碘片溶解在碘化钾溶液中，待碘全溶后，加足水分即可。

2)生物实验材料匀浆的制作方法

苹果或梨匀浆：苹果或梨，洗净，去皮，切块，取50g放入家用豆浆机加水50mL研磨搅碎，用一层纱布过滤后即可。

豆浆：取黄豆50g放入家用豆浆机加水50mL研磨搅碎，用一层纱布过滤后即可。

马铃薯匀浆、花生种子匀浆制作方法同上。

3. 徒手切片和临时装片制作的方法介绍

1)徒手切片制作的方法

材料的持法：应用左(右)手持材料，夹持在拇指和食指(或其他四指)之间。拇指应略低于食指，以免切时刀刃伤了手。材料应略高于拇指和食指，才便于切片。

持刀方法：右(左)手持刀(剃刀或刮脸刀片)，刀身放平，刀口向切片者。用剃刀时，需将刀柄向后与刀背曲折成一钝角，拇指压紧曲折处的上方，食指和中指压紧曲折处下方；也可以将刀放在食指上面，用拇指压紧刀身。用刮脸刀片时，要持着刀身，双面的刀片比较薄，切起来很方便，但因两边都有刀刃，应注意防止伤手。

切片方法：先将材料和刀口蘸上些水，切去材料上端不整齐的一段，然后再正式切。

切时保持在同一水平面上，由左(右)前外方向右(左)内方(即自己方向)迅速拉切(即材料接触刀刃不在某一点上，而是从刀的基部开始，随切随移动到刀刃的前端，这样不但减少了对细胞的压力，也避免了对刀刃使用的不均匀)，动作慢了反易厚薄不匀。切时手臂用力，才能平稳。

2)临时装片制作的方法

从培养皿中选取最薄的切片，用毛笔蘸取放在载玻片中央；在花生子叶薄片上滴2～3滴苏丹Ⅲ染液，染色3min(如果用苏丹Ⅳ染液，染色1min)；用吸水纸吸去染液，洗去浮色；用吸水纸吸去花生子叶周围的酒精，滴一滴蒸馏水，盖上盖玻片，制成临时装片。

4. 预实验的准备

实验前，教师应作预实验，观察、比较各种材料的观察效果，进行实验改进和优化，并填好预实验记录表(表3.12)。

表3.12 预实验记录表

成分 材料	还原糖			脂肪			蛋白质			淀粉		
	预期效果	实测效果	改进措施	预期效果	实测效果	改进措施	预期效果	实测效果	改进措施	预期效果	实测效果	改进措施
苹果匀浆												
梨匀浆												
马铃薯匀浆												
花生种子												
花生种子匀浆												
豆浆												
鲜肝提取液												

提示：如用花生种子匀浆检测脂肪，滴加苏丹Ⅲ染液染色，观察组织样液颜色变化，比做临时徒手切片简单。

2.2 实验教学目标的确定

1. 确定实验教学目标的依据

依据《普通高中生物学课程标准(实验)》与高中生物学(人教版)教科书："模块1：分子与细胞"中本次实验相关的"目标要求"部分进行制定。

2. 本实验的教学目标

知识目标：解释说明某些化学试剂与有关化合物产生特定颜色反应的原理；

能力目标：尝试用化学试剂检测生物组织中的糖类、脂肪或蛋白质，观察并记录各种化学试剂与相关化合物产生的实验现象；

情感态度与价值观目标：观察实验现象，小组交流讨论分析实验结果中预测与实测结果的差异。

2.3 实验教学实施中的策略和指导

1. 实验教学实施中的策略

本次实验可以采用传统的“先讲解后实验”策略，也可以根据本次实验的特点，建议采用：“边讲解边实验”策略或“边示范演示边实验”策略。

教师讲解、演示与学生实验可同时进行；同时，教师还可以借助多媒体课件的辅助与提示，指导学生对“生物组织中的糖类、脂肪和蛋白质的检测”的体验和理解。

2. 实验教学实施中的指导

(1)提示斐林试剂、双缩脲试剂配置和使用的相关注意事项；

(2)演示指导制作徒手切片和临时装片的操作要点；

(3)通过对实验材料中含有的不同种类、不用含量化合物的检测，指导学生对日常生活中食物选择的帮助。

2.4 实验教学实施中的安全教育和注意事项

(1)注意染色液的使用和对废弃物的收集与集中处理；

(2)制作徒手切片和临时装片时，防止刀片等锐器的划伤。

2.5 实验教学实施流程

1. 交待本次实验原理与制作徒手切片和临时装片制作的技能要点

↓

2. 学生分组进行生物组织中的糖类、脂肪、蛋白质、淀粉的检测

↓

3. 教师巡视、指导和演示

↓

4. 学生完成实验作业

2.6 实验教学的评价设计

教师可提前设计出以下作业题：

一、思考讨论题：

各个小组共检测了多少种生物材料？这些生物材料中有机化合物的种类、含量一样吗？为什么？

二、选择判断题：

(1)下列哪组试剂在使用过程中，必须经过加热(　)

A. 斐林试剂检测可溶性还原糖　　B. 苏丹Ⅲ或Ⅳ检测脂肪

C. 双缩脲试剂检测蛋白质　　D. 碘液试剂检测淀粉

(2)用斐林试剂检测可溶性还原糖时，溶液颜色变化过程为(　　)

A. 无色→砖红色(沉淀)

B. 浅蓝色→砖红色(沉淀)

C. 浅蓝色→蓝色→砖红色(沉淀)

D. 浅蓝色→棕色→砖红色(沉淀)

(3)在鉴定可溶性还原糖的实验中，加入斐林试剂时必须(　　)

A. 先加入斐林试剂甲液，后加入乙液

B. 先加入斐林试剂乙液，后加入甲液

C. 将斐林试剂的甲液和乙液混合均匀后再使用

D. 以上 A、B、C 三项操作方法都正确

(4)在用双缩脲试剂检测蛋白质实验时，正确的操作是(　　)

A. 2mL 待测组织样液，先加入 2mL 0.1g/mL 的 NaOH 溶液，再加 4 滴 0.01g/mL 的 $CuSO_4$溶液

B. 2mL 待测组织样液，先加入 4 滴 0.01g/mL 的 $CuSO_4$，再加入 0.1g/mL 的 NaOH 溶液

C. 2mL 待测组织样液，同时加入 0.1g/mL 的 NaOH 和 0.01g/mL 的 $CuSO_4$混合液

D. 在 NaOH 和 $CuSO_4$混合液中加入 2mL 待测组织样液

(5)下列有关生物组织中有机成分检测的显色反应，不正确的一项是(　　)

A. 用斐林试剂处理梨汁显砖红色

B. 用苏丹Ⅲ试剂处理花生种子均浆显橘黄色

C. 用双缩脲试剂处理豆浆显紫色

D. 用碘液处理马铃薯均浆显紫色

【实验教学教案范例】

“检测生物组织中的糖类、脂肪和蛋白质”的实验教学设计①

【引言】

教师在实验台上摆上苹果、马铃薯、鸡蛋、牛奶等实物。

老师：“大家看，讲台上放了一些我们常见的、常吃的食物，那么，你们知道它们含有哪些有机化合物吗?”

学生：……

老师：(举起鸡蛋)“我们经常说鸡蛋有营养，那它会含有哪些化合物呢?”

学生：脂肪、蛋白质，还有些说淀粉，出现争议。

老师：大家的回答，都是根据经验所得，鸡蛋到底有哪些有机化合物，我们必须通过科学的实验方法进行检测。今天，就给大家介绍检测糖、脂肪、蛋白质的科学方法。

【多媒体课件展示实验目标】

略

教师：你学过使用什么方法检测糖吗?

学生：使用碘液可以检测淀粉。

教师：那可溶性还原糖(如葡萄糖、果糖)、脂肪、蛋白质又如何检测呢？请看屏幕！

【多媒体课件展示实验原理】

略

【多媒体课件展示实验步骤和要求】

略

【一名学生演示操作过程】

学生：观察，并指出其不足之处。

① 选编自：张军.“生物组织中可溶性还原糖、脂肪、蛋白质的鉴定”的教学设计，新思考网：cersp.com.

教师：小组成员分别选用准备材料 1～2 种，保证每种材料均有人选择，请自己动手吧。

生：学生分工合作自选材料。

【进行实验并观察】

学生：略。

【实验结果与结论】

学生：将观察到的结果填入下表。

材料＼成分	还原糖		脂肪		蛋白质		淀粉	
	预测	实测	预测	实测	预测	实测	预测	实测
苹果匀浆	砖红色沉淀	砖红色沉淀						
马铃薯匀浆							变蓝	变蓝
……								

【讨论】

提问：你的预测与实测结果是否一致？

学生：是

提问：全班共检测了多少种生物材料？这些生物材料中有机化合物的种类、含量一样吗？这对我们选择食物有什么启发？

学生：6 种，不一样？不能偏食

【评价反馈】

(1)要在这个实验中取得明显的实验现象，应该选择什么样的实验材料？请分类举例说明。

(2)什么样的糖属于还原性糖？举例说明。我们平时的主食如馒头、米饭中含有大量淀粉，淀粉是还原性糖吗？为什么？你怎样用实验证明？对淀粉进行怎样的处理就能发生斐林反应？

(3)判断以下哪种操作方式使用高倍镜的程序是正确的？

A 直接用高倍镜观察装片

B 先用低倍镜观察，再用高倍镜观察

C 在低倍镜下找到要观察的细胞，用粗准焦螺旋将镜筒升高后，转动物镜转换器，换成高倍镜，重复对焦过程

D 在低倍镜下找到要观察的细胞后，转动转换器，换成高倍镜，用细准焦螺旋对焦

【结束实验】

教师：讲解正确的清洗仪器的方法。

学生：清洗仪器，收拾桌面

【训练报告】

1. 师范生可根据“检测生物组织中的糖类、脂肪和蛋白质”的实验目的与要求，对照表 3.13 训练报告中的内容进行“实验操作技能”与“实验教学技能”自我反思与评价。

表 3.13 “检测生物组织中的糖类、脂肪和蛋白质”训练报告

实验强化内容		自我反思与评价	改进措施
实验操作技能	检测生物组织中成分 +		
实验操作技能	制作徒手切片和临时装片		
实验教学技能	实验教学设计		
实验教学技能	实验教学目标		
实验教学技能	实验教学内容		
实验教学技能	实验教学手段、方法		
实验教学技能	实验教学评价		

2. 分小组进行本次实验的教学模拟与观摩。

【实验创新视野】

脂肪制作装片的改进：第一个改进方法还是做切片，选用的是双片刀片，把两片刀片合并在一起进行切片，这样在二片刀片之间很容易得到薄片；第二个改进方法是改做涂片，学生只需要用刀片在花生断面上轻轻刮取一些粉末，做成涂片，经过染色后，在显微镜下很容易找到被染成橘黄色的脂肪颗粒，使得实验能够更顺利的进行。

【链接】

[1] 潘建勋，2009.对“检测生物组织中的糖类、脂肪和蛋白质”实验的教学建议 [J]. 生物学教学，(34)2：5-6.

训练 2 比较过氧化氢在不同条件下的分解

【预备知识】

本实验选自高中生物学(人教版)教科书：“必修 1：分子与细胞”第五章第一节中的内容，是高中生物学中的一个验证性实验。

背景知识点：

变量：实验过程中可以变化的因素称为变量。

自变量与因变量：实验过程中由实验者所控制的因素或条件(也就是人为改变的变量)称为自变量。随着自变量的变化而变化的变量称为因变量。本实验中的氯化铁溶液和肝脏研磨溶液，都属于自变量，过氧化氢分解速率是因变量。

无关变量：实验过程中除自变量以外的影响实验现象或结果的因素或条件称为无关变量。本实验中每支试管中过氧化氢量的多少、试管的清洁程度、肝脏是否新鲜等都属于无关变量。实验中，由无关变量所引起的变化和结果会对因变量起干扰作用，如本实验要求的几支试管中过氧化氢量相同、肝脏新鲜等无关变量，如果其中的任何一个或几个因素或条件在实验中的不等同、不均衡、不稳定，则会在实验过程中出现干扰，造成误差。实验的关键之一在于控制无关变量而尽量减少误差。

对照实验：所谓对照实验是指除了一个因素以外，其余因素都保持不变的实验叫做对照实验。对照实验设置的关键，就在于如何尽量去保证无关变量在实验组与对照组的完全对等相同，具体来说有如下四个方面的注意事项①。

(1)所用生物材料要相同，即所用生物材料的数量、质量、长度、体积、来源和生理状况等方面特点要尽量相同或至少大致相同。

(2)所用实验器皿要相同，即试管、烧杯、水槽、广口瓶等器具的大小型号要完全一样。

(3)所用实验试剂要相同，即试剂的成分、浓度、体积要相同，尤其要注意体积、浓度上等量的问题。

(4)所用处理方法要相同，如：保温或冷却，光照或黑暗，搅拌或振荡等都要一致。有时尽管对某种处理的对照实验来说，看起来似乎是毫无意义的，但最好还是要作同样的处理。

单一变量原则：单一变量原则是处理实验中的复杂关系的准则之一。它有两层意思：一是确保“单一变量”的实验观测，即不论一个实验中有几个自变量，都应做到一个自变量对应观测一个因变量；二是确保“单一变量”的操作规范，即实验操作上要尽可能避免无关变量的干扰。

活化能：活化能的定义是，分子由一般状态转变为活化状态所需要的能量，单位是焦/摩尔(单位符号是J/mol)。在一个化学反应体系中，反应开始时，反应物分子的平均能量水平较低，为“初态”，在反应的任何一瞬间反应物中都有一部分分子具有比初态更高一些的能量，高出的这一部分能量称为“活化能”(桂兴芬，2006)。

酶催化作用的特点：生物体内的各种化学反应，几乎都是由酶催化的，酶所催化的反应叫酶促反应，酶促反应中被酶作用的物质叫做底物，经反应生成的物质叫做产物。酶作为生物催化剂，与一般催化剂有相同之处，也有其自身的特点。

相同点：①改变化学反应速率，本身不被消耗；②只能催化热力学允许进行的反应；③加快化学反应速率，缩短达到平衡时间，但不改变平衡点；④降低活化能，使速率加快。

不同点：①高效性：指催化效率很高，使得反应速率很快；②专一性：任何一种酶只作用于一种或几种相关的化合物，这就是酶对底物的专一性；③多样性：指生物体内具有功能相同而种类繁多的酶；④易变性：由于大多数酶是蛋白质，因而会被高温、强酸、强碱等破坏；⑤反应条件的温和性：酶促反应在常温、常压、生理pH条件下进行；⑥酶的催化活性受到一定因素或条件的调节、控制；⑦有些酶的催化活性与辅助因子有关。

实验原理：学生对酶的认识有限，义务教育阶段的初中学生，学习了动物的消化主要是通过多种消化酶的作用而进行的，对于无机催化剂。如：二氧化锰的催化作用学生比较熟悉，教学中利用初中学生对无机催化剂的知识基础作为切入点，让学生通过实验实证来认识酶的催化作用以及与无机催化剂催化效率上的差别。

Fe^{3+}是一种无机催化剂，可以催化过氧化氢(H_2O_2)分解成H_2O和O_2。而新鲜肝脏提取液中含有过氧化氢酶，过氧化氢酶也是催化过氧化氢(H_2O_2)分解成氧和水的酶，过氧

① 引自：人民教育出版社(2007)。

化氢酶存在于所有已知的动物的各个组织中，特别在肝脏中以高浓度存在。过氧化氢酶催化 H_2O_2分解的效率相当于 Fe^{3+}的 500 万倍。过氧化氢酶的最适温度为 37°C，最适 pH 为 7～7.3，不同温度和 pH 影响酶的活性。

经计算，用质量分数为 3.5%$FeCl_3$溶液和质量分数为 20%的肝脏研磨液相比较，每滴 $FeCl_3$溶液中的 Fe^{3+}，大约是每滴肝脏研磨液中过氧化氢酶分子数的 25 万倍。

分别用一定数量(等量)的过氧化氢酶和 Fe^{3+}这种无机催化剂去同时催化过氧化氢，将其分解成水和氧，从而去比较出过氧化氢酶与 Fe^{3+}这种无机催化剂之间的不同催化效率。

【实验目的要求】

1. 通过比较过氧化氢在不同条件下分解的快慢，了解过氧化氢酶的作用和意义。

2. 进行本次验证性实验的教学设计与教学实施模拟。

【实验材料用具】

1. 新鲜质量分数为 20%肝脏(如猪肝、鸡肝)研磨液；

2. 新配制的体积分数为 3%的过氧化氢溶液，质量分数为 3.5%的 $FeCl_3$溶液；

3. 量筒，试管，滴管，试管架，卫生香，火柴，酒精灯，试管夹，大烧杯，三脚架，石棉网，温度计。

【实验训练内容】

一、实验技能的强化训练

1.1 实验的方法步骤

(1)取 4 只洁净的试管，分别编上序号 1、2、3、4，向各试管内分别加入 2mL 过氧化氢溶液，按序号依次放置在试管架上。

(2)将 2 号试管放在 90°C 左右的水浴中加热，观察气泡冒出的情况，并与 1 号试管作比较。

(3)向 3 号试管内滴入 2 滴 $FeCl_3$溶液，向 4 号试管内滴入 2 滴肝脏研磨液，仔细观察哪支试管产生的气泡多。

(4)2～3min 后，将点燃的卫生香(或将带火星的木条)分别放入 3 号和 4 号试管内液面的上方，观察哪支试管中的卫生香(或木条)燃烧更猛烈。

1.2 实验注意事项

(1)实验材料应用新鲜的肝脏，实验时临时研磨；

(2)不可直接加热，宜用水浴加热来控制温度条件；

(3)实验的条件力求一致，坚持单一变量原则；

(4)实验要设置对照组和实验组；

(5)要注意控制好自变量(本实验中的 $FeCl_3$溶液、肝脏研磨液、常温、加热)和因变量(本实验中的过氧化氢分解速率)。

二、实验教学技能的强化训练

2.1 实验教学实施前的准备

1. 实验教学的教案教具准备

编写本次实验的教案和实验指导要点，绘制简图、准备辅助教学的课件、课程资源等。

2. 实验教学实施前仪器材料准备

20%肝脏研磨液的配制方法：将新鲜的肝脏(如猪肝、鸡肝)，用刀切成小块，放置研钵中制成肝脏研磨液，再取20g肝脏研磨液放人烧杯中，加入蒸馏水补充到100mL即可。

3. 预实验的准备

教师事先单独或与生物学科代表们一起作预实验，并进行表3.14预实验的记录。

表3.14　预实验记录表

试管	肝脏研磨液(滴)	$FeCl_3$溶液(滴)	实验现象	改进措施
1号				
2号				
3号				
4号				

同时，提前安排学生预习思考：

问题1：为什么本实验要反复强调新鲜的肝脏?

问题2：本实验对照组是哪一号试管？变量有哪些？什么是自变量？什么是因变量？如何控制无关变量？

2.2 实验教学目标的确定

1. 确定实验教学目标的依据

依据《普通高中生物学课程标准(实验)》与高中生物学(人教版)教科书：“模块1：分子与细胞”中本次实验相关的“目标要求”部分进行制定。

2. 本实验的教学目标

知识目标：通过比较过氧化氢在不同条件下分解的快慢，说明过氧化氢酶在代谢中的作用。

能力目标：比较过氧化氢在不同条件下分解快慢的对照实验，观察、检测和分析影响酶活性的因素。

情感态度与价值观目标：认同酶的特性，并关注酶在日常生活中的应用。

2.3 实验教学实施中的策略和指导

1. 实验教学实施中的策略

本次实验可以采用传统的“先讲解后实验”策略，还可以根据本次实验的特点，建议采用：“边实验边指导”的实验策略。

2. 实验教学实施中的指导

1)交代实验原理

实验开始时，教师要对实验的目的要求、原理进行简明扼要地交代；

2)交代并演示实验方法步骤

实验开始时，教师要简单介绍实验的方法步骤，在实验中，教师要演示实验环节中的关键步骤，见表3.15。

表 3.15 "比较过氧化氢在不同条件下的分解"实验的方法步骤

实验步骤	1号试管	2号试管	3号试管	4号试管	关键指导
2mL过氧化氢溶液	√	√	√	√	过氧化氢溶液要等量
90^{0}C水浴		√			
2滴 $FeCl_3$ 溶液			√		$FeCl_3$ 溶液、肝脏研磨液必须等量；滴加 $FeCl_3$ 溶液、肝脏研磨液不能合用一支滴管；
2滴肝脏研磨液				√	
带火星的卫生香			√	√	2～3min后，带火星卫生香插入试管口处，不要插入管里太深，但动作要快。
观察现象、交流讨论					2号试管与1号试管对比； 3号试管、4号试管与1号试管对比； 3号试管与4号试管对比。
总结					对酶的作用形成了哪些认识。

2.4 实验教学实施中的安全教育和注意事项

(1) 实验教学实施中的安全教育：①过氧化氢有一定的腐蚀性，实验时应避免接触皮肤，并事先告知过氧化氢接触皮肤带来的安全隐患的处理；②爱护实验器皿，避免损坏；③废弃物必须集中收集，合理处理。

(2) 实验教学实施中的注意事项。①提示：按照"单一变量原则"进行实验分组操作；②演示：控制自变量(本实验中的 $FeCl_3$ 溶液、肝脏研磨液、常温、加热)的方法；③演示：观察和检测因变量(本实验中的过氧化氢分解速率)的方法。

2.5 实验教学实施流程

1. 交待实验原理、技能要点与注意事项

↓

2. 学生分组实验

↓

3. 教师巡视、指导和检查

↓

4. 学生完成实验操作评价表和作业题

2.6 实验教学的评价设计

1. 编制评价量表

教师可提前编制出以下的"比较过氧化氢在不同条件下的分解"实验操作评价表(表3.16)，可用此实验操作评价表随堂考察与评价中学生的实验操作技能。

表 3.16　“比较过氧化氢在不同条件下的分解”实验操作评价表[①]

班级______　姓名______　学号______　实验桌号______

检查项目	操作行为要点	检查记录 合格(√) 不合格(×)
①取过氧化氢溶液	合格：给试管编号，向 4 支试管内各注入 2mL 过氧化氢溶液，动作规范； 不合格：试管未编号，选材错误，溶液注入量过多或过少	
②比较过氧化氢在不同温度条件下分解的快慢	合格：将 2 号试管放在 90℃左右的水浴中加热，1 号试管不作处理，比较气泡冒出情况； 不合格：测水浴温度方法不对，水浴加热不规范	
③分别滴加肝脏研磨液和氯化铁溶液	合格：向 3 号试管内滴入 2 滴肝脏研磨液，向 4 号试管内滴入 2 滴氯化铁溶液，加入的溶液正确，数量适当，动作规范； 不合格：选取试剂错误，试剂注入量过多或过少，两种试剂用同一支吸管吸取	
④观察记录实验现象	合格：堵住试管口，并分别震荡 3 号和 4 号试管； 不合格：未堵住试管口，未震荡均匀	
⑤验证实验结果	合格：用点燃但无火焰的卫生香验证，3 号试管卫生香燃烧猛烈，4 号试管内卫生香燃烧微弱； 不合格：验证方法不正确，实验效果不明显	
⑥实验常规	合格：完成实验后的器材、试剂清理复原，桌面整理； 不合格：实验后未能清理复原，桌面凌乱	
⑦科学态度	合格：积极参与、认真观察、如实记录、实事求是地报告实验结果； 不合格：不积极参与、未如实记录和实事求是地报告实验结果	

2. 编制作业题

(1)使用酶作为催化剂，与一般的无机催化剂相比，反应速度提高 10～13 倍，这说明了酶具有(　　)。

A. 专一性　　B. 多样性　　C. 高效性　　D. 多变性

(2)为了认识酶作用特性，以 20%过氧化氢溶液为反应底物的一组实验结果如下表所示，通过分析实验结果，能够得出相应的结论。在下列有关结论的描述中，从下表中得不到实验依据的一项是(　　)

序号	方法	观察结果
1	常温下自然分解	氧气泡少而小
2	常温下加入 Fe^{3+}	氧气泡稍多而小
3	常温下加入鲜肝提取液	氧气泡极多而大
4	加入煮沸后冷却的鲜肝脏提取液	氧气泡少而小

A. 从催化条件看，酶有温和性　　B. 从催化活性看，酶变性后就失活

C. 从催化底物范围看，酶有专一性　　D. 从催化反应效率看，酶有高效性

(3)向过氧化氢溶液中注入哪一种肝脏研磨液，能产生大量气泡(　　)

A. 冰冻猪肝　　B. 煮沸猪肝　　C. 新鲜猪肝　　D. 醋渍猪肝

① 选编自：李荣(2009)。

【实验教学教案范例】

“比较过氧化氢在不同条件下的分解”的实验教学设计①

【引言】

前面我们已经学习了有关细胞的一些知识，在第5章中，我们将学习细胞的能量供应和利用的知识，细胞作为一个基本的生命系统，只有不断地输入能量，才能维持生命活动的有序性，对细胞而言，能量的获得和利用都必须通过化学反应，细胞中每时每刻都进行着许多化学反应，统称细胞代谢，这些反应发生在何处呢?

提问：请说出叶绿体、线粒体、核糖体的生理功能各是什么?

生：(回答略)

师：上面几种细胞器的生理功能我们都可以用化学反应式表示出来。

生：(写在草稿本上)

师：(播放课件：光合作用等化学反应式)

生：批改错误

师：上述反应都是在活细胞中进行的，这些化学反应发生的过程，就是细胞代谢的过程。

师：生物体内这些化学反应，在生物体内温和的条件下(常温、常压)很快就能完成，这全靠生物体内的催化剂—酶的作用。那么，酶的本质是什么?又有哪些特征?

这些都是本节课重点探讨的问题。

酶是生物催化剂，它和无机催化剂相比，具有哪些不同的特点呢?下面我们通过实验来探索。

【多媒体课件展示实验目标】

知识目标：说出过氧化氢在不同条件下分解的快慢，了解过氧化氢酶的作用和意义；

能力目标：进行过氧化氢在不同条件下分解的比较对照实验，观察和检测因变量的变化。

【多媒体课件展示实验步骤和要求】

	1号试管	2号试管	3号试管	4号试管
操作步骤	2mL H_2O_2 溶液	2mL H_2O_2 溶液	2mL H_2O_2 溶液	2mL H_2O_2 溶液
	室温	90℃水浴	室温	室温
			两滴 $FeCl_3$ 溶液	两滴肝脏研磨液
			带火星卫生香检测	带火星卫生香检测

要求：

(1) $FeCl_3$ 溶液和肝脏研磨液尽可能同时分别加入到3号、4号试管中。

(2)实验前，试管壁一定要清洗干净，做实验时往往是多个班连续使用实验室，一个班的学生做完实验，另一个班的学生紧接着做同一个实验。如果试管没有清洗干净，可能

① 选编自：人民教育出版社等(2010)。

出现：如果使用的是上一个班同学做的3号试管或4号试管，则不需要加热，在常温下就会有大量的气泡产生，从而难以观察到真实的结果。

(3)不要混用滴管，混用滴管的直接后果是实验的现象不一定真实可靠。

【一名学生演示操作过程】

学生：观察并纠正演示者不足之处。

教师：小组成员分别选用准备材料，每人完成一支试管试剂的移取，由两个人操作1、2号试管，另两人操作3、4号试管。请自己动手吧。

生：学生分工合作自选材料。

【进行实验并观察现象】

学生：(按实验步骤分组实验)

提问：你在实验过程中观察到哪些实验现象。

学生：记录在下表中

	1号试管	2号试管	3号试管	4号试管
操作步骤	2mL H_2O_2 溶液	2mL H_2O_2 溶液	2mL H_2O_2 溶液	2mL H_2O_2 溶液
	室温	90℃水浴	室温	室温
			两滴 $FeCl_3$ 溶液	两滴肝脏研磨液
			带火星卫生香检测	带火星卫生香检测
实验现象	过氧化氢的分解速率十分缓慢(难以观察到气泡的产生)	过氧化氢分解速率加快，有大量小气泡产生	与2号试管相比，有更多的气泡产生	3号试管相比，气泡大并且产生的速率快

【讨论】

教师：与1号试管相比，2号试管出现什么不同现象？这一现象说明什么？

学生：有大量小气泡产生，加热温度升高引起。

教师：在细胞内，能通过加热来提高反应速率吗？

学生：不能。

教师：3号试管、4号试管未经加热，也有大量气泡产生，这说明什么？

学生：都加入了催化剂。

教师：3号试管与4号试管相比，哪支试管的反应速率快？这说明什么？为什么说酶对于细胞内化学反应的顺利进行至关重要？

学生：4号试管反应速率快，生物催化剂—酶催化效率高，为细胞内高效的化学反应提供了必要条件。

【实验结果与结论】

教师：从这个实验你可以得出什么结果与结论？

学生：实验结果：90℃时过氧化氢分解释放氧气的速率大于常温下过氧化氢分解释放氧气的速率；过氧化氢酶催化过氧化氢分解释放氧气的速率大于 $FeCl_3$ 催化过氧化氢分解释放氧气的速率。实验结论，加热能够促进过氧化氢的分解；酶的催化效率高于无机催化剂，酶的催化作用具有高效性。

【教学反思】

本节课介绍了酶在细胞代谢中的作用，主要通过学生实验，引导学生自己得出结论，教师在安排学生做实验时要注意学生对实验的理解，落实好本节课的目标。本节课的实验需要设置实验组和对照组，教师利用直观的手段(课件等)将实验的装置特别是实验组与对照组的装置向学生展示，以增加学生实验操作和讨论的效率。通过实验让学生能够对酶的概念进行阐述、解释，体会酶的概念，落实课标的要求。

【训练报告】

师范生可根据本次实验的目的与要求，对自己的“实验操作技能”与“实验教学技能”情况，进行自我反思与评价。

【实验创新视野】

(1)材料的替代：肝脏研磨液除用教科书上提到的猪肝、鸡肝外，还可以用蟾蜍、青蛙或鱼的肝脏代替，其效果也会有异曲同工之妙。

(2)肝脏研磨液的制取：为节约时间并满足全校实验的需要，实验教师可在课前制备好足量的肝脏研磨液。大量制备时，并非一定得用研钵研磨，普通的操作更方便实用。其具体办法是：可先将0.5kg左右的肝脏反复用刀切碎(有条件的学校可用切碎机操作)，然后将其置于1000mL的大烧杯中，加入质量为4～5倍的蒸馏水(也可用纯净水代替)，用洗净的手反复搅拌和捏挤，3～5min后，捞出杂质，再用大纱布直接在另一1000mL的大烧杯上过滤，并用手适当挤压，这样，所得滤液便符合实验对材料的要求了(丁稳双，2006)。

【链接】

[1] 郑俊启，王惠琴，刘文阁，2006.肝脏研磨液的制备和保存 [J].生物学通报，10：58.

训练3 生物体维持pH稳定的机制

【预备知识】

本实验选自“人教版”高中生物学教科书：“必修3：稳态与环境”第一章第二节中的内容，是高中生物学中的一个验证性实验。

背景知识点：

生物体内环境的稳态：生物体的细胞代谢会产生许多代谢产物，如人和动物吃的食物消化吸收后经代谢会产生一些酸性或碱性物质，这些酸性或碱性物质进入内环境，常使pH发生变化，但一般情况下，机体能通过缓冲物质使pH稳定在一定范围内，这就是机体通过调节作用，使各个器官、系统协调活动，共同维持着生物体内环境的相对稳定状态即稳态。

血液中的缓冲物质是维持内环境稳态的重要组成部分：人体血液中的酸碱度在人体生命活动过程中，会不断地产生酸性物质，如碳酸、乳酸等，也会不断地产生碱性物质，如碳酸氢盐、磷酸氢盐等。另外，人们摄取的食物中也有相当数量的酸性物质或碱性物质(如碳酸钠)。尽管如此，健康人在正常情况下，血浆中的氢离子略少于氢氧根离子，是接近于中性的微弱碱性，且不会发生显著的改变(pH正常值为7.35～7.45)，即人体血液中酸碱保持着平衡。人体血液中酸碱之所以能保持平衡，是因为正常人血液里含有许多一对一对的对酸碱度起缓冲作用的物质——缓冲物质。每一对缓冲物质都是由一种弱酸和相应的一种强碱盐组成的，如 $H_2CO_3/NaHCO_3$、NaH_2PO_4/Na_2HPO_4 等。这样，由于血液中缓冲物质的调节作用，可以使血液的酸碱度不会发生很大的变化，从而维持在相对稳定的状态。

当人体作剧烈肌肉运动时，由于有大量酸性物质（如碳酸、乳酸等）进入血液，乳酸进入血液后，首先由强碱弱酸盐 $NaHCO_3$ 与之中和，中和后产生乳酸钠和碳酸；碳酸是一种弱酸，又进一步分解成 H_2O 和 CO_2，所以血液中的 pH 影响不大。血液中增多的二氧化碳会刺激控制呼吸活动的神经中枢，促使呼吸运动增强，增加通气量，从而将二氧化碳排出体外。

当来自蔬菜和水果的碱性物质（如碳酸钠）进入血液，则由弱酸 H_2CO_3 与之中和，即：$Na_2CO_3+H_2CO_3=2NaHCO_3$，结果碱性较强的 Na_2CO_3 变成了碱性较弱的 $NaHCO_3$，这样碱性也就降低，过多的 $NaHCO_3$ 由肾脏排出，这样，由于血液中缓冲物质的调节作用，可以使血液的酸碱度不会发生很大的变化，从而维持在相对稳定的状态：pH 7.35 ～ 7.45。

【实验目的要求】

1. 通过比较自来水、缓冲液（如 Na_2HPO_4、NaH_2PO_4 等的溶液，在加入酸或碱后，能使 pH 的变化减弱）和生物材料在加入酸或碱后 pH 的变化情况，认识生物体维持 pH 稳定的机制。

2. 进行本次实验的教学设计与教学实施模拟。

【实验材料用具】

生物材料：肝脏匀浆，马铃薯匀浆，用水 5∶1 稀释的鸡蛋清，黄瓜匀浆；

试剂：pH=7 的磷酸缓冲液，0.1mol/L HCl（盛于滴瓶中），0.1mol/L NaOH（盛于滴瓶中），自来水；

实验器皿：4 副防护手套，50mL 烧杯 1 个，50mL 量筒 1 个，彩色铅笔，pH 计或万用试纸，镊子 1 把。

【实验训练内容】

一、实验技能的强化训练

1.1 实验的方法步骤

（1）以 4 人为一组。在记录本中，画一个如表 3.17 所示的记录表。

表 3.17　不同实验材料变化记录表

不同被试材料	加入 0.1mol/L HCl							加入 0.1mol/L NaOH						
	加入不同数量液滴后的 pH							加入不同数量液滴后的 pH						
	0	5	10	15	20	25	30	0	5	10	15	20	25	30
自来水														
缓冲液														
生物材料 1														
生物材料 2														
生物材料 3														
生物材料 4														

(2)将 25mL 自来水加入 50mL 烧杯中，用 pH 计或试纸测试起始的 pH，并做好记录。

(3)一次加一滴 0.1mol/L 的 HCl，然后轻轻摇动，加入 5 滴后再测 pH，重复这一步骤直到加入 30 滴为止，将 pH 测定结果记入表中。

(4)充分冲洗烧杯，并向其中加入 25mL 自来水，测定并记录起始的 pH，再如步骤 3，一滴一滴地加入 0.1mol/L 的 NaOH，测定并记录 pH。

(5)充分冲洗烧杯，用缓冲液代替自来水，重复步骤 2 至步骤 4，记录结果。

(6)充分冲洗烧杯，选两种生物材料分别代替自来水，再重复步骤 2 至步骤 4，记录结果。

(7)根据所得数据，以酸或碱的滴数为横轴，以 pH 为纵轴，画出自来水 pH 变化的曲线。以实线表示加入酸后 pH 的变化，虚线表示加入碱后的变化。再用其他颜色的线条分别表示生物材料、缓冲液 pH 的变化情况，也同样以实线和虚线分别表示加入酸、碱后的变化。

1.2 实验注意事项

(1)实验过程中戴上防护手套操作。

(2)盐酸(HCl)、氢氧化钠(NaOH)均有腐蚀性，应避免与身体接触。

(3)实验后对废弃物进行妥善处理。

二、实验教学技能的强化训练

2.1 实验教学实施前的准备

1. 实验教学的教案教具准备

编写本次实验的教案和实验指导要点，绘制简图、准备辅助教学的课件、课程资源等。

2. 实验教学实施前仪器材料准备

1)缓冲液的配制

pH=7 磷酸盐缓冲液的配制方法：①甲液：0.2mol/L 的磷酸氢二钠溶液，取 $Na_2HPO_4.2H_2O$ 35.61g(或 $Na_2HPO_4.7H_2O$ 53.65g 或 $Na_2HPO_4.12H_2O$ 71.64g)加蒸馏水溶解成 1000mL；②乙液：0.2mol/L 的磷酸二氢钠溶液，取 $NaH_2PO_4.H_2O$ 27.6g(或 $NaH_2PO_4.2H_2O$ 31.2lg)加蒸馏水溶解成 1000mL；③再将甲液 30.5mL 与乙液 19.5mL 混合即得到 pH≈7 的缓冲液。

2)生物材料匀浆的制备

马铃薯匀浆的制备：将马铃薯洗净去皮切块，取 50g 加水 50mL 放入家用豆浆机研磨搅碎即可；肝匀浆、黄瓜匀浆制作同上。

2.2 实验教学目标的确定

1. 确定实验教学目标的依据

依据《普通高中生物学课程标准(实验)》与高中生物学(人教版)教科书："必修 3：稳态与环境"中本次实验相关的"目标要求"部分进行制定。

2. 本实验的教学目标

知识目标：说明生物体维持 pH 稳定的生理意义。

能力目标：尝试对本实验中生物材料维持 pH 稳定的机制进行解释。

情感态度与价值观目标：交流讨论生物体内环境稳态的重要性。

2.3 实验教学实施中的策略和指导

1. 实验教学实施中的策略

本次实验可以采用传统的“先讲解后实验”策略，也可以根据本次实验的特点，建议采用：“边实验边指导”＋“先实验后总结”结合的实验策略。即“边实验边指导”＋“先实验后总结”结合的实验策略是教师不用多讲，让学生直接进入到实验的操作环节中，教师着重对实验中出现的困难与问题进行指导，引导学生对得出的结果进行总结。

2. 实验教学实施中的指导

(1)教师通过简短复习或提问的方式使学生回顾稳态的概念、生物体维持稳态的重要意义、生物体维持 pH 稳态的机制。

(2)指导学生明确本次实验的目的、操作要点及其他注意事项。

(3)提醒每组至少测定 4 种实验材料溶液的 pH 变化，它们是：自来水、磷酸缓冲液和 2 种生物材料(建议学生选择一种动物材料和一种植物材料)，将 pH 测定结果记入表 12“不同实验材料 pH 变化记录表”中，并根据所测数据，以加入酸或碱的滴数为横轴，以 pH 为纵轴，画出各实验材料的 pH 变化曲线。

2.4 实验教学实施中的安全教育和注意事项

(1)实验过程中戴上防护手套操作。

(2)盐酸、氢氧化钠均有腐蚀性，应避免与皮肤和眼睛接触，也不要入口，若有洒落或溅出，要立即用水冲洗 15min，并告诉教师。

2.5 实验教学实施流程

1. 复习本次实验的背景知识

↓

2. 交待实验目的、操作要点及其他注意事项

↓

3. 学生分组实验

↓

4. 教师巡视、指导和检查

↓

5. 学生完成思考讨论题

2.6 实验教学的评价设计

教师可提前设计出以下思考讨论题：

(1)就加入 HCl 或 NaOH 后 pH 的变化来说，生物材料是更像自来水还是更像缓冲液？

(2)分析缓冲液的 pH 变化情况为什么与自来水的不同。

(3)尝试对生物材料维持 pH 稳定的机制进行解释。

【实验教学教案范例】

“生物体维持 pH 稳定的机制”的教学设计①

一、教学流程

由“醋罐子”导入新课

↓

实验材料的选择

↓

实验方案的设计与讨论、评价

↓

实验实施

↓

实验结果的分析讨论

↓

联系实际，加深理解

↓

小结、练习、评价

二、教学实施

教学环节	教师活动	学生活动	教学意图
创设情境，提出问题，引入新课	【问题】： (1)山西人好吃醋，那么这些“醋罐子”的内环境液体的 pH 是不是也呈酸性？ (2)为什么机体的内环境 pH 会稳定在一定范围内不发生大的变化呢？机体又是如何维持内环境 pH 稳定的呢？生物机体维持 pH 稳定的机理是什么？ 这些行为是通过哪些复杂而精巧的生命活动调节实现的？ 【讲述】上节课我们已经学习了内环境稳态的重要性，这节课我们一起来探究一下生物体维持 pH 稳定的机制	学生进行思考、讨论、分析和推测 学生应答： (1)实际上即使吃再多的醋，机体都能使 pH 稳定在一定范围内不发生大的变化； (2)各抒已见	教育来源于生活，通过现实生活中的实例创设问题情景，更能激起学生的求知欲和兴趣，依疑促学，依问导学，有了疑问，自然就提出了所要探究的问题
	请学生从实验报告单上，选择实验试剂和用具，勾示出来 指出：控制好变量对于设计一个严谨的、可行性强的实验来说尤为重要。在大屏幕上列出思考问题： (1)你所设计实验的自变量是什么？如何控制？ (2)实验的因变量是什么？反映因变量的指标是什么？如何对其指标进行检测？ (3)无关变量有哪些？如何进行控制？ 请学生在认真思考和完成上述问题后，再设计实验的具体步骤 给学生 5 分钟，各组讨论，设计实验步骤	学生准备： 各小组组长组织本组成员于课前预习实验指导，明确实验目的、操作的要点及其他注意事项 学生加深对实验设计基本原则的理解 在学生讨论、互评的基础上，总结出比较合理完善的实验设计	通过勤于动手、乐于探究的科学探究活动，培养获取知识的能力，体验科学的过程和方法，主动搜集和分析各种信息，善于与人交流和合作，培养创新精神和实践能力 通过观察、分析、讨论和交流，能自主的获取知识，加深知识的理解和掌握

① 摘编自：李西亮.第 2 课时“生物体维持 pH 稳定的机制”的教学设计.山东省教师教育网：李西亮名师工作室.

续表

教学环节	教师活动	学生活动	教学意图
	教师走进学生，询问，提示 请两个组的同学展示实验方案，教师在每个小组介绍完实验步骤时，询问各组设计中的自变量及其控制方法，因变量指标的观察和检测方法。其他同学认真倾听，听完后，讨论 在学生介绍时对把握的好的地方给予肯定和鼓励，及时把可能出现的问题指出并且纠正，如：①缺少对照实验组，没有对比实验，我们将不能准确的判断自己的实验结果是否正确。②单一(自)变量的确定。③要严格控制无关变量，遵循等量原则。④牢牢把握因变量与自变量的对应关系。⑤因变量指标的检验方法是否简便可行 通过上述讨论强调实验设计的基本原则。 确定实验方案 接着实施计划：先画一个记录表，便于实验结果的记录。实验材料有自来水、缓冲液和任选两种生物材料，试剂有0.1mol/L的HCL和0.1mol/L的NaOH两种。在等量的四种材料中，分别依次加入5滴、10滴、15滴、20滴、25滴、30滴的酸碱液滴后，测定并记录溶液的pH，待表格完成后，再通过作图，组织学生讨论后得出结论：究竟生物体是如何维持pH稳定的，并说出不同实验材料pH变化的特点，最后在班级内交流各自报告，比较研究结果，就发现问题进行讨论 明确目标，思考问题，主动探索 请学生根据自己的实验方案，开始实验 教师巡视、指导，提醒学生实验操作的规范性和安全性 (1)50mL烧杯，用量筒量取并加入25mL自来水 (2)测定自来水的初始pH 取一小块试纸放在表面皿上，用沾有待测液的玻璃棒或胶头滴管滴于试纸的中部，观察颜色的变化，得出pH并作记录 (注意：试纸不可直接伸入溶液；测试溶液的pH值时，不可事先用蒸馏水润湿，这就相当于稀释了。可以先用广泛pH试纸估计pH，再用精密pH试纸测出起始的pH。) (3)分别向烧杯中滴加0.1mol/L的HCL，一次一滴，然后轻轻摇动。当加入到5滴、10滴、15滴、20滴、25滴、30滴时，分别测pH，并做好记录 (注意胶头滴管的使用方法：用无名指和中指夹住滴管的颈部，用拇指和食指捏住胶头.排除胶头里面的空气后，再深入到液面下，松开大拇指和食指，将所需溶液吸入滴管内；滴加液体时，应把胶头滴管垂直移到容器上方，轻轻挤压胶头，使液体滴入试管内；最后插回滴瓶)	明确目标，思考问题，主动探索 学生根据自己的实验方案，开始实验 注视大屏幕，了解要思考的问题 积极思考，小组讨论，为实验步骤的设计做好准备 学生讨论，交流 第一个小组介绍，全体讨论；第二小组介绍，全体讨论 研究相同问题的两组互相评价，补充 每组学生分工协作，开始实验(5～10min) 完成实验操作，将观察到的实验现象记录在实验报告单上，与预期结果进行比较，得出结论 学生思考、 讨论、回答、评价、形成完善的答案	通过实验设计加深学生对知识的理解和掌握，培养学生实验设计能力 训练学生的表达能力 面向全体学生，提出明确目标，提高每位学生的主动参与意识，使教师的教与学生的学更具有针对性 通过思考题的方式将实验中自变量的确定和控制、因变量指标的观察和检测重点提出，帮助学生理清实验设计思路，把握对照实验设计的基本方法 通过实验学生展示动手操作能力，加强规范操作意识，并且体现出团队分工合作的精神

续表

教学环节	教师活动	学生活动	教学意图
	(4)充分洗涤烧杯，重复上述步骤，不同的是，这次滴加的是 0.1mol/L NaOH，做好记录 [请同学思考：如果实验中滴加 HCL 或 NaOH 时，多加了一滴怎么办？提示：可用酸碱中和的方法亦可重新操作] [请同学思考：如果实验过程中，有酸、碱洒落或溅出怎么办？提示：盐酸、氢氧化钠皆有腐蚀性，应避免它们与衣服、皮肤和眼睛接触，也不要入口。若有酸、碱洒落或溅出，应立即用水冲洗 15min，并告诉老师] 提示：四位同学合作实验，每人可选取一种材料，同步进行 (5)充分冲洗烧坏，用缓冲液代替自来水，重复步骤 3 至步骤 5，记录结果 (6)充分冲洗烧坏，用几种生物材料分别代替自来水，重复步骤 3 至步骤 5，记录结果 (7)待表格完成后，根据所得数据，以加入酸和碱的滴数为横轴，以 pH 为纵轴，在坐标纸上画出各材料的 pH 变化曲线。不同实验材料用不同颜色加以区分 对学生的操作、分析、讨论、结论进行评价 请几个学生代表叙述并分析自己的实验现象 如果实验现象不明显，引导学生共同讨论分析、总结原因。如：①试剂量取、混合等实验步骤操作是否规范；②在先后取不同试剂时，量筒有无清洗干净；③是否给予充分的反应时间等 通过学生的讨论分析，可以知道，生物材料中含有缓冲对，它们对酸碱度的变化起缓冲作用。生物机体内的缓冲物质对机体的 pH 稳定具有调节作用。此外，机体还可以通过对生理活动进行调节来维持 pH 稳定	总结结论： 对酸缓冲能力依此增加的是：自来水＜黄瓜匀浆＜马铃薯匀浆＜肝匀浆＜鸡蛋清＜缓冲液；对碱缓冲能力依此增加的是：自来水＜鸡蛋清＜马铃薯匀浆＜黄瓜匀浆＜肝匀浆＜缓冲液	通过汇报、不同组之间的比较和辩论、相互的评价和补充，充分发挥学生进行探究的主动性，学生通过探究过程深刻体会实验设计中对照原则、单一变量原则、等量原则的意义 通过对实验结果的分析讨论，发展了学生分析处理问题的能力 学生通过分析总结，能用准确的语言描述实验结果，阐明实验结论
联系实际，加深理解	①讨论分析呼吸性酸中毒的原因 ②交警检查司机是否酒后驾车，通过司机嘴里呼出的气体中有无酒精分子来检验。而喝醋的人却不能用此方法检验其嘴里呼出的气体或体液中有醋酸分子，请分析原因	学生分析讨论	

三、板书设计

实验：生物体维持 pH 稳定的机制

1. 目的要求

通过比较自来水、缓冲液和生物材料在加酸或碱后 pH 的变化，推测生物体是如何维持 pH 稳定的。

2. 方法步骤

（略）

【训练报告】

师范生可根据本次实验的目的与要求，对自己的“实验操作技能”与“实验教学技能”情况，进行自我反思与评价。

【链接】

[1] 陈龙珠，沈初见，2006. 探究生物体维持 pH 稳定的机制 [J]. 生物学通报，7：31-33.

3.3　中学生物学演示性实验教学能力训练

演示实验的基本方式是教师演示实验过程，展示生物学现象，引导学生观察、思考、分析实验现象，得出结论。演示实验过程也可以由个别学生在台上演示，而其他同学们在台下观摩、模仿。演示不仅包括教科书规定要演示的实验内容，还应包括教师根据教学需要自行设计的演示内容，以及采用实验标本、投影片等进行的演示内容。

演示实验时，要求教师操作规范、技能娴熟、高质高效完成，所以演示实验对教师提出了更高的要求。

3.3.1　初中生物学演示性实验教学能力训练

训练 1　检验光合作用释放氧气

【预备知识】

本实验选自“北师大版”初中生物学教科书七年级上册第三单元第五章第一节中的内容，是初中生物学中的一个演示性实验。

光合作用隶属于义务教育阶段生物学课程内容标准中的“生物圈中的绿色植物”这一大的主题中的一个内容，是初中生物学教学的重点和难点。光合作用的内容能帮助初中学生更好地理解植物在生物圈中的地位和作用，为培养学生保护绿色植物的意识提供理论依据。但是，由于七年级的学生缺乏必要的物理、化学方面的知识，要帮助他们真正理解光合作用是比较困难的。教科书中安排了诸多实验，可以帮助学生们更直观地理解光合作用的过程和实质。“检验光合作用释放氧气”就是其中的一个演示实验，旨在帮助学生理解光合作用的一大重要产物是氧气。

实验原理：快要熄灭的卫生香(或竹签、木条)，遇到金鱼藻在光下释放出的气体，立刻猛烈地燃烧起来，这就是说，绿色植物–金鱼藻在光下能够产生氧气，即绿色植物进行光合作用的产物除了其他物质外，还有氧气的产生。

【实验目的要求】

1. 通过演示实验，观察检验植物在光合作用中产生了氧气。

2. 进行本次实验的教学设计与教学实施模拟。

【实验材料用具】

金鱼藻(或黑藻、狐尾藻)，试管，试管架，玻璃漏斗，锥形瓶，带孔橡皮塞，玻璃管，玻璃棒，烧杯(玻璃水槽)，坩埚钳，火柴，卫生香(或竹签、木条)，凡士林，0.1g碳酸氢钠。

【实验训练内容】

一、实验技能的强化训练

1.1 实验的方法步骤

(1)取一个玻璃水槽或20cm直径的标本瓶，注满清水，按每100mL水加入0. 1g碳酸氢钠，用玻璃棒搅拌，以增加水中二氧化碳的含量。

(2)将采集的金鱼藻在水中剪取若干带顶端的嫩枝，放置在水槽内，并使切口的一端向上，然后用短管漏斗将其倒扣在水槽里，在漏斗下面垫上两个小木条，使漏斗与水槽底部分开。

(3)取一支盛满清水的试管，用拇指堵住管口，倒转移入玻璃水槽的水中，套在漏斗短管上，试管内要充满水。

(4)将实验装置放在温暖而阳光充足的环境里，使金鱼藻接受阳光照射，不久，你可以看到许多气泡从金鱼藻放出，并聚集在试管顶端。

(5)待收集约1/2管气体后，在水中用拇指堵住管口，取出试管并立即倒转，使水落到试管的下部，然后，将带火星的卫生香或木条伸入试管中，请注意观察卫生香或牙签的燃烧情况(图3.20)。

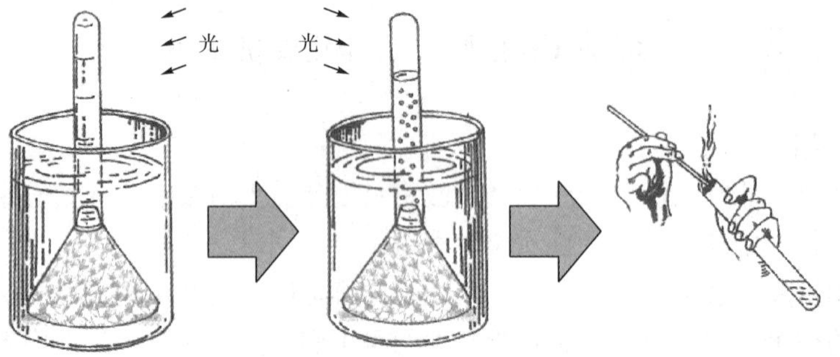

图3.20 证明绿色植物在光下释放氧气的实验示意图

1.2 实验注意事项

(1)需要提前采集金鱼藻并放置在实验装置中接受阳光照射。

(2)需要提前1~2d准备好实验装置。

(3)点燃的卫生香(或竹签、木条)不宜留明火，只留火星。

(4)用带火星的卫生香(或竹签、木条)检验金鱼藻光合作用释放出氧气时宜快速、准确、熟练。

二、实验教学技能的强化训练

2.1 实验教学实施前的准备

1. 实验教学的教案教具准备

编写本次实验的教案和实验指导要点，绘制简图，准备辅助教学的课件、课程资源等。

2. 实验教学实施前仪器材料准备

该实验主要目的是验证光合作用的重要产物之一：氧气。该实验的难点在于实验材料和实验装置的准备。

(1)实验材料的准备：该实验通常选用的植物是金鱼藻。金鱼藻相对比较好找，在卖观赏鱼类的店铺通常可以买到或一般水域里也可采到。但是，需要在每一学期初始时就将金鱼藻在实验室里培养，以备教学所需。如果没有金鱼藻，也可以用黑藻、狐尾藻等代替。

(2)实验装置的准备：由于金鱼藻制造氧气需要一定的时间，所以需要提前 1～2d 准备装置。按照七年级生物学上册(北师大版)第 5 章第 1 节 P73 页所提供的装置图，可以达到预期的实验效果。但是，实验装置不太稳当，较重，不适宜在实验室和教室间来回搬动，因此建议用锥形瓶(图 3.21)代替教科书上的装置图，并作如下改进：将锥形瓶口涂抹上凡士林，从而便于塞紧橡皮塞，并在橡皮塞上套一玻璃管直通锥形瓶中。

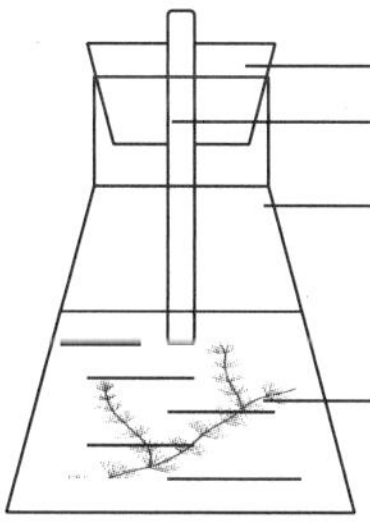

图 3.21　证明绿色植物在光下释放氧气的实验装置图

按照正常的教学进度，该实验的演示时间应该是在每年的 11 月份左右，这时候天气常常多阴天，日照不够，因此往往需要增加一组 200W 的灯泡，2～4 个，用于补充光照。水中还可以按每 100mL 水 0.1g 的比例加入碳酸氢钠，并用玻棒搅拌均匀，以增加水中二氧化碳的含量。

2.2 实验教学目标的确定

1. 确定实验教学目标的依据

依据《义务教育生物学课程标准(2011 年版)》与初中生物学(北师大版)教科书：七年级上册中本次实验相关的“目标要求”部分进行制定。

2. 本实验的教学目标

知识目标：说明绿色植物有助于维持生物圈中的氧气平衡。

能力目标：观察演示实验的现象、分析实验结果。

情感态度与价值观目标：交流讨论绿色植物光合作用的重要意义。

2.3 实验教学实施中的策略和指导

1. 实验教学实施中的策略

根据本次实验的特点，本次实验宜采用：“边示范演示边实验”的策略。具体包括：实验开始的引导示范演示、实验中期的矫正示范演示和实验后期的总结示范演示。示范演示时，可以是教师的亲自操作示范演示，也可以是学生科代表或小组长的交流示范演示；同时，还可以借助直观教具或 CAI 的辅助增加演示的效果。

2. 实验教学实施中的指导

(1)演示指导实验装置的准备。由于氧气是无色无味气体，需要通过一定的实验收集装置与实验检测方法才能检测到。因此，需要准备好如教科书上图10的实验装置或改进后的教科书上图11的实验装置。

(2)演示指导检测氧气的操作流程。点燃卫生香(或竹签、木条)→夹好卫生香(或竹签、木条)→吹灭卫生香(或竹签、木条)→拔下瓶塞→放入带火星的卫生香(或竹签、木条)这几步动作要快、要准，应多练习几次。

2.4 实验教学实施中的安全教育和注意事项

1. 实验教学实施中的安全教育

本实验涉及用明火，因此要准备一条湿毛巾和灭火器，以备不时之需；还应准备一个小烧杯之类的物品，用于放置燃烧后的卫生香(或竹签、木条)。

2. 实验教学实施中的注意事项

(1)注意实验中的用火安全。

(2)待实验装置中的试管收集到1/2管气体后，才用带火星的卫生香(或竹签、木条)伸入试管中，去演示卫生香(或竹签、木条)遇到充足氧气燃烧更加剧烈的情形，从而检验出光合作用释放出了氧气。

2.5 实验教学实施流程

1. 复习本次实验的背景知识

↓

2. 交待实验目的、操作要点及其他注意事项

↓

3. 演示实验装置的准备

↓

4. 演示实验过程、引导学生观察思考

↓

5. 教师巡视、指导和检查

↓

6. 引导学生讨论思考讨论题并得出结论

2.6 实验教学的评价设计

教师可提前设计出以下思考讨论题：

(1)在什么地方可以找到金鱼藻？如果没有金鱼藻，可以用什么材料替代？

(2)如果在实验过程中恰逢阴雨天，可以通过什么方法保证金鱼藻或替代材料的光合作用？

(3)将带火星的卫生香或木条伸入试管后发生什么现象？此现象说明了什么？

(4)检验光合作用释放氧气过程有哪些操作要领？如果该实验不成功，导致该实验失败的原因可能有哪些？

【实验教学教案范例】

“检验光合作用释放氧气”的实验教学设计

教学环节	教师活动	学生活动	设计意图及备注
导入	问 1：通过普利斯特利、英格豪斯、谢尼伯等人的实验，人们认识到，植物通过光合作用可以产生净化空气的气体，这种气体是什么？ 问 2：如何验证？	学生回答 学生思考	结合上节课有关光合作用发现史的内容，使学生很容易联想到光合作用的重要产物之一是氧气
演示实验装置的准备	问 1：该实验所选用的植物是什么？ 问 2：该实验中的玻璃管起什么作用？ 问 3：为什么要在锥形瓶的瓶口涂抹凡士林？	学生观察、思考、回答	通过层层设问，引导学生理解实验原理 应借助视频展示台等教学辅助手段帮助中后排学生看清实验装置的细节
演示实验过程、引导学生观察思考	问：通过什么方法可以验证锥形瓶上方的气体是氧气？ 用带火星的卫生香(或竹签、木条)检验锥形瓶上方的气体	学生回答。 学生观察带火星的卫生香(或竹签、木条)是否复燃	学生在小学学过氧气的检查方法，因此可以提问的形式强调一下检测氧气的方法 如实验未成功，要引导学生分析未成功的可能原因
引导学生得出结论	问：通过本次实验可以说明什么？	学生回答	得出验证实验的结果：绿色植物通过光合作用产生了氧气

【训练报告】

请思考：

1. 该实验的原理是什么？

2. 验证光合作用释放氧气的过程有哪些实验操作要领？

3. 在本次演示实验中，你觉得有哪些必要的教学演示和指导环节是保证该实验高效实施的关键措施点？

【实验创新视野】

本实验的创新点在于改进了实验装置，使实验装置更利于搬放，方便教师在不同的班级进行演示。

【链接】

[1] 仲涛，2008. 检验光合作用释放氧气实验的改进 [J]. 教学仪器与实验，11：23.

训练 2　观察鸟卵的结构

【预备知识】

本实验选自“北师大版”初中生物学教科书八年级上册第六单元第十九章第二节中的内容。

鸟的卵由以下部分构成：卵壳、外壳膜、内壳膜、卵白、卵黄膜、卵黄、系带、胚盘。其中卵壳、外壳膜和内壳膜起保护作用，卵壳上还有许多肉眼看不见的气孔。卵黄是卵细胞的主要营养部分，外面包裹着卵黄膜，卵白也含有营养物质和水分。胚盘是卵黄表面中央一盘状的小白点，里面含有细胞核，未受精的鸡蛋卵，胚盘色浅而小；已受精的鸡蛋卵，色浓而略大，表明胚胎发育已经开始。

【实验目的要求】

1. 观察认识鸟卵的结构。

2. 进行本次实验的教学设计与教学实施模拟。

【实验材料用具】

鸡蛋，镊子，培养皿，解剖剪、放大镜。

【实验训练内容】

一、实验技能的强化训练

1.1 实验的方法步骤

(1)取一个鸡蛋，将蛋壳磕打出一条裂缝后用双手掰开，将蛋清和蛋黄一起轻轻地倒入培养皿里。

(2)对照图 3.22，依次观察识别鸡蛋的主要结构：卵白、系带、卵黄膜、卵黄和胚盘。

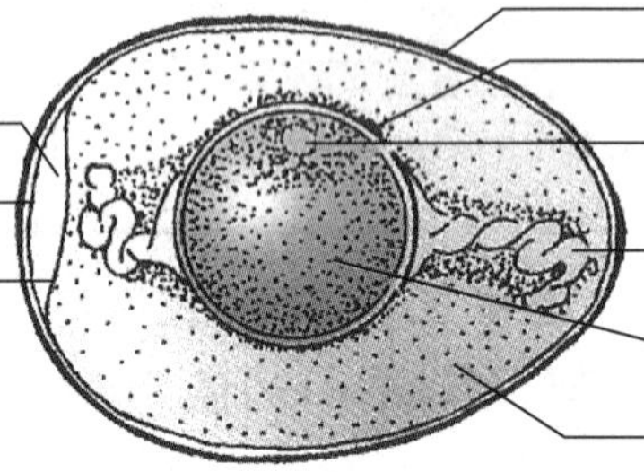

图 3.22　鸡蛋(卵)的结构

1.2 实验注意事项

注意观察鸡蛋卵黄上的胚盘，里面含有细胞核。未受精的鸡蛋卵，胚盘色浅而小；已受精的鸡蛋卵，色浓而略大，表明胚胎发育已经开始。

二、实验教学技能的强化训练

2.1 实验教学实施前的准备

(1)实验教学的教案教具准备：编写本次实验的教案和实验指导要点，绘制简图、准备辅助教学的课件、课程资源，如鸡卵的结构图等。

(2)实验教学实施前仪器材料准备：如实物投影仪、多媒体的准备。

2.2 实验教学目标的确定

1. 确定实验教学目标的依据

依据《义务教育生物学课程标准(2011 年版)》与初中生物学(北师大版)教科书：八年级上册中本次实验相关的“目标要求”部分进行制定。

2. 本实验的教学目标

知识目标：说出鸡卵的形态结构及其功能。

能力目标：能按照一定顺序观察鸡卵的结构。

情感态度与价值观目标：交流讨论总结鸡卵的形态结构与其功能相适应的特点。

2.3 实验教学实施中的策略和指导

根据本次实验的特点，本次实验宜采用：“边示范演示边实验”的策略。

教师一边操作示范演示时，还可以借助实物投影仪将演示操作过程投射到屏幕上，便于学生更清晰地观察到鸡蛋各部分结构；同时，加入多媒体课件的辅助进一步加深了学生对鸡卵认识的效果。

2.4 实验教学实施流程

1. 教师演示鸡卵结构的实验操作过程、并结合实物投影仪、多媒体课件的辅助

↓

2. 学生操作观察鸡卵结构

↓

3. 教师巡视、指导和检查

↓

4. 引导学生思考讨论题

2.5 实验教学的评价设计

教师可提前设计出以下思考讨论题：

(1)描述鸡卵的形态结构。

(2)雏鸡是由鸡蛋的哪部分结构发育成的？哪部分结构为胚胎发育提供营养？

(3)判断你所观察的鸡卵能否孵出雏鸡，为什么？

【实验教学教案范例】

“观察鸟卵的结构”的实验教学设计

课前分析：本实验的操作过程较为简单，按照书上要求逐步打开鸡蛋即可。本次实验教学的难点是教师演示过程中的引导语，教师要通过引导语，结合实物投影仪，有序地引导学生认识鸡蛋中各部分结构的名称以及主要功能。

课堂实录：

教师问：一个鸡蛋就是一个卵细胞吗？

(对于这个问题，学生有分歧，多数学生说不是，但有些说是，于是趁机引入)

教师问：卵细胞究竟在哪里呢？今天，我们通过观察这枚鸡蛋，一起来弄清楚。

(教师打开实物投影仪，在实物投影仪上进行后面的一系列操作。投影仪应在上课前调适好)

教师问：现在我用手触碰到的是鸡蛋的那一部分？

学生：蛋壳。

(这里学生容易用不规范的语言来回答，需提醒学生参照教科书使用规范的语言)

学：卵壳。

(轻轻敲破卵壳较钝的一端，用镊子将碎裂的卵壳连同外壳膜除去，引导学生观察气室)

教师问：这是什么？

学生：气室。

(切换到电脑模式，播放“天下无贼”中葛优剥生鸡蛋的视频片段。由于很多学生根据日常经验会认为紧贴着卵壳的部分只有一层膜，所以在这里播放本段视频以帮助学生认识外壳膜)

教师问：葛优手中触碰到的是鸡蛋的那一部分？

学生：外壳膜。

教师问：内壳膜在哪里呢？

（展示剥出的外壳膜、内壳膜）

（敲开鸡蛋，将内容物放入培养皿中，培养皿下方垫深蓝色的纸，避免反光影响投影效果）

教师问：现在用解剖针挑取的是什么？

学生：蛋白。

（提醒学生用语言规范回答）

学生：卵白。

教师问：现在挑取的是什么？

学生：系带。

教师问：这部分又是什么？

学生：卵黄。

教师问：卵细胞到底在哪里呢？

（学生思考，但仍不能肯定）

教师问：卵壳有什么作用？

学生：保护。

教师问：外壳膜、内壳膜有什么作用？

学生：保护。

教师问：卵白有什么作用？

学生：营养。

教师问：卵白中有大量的水和营养物质，的确可以在胚胎发育初期提供营养，除此之外，它还有什么作用呢？

学生：保护。（如学生不能回答，可做提示）

教师问：系带的作用是什么？

（如学生不能准确回答，可以画示意图）

学生：固定。

教师问：这样固定有什么好处？

学生：保护。

教师问：这么多结构都具有保护作用，它们到底在保护什么？

学生：卵黄。

教师问：卵细胞就是我们通常说的哪一部分？

学生：卵黄。

教师问：既然我们通常所说的卵黄是一个卵细胞，那么，细胞膜、细胞质和细胞核分别在哪里？

（用解剖针将卵黄膜挑破一个小口，请学生能观察到少量卵黄液流出）

教师问：卵黄的表面包裹着什么？

学生：卵黄膜。

教师问：它是细胞的哪一部分？

学生：细胞膜。

教师问：流出来的是什么？它是细胞的哪一部分？

学生：是卵黄，细胞质。

教师问：细胞核在哪里？

（这里学生有可能不清楚。教师可以用解剖针指卵黄中的白点，并告知学生这是未受精卵，呈白色。如果是受精卵，则会变成深色）

教师问：细胞核在这里叫什么？

学生：胚盘。

【训练报告】

师范生可根据本次实验的目的与要求，对自己的："实验操作技能"与"实验教学技能"情况，进行自我反思与评价。

【实验创新视野】

本实验的创新点在于利用实物投影仪，将整个演示操作过程投射到屏幕上，便于学生更清晰地观察到鸡蛋各部分结构，再结合教师的引导语，对各结构的名称、功能有了更清楚的认识。

【链接】

[1] 邓巧华. "观察鸟卵的结构"的教学设计. 新思考网. http：//scpx. cersp. com/article/browse/208724. jspx.

3.3.2 高中生物学演示性实验教学能力训练

训练1 性状分离比的模拟

【预备知识】

本实验选自高中生物学(人教版)教科书："必修2：遗传与进化"第一章第一节中的内容，是高中生物学中的一个模拟实验。通过实验，认识和理解遗传基因的分离和配子随机结合与性状之间的数量关系，体验孟德尔遗传实验中的假设。

背景知识：进行有性杂交的亲本，在形成配子时，等位基因会发生分离，受精时，雌雄配子又会随机结合成合子。因此，杂交后发育成的个体，一定会发生性状分离。本实验就是通过模拟雌雄配子随机结合的过程，来探讨杂种后代性状的分离比。

根据孟德尔对分离现象的解释，生物的性状是由遗传因子(基因)决定的，控制显性性状的基因为显性基因(用大写字母表示如：D)，控制隐性性状的基因为隐性基因(用小写字母表示如：d)，而且基因成对存在。遗传因子组成相同的个体为纯合子，不同的为杂合子。生物形成生殖细胞(配子)时成对的基因分离，分别进入不同的配子中。当杂合子自交时，雌雄配子随机结合，后代出现性状分离，性状分离比为显性∶隐性=3∶1。

由于一些实验直接用研究对象进行实验不方便，因此采用模型代替研究对象进行实验，模拟研究对象的实际情况，获得对研究对象的认识，此实验方法称为模拟实验。

用甲、乙两个小桶分别代表雌、雄生殖器官，甲、乙两小桶内的彩球分别代表雌、雄配子，用不同彩球的随机结合，模拟生物在生殖过程中，雌、雄配子的随机组合。

【实验目的要求】

(1)通过模拟实验，认识和理解遗传因子的分离和配子的随机结合与性状之间的数量关系，体验孟德尔遗传实验中的假设。

(2)进行本次实验的教学设计与教学实施模拟。

【实验材料用具】

①小桶 2 个，分别标记成甲、乙；②两种不同颜色的彩球各 20 个，一种彩球标记 D，另一种彩球标记 d；③记录用的纸和笔。

【实验训练内容】

一、实验技能的强化训练

1.1 实验的方法步骤

1. 实验的方法

选择和建立研究对象(原型)的模型：无论是直接实验还是模拟实验，实验之前都在明确实验目的和实验原理，配齐实验仪器和设备等。除此之外，模拟实验还有一个重要步骤，那就是要选择原型，然后依据原型的特点，按照相似性原理并运用类比推理法选择或建造与原型在结构上相似或功能上相似的事物作为实验模型，在此基础上再对模型进行实验。建立科学和正确的模型，是进行模拟实验的基础，是实验成败的关键，这也是由模拟实验的特点所决定的。

本实验用甲、乙两个小桶分别代表雌、雄生殖器官，甲、乙两小桶内的彩球分别代表雌、雄配子，用不同彩球的随机结合，模拟生物在生殖过程中，雌、雄配子的随机组合。

将模型置于与原型相似的条件下：取甲、乙两个小桶，每个小桶内放有两种色彩的小球各 10 个，并在不同色彩的球上分别标有字母 D 和 d。甲桶上标记雌配子，乙桶上标记雄配子，甲桶中的 D 小球与 d 小球，就分别代表含基因 D 和含基因 d 的雌配子，乙桶中的 D 小球与 d 小球，就分别代表含基因 D 和含基因 d 的雄配子。

建议两人一组合作完成本实验。

2. 实验的步骤

(1)如图 3.23 所示，在甲、乙两个小桶中放人两种彩球各 10 个。

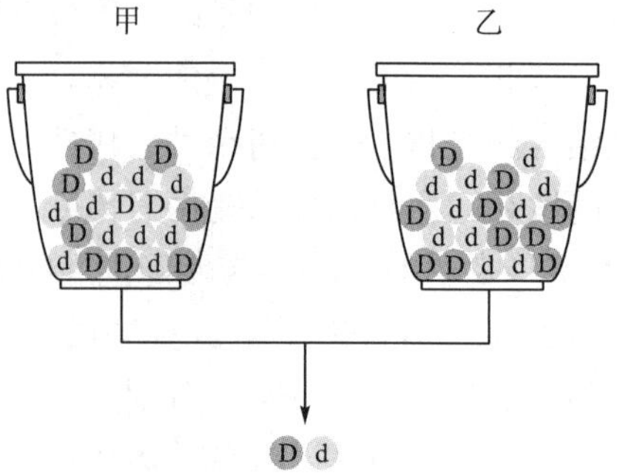

图 3.23 “性状分离比的模拟”实验示意图

(2)摇动两个小桶，使小桶内的彩球充分混合。

(3)分别从两个桶内随机抓取一个小球，组合在一起，记下两个彩球的字母组合。

(4)将抓取的彩球放回原来的小桶内，摇匀，按步骤3重复做50～100次。

(5)统计实验结果，得出结论：

①统计实验结果：彩球组合有几种情况？每种组合的数量是多少？计算彩球组合类型之间的数量比。设计表格，记录实验结果。

②统计全班的实验结果，求平均值。计算小球组合类型之间的数量比。

③两个彩球的组合代表什么？

④结论：________________________________。

1.2 实验注意事项

(1)选择小球大小要一致、质地要统一、抓摸时手感要相同，以尽量避免人为误差。

(2)桶内小球要随机去抓，而且数量必须相等，D、d基因的小球必须1∶1，且每次抓出的两个小球应当统计后各自放回各自的小桶，以保证几率的准确。

(3)记录时，可先将DD、Dd、dd三种基因型按竖排先写好，然后每抓一次在不同基因型后以“正”字形式记录。

(4)每做完一次模拟实验，小球放回后要摇匀小球，然后再做下一次模拟实验，各个小组力求作多次模拟实验。

(5)建议实验时两人一组，互相配合，实验中一人抓球，一人记录，记录者负责将小球放回原桶并摇匀小球。两人还可对换，交换操作。

二、实验教学技能的强化训练

2.1 实验教学实施前的准备

1. 实验教学的教案教具准备

编写本次实验的教案和实验指导要点，绘制简图、准备辅助教学的课件、课程资源等。

2. 提前准备“性状分离比的模拟”实验统计汇总表(表3.18)。

表3.18　“性状分离比的模拟”实验统计汇总表

小组序号	抓取次数	各组合数量			比例（显性：隐性）
		DD	Dd	dd	
1					
2					
…					
全班					

2.2 实验教学目标的确定

1. 确定实验教学目标的依据

依据《普通高中生物学课程标准(实验)》与高中生物学(人教版)教科书：“必修2：遗传与变异”中本次实验相关的“目标要求”部分进行制定。

2. 本实验的教学目标

知识目标：通过模拟实验，正确解释性状分离的现象与实质；

能力目标：模拟生物性状分离的杂交实验；

情感态度与价值观目标：体验孟德尔遗传实验中的假设。

2.3 实验教学实施中的策略和指导

1. 实验教学实施中的策略

根据本次实验的特点，本次实验宜采用“先实验后总结”的策略。

学生实验时，教师还可以借助多媒体课件的辅助与提示指导，进一步加深学生对孟德尔关于生物性状分离假设的体验和认识。

2. 实验教学实施中的指导

(1)如果时间允许，提醒每个小组可重复多作几次模拟实验；

(2)可将全班每一小组的计算结果综合统计，这样全班的数据会更接近理论值；

(3)有时会连续出现几次相同基因型，这是正常的，只要随着抓摸次数的增多，就会接近理论值；

(4)提醒各小组及时进行实验统计数据的记录，最后，各个组要将结果全部汇总到“性状分离比的模拟”实验统计汇总表中。

2.4 实验教学实施流程

1. 学生分小组独立进行“性状分离比的模拟”实验

↓

2. 教师结合多媒体课件辅助进行实验提示与指导

↓

3. 教师巡视、指导各小组学生统计记录多次性状分离模拟的实验结果，并作出小组小结

↓

4. 提醒各个小组汇拢数据到全班的统计汇总表15中，再进行全班实验结果的比较分析、引导全班学生总结得出结论

2.5 实验教学的评价设计

教师可提前设计出以下思考讨论题：

(1)将每个小组的实验结果与全班总的实验结果作比较，你有什么发现？如果孟德尔当时只统计10株豌豆杂交的结果，他还能正确地解释性状分离现象吗？

(2)将模拟实验的结果与孟德尔的遗传杂交实验中的结果相比较，你认为孟德尔的假设是否合理？

【训练报告】

师范生可根据本次实验的目的与要求，对自己的“实验操作技能”与“实验教学技能”情况，进行自我反思与评价。

【实验创新视野】

实验材料的代替：只要两种材料大小一致、质地均匀、抓摸时手感相同即可，如：围棋的黑白子、不同色彩的粉笔、不同颜色玻璃弹珠等均可。还可用矿泉水空瓶代替小桶等。

实验场地不受限制：在实验室和教室中均能进行。

【链接】

[1] 孟咸荣，2006. “性状分离比的模拟实验”的改进及拓展 [J]. 中学生物学，(22)7：44-45.

训练 2　"渗透作用"演示实验

【预备知识】

本实验选自高中生物学(人教版)教科书："必修 1：分子与细胞"第四章第一节中的内容，是高中生物学教学中的第一个演示实验。

实验原理：

渗透作用：两种不同浓度的溶液隔以半透膜(半透膜也叫选择透过性膜，允许水或某些分子通过，而不允许其他分子通过。如：玻璃纸又叫赛璐玢、火棉纸、透析袋、动物膀胱、鱼的鳔、鸡蛋的卵壳膜、花生种皮、蚕豆壳等都具有半透膜的性质)。水分子或其他溶剂分子从低浓度的溶液通过半透膜进入高浓度溶液中的现象，或水分子从水势高的一方通过半透膜向水势低的一方移动的现象叫渗透作用。

渗透作用可采用图 3.24 的装置来演示：在一个长颈漏斗的漏斗口外密封一层半透膜，它允许水分子通过，不允许蔗糖分子通过，在漏斗内加入蔗糖溶液，将漏斗浸入烧杯的纯水中，使蔗糖液面与水面相平。由于漏斗内外化学势梯度的存在，漏斗内蔗糖分子有向漏斗外扩散，漏斗外水分子有向漏斗内扩散并达到平衡的趋势。但又由于半透膜的存在，蔗糖分子不能扩散出来，水分子却可由外通过半透膜向漏斗内扩散，随着水的进入，漏斗中的液面不断上升，静水压力也不断增大，即蔗糖溶液的水势不断增高(水柱的压力使水分子从漏斗向烧杯移动的速度加快)。最后当液面上升到某一高度时，半透膜两侧水分子进出的速度相等，达到动态平衡，液面高度不再变动，这时水柱产生的静压称为该蔗糖溶液的渗透压。

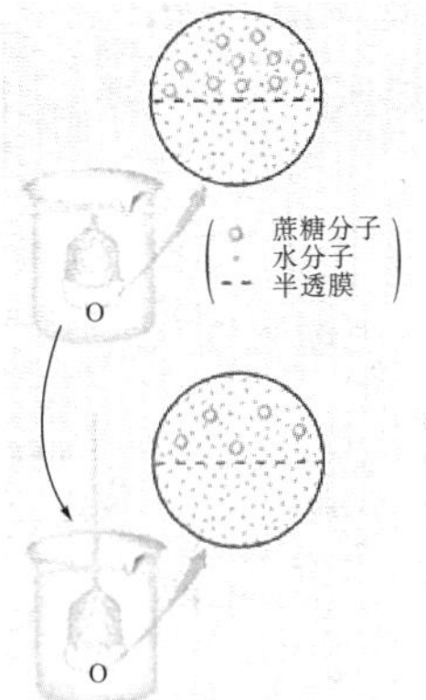

图 3.24　渗透作用示意图

【实验目的要求】

1. 通过演示实验理解渗透作用的原理，从而知道植物细胞主要通过渗透作用吸收水分。

2. 进行本次实验的教学设计与教学实施模拟。

【实验材料用具】

半透膜(玻璃纸又叫赛璐玢或火棉纸、透析袋、动物膀胱、鱼的鳔、鸡蛋的卵壳膜、花生种皮、蚕豆壳等)，质量浓度为 0.1～0.3g/mL 的蔗糖梯度溶液，红墨水，长颈漏斗，烧杯，滴管，铁架台。

【实验训练内容】

一、实验技能的强化训练

1.1 实验的方法步骤

(1)在一个长颈漏斗的漏斗口外密封上一层玻璃纸；

(2)往漏斗内注入蔗糖溶液，然后将漏斗浸入盛有清水的烧杯中，使漏斗管内外的液面高度相等，过一段时间后，再观察。

1.2 实验注意事项

选择恰当的演示实验材料：半透膜的选择是实验成功的重要一环。半透膜可选择的材料很多，可分为两大类：一类为生物材料，如鸡蛋的卵壳膜、鸡的嗉囊、动物的膀胱、肠衣和鱼的鱼的鳔，以及种子的种皮等；另一类为非生物材料如玻璃纸(又叫赛璐玢)等。这两类材料相比较，生物材料以鸡蛋的卵壳膜最好，鱼鳔其次，猪的膀胱一般较厚，影响水的扩散速度，使水柱上升速度太慢。但是，生物材料一般皆有粘软特点，不易捆扎密封，从而影响演示效果。非生物材料比较易得好操作。所以，一般实验常常选择非生物材料如玻璃纸、火棉纸或透析袋等材料(鹿峰和甄宗秋，2001)。

二、实验教学技能的强化训练

2.1 实验教学实施前的准备

(1)实验教学的教案教具准备：编写本次实验的教案和实验指导要点，绘制简图、准备辅助教学的课件、课程资源等，如渗透作用的多媒体动画或视频。

(2)实验教学实施前仪器材料准备：半透膜，可选用玻璃纸(又叫赛璐玢)或火棉纸、透析袋、动物膀胱、鱼的鳔、鸡蛋的卵壳膜、花生种皮、蚕豆壳等、30%蔗糖溶液、红墨水。

(3)预实验的准备：教师事先单独或与生物学科代表一起作预实验，并进行表3.19“渗透作用”预实验的记录，比较不同半透膜材料的实验效果，从而筛选出最佳的实验材料。

表3.19 “渗透作用”预实验记录表

材料	蔗糖溶液浓度/%	液面上升高度	效果	改进措施
玻璃纸(又叫赛璐玢)	10			
	20			
	30			
动物膀胱	10			
	20			
	30			
鸡蛋的卵壳膜	10			
	20			
	30			

续表

材料	蔗糖溶液浓度/%	液面上升高度	效果	改进措施
…	10			
	20			
	30			

2.2 实验教学目标的确定

1. 确定实验课程教学目标的依据

依据《普通高中生物学课程标准(实验)》与“人教版”高中生物学教科书：“模块1：分子与细胞”中本次实验相关的“目标要求”部分进行制定。

2. 本实验的教学目标

知识目标：说出渗透作用发生必须具备的两个条件。

能力目标：模仿教师的实验演示，进行“渗透作用”实验的操作。

情感态度与价值观目标：交流实验现象，得出实验结论。

2.3 实验教学实施中的策略和指导

根据本次实验的特点，本次实验宜采用“边示范演示边实验”+“先实验后总结”结合的实验策略。

教师演示与学生实验可同时进行，同时，教师还可以借助多媒体课件的辅助与提示指导学生对物质进出细胞的方式之一：“渗透作用”的体验和理解。

2.4 实验教学实施流程

1. 复习本次实验的背景知识：渗透作用的含义

↓

2. 教师操作演示，学生观察

↓

3. 学生分组实验、讨论

↓

4. 教师巡视、指导和检查

↓

5. 学生在教师指导下得出结论并完成思考讨论题

2.5 实验教学的评价设计

教师可提前设计出以下思考讨论题：

(1)漏斗管内的液面为什么会升高？

(2)如果用一层纱布代替玻璃纸，漏斗管内的液面还会升高吗？为什么？

(3)如果烧杯中不是清水，而是同样浓度的蔗糖溶液，结果会怎样？

【实验教学教案范例】

“‘渗透作用’演示实验”的实验教学设计①

【引言】

师：在第3章的学习中，我们知道细胞膜被称为系统的边界，细胞膜具有哪些作用？

① 选编自：人民教育出版社等(2010)。

生：将细胞与外界分隔开，控制物质进出细胞；进行细胞间的信息交流。

师：细胞膜虽然能将细胞与外界分隔开，细胞作为一个生命系统，和其他系统一样，也是一个开放的系统，就像我们的城市系统一样，有边界，并与外界进行物质和能量交换才能维持下去，那么细胞膜是怎样控制物质进出细胞(物质交换)的呢？这是本章探讨的主要内容。

在细胞所需要的物质中，哪一种物质最多？

生：水。

师：我们就先从水分开始，讨论水分是怎样通过细胞膜进出细胞的。

【操作演示实验】

用鸡蛋的卵壳膜封好漏斗口，长颈漏斗倒置用铁架台固定，漏斗内倒入质量分数为30%蔗糖溶液，一个盛清水烧杯，使漏斗口伸入水中，使漏斗内外的液面一致(给学生看清楚)，然后静置等待观察。

【引导学生分析】

介绍鸡蛋的卵壳膜特点：是一种半透膜，膜上孔径很小，水分子直径小于膜的孔径，因此能自由通过膜，而蔗糖分子的直径比膜的孔径大，因此不能通过膜。半透膜的特点是只要分子的直径比它的孔径小就可通过该膜，比其孔径大就不能通过膜。

根据以上原理，水分可自由通过鸡蛋的卵壳膜，即水分可从清水到蔗糖溶液，也可从蔗糖溶液到清水。

提问：哪一个方向多一些？

生：从清水到蔗糖溶液。

师：为什么？

生：……(回答不来，或能回答却说不清楚原因)

师：在家里，父母在厨房做菜时，我们有时可在客厅闻到菜的香味，哪一个同不给我们解释一下这种现象？

生：香味物质是烧菜过程中产生的，厨房的香味物质的密度大，因此香味物质从厨房扩散到客厅，从而刺激我们的嗅觉，就感觉到香了。

师：解释得很好！比如，现在我把一滴红墨水滴入烧杯的清水中，大家观察一下墨水的变化，是不是墨水在向周围扩散？原因呢？

生：墨水物质的密度大，因此它向周围扩散。

师：可见，物质都可以由密度高的地方向密度低的地方运动，这就是初中物理所介绍的扩散。不管是在空气中还是在溶液中，只要一边密度大，一边密度小，物质就会发生扩散。

现在我们分析一下鸡蛋的卵壳膜两侧的水分子密度，“清水侧”水分子比“漏斗侧”的密度要大还是小？

生：大。

师：水分子会向什么方向扩散？

生：由“清水侧”向“漏斗侧的蔗糖溶液扩散。

师：注意，由于水分子可以自由通过鸡蛋的卵壳膜，因此既可以由密度高的一侧向密度低的一侧运动，也能由密度低的一侧向高的一侧运动，只不过前者强于后者，总的趋势则是水分子由密度高的一侧向密度低的一侧扩散。这样的话，漏斗内的液面会发生什么变化？

生：会升高。

师：看看我们的实验结果跟大家的预测是否一致。

注意让学生看清楚漏斗的液面与外面液面的差异。然后引入渗透的概念：像水分子等溶剂分子通过半透膜进行扩散，我们把这种现象叫渗透作用。

现在我向同学们提出一个问题：由于蔗糖不能通过半透膜，那么漏斗的水分子密度始终小于外界清水的水分子密度，那水分子是否不断地渗透进来呢？液面会不断升高吗？

生：……(大多学生沉默，也有学生回答不能不断升高)

师：鸡蛋的卵壳膜的两侧由于存在浓度差，水分子就有由密度高的一侧向低的一侧渗透的趋势，而漏斗内的液面不断升高，与清水的液面会产生一个压力，会使水分子从蔗糖溶液压向清水侧，这个压力随着液面不断升高而不断增大，压向清水侧的水分子会越来越多，会逐渐与因为密度差而渗透到漏斗的水分子的量保持平衡。这时漏斗的液面不会再变化。(待让学生观察实验中的漏斗液面到一定高度后不再变化)

现在我们再讨论一下水分子发生渗透现象的条件。

同学们，想象一下，如果的两侧都是30%蔗糖溶液，会不会出现漏斗液面升高的现象？

生：不会，因为两侧浓度相同不存在浓度差，水分子的密度也相同，进去和出来的水分子的量保持一种平衡状态，所以漏斗液面不会升高(或变化)。

师：如果把鸡蛋的卵壳膜换成纱布，漏斗的液面会不会升高？

生：也不会，因为纱布的孔径大，不仅水分子可自由通过，蔗糖也能自由通过，这样就使纱布两侧的蔗糖浓度相同，所以液面也不能升高。

师：由以上讨论可看出水分发生渗透现象需具备哪两个条件？

生：要具有半透膜和膜两侧存在浓度差。

【得出结论】

渗透作用具备的两个条件：要具有半透膜和膜两侧存在浓度差。

【教学反思】

本实验从扩散迁移到渗透，对于物质扩散或渗透的方向，学生都能理解由密度高的一侧向密度低的一侧渗透，但是在讨论水分子的渗透的时候，由于教科书、一些教参以及练习册中往往把密度和浓度搅和在一起，使许多学生分不清。建议在讲渗透的时候最好只提密度，以后在练习中让学生区分密度与浓度差异的关系。

【训练报告】

设置“渗透作用”演示实验训练报告(表3.20)，师范生可进行“实验操作技能”与“实验教学技能”自我评价反思与评价。

表3.20　“渗透作用”演示实验训练报告

实验教学技能强化内容		自我反思与评价	改进措施
实验操作技能	设计演示实验		
	操作演示实验		

续表

实验教学技能强化内容		自我反思与评价	改进措施
实验教学技能	实验教学设计		
	实验教学目标		
	实验教学内容		
	实验教学手段、方法		
	实验教学评价		

【实验创新视野】

该实验虽然设计简单，操作方便，但在农村中学，教科书上介绍做实验的关键材料——玻璃纸(又叫赛璐玢)很难找到，经过一线教师教学实践摸索总结出经验是：用鸡蛋壳内膜作半透膜取材容易、效果好。取膜方法是：在生鸡蛋上敲一个孔，将内部的蛋白和蛋黄全部倒出，然后小心地剥掉蛋壳，就能取出其内的薄膜—即半透膜(林林，1991)。

【链接】

[1] 张建宇，黄秦苇，2007. 渗透作用与水分的流动演示实验的改进 [J]. 实验教学与仪器，3：15-16.

[2] 姜维，2008. 用卵壳膜外膜做渗透实验效果好 [J]. 生物学通报，11：20.

[3] 郭名宾，2010. 渗透作用演示装置的改进 [J]. 中学生物学，8：12-13.

训练 3 “观察根尖分生组织细胞的有丝分裂”多媒体演示实验

【预备知识】

本实验选自高中生物学(人教版)教科书：“必修 1：分子与细胞”第六章第一节中的内容。采用多媒体演示，加深学生对实验过程以及有丝分裂过程的理解，给学生一个直观、具体的视角维度，从声、色、形以及动态等多个方面刺激学生的感官，激发学生的思维，加深对事物本质与规律的认识。体现信息技术在生物学实验教学中的整合应用。

实验原理：在高等植物体内，有丝分裂常见于根尖、芽尖等分生区细胞。由于各个细胞的分裂是独立进行的，因此在同一分生组织中可以看到处于不同分裂时期的细胞。通过在高倍显微镜下观察各个时期的细胞内染色体(或染色质)的存在状态(处于分裂期的染色体容易被碱性染料，如改良苯酚品红染液着色(徐作英和王重力，2009))，就可以判断这些细胞各处于有丝分裂的哪个时期，从而达成认识有丝分裂的目的。

背景知识点：利用现有条件计算出有丝分裂各个时期的持续时间。运用数学等量代换的思想，将细胞各个分裂时期所需时间等量代换为此分裂时期的细胞数目，用下列经验公式推导出各个时期的持续时间。

每一时期所需的时间(小时)/一个细胞周期时间(小时)=每一时期细胞数/记数细胞的总数。

提示：洋葱根尖细胞染色体数目为 8 对，一个细胞周期大约需要 12h。

【实验目的要求】

1. 制作洋葱根尖细胞有丝分裂装片。

2. 观察植物细胞有丝分裂的过程，识别有丝分裂的不同时期，比较细胞周期不同时期的时间长短。

3. 绘制植物细胞有丝分裂简略图。

4. 制作“观察根尖分生组织细胞的有丝分裂”多媒体演示课件。

5. 进行本次实验的教学设计与教学实施模拟。

【实验材料用具】

1. 洋葱(或可用葱、蒜代替)，洋葱根尖细胞有丝分裂固定装片。

2. 质量分数为15%的盐酸，体积分数为95%的酒精，质量浓度为0.01g/mL或0.02g/mL的龙胆紫溶液(将龙胆紫溶解在质量分数为2%的醋酸溶液中配制而成)或醋酸洋红液。

3. 载玻片，盖玻片，玻璃皿，剪子，镊子，滴管，显微镜、计算机、摄像机(或带照相功能的手机)制作多媒体课件的相应软件。

【实验训练内容】

一、实验技能的强化训练

1.1 实验的方法步骤

(1)洋葱根尖培养：实验课之前3～4d，取陈年洋葱一个，放在广口瓶上，瓶内装满清水，让洋葱底部接触到瓶内的水面。放在温暖的地方培养，待根长约5cm时，取生长健壮的根尖备用。

另，将培养的关键过程拍成录像或从网下载相关视频进行编辑。

(2)装片制作：制作流程为：解离→漂洗→染色→制片。

解离：切取洋葱根尖2～3mm，立即投入盛有15%盐酸和95%的酒精溶液的混合液(1∶1)的培养皿中。在室温下解离3～5min后取出根尖。

漂洗：待根尖酥软后，用镊子取出放入盛有清水的培养皿中漂洗10min。

染色：把漂洗后的洋葱根尖放入盛有质量浓度为0.01g/mL或0.02 g /mL的龙胆紫溶液(或醋酸洋红液)的玻璃皿中，染色3～5min。

制片：用镊子将这段洋葱根尖取出，放入载玻片上，加一滴清水，并用镊子尖把洋葱根尖弄碎，盖上盖玻片，在盖玻片上再一片载玻片。然后用拇指轻轻地压载玻片，这样可以使细胞分散开来。

将装片制作的关键步骤拍成录像或从网下载相关视频进行剪辑。

(3)实验观察：低倍镜观察：把制作成的洋葱根尖装片先放在低倍镜下观察，慢慢地移动装片，要求找到分生区细胞，观察细胞的形态特点，并将其移到视野中心。

高倍镜观察：转动转换器换成高倍镜后，用细准焦螺旋和反光镜将分生区物像调整清晰后，仔细观察细胞内染色体的变化特点，并据此判断此细胞所处时期，再慢慢地移动装片找全有丝分裂各时期的细胞。

将显微镜观察的关键步骤拍成录像或从网上下载相关视频下载；并将显微镜下观察到的各个时期图像拍照(数码显微镜)或从网上下载相关图片。

(4)制作有丝分裂过程三维动画：按照实验的目的，制作“观察根尖分生组织细胞的有丝分裂”多媒体课件。

(5)播放多媒体课件：应做到一边播放一边讲解，演示实验中间可停顿，将操作的关键点引导学生讨论，展示各个时期图片；最后播放有丝分裂过程三维动画。

1.2 实验注意事项

(1)提前 3～4d(春夏)或一周(秋冬天)，进行洋葱根尖培养。

(2)低倍镜下找到分生区细胞：把制成的装片先放在低倍显微镜下观察，扫视整个装片，首先应找到呈正方形，排列紧密的分生区细胞。

(3)高倍镜下找到分裂中期的细胞：换成高倍镜仔细观察，首先找到染色体排列在赤道板上的分裂中期细胞；然后再找前期、后期、末期的细胞，注意观察各时期细胞内染色体形态和分布的特点；最后观察分裂间期的细胞。

(4)如果自制装片效果不太理想，可以观察洋葱根尖固定装片。

调节显微镜的放大倍数，使你能够在视野里同时看到约 50 个细胞，仔细统计视野中处于各个时期的细胞数，记录在“细胞有丝分裂各个时期细胞数记录表”(表 3.21)中的“样本 1”中；再把视野移动到分生区一个新的区域再统计，然后记录在记录表“样本 2”中。对数据进行整理，填入表 3.21 中。

表 3.21 细胞有丝分裂各个时期细胞数记录表

<table>
<tr><td colspan="2">细胞周期</td><td>样本 1</td><td>样本 2</td><td>总数</td><td>每一时期的细胞数/计数细胞的总数</td></tr>
<tr><td colspan="2">间期</td><td></td><td></td><td></td><td></td></tr>
<tr><td rowspan="5">分裂期</td><td>前期</td><td></td><td></td><td></td><td></td></tr>
<tr><td>中期</td><td></td><td></td><td></td><td></td></tr>
<tr><td>后期</td><td></td><td></td><td></td><td></td></tr>
<tr><td>末期</td><td></td><td></td><td></td><td></td></tr>
<tr><td colspan="3">计数细胞的总数</td><td colspan="2"></td></tr>
</table>

二、实验教学技能的强化训练

2.1 实验教学实施前的准备

1. 实验教学的教案教具准备

编写本次实验的教案和实验指导要点，绘制简图、准备辅助教学的课件、课程资源，如有丝分裂各个时期图片、有丝分裂过程三维动画等。

2. 实验教学实施前仪器材料准备

根尖培养、摄像机(或带照相功能的手机)，计算机，用于对细胞有丝分裂各个时期录像制作有丝分裂过程三维动画。

2.2 实验教学目标的确定

1. 确定实验教学目标的依据

依据《普通高中生物学课程标准(实验)》与高中生物学(人教版)教科书：“模块 1：分子与细胞”中本次实验相关的“目标要求”部分进行制定。

2. 本实验的教学目标

知识目标：“观察细胞的有丝分裂并概述其过程”。

能力目标：制作洋葱根尖细胞有丝分裂装片，制作有丝分裂过程三维动画，绘制植物细胞有丝分裂简图。

情感态度与价值观目标：交流讨论植物细胞有丝分裂各个时期的特点。

2.3 实验教学实施中的策略和指导

1. 实验教学实施中的策略

本次实验可以采用传统的“先讲解后实验”策略或“边示范演示边实验”策略。

2. 实验教学实施中的指导

Flash动画图以及教科书动物、植物有丝分裂过程都是模式图，与客观事实有距离。所以“辨别各个时期图像”是一个重点，突破方法是引导学生通过观察植物细胞、动物细胞有丝分裂的显微照片，辨别各个分裂时期的图像。

2.4 实验教学实施流程

实验教学实施流程如下。

1. 教师多媒体课件展示实验目标
↓
2. 教师多媒体课件展示材料用具
↓
3. 教师多媒体演示根尖培养
↓
4. 教师多媒体课件演示临时装片的制作
↓
5. 教师多媒体课件演示显微镜观察
↓
6. 教师整体演示有丝分裂过程三维动画
↓
7. 学生完成实验报告和思考讨论题

2.5 实验教学的评价设计

(1)教师可提前设计出以下思考讨论题：①在你的观察结果中，处于哪一个时期的细胞最多？为什么？②如何比较细胞周期不同时期的时间长短？你可以数一数视野中5个不同时期的细胞数目，再统计全班的结果，求每个时期细胞数目的平均值(提示：洋葱根尖细胞染色体数目为8对，一个细胞周期大约需要12h)。

(2)要求中学生绘出植物细胞有丝分裂各个时期的简图。

【实验教学教案范例】

“观察根尖分生组织细胞的有丝分裂”多媒体演示实验的教学设计

【引言】

教师：前面我们已学习了有丝分裂，请回忆，什么是细胞周期？

学生：(回答略，注意强调细胞周期是连续进行有丝分裂的细胞具有的特征)

教师：回忆，有丝分裂的各时期的特点是什么？

学生：(回答略)

教师：接下来，观察根尖分生组织细胞的有丝分裂

（多媒体课件展示实验目标）：

略

（多媒体课件展示材料用具）：

略

（多媒体演示根尖培养）：

略

教师：为什么选用根尖作为观察有丝分裂的材料？

学生：根尖在进行有丝分裂。

教师：应取根尖的哪一部分？

学生：分生区。

教师：为什么洋葱鳞茎底都要接触水，不能离开水，也不能被水淹没？

学生：同时满足其对水和空气的需要。

（多媒体课件演示临时装片的制作）：

略

教师：取材的时间与长度是多少？

学生：一般是上午 11 点左右，切取的洋葱根尖长度是 2～3mm。

教师：解离、漂洗、染色的目的是什么？

学生：略

教师：制片过程中怎样盖片才能避免产生气泡？

学生：用镊子夹起盖玻片，让其一边先接触载玻片，再轻轻地盖上。

教师：压片时应该怎样压才能保证根尖细胞分散又可避免盖玻片的损坏？

学生：压片时，在盖玻片上再加一片载玻片。

（多媒体课件演示显微镜观察）

略

教师：先低倍镜观察的目的是什么？

学生：看到视野范围大，易找到分生区细胞。

教师：换成高倍镜后，应先作的处理是什么？

学生：用细准焦螺旋调焦和反光镜调整视野亮度。

教师：姐妹染色体是在有丝分裂的哪一个阶段形成的？

学生：间期。

教师：在哪一个阶段染色体最清晰？为什么？

学生：中期，位于赤道板上。

教师：在有丝分裂过程中 DNA、染色体数的加倍分别发生在哪一个时期？染色体和染色单体有何关系？

学生：间期、后期，复制后每条染色体上含两条姐妹染色单体。

教师：末期是怎样形成两个新细胞的？

学生：细胞板由细胞的中央向四周扩展，逐渐形成了新的细胞壁，最后一个细胞分裂成两个子细胞。

【讨论】

问题1：在你的观察结果中，处于哪一个时期的细胞最多？为什么？

学生：间期，时间长。

问题2：如何比较细胞周期不同时期的时间长短？

学生：比较处于不同时期的细胞多少。

【学生绘图】

教师：要求学生根据有丝分裂中期特征，用笔画出中期细胞的主要部分(8对染色体)，也可把其他时期的细胞简图画出来。

[整体演示有丝分裂过程三维动画]

【总结交流】

教师：根据观察演示实验总结有丝分裂的各个时期的特点。

学生：回答略

教师：把学生画的好和不好的图供同学讨论交流。

学生：讨论、交流略。

【教学反思】

将洋葱根尖培养的关键过程拍成录像，在课堂上播放，可以让学生感受实验的全过程。由于有丝分裂临时装片的制作比较复杂，学生在制作过程中可能会存在一定的问题，为了解决这一难点，将每一步操作拍成录像播放，从而指导学生制作临时装片，这比只用语言描述更能让学生明确具体操作，因此实验效果更好。

【训练报告】

设置“观察根尖分生组织细胞的有丝分裂”多媒体演示实验训练报告(表3.22)，师范生可进行“多媒体课件制作技能”与“演示实验教学技能”自我反思与评价。

表3.22　“观察根尖分生组织细胞的有丝分裂”实验训练报告

实验教学技能强化内容		自我反思与评价	改进措施
多媒体课件制作技能			
演示实验教学技能	演示实验的教学设计		
	演示实验教学目标		
	演示实验的教学内容		
	演示实验的教学手段、方法		
	演示实验的教学评价		

【实验创新视野】

有条件的学校可采用数码显微网络互动教学系统来进行“根尖分生组织细胞的有丝分裂”多媒体演示实验。

【链接】

[1] 高洪伟，2012. 浅谈多媒体技术在生物课堂教学中的应用 [J]. 中国校外教育，17：96-97.

[2] 王立，2006. 数码显微互动教室的建立及其在组织学实验教学中的应用 [J]. 湖北医学学院学报，(8)3：70.

训练 4 “绿色植物在光合作用中吸收的是CO_2气体”演示实验

【预备知识】

本实验选自“人教版”高中生物学教科书：“必修 1：分子与细胞”第五章第四节中的内容。

在“光合作用的探究历程”和“光合作用过程的总反应式”中都提到了光合作用的原料之一是CO_2，但教科书并没有实验来直接证明这一点。基于此，设计本演示实验，使学生对这一过程形成直观的感性认识。

实验原理：溴瑞香草酚蓝试剂(Bromothymol Blue，以下简称“BTB 试剂”)在有CO_2存在时，其溶液颜色呈黄色；无CO_2存在时，溶液呈蓝色。根据上述原理，通过在 BTB 试剂溶液内呼入CO_2的气体，并放入绿色水生植物进行光合作用，随着绿色水生植物在光合作用过程中不断利用溶液中的CO_2，BTB 试剂溶液由蓝色→黄色→蓝色的颜色变化，来证明绿色植物在光合作用中吸收的是CO_2气体。

背景知识点：BTB 试剂：BTB 试剂在 pH 为 6.0～7.6 时，颜色由黄变蓝，常用浓度为 0.04%。

BTB 试剂遇碱性溶液会形成蓝色溶液，BTB 试剂遇酸性溶液会形成黄色溶液，遇中性溶液会形成绿色溶液。凡活细胞必有呼吸作用，吸收空气中的氧气，放出CO_2。CO_2溶于水成为碳酸，使得周围环境的酸度增加。CO_2可使 BTB 试剂由蓝变绿再变黄。BTB 试剂的变色 pH 为 6.0～7.6，酸性呈黄色，碱性呈蓝色，中间经过绿色(图 3.25)。色泽差异显著，易于观察。

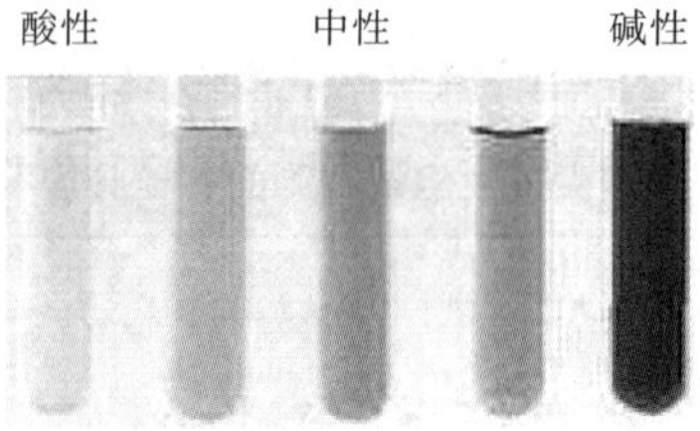

图 3.25 BTB 试剂颜色变化

【实验目的要求】

1. 合理选用材料、试剂和仪器来设计演示实验证明绿色植物在光合作用中吸收的是CO_2。

2. 进行本次实验的教学设计与教学实施模拟。

【实验材料用具】

金鱼藻(或黑藻等其他绿色小植物)，BTB 试剂溶液，试管架 1 个，试管 4 支，橡皮塞 4 个，玻管，台灯。

【实验训练内容】

一、实验技能的强化训练

1.1 实验的方法步骤

(1)取 4 支试管，都加入等量的 0.04% BTB 试剂溶液。

(2)除1号试管外，将其余2.3.4号试管均通入CO_2：将人体呼出的气体经玻管通入到0.04% BTB试剂溶液中，直至BTB试剂溶液成黄色，此时其pH<7，此时4支试管的组合情况如下：①1号试管：BTB试剂；②2号试管：BTB试剂+CO_2；③3号试管：BTB试剂+CO_2；④4号试管：BTB试剂+CO_2。

(3)再将3.4号试管放入绿色水生植物：取生长旺盛大小相似的金鱼藻(或黑藻等其他绿色植物)，此时4支试管的组合情况又如下：①1号试管：BTB试剂；②2号试管：BTB试剂+CO_2；③3号试管：BTB试剂+CO_2+绿色水生植物；④4号试管：BTB试剂+CO_2+绿色水生植物。

(4)用橡皮塞密闭。

(5)光照：将以下各种处理的试管放入试管架中，置于教室见光的窗台上；若遇阴天可将试管架置于讲台上用台灯照射代替自然光；但是，3号试管要用锡箔进行遮光处理(图3.26)，此时4支试管的组合情况又如下：①1号试管：BTB试剂；②2号试管：BTB试剂+CO_2；③3号试管：BTB试剂+CO_2+绿色水生植物+锡箔遮光；④4号试管：BTB试剂+CO_2+绿色水生植物。

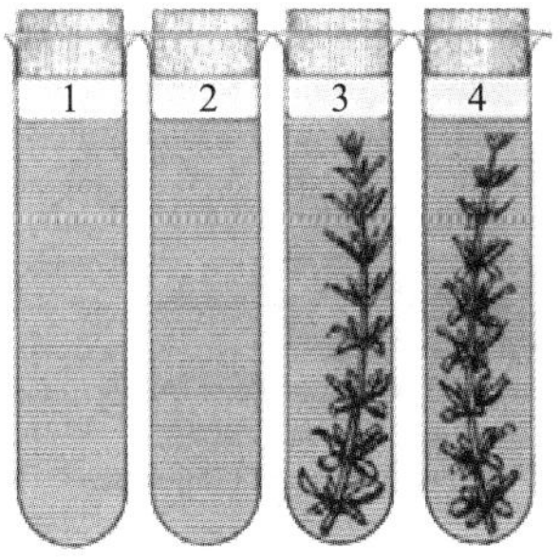

图3.26　4组试管的实验情况

注：1号试管相对于2号试管是对照，3号试管相对于4号试管是对照。

(6)观察结果：其结果见表3.23，1号试管仍为蓝色，2号试管仍为黄色，3号试管仍为黄色，只有4号试管内的BTB试剂溶液色泽由黄变为蓝，说明4号试管内的绿色水生植物在光照下进行光合作用吸收了CO_2。

表3.23　4组试管的实验结果

		1号试管	2号试管	3号试管	4号试管
加入0.04% BTB试剂溶液		√	√	√	√
	颜色	蓝色	蓝色	蓝色	蓝色
通入CO_2			√	√	√
	颜色	蓝色	黄色	黄色	黄色
光照		√	√	锡箔遮光	√
	颜色	仍为蓝色	仍为黄色	仍为黄色	黄色逐渐变淡后变蓝

1.2 实验注意事项

如上午第一节课做此演示实验自然光效果差，可用40W台灯距离试管架30cm照射几分钟后，效果会明显增强。

二、实验教学技能的强化训练

2.1 实验教学实施前的准备

1. 实验教学的教案教具准备

编写本次实验的教案和实验指导要点，绘制简图、准备辅助教学的课件、课程资源，如“CO_2是光合作用的原料”的多媒体动画或视频等。

2. 实验教学实施前仪器材料准备

金鱼藻(或黑藻等其他绿色植物)的提前采集。

BTB试剂的配制：取溴麝香草酚蓝0.04g、0.01mol/L的NaOH 6.4mL、蒸馏水93.6mL，混合均匀，就配制好了0.04%的BTB试剂(徐作英和王重力，2009)，过滤待用，BTB试剂溶液成蓝色，此时其pH>7。

3. 预实验的准备

提前作预实验，可以将各种实验材料、不同光照下的实验效果记录在表3.24中，从而为选择实验材料、比较不同光照下的实验效果提前做好预案。

表3.24 不同实验材料、不同光照下的实验效果预实验

实验材料	光照/距离	颜色变化	效果	改进建议
金鱼藻	自然光			
	40W台灯/30cm			
	40W台灯/40cm			
黑藻	自然光			
	40W台灯/30cm			
	40W台灯/40cm			
其他绿色小植物	自然光			
	40W台灯/30cm			
	40W台灯/40cm			

2.2 实验教学目标的确定

1. 确定实验课程教学目标的依据

依据《普通高中生物学课程标准(实验)》与高中生物学(人教版)教科书：“模块1：分子与细胞”中本次实验相关的“目标要求”部分进行制定。

2. 本实验的教学目标

知识目标：说明绿色植物在光合作用中吸收了CO_2。

能力目标：观察实验现象，进行实验结果的分析。

情感态度与价值观目标：交流讨论人类对绿色植物光合作用的认识过程。

2.3 实验教学实施中的策略和指导

1. 实验教学实施中的策略

本次实验可以采用传统的“先讲解后实验”策略或“边示范演示边实验”策略。

2. 实验教学实施中的指导

(1)操作演示实验时，要向学生首先交代清楚实验的原理：即BTB试剂在碱性时蓝色，酸性时黄色的颜色变化，来判断绿色植物在光合作用中吸收的是 CO_2 气体。

(2)在演示实验时：应提示学生观察什么现象怎样观察，提出核心问题引导学生思考，最终得出实验结论。即自始至终把学生的注意力聚焦到实验中的核心问题中：绿色植物在光合作用中是否吸收了 CO_2。

(3)演示实验可以在实验室或教室中进行均可，如果在教室中进行，为了更清楚地观察实现现象，应当在小组之间传递实验装置。

2.4 实验教学实施中的安全教育和注意事项

(1)在演示实验过程中，教师的一切操作都要规范化，使学生了解正确使用仪器和进行实验操作的方法，给学生树立良好的榜样。

(2)演示实验如果在教室中进行，为了更清楚地观察实现现象，在小组之间传递实验装置时，叮嘱学生爱护实验器皿，防止试管摔坏。

2.5 实验教学实施流程

1. 教师交待实验目标和实验原理(BTB 试剂在碱性、酸性条件下的颜色变化)

↓

2. 教师演示实验过程，同时提出问题：绿色植物在光合作用中是否吸收了 CO_2，引导学生仔细观察

↓

3. 学生根据观察到的实验现象进行思考分析，得出绿色植物在光合作用中吸收了 CO_2 气体

↓

4. 学生完成实验报告和思考讨论题

2.6 实验教学的评价设计

教师可提前设计出以下思考讨论题：

(1)本次演示实验中，形成了几组对照？各自的自变量又是什么？

(2)本次演示实验还可以做哪些方面的改进与创新？请谈出你的思路；

(3)人类对绿色植物光合作用的认识过程，你还有哪些感悟？请与同学们交流探讨。

【实验教学教案范例】

“绿色植物在光合作用中吸收的是 CO_2 气体”演示实验的教学设计

教学环节	教师活动	学生活动	设计意图
引入	复习光合作用的总反应式； 交代实验目标； 交代实验原理(BTB 试剂在碱性、酸性条件下的颜色变化)	学生回忆思考	目的是引出实验演示的中心问题：绿色植物在光合作用中是否吸收了 CO_2
演示实验	加入 0.04%的 BTB 试剂溶液；向 2.3.4 号试管通入 CO_2 3.4 号试管放入绿色水生植物； 光照处理，但 3 号用锡箔遮光； 光照一段时间	学生观察	观察实验现象并思考
讨论分析思考	本次演示实验中，形成了几组对照？各自的自变量又是什么？	观察记录现象，讨论思考问题	讨论、分析上述现象所产生的原因
	引导学生根据演示实验现象，尝试概括和归纳：绿色植物在光合作用中需要的原料之一是 CO_2	根据演示实验的现象，通过分析归纳，概括绿色植物在光合作用中需要的原料之一是 CO_2	得出结论

【训练报告】

“绿色植物在光合作用中吸收的是CO_2气体”演示实验训练报告(表 3.25)，师范生可进行“实验操作技能”与“实验教学技能”自我评价反思与评价。

表 3.25 “绿色植物在光合作用中吸收的是CO_2气体”实验训练报告

实验强化内容		自我反思与评价	改进措施
实验操作技能	设计演示实验		
	操作演示实验		
实验教学技能	实验教学设计		
	实验教学目标		
	实验教学内容		

【实验创新视野】

实验材料的代替：用绿叶代替金鱼藻等绿色小植物，如用生长旺盛的绿叶(如菠菜叶片)代替金鱼藻或黑藻等其他绿色小植物。

实验方法与步骤的改进：

(1)用打孔器将绿叶打出小圆形叶片置于注射器内，并让注射器吸入清水，待排出注射器内残留的空气后，用手堵住注射器前端的小孔并缓缓拉动活塞，使小圆形叶片内的气体逸出，这一步骤可重复几次，这样叶片细胞间隙之间就充满了水。

(2)将 3 只烧杯放入等量的 40mL 冷却后的开水，放相同数量处理后的小圆形叶片，因为叶片细胞间隙之间充满了水，所以全部沉到了水。

(3)将 3 只烧杯放在充足光照下并作以下处理：1 号烧杯不吹入CO_2，2 号烧杯吹入CO_2 5min，3 号烧杯吹入CO_2 10min。根据在光合作用过程中，植物吸收CO_2放出O_2的原理，由于O_2在水中的溶解度很小，而在细胞间积累，结果使原来下沉的叶片上浮。因此，根据上浮所需的时间长短，即能比较光合作用的吸收CO_2的多少和强弱。最后实验的结果是：3 号烧杯(吹入$CO_2$10min)其叶片上浮多且时间短，说明 3 号烧杯中的叶片吸收CO_2多。

【链接】

[1] 王学东，1997. 植物光合作用吸收CO_2实验的改进 [J]. 中学生物教学，4：83-84.

[2] 方孝成，刘建光，1997. 中小学生动手动脑小实验—生物学趣味游戏 [M]. 上海：南海出版公司：25-30.

3.4 中学生物学探究性实验教学能力训练

探究性实验的目标在于：发展中学生发现并提出问题的能力，制订计划的能力和解决问题的能力，培养学生的问题意识和创新精神等。探究性实验的核心强化要素(过程)为：观察思考、提出问题、猜想与假设、设计实验、进行实验、分析论证、交流讨论、得出结论。

3.4.1　初中生物学探究性实验教学能力训练

训练 1　探究蚂蚁喜欢什么口味的食物

【预备知识】

本实验选自初中生物学(北师大版)教科书八年级上册第五单元第十六章第三节中的内容，是初中生物学中的一个探究性实验。

本次实验设计的基本原理：“倡导科学探究”是全日制义务教育生物学课程标准大力提倡的理念，本实验的目的是让初中学生理解生物学研究的基本方法—实验探究方法的内涵，并体验如何进行一次较完整的探究实验，是本次实验一个非常重要的内容。

按照教科书(北师大版)安排的教学顺序，探究实验应该是初中阶段学生的第一次实验，内容本应当以教科书提供的实验：探究影响鼠妇分布的环境因素来进行。但是，七年级学生刚进校，探究实验的素养还需要养成，在实际操作中这个实验难度相对较大，存在一定困难。因此，初中生物学的第一次探究实验，重点应该放在如何组织学生上好探究实验课上；其次，由于许多学校地处城市，在钢筋水泥建筑之中，实验所需的主要材料——鼠妇也比较难找，而蚂蚁更方便找寻。

基于以上因素的考虑，本实验建议安排在练习使用显微镜、观察动植物细胞等实验之后，这时，学生已经养成了必要的实验习惯，进行探究实验更容易一些；而实验的内容则由“探究影响鼠妇分布的环境因素”替换为“探究蚂蚁喜欢什么口味的食物”。

本次实验建议分为两课时：第 1 课时主要学习探究实验的基本步骤、设计要点并设计出探究实验方案，第 2 课时则安排学生根据探究实验方案进行探究实验和交流反馈。

背景知识点：科学探究的一般步骤：提出问题→作出假设→设计实验→进行实验→分析结果，得出结论→表达交流。

(1)提出问题：人们对事物作出缜密观察以后，常常由于好奇心或想作进一步的了解而提出问题，虽然任何问题都可以提出，但只有有意义的问题才值得探究。因此，进行探究时不仅要提出问题，而且要提出确切的问题。此外，对问题的叙述，也要清楚而正确。

(2)作出假设：也就是对所提出的问题作出参考答案。假设一般分为两步：第一步，提出假设，即依据所发现的事实材料或已知的科学原理，通过创造性思维，提出初步假设；第二步，作出预期(推断)，即依据提出的假设，进行推理，得出假定性的结论。一个问题常有多个可能的答案，但通常只有一个是正确的。因此，假设是对还是错，还需要加以验证，即依据假设或预期(推断)设计实验方案，进行实验验证。

(3)制订计划，设计实验：这是实验者根据一定的目的和要求，运用有关的科学知识、原理对实验过程的材料、手段、方法、步骤等全部方案的制订，其中选择恰当的材料和手段，是对所设计的实验是否达到预期结果的一个重要保证，实验是否准确有效，就看反应变量的确定与控制。

(4)进行实验：依据设计的实验方案，认真操作，仔细观察，并记录观察的结果。

(5)分析结果，得出结论：观察、实验的价值即在于获得验证性的结果。如果所获得的结果与假设相符，则肯定假设；如果结果与假设不符，则否定假设；如果结果与假设无关，则无从判断。科学实验必须遵循客观、真实的基本准则，即实验中一定要实事求是，一切从实际出发，使获得的材料尽可能地反映客观事物的本来面目，不能凭空胡诌，不能片面武断。

(6)表达交流。

【实验目的要求】

1. 观察蚂蚁的各种行为。

2. 探究蚂蚁的取食行为。

3. 体验研究动物行为的方法。

4. 本次操作性实验的教学设计与教学实施模拟。

【实验材料用具】

透明可乐瓶(或矿泉水瓶)，玻璃板，放大镜，砂糖，面包屑等。

【实验训练内容】

一、实验技能的强化训练

1.1 实验的方法步骤

(1)在校园或其他便利的地方寻找蚂蚁窝。

(2)不要干扰蚂蚁的活动，用放大镜观察每只蚂蚁的行为，连续观察一个星期，记录所观察到的蚂蚁的各种行为。

(3)利用一个旧的可乐瓶，剪去上半段，放入干湿恰当的土壤，再取一些土壤盖在可乐瓶的土壤上。

(4)捕捉10只蚂蚁(最好有蚁后)以及蚁卵和幼虫等，放进可乐瓶中，投放少许食物，盖上玻璃板，放置在暗处，注意保持土壤合适的湿度。

(5)以小组为单位，探究蚂蚁的取食行为，如设计“蚂蚁喜欢吃什么样的食物”的探究活动。

1.2 实验注意事项

掌握探究实验的关键要点是：要设置对照，确保变量单一，避免无关因素干扰。

二、实验教学技能的强化训练

2.1 实验教学实施前的准备

1. 实验教学场所的准备

选择蚂蚁经常出没、场地开阔、视线好、遮挡物少、可供全班学生同时观察；同时，也便于教师监控的地点，如学校运动场、草坪等地方。

2. 实验教学的教案教具准备

编写实验教案和实验指导要点，绘制简图、准备辅助教学的课件、课程资源，如：有关响尾蛇的视频和图片资料、制作蚂蚁搬运食物的视频录像等。

3. 实验教学实施前实验材料准备

不同口味的食物，如食盐、白糖等，也可由学生根据本组的设计方案自行准备。

2.2 实验教学目标的确定

1. 确定实验课程教学目标的依据

依据《义务教育生物学课程标准(2011年版)》与初中生物学(北师大版)教科书：八

年级上册中本次实验相关的“目标要求”部分进行制定。

2. 本实验教学目标

知识目标：说出探究实验方法的基本步骤。

能力目标：能比较规范地设计出“探究蚂蚁喜欢什么口味的食物”的一个完善的实验方案并根据方案进行蚂蚁取食行为的实验探究。

情感态度与价值观目标：体验探究动物行为的方法与兴趣。

2.3 实验教学实施中的策略和指导

1. 实验教学实施中的策略

根据本次实验的特点，本次实验宜采用“先讲解后实验”的策略。采用：“先讲解后实验”的策略，即：首先本实验第1课时在教室进行，教师讲解科学探究的一般步骤与要点、实验的目的和注意事项等。学生分小组根据探究实验方法的基本步骤与要点，设计出探究实验方案，全班分小组进行实验方案的交流讨论和完善。

本实验第2课时则安排在教室外进行，学生根据探究实验方案进行探究实验，教师在此实验过程中进行巡视指导。

2. 实验教学实施中的指导

1)第1课时中的指导

探究实验方法的讲解：教师采用教科书中响尾蛇案例中的图片、动画、文字信息让学生对探究实验方法进行了解，并强调实验设计的要点之一是设置对照，要点之二是保证实验变量的单一(这是学生自己设计实验时易犯错误的部分)。

探究实验方案设计的指导：对学生小组合作设计出的探究实验方案进行指导，尤其对实验设计要点(设置对照和单一变量)上的强化指导。

2)第2课时中的指导

课前一定要进行小组长培训，让小组长们清晰自己的职责和组员的分工。

指导学生对科学探究的一般步骤(提出问题→作出假设→设计实验→进行实验→分析结果，得出结论→表达交流)的重点把握。

2.4 实验教学实施中的安全教育和注意事项

本实验第2课时需要在教室外进行，因此在选择实验地点时，一定要选择一个遮挡物较少，便于教师监管的地点，通常在操场附近比较好。在学生进行实验之前，要进行相应的安全教育，如在规定的范围内活动、不能追逐打闹等。培训好小组长，请小组长协助管理。

2.5 实验教学实施流程

1. 第1课时在教室进行，教师讲解科学探究的一般步骤与要点、实验的目的和注意事项等

↓

2. 第1课时在教室进行，学生分小组根据探究实验方法的基本步骤与要点，设计出探究实验方案

↓

3. 第1课时在教室进行，全班分小组进行实验方案的交流讨论和完善

↓

3. 第2课时在教室外进行探究实验，学生根据探究实验方案进行探究实验 ↓ 4. 第2课时在教室外进行探究实验，教师在此实验过程中进行巡视指导 ↓ 5. 学生完成实验报告和思考讨论题

2.6 实验教学的评价设计

1. 实验报告的设计

教师可提前设计出以下实验报告：

实　验　报　告

组长名________组员名________班级________

实验日期：

一、提出的问题是：

____

还有兴趣探究的别的问题是：

____

二、作出的假设是：

____

三、拟定的实验方案是：

____

四、实验现象记录：

____

五、最后的实验结论是：

____

2. 设计思考讨论题

教师可提前设计出以下思考讨论题：

(1)你观察到了蚂蚁的哪些行为？这些行为对于蚂蚁的生活有何意义？

(2)通过探究，你认为蚂蚁的食性有什么特点？

(3)你设计出了什么样的方案来探究蚂蚁的取食行为？这个方案恰当吗？

(4)在本次实验中，你是怎样运用观察和探究实验的方法的？其科学探究的一般步骤是怎样的？

【实验教学教案范例】

“探究蚂蚁喜欢什么口味的食物”的实验教学设计

第1课时(教室内)：

教学环节	教师活动	学生活动	设计意图及备注
导入	1. 播放视频：响尾蛇捕捉老鼠 2. 问：响尾蛇是如何追踪其放走的猎物？ 3. 引入：以“响尾蛇是如何追踪其放走的猎物”为例来认识什么是实验法。	1. 观看视频 2. 思考：响尾蛇是如何追踪其放走的猎物？	通过视频，激发学生兴趣，直接导入主题。
教学环节	教师活动	学生活动	设计意图及备注

续表

教学环节	教师活动	学生活动	设计意图及备注
实验法的基本步骤 （以“响尾蛇是如何追踪其放走的猎物”为例）	1. 问题：响尾蛇是如何追踪其放走的猎物? 2. 通过卡通图片的形式展示相关资料 3. 假设： (1)推理：引导学生根据相关信息推测响尾蛇追踪猎物的方式 (2)提出假设：响尾蛇是根据自己毒液的气味来追踪放走的猎物的 4. 实验设计： (1)设计思路：如果假设成立，被注射过毒液的猎物能够引发响尾蛇的追踪行为，没被注射过毒液的猎物则不能引发响尾蛇的追踪行为 (2)分析：为了检验这一假设，科学家需要分别观察响尾蛇对有毒液和无毒液的老鼠的反应。在实验中，任何可能影响实验结果的因素都叫做变量(或变化因子)，包括老鼠体内的是否有毒液，响尾蛇是否是同一条，拖拽路径是否相同等。为了实验结果的准确，我们必须保证除老鼠体内是否有毒液外的其他变量都完全相同，这样我们才能确定响尾蛇的反应只是有老鼠体内的毒液引起。因此科学家设计的实验方案如下： (3)设计方案： 实验 1：从蛇洞里拖出一只被响尾蛇袭击中毒而死的老鼠，沿设计好的路径拖一段较长路程，看响尾蛇是否有追踪反应。 实验 2：找一只未被响尾蛇袭击的死老鼠，沿同样的路径拖一段路程，看同一条响尾蛇是否有追踪反应。 在这个方案中，有两组实验，而这两组实验只有一个人为改变的变量(即老鼠体内有毒液和无毒液)，其他变量则都相同。这种实验被称为对照实验 (4)预测实验结果 5. 实施实验并记录 播放实施实施的 FLASH 动画	1. 思考教师提问 2. 从图片中获取信息 (1)响尾蛇视力不好，它的眼只能感光，不能看清物体 (2)响尾蛇眼下有一对能感受热的结构，可感受到较近的动物体温。 (3)响尾蛇的舌能感受空气中气味。 (4)一只没被响尾蛇咬伤的动物不能引发响尾蛇的追踪行为 3. 假设： (1)推理： 响尾蛇视力不好，森林中光线又比较昏暗，因此响尾蛇不可能靠视力来追踪猎物 响尾蛇眼下的感热装置，只能感受较近的动物体温，而猎物应该跑得较远，所以它不会用感热装置追踪较远的猎物 响尾蛇的舌具有灵敏的嗅觉作用，可以捕捉空气中的气味分子，而响尾蛇放走的猎物是被其注射了毒液的，没有毒液的老鼠不能引发响尾蛇的追踪行为。因此，联系上述线索，响尾蛇最有可能是根据自己毒液的气味来追踪猎物的 (2)提出假设：响尾蛇是根据自己毒液的气味来追踪放走的猎物的 4. 实验设计： 结合教师的讲述和课件演示，体会实验设计的重点：设置对照和单一变量 5. 实施实验并记录 观看动画，进一步体会实验设计要点：设置对照和单一变量	根据书中的一个具体示例：“响尾蛇是如何追踪其放走的猎物”向学生介绍实验法的基本步骤。因为这个示例书上分析得比较清楚，所以不用过多讲述，主要是让学生体会一下基本步骤(①图片附后) 引导学生分析为什么该案例要假设：响尾蛇是根据自己毒液的气味来追踪放走的猎物的 在实验设计环节中，教师要重点分析设计思路，强调实验设计要点：设置对照和单一变量 借助多媒体课件演示，既直观，又可以节省不少时间 该实验学生无法亲身实践，因此借助 FLASH 动画展示实验过程
教学环节	教师活动	学生活动	设计意图及备注

续表

	6. 分析实验现象，即有毒液的死鼠可以引发响尾蛇的追踪反应，无毒液的死鼠不能引发响尾蛇的追踪反应 7. 得出实验结论： 结论：响尾蛇是根据自己毒液的气味追踪放走的猎物的 8. 小结：实验法的基本步骤	6. 和教师一起分析实验现象 7. 得出实验结论 8. 小结：实验法的基本步骤： 提出问题→查找资料→做出假设→设计实验→实施实验→分析现象→得出结论	
合作探究：尝试设计一个实验方案	1. 展示蚂蚁寻找食物的图片 2. 提出问题：蚂蚁喜欢什么味道的食物？ 3. 请学生根据自己的假设设计一个实验方案，验证自己的假设 提示： (1)可以利用简单的图配文字的方式表达自己的方案； (2)注意实验设计要点：设置对照和单一变量。 4. 点评： 请几组同学到讲台，交流自己的设计方案，其他同学可以指出这些方案的优缺点 教师点评：是否具有对照实验？是否考虑单一变量？实验材料是否易得等	1. 观察蚂蚁寻找食物的图片 2. 回答教师问题： 蚂蚁喜欢甜味的食物 3. 根据自己的假设，小组合作，设计一个实验方案，并填写在实验报告单②上 4. 展示本组的设计方案，并根据同学教师的意见进行修改完善	根据本节所学，设计一个简单的实验方案，一是检验一下学生对本节内容的掌握情况，二也为下节课的实验做好准备 让学生将设计方案填写在实验报告单上，避免讨论的盲目性 提示学生利用图文结合的方式来表达自己的方案，比较直观。(②实验报告单附后) 交流时要利用视频展示台或实物投影仪，这样下面的同学更容易看清

第 2 课时(教室外，运动场等地)：

教学环节	教师活动	学生活动	设计意图及备注
宣讲注意事项	1. 认真地对待本节课 2. 带好实验用品(食物、笔、装垃圾的袋子……) 3. 做好记录 4. 保持安静，有问题小声交流 5. 注意合作、注意安全，不能离开操场 6. 活动时间 20 分钟，以哨声为信号，听到哨声后回教室	遵守教师所提的注意事项。	为探究实验能有序地开展作铺垫。
分组实验(教室外，运动场等地)	巡视，对各小组的活动进行指导并调控活动秩序，有条件的话将学生活动过程拍摄下来	学生根据自己的教学设计，分组进行探究实验	让学生体验一次完整的探究实验过程

续表

教学环节	教师活动	学生活动	设计意图及备注
交流反馈	1. 你在什么地方找到的蚂蚁？ 2. 你们组准备的食物是什么？ 3. 找到蚂蚁后，你们马上做了什么？ 4. 你们实验过程中，观察到了哪些现象？ 5. 你们用了多少时间来观察蚂蚁的反应？ 6. 有多少只蚂蚁到了食物那里？ 7. 在实验过程中你们还产生了什么新问题和新想法？ 8. 在实验过程中，你们组合作得愉快吗？ ……	根据教师的提问回答交流	通过 8 个前后衔接的问题，引导学生进行交流反馈

【训练报告】

“探究蚂蚁喜欢什么口味的食物”训练报告

(1)探究实验方法的基本步骤有哪些？

(2)设计探究实验方案的要点有哪些？

(3)在实验过程中应记录和分析哪些数据？

(4)当初中学生设计出初步实验方案后，可以通过哪些措施帮助初中学生完善实验方案？

(5)怎样组织初中学生进行表达交流更有序、高效？

【实验创新视野】

(1)实验时间顺序的调整：本实验是对探究实验教学的一次尝试，将探究实验的教学时间调整到“练习使用显微镜”、“观察动植物细胞”传统实验之后，学生的实验规范基本养成，再组织学生进行探究实验，更利于组织教学。

(2)实验材料的替换：将“课标”中实验的材料：“鼠妇”替换成为“蚂蚁”，这种实验材料更容易找寻，学生也更为熟悉。如果有条件，也可以根据本地区的实际情况寻找其他实验材料。

(3)实验课时的调整：本实验分 2 课时进行，第 1 课时主要是进行关于探究实验方法的学习、尝试设计实验方案和通过交流完善实验方案。第 2 课时主要是根据方案完成实验和通过交流进行思维碰撞。通过 2 个课时的教学，可以让学生对探究实验的全过程有一次充分的体验和认识。

【链接】

[1] 邓颖. 蚂蚁喜欢吃什么东西实验探究(新思考网：http：//scpx. cersp. com/article/browse/219258. jspx).

3.4.2　高中生物学探究性实验教学能力训练

训练 1　探究植物细胞的吸水和失水

【预备知识】

本实验选自高中生物学(人教版)教科书：“必修 1：分子与细胞”第四章第一节中的内容，是高中生物学中的第一个探究性实验。

背景知识点：细胞吸水方式与水势。

①细胞吸水有三种方式：未形成液泡的细胞，靠吸涨作用吸水，液泡形成以后，细胞主要靠渗透作用吸水，以及代谢性吸水，在这三种方式中以渗透作用吸水为主。

②渗透作用是水分进出细胞的基本过程，而且水分移动需要能量做功。根据热力学原理，系统中物质的总能量可分为束缚能和自由能，束缚能是不能转化为用于做功的能量，而自由能是在温度恒定的条件下用于做功的能量。一种物质每摩尔的自由能就是该物质的化学势，衡量水分反应或转移能量的高低，用水势表示。水溶液的化学势与同温同压同一系统中的纯水的化学势之差除以水的偏摩尔体积所得的商，称为水势(李合生，2002)。纯水的自由能最大，水势也最高。溶液中的溶质颗粒降低了水的自由能，所以溶液中水的自由能要比纯水低。将纯水的水势定为零，溶液的水势就成为负值。溶液越浓，水势越低。在一个渗透系统中，水移动方向决定于半透膜两边溶液的水势高低，水势高的溶液的水，流向水势低的溶液，把水分从水势高的系统通过半透膜向水势低的系统移动的现象，称为渗透作用。一个成熟植物细胞的细胞壁主要是由纤维素分子组成的，它对水和溶质是全通透的；而细胞膜和液泡膜都是半透膜，实际上可以把包括细胞膜、液泡膜和之间的细胞质在内的原生质层当做一个半透膜来看待，液泡里的细胞液具有一定的水势。这样，细胞液、原生质层和环境中溶液之间，便会发生渗透作用，当环境中溶液的水势高，而液泡中细胞液的水势低时，环境中溶液所含的水就会进入细胞中。当然，细胞吸水不仅仅与水势有关，还受到其他因素的影响。

实验原理：植物细胞的细胞壁主要是由纤维素分子组成，它是水和溶质都可以自由通过的全透性结构；细胞膜和液泡膜则不同，它们都是选择透过性膜。从整个植物细胞来看，可以把原生质层(主要包括细胞膜、液泡膜和这两层膜之间的细胞质)看做是一层半透膜。成熟的植物细胞中央液泡占据了细胞的大部分空间，细胞内的液体环境主要指的是液泡里面的细胞液。

当细胞液的浓度与外界溶液的浓度存在浓度差时，细胞就会发生失水或吸水现象，即：细胞液浓度<外界溶液的浓度时，细胞失水，当细胞液浓度>外界溶液的浓度时，细胞吸水。

本次实验建议分成两课时：第1课时主要学习探究实验方法的基本步骤、设计要点并设计出探究实验方案；第2课时则安排学生根据探究实验方案进行探究实验和交流反馈。

【实验目的要求】

1. 体验科学探究过程，理解植物细胞发生渗透作用而吸水和失水的原理。

2. 进行本次实验的教学设计与教学实施模拟。

【实验材料用具】

紫色的洋葱鳞片叶，质量浓度为0.3g/mL的蔗糖溶液，蒸馏水，刀片，镊子，滴管，载玻片，盖玻片，吸水纸，显微镜。

【实验训练内容】

一、实验技能的强化训练

1.1 实验的方法步骤

1. 制作临时装片：制作洋葱鳞片叶外表皮的临时装片，洋葱鳞片叶颜色深，易于观察。撕取洋葱鳞片叶外表皮时不能过大或过厚(不能带叶肉)。

2. 低倍显微镜观察

(1)用低倍显微镜观察洋葱鳞片叶外表皮细胞中紫色的中央液泡的大小，以及原生质层的位置。

(2)从盖玻片的一侧滴入 0.3g/mL 蔗糖溶液，在盖玻片的另一侧用吸水纸吸引，这样重复几次，盖玻片下面的洋葱鳞片叶表皮就浸润在蔗糖溶液中。

(3)用低倍显微镜观察，观察细胞的中央液泡是否逐渐变小？原生质层在什么位置？细胞大小是否变化？

(4)在盖玻片的一侧滴入清水，在盖玻片的另一侧用吸水纸吸引，这样重复几次，让洋葱鳞片叶表皮又浸润在清水中。

(5)在低倍显微镜观察，看中央液泡是否逐渐变大？原生质层的位置有没有变化？细胞的大小有没有变化？并将每一步的观察结果记录下来。

3. 分析结果，得出结论

实验结果与你的预期吻合吗？它是否支持你所作的假没？如果有的结果与预期不同，你认为应当怎样解释？

假如细胞壁相当于一层半透膜，实验结果会有什么不同？

如果没有细胞壁，实验结果又会有什么不同？

本小组的结论是什么？

4. 表达和交流

将本小组探究的问题、过程、结果和结论与其他小组交流，听取他们的质疑并进行解释，如果有必要，对本小组的实验方案进行修改。

5. 进一步探究

植物细胞如果过多吸水会涨破吗？

如果将质量浓度为 0.3g/mL 的蔗糖溶液换成其他如 NaCl 等溶液，细胞还会发生失水或吸水吗？

1.2 实验注意事项

本次实验是探究性实验，所以应首先围绕探究的问题：“植物细胞在什么情况下会失水？”来进行实验材料和探究实验方案的准备与实施。

二、实验教学技能的强化训练

2.1 实验教学实施前的准备

1. 实验教学的教案教具准备

编写本次实验的教案和实验指导要点，绘制简图、准备辅助教学的课件、课程资源，如：成熟植物细胞挂图、植物细胞吸水和失水过程的动画或视频等。

2. 实验教学实施前仪器材料准备

紫色的洋葱鳞片叶，清水、质量浓度 0.3g/mL 的蔗糖溶液。

3. 预实验的准备

预实验用紫色和白色洋葱鳞片叶作对比实验观察效果；用不同浓度蔗糖溶液作对比实验观察实验结果；用不同浓度的 NaCl 溶液、KNO_3溶液代替蔗糖溶液观察实验现象，将预实验的结果记录在表 3.26 中。

表 3.26 “探究植物细胞的吸水和失水”预实验记录表

实验材料	实验效果(现象)	实验改进措施
紫色洋葱鳞片叶		
白色洋葱鳞片叶		
质量浓度 0.3g/mL 的蔗糖溶液		
质量浓度 0.6g/mLl 的蔗糖溶液		
质量浓度 0.3g/mL 的 NaCl 溶液		
质量浓度 0.3g/mL 的 KNO_3溶液		

提示：实验采用白色洋葱鳞片叶不易观察到液泡变化；采用质量浓度 0.6g/mL 的蔗糖溶液质壁分离后在清水中不能再复原；质量浓度 0.3g/mL 的 NaCl(或 KNO_3)溶液质壁分离后自动复原效果明显。

2.2 实验教学目标的确定

1. 确定实验课程教学目标的依据

依据《普通高中生物学课程标准(实验)》与高中生物学(人教版)教科书：“模块 1：分子与细胞”中本次实验相关的“目标要求”部分进行制定。

2. 本实验的教学目标

【知识目标】

举例说明探究实验的步骤和操作要点，领悟科学探究的一般方法。

举例说明物质进出细胞的方式。

举例说明细胞膜(液泡膜)是选择透过性膜。

【能力目标】

①提出问题；作出假设。

②设计验证植物细胞失水与吸水的实验方案(植物细胞的质壁分离和复原)。

③分析实验结果、得出结论；进行表达与交流。

④情感态度与价值观目标：交流讨论探究实验的步骤和操作要点。

2.3 实验教学实施中的策略和指导

1. 实验教学实施中的策略

根据本次实验的特点，本次实验宜采用“先讲解后实验”的策略。

2. 实验教学实施中的指导

1)探究实验的关键步骤的指导

观察现象，提出问题：引导小组提出有探究价值和有探究条件的问题。

提示：本探究实验教科书上给出了“问题情境”：把白菜剁碎做馅时，常常要放一些盐。放盐后稍等一会儿就可见到有水分渗出。对农作物施肥过多，会造成“烧苗”现象。

因此，提出想探究的问题，与小组内成员讨论后对提出的问题是否有探究价值作出判断，最终确定为本小组要探究的问题。

作出假设：鼓励学生大胆假设，根据已有的知识和生活经验，对提出的问题作出尝试性的回答，也就是作出假设。

提示：本探究实验教科书上给出了“参考案例”。某小组提出的问题是：“原生质层相当于一层半透膜吗?”针对这一问题，他们作出的假设是：“原生质层相当于一层半透膜。”他们的理由是：植物细胞膜和液泡膜都是生物膜，它们具有与红细胞的细胞膜基本相同的化学组成和结构，做菜馅时因为放了盐，菜中的水分大量流出，这与红细胞失水很相似。

2)探究实验方案设计与实施的指导

设计实验：你所作的假设即使是有依据的，也仅仅是一种推测，这种推测是否正确，还需要实验来检验。

提示：本探究实验教科书上给出了“参考案例”。某同学为了检验“原生质层相当于一层半透膜”这一假设，设计了如下实验。其基本思路是：将植物细胞浸润在较高浓度的蔗糖溶液中，观察其细胞大小的变化，再将细胞浸润在清水中，观察其细胞大小的变化。他预期的结果是：由于原生质层相当于一层半透膜，水分子可以自由透过，而蔗糖分子不能透过。因此，在蔗糖溶液中植物细胞的中央液泡会变小，细胞皱缩，在清水中植物细胞的中央液泡会变大，细胞膨胀。按照这样的思路，他写出了实验方案。

2.4 实验教学实施中的安全教育和注意事项

本实验应注意用眼安全；防止刀片等锐器的划伤；废弃物集中收集，合理处理。

2.5 实验教学实施流程

1. 第 1 课时在教室进行，教师讲解科学探究的一般步骤与要点、实验的目的和注意事项等

↓

2. 第 1 课时在教室进行，学生分小组根据探究实验方法的基本步骤与要点，设计出探究实验方案

↓

3. 第 1 课时在教室进行，全班分小组进行实验方案的交流讨论和完善

↓

3. 第 2 课时在实验室进行探究实验，全班分小组根据探究实验方案进行探究实验

↓

4. 第 2 课时在实验室进行探究实验，教师在此实验过程中进行巡视指导

↓

5. 学生完成实验报告和思考讨论题

2.6 实验教学的评价设计

教师可提前设计出实验评价表 3.27，教师可随堂考察中学生的实验情况，从而对中学生的实验相关部分进行评价。

表 3.27 “探究植物细胞的吸水和失水”实验评价表

班级______ 姓名______ 学号______ 实验桌号________

评价要素	评价指标	评价要点	分值	自评	师评
自主性	预习	实验前查阅资料或上网，积极观察、分析植物细胞吸水和失水原因，按要求做了凉拌菜	5		
		根据书本内容分析植物细胞吸水和失水原因，做了凉拌菜	3		
		未做相应准备、观察以及凉拌菜	0		
	提出问题	独立提出问题作出假设	5		
		独立提出问题未作出假设	3		
		未独立提出问题也未作出假设	0		
探究性	理解能力	自己参照教科书上的参考案例，清楚实验原理和操作步骤	5		
		听同伴介绍，清楚实验原理和操作步骤	3		
		不清楚实验原理和操作步骤	0		
	设计能力	步骤完整、方法简单合理、取材方便、实验具可操作性	5		
		实验可操作性差、取材受限、步骤较完整、较合理	3		
		实验不具可操作性、取材很受限、步骤有明显漏洞、方法复杂	1		
	创新能力	自主创新设计实验方案并完成实验	5		
		模仿参考案例，改变某些因素设计实验方案并完成实验	3		
		按参考案例的实验方案完成实验	1		
	反思能力	通过实验，内化新的知识，构建知识体系	5		
		通过实验验证了原有的知识	3		
		对实验和实验结果感到很惘然	0		
	推理能力	预期与反复实验的结果一致	5		
		预期与反复实验的结果部分相同	3		
		未推测预期结果或测预与反复实验的结果相反	1		
	表达能力	结论表达规范，全面	5		
		结论表达有不规范，不准确之处	3		
		结论表达不规范，不准确	0		
实验操作能力	检查材料器具	认真检查材料器具是否完好齐备（紫色洋葱鳞茎、尖头镊子、载玻片、盖玻片、显微镜、滴瓶、吸水纸、蔗糖溶液、清水等）	5		
		未作检查	0		
	临时装片制作	用纱布清洁载玻片和盖玻片；用滴管在载玻片中央滴一滴清水；撕取一小片颜色较深的洋葱上表皮；用镊子将撕下的表皮放在水滴中；用镊子夹起盖玻片；将盖玻片的一边先接触载玻片上的水滴，然后轻轻盖在水滴上	5		
		未清洗载玻片和盖玻片；未滴加清水或滴加清水过多；取材部位有误；材料未展平；未用镊子操作气泡过多	1		
	观察洋葱表皮	将低倍物镜对准通光孔，选择适当的反光镜和光圈，获得明亮适宜的视野；把做好的装片放在显微镜的载物台上，用压片夹夹好，并从侧面一边观察，一边将镜筒下降到适当位置；通过目镜观察，旋转粗准焦螺旋使镜筒缓慢上升，直至看到物象；再旋转细准焦螺旋，进行微调，直至获得清晰的物象	5		
		视野亮度太亮或太暗；镜筒下降时眼睛看目镜；物像不清或无物像	1		

续表

评价要素	评价指标	评价要点	分值	自评	师评
	观察质壁分离与复原	取下临时装片，水平放在桌上，用滴管在盖玻片的一侧滴加适量的蔗糖溶液，同时用吸水纸在盖玻片另一侧吸水；重复上述操作；静置片刻，在显微镜下观察，出现明显质壁分离现象。取下临时装片，水平放在桌上。用滴管在盖玻片的一侧滴加适量的清水，同时用吸水纸在盖玻片另一侧吸水；重复几次；静置片刻，在显微镜下观察，出现明显质壁分离复原现象	5		
		选错溶液，滴吸方法不当；细胞无明显质壁分离现象，也无明显质壁分离复原现象	1		
	整理	清除废物，清洁器具放回原位，摆放整齐，桌面保持整洁	5		
		未清理，未复原显微镜，桌面零乱	0		

【实验教学教案范例】

“探究植物细胞的吸水和失水”的实验教学设计 1①

【引言】

与生活相关联：你可以回想当你吃比较咸的食物时，假如你吃腌制的咸菜，连续嗑带盐的瓜子等，你的口腔和唇的黏膜有什么感觉？为什么？

生：口干、失水。

【提出问题】

问题：当你把白菜剁碎准备做馅时，常常要放一些盐，稍等一会儿就可以见到有水分溢出，对农作物施肥过多，会造成“烧苗”现象，以上现象说明了什么问题？

生：植物细胞同样也会失水和吸水。

【作出假设】

师：植物细胞的失水和吸水是否也类似于动物细胞一样，为渗透作用？请作出假设并证明。

生：观察、讨论．、分析、总结、代表发言。

生：植物细胞的失水和吸水类似于动物细胞，为渗透吸水和失水。

分析：

其一植物细胞的细胞膜和液泡膜都是具有生物活性的生物膜，它们具有与红细胞的细胞膜基本相同的化学组成和结构，即也具备了相似的功能，选择透过性，故可以将植物细胞的细胞膜、液泡膜和这两层膜之间的细胞质合称为原生质层，而完整的有生理功能的膜结构是选择透过性的，因此原生质层就相当于一层半透膜。

其二，植物细胞液泡中有细胞液，植物细胞外是环境溶液，它们之间被原生质层这个半透膜隔开，且这两种溶液之间存在浓度差，所以成熟的植物细胞结构中具备渗透作用发生的两个条件，故成熟植物细胞可以发生渗透作用。

师：总结，成熟的植物细胞发生渗透作用吸水和失水的细胞结构基础：

原生质层相当于半透膜；

细胞液与外界溶液之间存在浓度差。

师：从成熟植物细胞亚显微结构分析，原生质层可以充当半透膜，到底是不是真的可以呢？

① 选编自：陈尾芬．“细胞的失水和吸水”模块教学案例，www. cnpkm. com.

【设计实验】

师：“如何通过实验来验证成熟的植物细胞中的原生质层相当于一层半透膜，植物细胞就可以发生渗透作用失水和吸水呢？

请设计一组实验，来验证该假设是否正确。

我们先看看教科书给大家提供的实验设计案例。

材料用具：略。

实验步骤：略。

要求：10 分钟时间，学生利用已准备的具体器材设计实验并进行验证实验。

生：基本思路，将植物细胞浸润在较高浓度的蔗糖溶液中，观察细胞大小、观察原生质层与细胞壁的位置以及中央液泡的大小变化并做好记录，然后又将其放入清水中，再观察细胞的大小、原生质层以及中央液泡的变化，将实验结果记录在以下表格。

	中央液包大小与颜色	原生质层	细胞大小
蔗糖			
清水			

【进行实验】

略。

师(10 分钟以后)：要求学生根据记录结果进行讨论。

	中央液包大小与颜色	原生质层	细胞大小
蔗糖	变小、变深	与细胞壁分离	稍小
清水	变大、变浅	紧贴细胞壁	稍大

【讨论】

提问：实验结果与你的预期相吻合吗？它是否支持你所作的假设？如果有的结果与预期不同，你认为应当怎样解释？

学生：吻合。

提问：假如细胞壁相当于一层半透膜，实验结果会有什么不同？

学生：相同。

提问：如果没有细胞壁，实验结果会有什么不同？

学生：细胞会吸过多水分而发生涨破。

【得出结论】

提问：本小组的结论是什么？

学生：由于原生质层相当于一层半透膜，水分子可以自由通过而蔗糖分子不可以通过，故出现了细胞失水和吸水现象。

师：给予充分的肯定，肯定学生实验的思路的正确性以及动手操作能力，并引导学生进一步探究以下问题：植物细胞会不会由于吸水过多而涨破呢？

生：由于植物细胞壁由纤维素与果胶构成，是水分子和溶质分子都可以通过的透过性膜，故特点是全通透作用，而植物细胞壁又具有一定的坚韧性，对植物细胞形态具有保护与支持作用，故植物细胞不会因吸收过多水分而发生涨破。

【课堂小结】

师：植物细胞结构中原生质层相当于一层半透膜，当细胞液的浓度小于外界溶液浓度时，细胞液的水分就透过原生质层进入外界溶液中，使细胞壁和原生质层出现一定程度的收缩，由于原生质层的伸缩性比细胞壁的伸缩性大，当细胞不断失水时，原生质层就会与细胞壁逐渐分离开来，也就称之为质壁分离现象。

强调：当外界溶液浓度>细胞液浓度时，细胞失水→质壁分离。

然后将其置于清水中，当细胞液的浓度大于外界溶液(清水)，外界溶液的水分就透过原生质层进入细胞，当细胞不断吸水，原生质层逐渐恢复原状，称之为质壁分离复原现象。

强调：当外界溶液浓度<细胞液浓度时，细胞吸水→质壁分离复原。

师：(小结)细胞是生物体的结构和功能单位，动物细胞中细胞膜是一层具有选择透过性的生物膜，相当于一层半透膜，细胞质基质与外界溶液形成一定的浓度差是构成了渗透作用发生的两个条件。植物细胞中，原生质层同样具有选择透过性的生物膜，相当于一层半透膜，细胞液浓度与外界溶液浓度构成一定的浓度差，是构成渗透作用发生的两个条件。所以，无论是动物细胞还是植物细胞都可以通过渗透作用吸水和失水。

【评价反馈】

下面甲、乙图是渗透装置示意图，丙图是根毛细胞示意图(甲图是发生渗透作用的初始状态，乙图是发生了较长时间的渗透作用之后，通过漏斗内外的水分子达到平衡时的状态。甲图中：①为清水，②为30%的蔗糖溶液)，请根据甲、乙、丙三图回答下列问题：

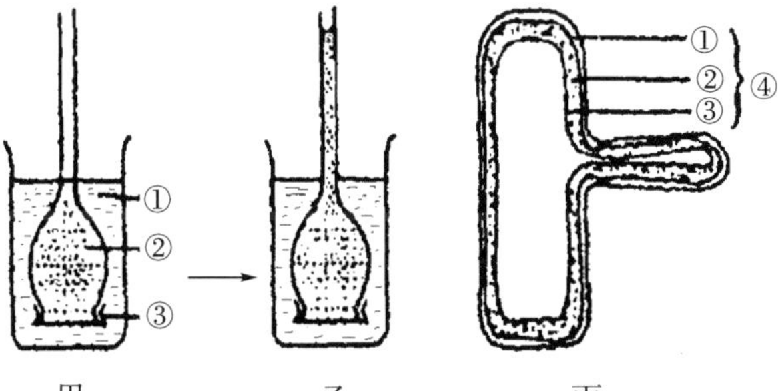

甲　　乙　　丙

(1)典型的渗透装置必须具备2个条件：①________(指明甲图中相应部位)，②________。

(2)比较甲图中①和②处溶液浓度的大小________。

(3)丙图中④的名称为________，甲图中的③相当于丙图中的________，它与丙图中相应结构的区别是________。

(4)若把根毛细胞放入30%的蔗糖溶液中，它将出现________，再放入清水中，它又会出现________。

(5)若把根毛细胞放入90%的蔗糖溶液中，它会出现什么变化？________过一段时间再放入清水中，此时根毛细胞与(4)题中放入清水中的变化一样吗？________为什么？________。

答案：

(1)具有③(半透膜)。膜两侧具有浓度差。

(2)②的溶液浓度大于①的浓度。

(3)原生质层。相当于丙图中的④，二者之间的区别是甲图中的③属于半透膜，没有选择透过性，而丙图中的④属于生物膜，具有选择透过性。

(4)质壁分离现象，质壁分离复原现象

(5)质壁分离现象，不能出现质壁分离复原现象。由于蔗糖溶液浓度过高，根毛细胞失水过多，会导致根毛细胞死亡。

【教学反思】

探究活动的操作过程难度不大，重在引导学生分析实验设计和实验现象或结果，使学生从细胞结构上去理解原生质层相当于一层半透膜，并在此基础上理解质壁分离和复原。

在理解膜的选择透过性的特点时，有一点需要强调，水分子是可以自由通过细胞膜的，但是进去的多还是出来的多则是取决于细胞内外液体的浓度差。

本节课根据新课标的教学要求，对于细胞失水和吸水过程，将动物细胞和植物细胞作为统一模块进行一课时的集中教学，目的就是让学生将细胞作为整体模块来理解细胞的任何生理功能都有与之相适应的结构基础，从而克服了以往教学中只讲植物细胞的失水和吸水存在的不足，即对于动物细胞的失水和吸水情况，也可以理解掌握了。

“探究植物细胞的吸水和失水”的实验教学设计 2

<table>
<tr><th>教学环节</th><th>教师活动</th><th>学生活动</th><th>设计意图</th></tr>
<tr><td>导入</td><td>提问：凉拌黄瓜放置一段时间后的变化?</td><td>学生回答一段时间后有水流出，且最后的黄瓜不很脆了</td><td>激发兴趣激活思维</td></tr>
<tr><td rowspan="5">探究细胞的吸水和失水</td><td>教师提问：“盘中的水从哪来的?吃到最后黄瓜为什么不脆了?”
引导、讨论提出探究的问题</td><td>小组讨论提出探究问题，如：
1. 植物吸水失水是由细胞吸水失水引起的吗?
2. 植物细胞在什么情况下吸水失水?
3. 原生质层相当于一层半透膜吗?
4. 植物细胞吸水失水的原因是什么?</td><td>提出问题</td></tr>
<tr><td>教师引导：尝试对提出的问题回答</td><td>1. 是；
2. 盐水、醋等高浓度溶液使植物细胞失水；
3. 原生质层相当于一层半透膜；
4. 细胞液与外界溶液之间有浓度差</td><td>作出假设</td></tr>
<tr><td>思考对“原生质层相当于一层半透膜”如何进行检验?
引导学生分析实验原理</td><td>归纳出实验原理；
根据原理，设计实验并讨论完善；
具体方法步骤：略</td><td>设计实验</td></tr>
<tr><td>巡视、检查学生实验规范并指导</td><td>进行实验；
记录实验结果
<table><tr><th>现象
试剂</th><th>细胞大小</th><th>原生质层的位置</th><th>中央液泡大小</th></tr><tr><td>蔗糖溶液</td><td></td><td></td><td></td></tr><tr><td>清水</td><td></td><td></td><td></td></tr></table></td><td>进行实验</td></tr>
<tr><td>问题：
1. 实验结果与你的预期吻合吗?它是否支持你所做的假设?
4. 本小组的结论是什么?</td><td>小组讨论：
1. 吻合，支持假设；</td><td></td></tr>
</table>

续表

教学环节	教师活动	学生活动	设计意图
	2. 你认为你的试验成功或失败的关键因素是什么？ 3. 如果没有细胞壁实验结果会有什么不同？ 4. 本小组的结论是什么？	2. 试验成功关键步骤： (1)洋葱鳞片叶颜色深，易于观察； (2)临时装片制作成功。 实验失败原因： (1)用洋葱鳞片叶颜色太浅； (2)蔗糖溶液浓度太大，已使细胞死亡，所以不能恢复。 3. 没有细胞壁结果是一样的，因为细胞壁无活性。 4. 结论：原生质层相当于一层半透膜，植物细胞在低于细胞液浓度的外界溶液中植物细胞会吸水，在高于细胞液浓度的外界溶液中植物细胞会失水。	分析结果，得出结论
	指导各小组表达和交流	将本小组探究的问题、过程、结果和结论与其他小组交流	表达和交流
小结	引导学生总结探究过程	总结：观察现象－提出问题－作出假设－设计实验－进行实验－分析结果，得出结论	学会探究过程

【训练报告】

设置“探究植物细胞的吸水和失水”训练报告(表 3.28)，师范生可进行“实验探究技能”与“实验教学技能”自我评价反思与评价。

表 3.28　“探究植物细胞的吸水和失水”训练报告

实验强化内容		自我反思与评价	改进措施
实验探究技能反思	提出问题		
	作出假设		
	设计实验		
	进行实验		
	分析结果，得出结论		
	表达与交流		
实验教学技能反思	实验教学设计		
	实验教学目标		
	实验教学内容		
	实验教学手段、方法		
	实验教学评价		

【实验创新视野】

(1)对洋葱材料的处理。把新鲜紫色洋葱鳞茎纵切，然后把每一片鳞片叶纵切成宽度为 6～10mm 的小条，在室内摊开放置几分钟，当材料从硬挺稍稍变软时方可用作实验材料，这样撕取鳞片叶更容易一些。

用白洋葱鳞叶内表皮制作临时装片，加入半滴 0.01%亚甲基蓝溶液 1～2min 后，细胞膜被染成蓝色，然后，加蔗糖溶液可见原生质体的细胞膜(蓝色)与细胞壁分离。

(2)提供多种材料。可选择其他材料代替本教科书上的材料，如选择萝卜、浓盐水，供学生设计实验，操作步骤如下：

切出一块长方体的萝卜，高约 1cm；然后用小试管当作“打孔器”，钻出两块圆柱形的萝卜块，两萝卜块体积会相等。两个小试管分别加入等量的清水和 30%的 NaCl 溶液，并用记号笔做好标记，然后将两个萝卜块分别放进小试管中。15min 后，用镊子取出萝卜块，再放回原长方体萝卜块的“圆柱形空洞”中，发现放入清水中的萝卜块无法放回，说明其体积变大了，同时检查放有清水的小试管，发现液面下降了许多。另一个放入 30%的 NaCl 溶液的萝卜块则正好相反，体积变小，而试管中的液面上升了许多。

(3)实验拓展——估测细胞液浓度。学生在课余时间，可以进行估测细胞液浓度的实验。提示：配制一系列浓度梯度的蔗糖溶液，制作多张洋葱表皮细胞的临时装片，将其分别浸润在系列浓度梯度的蔗糖溶液中，视野中有一半细胞发生质壁分离时的蔗糖溶液浓度就可表示细胞液的平均浓度。

(4)硝酸钾溶液代替蔗糖溶液。采用 1mol/L 的硝酸钾溶液可使洋葱鳞片叶表皮细胞发生明显质壁分离现象，且可自动复原。其原理是：1mol/L 的硝酸钾溶液由于浓度高于细胞液浓度，故能发生质壁分离，但由于硝酸钾(KNO_3)溶液中的 K^+ 和 NO_3^- 可通过主动运输进入细胞液，使细胞液浓度逐渐增高，细胞吸水，因此细胞能自动复原。

【链接】

[1] 谢群英，2008.“探究植物细胞的吸水和失水”实验的教学设计 [J]. 新课程研究(基础教育)，1：61-62.

[2] 单维霞，姜菲，2008.“探究植物细胞吸水和失水”的几点做法 [J]. 生物学教学，1：32-33.

[3] 姚家佳，2010. 浅谈中学生物学实验的几点改进和创新 [J]. 新课程研究(基础教育)，1：97-98.

训练 2　探究环境因素对光合作用强度的影响

【预备知识】

本实验选自高中生物学(人教版)教科书：“必修 1：分子与细胞”第五章第四节中的内容，是高中生物学中的一个探究性实验。

实验原理：将绿色植物的小圆叶片置于注射器内，并使注射器吸入清水，待排除注射器内残留的空气后，用手堵住注射器前端的小孔并缓缓拉动活塞，以此排除叶肉细胞间隙的空气，填充以水分，使叶片沉于水中。

在光合作用过程中，植物吸收 CO_2 放出 O_2，由于 O_2 在水中的溶解度很小，而在细胞间积累，结果使原来下沉的叶片上浮，根据上浮所需的时间长短，即能比较光合作用的强弱。

背景知识点：影响到光合作用的进程或强度的因素主要有光照强度、CO_2 浓度、温度和矿质营养。

(1)光照：植物的光合作用的强度在一定范围内是随着光照强度的增加；同化 CO_2 的速度也相应增加；但当光照强度达到一定时，光合作用的强度不再随着光照强度的增加而增强。植物在进行光合作用的同时也在进行呼吸作用，当植物在某一光照强度条件下，进行光合作用所吸收的 CO_2 与该温度条件下植物进行呼吸作用所释放的 CO_2 量达到平衡时，这一光照强度就称为光补偿点，这时光合作用强度主要是受光反应产物的限制。当光照强度增加到一定强度后，植物的光合作用强度不再增加或增加很少时，这一光照强度就称为植物光合作用的光饱和点，此时的光合作用强度是受暗反应系统中酶的活性和CO_2浓度的限制。

光补偿点在不同的植物是不一样的，这主要与该植物的呼吸作用强度和温度有关。一般阳生植物的光补偿点比阴生植物高，光饱和点也是阳生植物高于阴生植物。所以，在栽培农作物时，阳生植物必须种植在阳光充足的条件下才能提高光合作用效率，增加产量。而阴生植物则应当种植在阴湿的条件下，才有利于其生长发育，原因是光照强度大，蒸腾作用旺盛，植物体内因失水而不利于植物生长发育，如人参、三七、胡椒等阴生植物的栽培，就必须栽培于阴湿的条件下，才能获得较高的产量。

植物在进行光合作用的同时也在进行着呼吸作用，总光合作用是指植物在光照下制造的有机物的总量(吸收的CO_2总量)。净光合作用是指在光照下制造的有机物总量(或吸收的CO_2总量)中扣除掉在这一段时间中植物进行呼吸作用所消耗的有机物(或释放的CO_2)后，净增的有机物的量。

(2)温度：植物所有的生活过程都受温度的影响，因为在一定的温度范围内，提高温度可以提高酶的活性，加快反应速度。光合作用也不例外，在一定的温度范围内，在正常的光照强度下，提高温度会促进光合作用的进行；但是，提高温度也会促进呼吸作用，所以植物净光合作用的最适温度不一定就是植物体内酶的最适温度。

(3)CO_2浓度：CO_2是植物进行光合作用的原料，只有当环境中的CO_2达到一定浓度时，植物才能进行光合作用。植物净光合作用为零时的CO_2浓度称为CO_2补偿点，即在此CO_2浓度条件下，植物通过光合作用吸收的CO_2与植物呼吸作用释放的CO_2相等。如果环境中的CO_2低于CO_2补偿点的浓度，植物的光合作用就会低于呼吸作用，消耗大于积累，长期如此植物就会死亡。一般来说，在一定的范围内，植物光合作用的强度会随CO_2浓度的增加而增加；但达到一定浓度后，光合作用强度就不再增加或增加很少，这时的CO_2浓度称为CO_2的饱和点。如果CO_2浓度继续升高，光合作用不但不会增加，反而要下降，甚至引起植物CO_2中毒而影响植物正常的生长发育。

(4)必需矿质元素的供应：绿色植物进行光合作用时，需要多种必需的矿质元素，如氮是催化光合作用过程各种酶以及$NADP^+$和ATP的重要组成成分，磷也是$NADP^+$和ATP的重要组成成分。科学家发现，用磷脂酶将离体叶绿体膜结构上的磷脂水解掉后，在原料和条件都具备的情况下，这些叶绿体的光合作用过程明显受到阻碍，可见磷在维持叶绿体膜的结构和功能上起着重要的作用；又如绿色植物通过光合作用合成糖类，以及将糖类运输到根、茎和种子等器官中，都需要钾；还有镁是叶绿体的重要组成成分，没有镁就不能合成叶绿素。

本次实验建议分成两课时：第1课时主要学习探究实验方法的基本步骤、设计要点并设计出探究实验方案；第2课时则安排学生根据探究实验方案进行探究实验和交流反馈。

【实验目的要求】

1. 探究环境因素(不同CO_2的浓度、不同光照的强弱、不同温度的高低等)对光合作用强度的影响，光合作用的强度可以通过测定一定时间内原料消耗或产物生成的数量来定量地表示。

2. 体验科学探究过程。
3. 进行影响植物光合作用强度的实验方案的设计。
4. 进行本次实验的教学设计与教学实施模拟。

【实验材料用具】

绿叶(如菠菜叶片等)，打孔器，注射器，40W 台灯，烧杯。

【实验训练内容】

一、实验技能的强化训练

1.1 实验的方法步骤

(1)取生长旺盛的绿叶，用直径为 1cm 的打孔器打出小圆形叶片 30 片(注意避开大的叶脉)。

(2)将小圆形叶片置于注射器内，并使注射器吸入清水，待排出注射器内残留的空气后，用手堵住注射器前端的小孔并缓缓拉动活塞，使小圆形叶片内的气体逸出，这一步骤多重复几次。

(3)将内部气体逸出的小圆形叶片，放入黑暗处盛有清水的烧杯中待用，这样的叶片因为细胞间隙充满了水，所以全都沉到了水底。

(4)取 3 只小烧杯，分别注入 20mL 富含 CO_2 的清水(事先可用口通过玻璃管向清水内吹气)。

(5)分别向 3 只小烧杯中各放入 10 片小圆形叶片，然后分别对这 3 个实验装置进行强、中、弱三种光照(3 盏 40W 台灯分别向 3 个实验装置照射，光照强弱可通过调节台灯与实验装置间的距离来决定)。

(6)观察并记录同一时间段内各实验装置中小圆形叶片浮起的数量。

1.2 实验注意事项

1. 注意本次实验设计的原则

(1)实验设计的原则。本次实验实验设计的原则有：对照原则、平行重复原则、随机性原则、单因子变量原则。

①对照性原则。在实验设计中，通常设置对照组，通过干预或控制研究对象以消除或减少实验误差，鉴别实验中的处理因素同非处理因素的差异。

实验设计中可采用的对照方法很多，有空白对照、条件对照、自身对照、相互对照。空白对照：即不给对照组以任何处理因素。值得强调的是，不给对照组任何处理因素是相对实验组而言的，实际上对对照组还是要做一定的处理，只是不加实验组的处理因素。

提示：本实验小组分成三类，分别做探究光照强度、探究 CO_2 浓度、探究温度对光合作用的影响。

②平行重复原则。平行重复原则，即控制某种因素的变化幅度，在同样条件下重复实验，观察其对实验结果影响的程度。上述实验中虽然要求随机抽取样本，这能够在相当大的程度上抵消非处理因素所造成的偏差，但不能消除它的全部影响，平行重复的原则就是为解决这个问题而提出的。

③随机性原则。实验中的随机化原则，是指被研究的样本是从总体中任意抽取的。这

样做的意义在于：一是可以消除或减少系统误差，使显著性测验有意义；二是平衡各种条件，避免实验结果中的偏差。

④单因子变量原则。单因子变量原则，即控制其他因素不变，只改变其中某一变量，观察其对实验结果的影响，除了整个实验过程中欲处理的实验因素外，其他实验条件要求做到前后一致。

(2)实验的有关术语。本次实验涉及变量的有关术语包括：实验变量(也叫自变量)、反应变量(也叫因变量)、无关变量(也叫控制变量)、额外变量(也叫干扰变量)。

(3)控制变量实验。控制变量实验是指为了研究某一因素对一个实验对象有怎样的影响趋势时，让该因素处于不同水平，其他因素保持不变，通过对比结果，从而得出该因素对实验对象有什么规律的影响。通俗地讲，当某个实验对象受较多因素影响时，为了研究某一因素对实验对象的影响，而这一影响是单凭自然状态下是看不出来的，这时就应该在人为地控制其他因素不变的前提下，而只让研究的因素不断地改变，从而找出实验对象受此因素影响的规律。在控制变量实验中，学生要具备以下三种能力：识别变量的能力，根据实验目的辨别自变量和因变量的能力，操作性地定义因变量的能力。

提示：本次探究实验中，当确定CO_2浓度为唯一变量时，就应只控制CO_2浓度的变化，其他条件均相同；当确定光照强度为唯一变量时，就应只控制光照强度的变化，其他条件也均相同；当确定温度为唯一变量时，就应只控制温度的变化，其他条件也均相同。

2. 叶片真空渗水法的操作要领

将打孔器打出小圆形叶片置于注射器内，并让注射器吸入清水，待排出注射器内残留的空气后，用手堵住注射器前端的小孔并缓缓拉动活塞，使小圆形叶片内的气体逸出，这一步骤可重复几次，这样叶片的细胞间隙之间就充满了水。

二、实验教学技能的强化训练

2.1 实验教学实施前的准备

1. 实验教学的教案教具准备

编写本次实验的教案和实验指导要点，绘制简图、准备辅助教学的课件、课程资源等。

2. 实验教学实施前仪器材料准备

绿叶(如菠菜叶片)，冷却的沸水，冰块打孔器，注射器，40W台灯，烧杯，吸管，恒温水浴，温度计。

2.2 实验教学目标的确定

1. 确定实验课程教学目标的依据

依据《普通高中生物学课程标准(实验)》与高中生物学教科书（人教版)：“模块1：分子与细胞”中本次实验相关的“目标要求”部分进行制定。

2. 本实验的教学目标

知识目标：举例说明影响植物光合作用的环境因素。

能力目标：独立进行影响植物光合作用因素的探究实验。

情感态度与价值观目标：交流讨论探究实验的步骤和操作要点。

2.3 实验教学实施中的策略和指导

1. 实验教学实施中的策略

根据本次实验的特点，本次实验宜采用：“先讲解后实验”的策略。

2. 实验教学实施中的指导

1)对实验前期关键步骤的指导

在本次探究实验前期的关键步骤指的是：提出问题、作出假设、设计实验三个阶段。因此，应重点强化这几个关键步骤的指导；

2)对实验实施过程中的指导

(1)分组探究。可将全班分成三个大的实验小组，每个大组均取 3 只 100mL 烧杯，编号为 1、2、3 号，分别注入 40mL 冷却的沸水，分别做以下探究一、探究二、探究三不同内容的实验。

探究一：探究光照强度对光合作用强度的影响，方法是：将 3 只烧杯放在距台灯不同位置来控制光照强度，并吹入 CO_2 10min，常温下，观察各个烧杯的上浮叶片数。

探究二：探究 CO_2 浓度对光合作用强度的影响，方法是：将 3 只烧杯放在充足光照中，常温下 1 号烧杯不吹入 CO_2，2 号烧杯吹入 CO_2 5min，3 号烧杯吹入 CO_2 10min，观察各个烧杯的上浮叶片数。

探究三：探究温度对光合作用强度的影响，方法是：1 号烧杯低温(加入冰块)，2 号烧杯室温，3 号烧杯高温(水浴加热到 30^{0}C)，3 只烧杯都吹入 CO_2 10min，充足光照下，观察各个烧杯的上浮叶片数。

(2)观察记录。将三个大组的实验观察结果均填入表 3.29 中，并根据观察结果绘出曲线，得出实验结论。

表 3.29 三个组的实验观察结果

探究一(光照强度)	无关变量	3 只烧杯放入相同量的 40mL 冷却的沸水，都吹入 CO_2 10min；各放 10 片小圆形叶片		
	自变量	距台灯 20cm	距台灯 30cm	距台灯 40cm
	上浮叶片数			
探究二(CO_2浓度)	无关变量	3 只烧杯放入相同量的 40mL 冷却的沸水，都放置在相同充足光照下，各放 10 片小圆形叶片		
	自变量	不吹入 CO_2	吹入 CO_2 5min	吹入 CO_2 10min
	上浮叶片数			
探究三(温度)	无关变量	3 只烧杯放入相同量的 40mL 冷却的沸水，都吹入二氧化碳 10 分钟，都放置在相同充足光照下，各放 10 片小圆形叶片		
	自变量	低温(加入冰块)	室温	高温(水浴加热)
	上浮叶片数			

2.4 实验教学实施中的安全教育和注意事项

(1)提醒注意实验中水、电、热、火等的安全使用。

(2)提醒注意实验中涉及的玻璃器皿、尖锐器具的安全使用。

2.5 实验教学实施流程

1. 第1课时在教室进行，教师讲解科学探究的一般步骤与要点、实验的目的和注意事项等

↓

2. 第1课时在教室进行，学生分小组根据探究实验方法的基本步骤与要点，设计出探究实验方案

↓

3. 第1课时在教室进行，全班分小组进行实验方案的交流讨论和完善

↓

3. 第2课时在实验室进行探究实验，学生根据探究实验方案进行探究实验

↓

4. 第2课时在实验室进行探究实验，教师在此实验过程中进行巡视指导

↓

5. 学生完成实验报告和思考讨论题

2.6 实验教学的评价设计

教师可提前设计出以下思考讨论题：

在本次实验中，你是怎样运用观察和探究实验的方法的？其科学探究的一般步骤是怎样的？

【实验教学教案范例】

“探究环境因素对光合作用强度的影响”的实验教学设计

【引言】：同学们，我们刚学习了光合作用的过程，了解了光合作用的原理，学习这些生物学理论的价值，在于学以致用，利用相关生物学理论指导生产、生活实践。例如，提高农作物产量的关键，就是提高农作物的光合作用强度。

【提出问题】：请同学们根据下面的光合作用反应方程式，分析影响光合作用强度的因素，可采取哪些措施提高农作物产量？

教师：屏幕显示(或板书)光合作用反应式。

学生：影响光合作用的外界因素有：光、温度、二氧化碳浓度、水等；影响光合作用的内部因素有：叶龄等。

【作出假设】

教师：光、温度、二氧化碳浓度能影响光合作用，如何来证明？

学生：设计实验验证；

教师：阅读教科书参考案例，并设计实验。

【设计实验】

学生：阅读教科书，思考设计实验；

教师：由于实验室条件有限，每个小组只有一盏日光灯，你们应如何控制光照强弱？

学生：把3只烧杯同放在台灯四周，但距离不同。

教师：自来水中溶有一定量的二氧化碳如何去除？

学生：煮沸。

教师：如何控制不同的二氧化碳的浓度？

学生：可人工吹入二氧化碳，但时间不同。

教师：如何控制温度？

学生：可加入冰块、室温、水浴加热，代表低温、室温、高温三种情况。

教师：根据参考案例，检测因变量是什么？

学生：氧气。

学生：设计实验，思路如下，

(1)用打孔器从叶片上取下圆形的小片，再用注射器抽去叶片内的气体，使其沉入水底，并放在暗盒中保存备用。

(2)选做探究一、探究二、探究三实验，步骤见下表。

探究一（光照强度）	无关变量	3只烧杯放入相同量的40mL冷却的沸水，都吹入二氧化碳10min；各放10片小圆形叶片		
	自变量	距台灯20cm	距台灯30cm	距台灯40cm
	上浮叶片数			
探究二（CO_2浓度）	无关变量	3只烧杯放入相同量的40mL冷却的沸水，都放置在相同充足光照下，各放10片小圆形叶片		
	自变量	不吹入二氧化碳	吹入二氧化碳5min	吹入二氧化碳10min
	上浮叶片数			
探究三（温度）	无关变量	3只烧杯放入相同量的40mL冷却的沸水，都吹入二氧化碳10min，都放置在相同充足光照下，各放10片小圆形叶片		
	自变量	低温(加入冰块)	室温	高温(水浴加热)
	上浮叶片数			

教师：为保证探究活动顺利有序开展，请同学们回答以下几个问题：

问题1：什么叫自变量、无关变量和因变量？

学生：(答案略)。

问题2：设计对照实验要遵循哪些原则？

学生：(答案略)。

问题3：在你所开展的探究实验中，用什么方法控制自变量？

学生：控制自变量(控制光照，控制温度、控制二氧化碳浓度来进行)

(领取器材并进行实验)

略。

学生：记录结果，并根据结果绘出曲线。

略。

【讨论、得出结论】

学生：一定范围内随光照强度的增加，光合作用加强；一定范围内随二氧化碳浓度的增加，光合作用加强；一定范围内随温度的增加，光合作用加强，但高温下(煮沸)不进行光合作用。

【教学反思】

在教师的指导下，学生通过自主、合作的探究性学习，体现了新课程“倡导探究性学习”的理念。通过探究活动，进一步促进学生能运用光合作用原理来分析、解释一些农业生产措施及现象。

【训练报告】

设置“探究环境因素对光合作用强度的影响”训练报告(表 3.30)，师范生可进行“实验实验探究技能”与“实验教学技能”的自我评价反思与评价。

表 3.30　“探究环境因素对光合作用强度的影响”训练报告

实验强化内容		自我反思与评价	改进措施
实验探究技能反思	叶片真空处理		
	控制二氧化碳浓度自变量的实验处理		
	控制光照强度自变量的实验处理		
	控制温度自变量的实验处理		
实验教学技能反思	实验教学设计		
	实验教学目标		
	实验教学内容		
	实验教学手段、方法		
	实验教学评价		

【实验创新视野】

也可采用黑藻或金鱼藻放在装有自来水的大烧杯中，于黑暗处一天，使有机物消耗掉，然后再控制各外界条件(光照强度、温度、二氧化碳浓度)，计数烧杯内黑藻或金鱼藻每隔一定时间排出的气泡数来进行探究实验。

【链接】

[1] 陈维，2008.探究环境因素对光合作用强度的影响 [J].生物学通报，2：50-51.

训练 3　探究自然选择对种群基因频率变化的影响

【预备知识】

本实验选自高中生物学教科书（人教版）：“必修 2：遗传与进化”第七章第二节中的内容，是高中生物学中的一个实验。

背景知识点：

1. 正确理解达尔文的自然选择学说

“过度繁殖、生存斗争、遗传变异、适者生存”作为达尔文自然选择学说的核心要点，彼此是相互联系的。过度繁殖是前提，为自然选择提供较多的原材料，也提供了较多的变异个体，而且使生存斗争更加剧烈；生存斗争推动着生物的进化，是生物进化的动力，自然选择就是通过生存斗争来进行的；生物普遍具有的遗传性和变异性是自然选择的基础，没有变异就没有个体之间的差异，就没有选择的原材料，而没有遗传，适应环境的变异就无法积累，生物也就不可能进化，变异一般是不定向的，为生物进化提供了大量的原始选择材料，遗传使有利变异在后代中得到积累和加强，所以说遗传和变异是生物进化的内在因素；适者生存是自然选择的结果，包括保存和淘汰，在生存斗争中，具有有利变异的生物能适应环境而容易生存，具有不利变异的生物，将因不能适应环境而被淘汰，即适者生存，不适者被淘汰。

在自然选择过程中，变异是不定向的，既存在着有利变异，又存在着不利变异。自然选择是定向的，当生物出现变异，由自然选择来决定其生存或淘汰，从而使有利变异不断积累、加强，推动着生物新类型的产生和生物进化，而定向的自然选择决定着生物进化的方向。

运用自然选择学说去解释某一种物种的形成和进化时，一般按照下列顺序分析：首先是该物种的祖先由于不定向变异使个体之间产生不同的差异；因为变异后代经受不同环境因素选择，保存某些类型，淘汰某些类型；经过长期的选择和遗传使有利变异在后代中逐代积累和加强，久而久之才形成某一种物种或使该物种进化。

具体分析时，不能陷入“生物目的论”的沼泽，就是不能说“某生物为了适应某种环境，某器官就变成了某种形态”。

2. 正确理解种群是生物进化的基本单位

种群是生活在同一地点，同种生物的群体；是否是同一个种群的最重要的依据就是看能否交配并繁殖后代。种群的基因库就是一个种群所含有的全部基因，种群的生命是有限的，但基因库却一代一代传递、保持和发展。不同生物的基因频率是不同的，基因频率由于基因突变而不断发生变化。突变和基因重组是产生进化的原材料，当生物遗传物质发生改变，其控制的生物性状才能遗传下去，才能产生新的变异类型，生物才能发展进化。突变产生新的基因(等位基因)，而基因重组只是原来基因的重新组合，突变的基因多数是有害的而且突变是不定向的。

3. 正确理解哈代-温伯格定律，学会计算基因频率与基因型频率

英国科学家哈代和德国医生温伯格分别在1908年和1909年独立证明：如果一个种群符合以下条件：种群是极大的，种群内个体交配是随机的，没有突变产生，那么种群的基因频率和基因型频率就可以一代一代稳定不变，保持平衡，这就是遗传平衡定律。人们为了纪念这两位科学家的贡献，把遗传平衡定律又称为哈代—温伯格定律。

遗传平衡定律可以表示为

$$(p+q)^2=p^2+2pq+q^2=1$$

其中，p 是显性基因的频率，q 是隐性基因的频率，p^2 是显性纯合体的基因型频率，q^2 是隐性纯合体的基因型频率，$2pq$ 是含有一对等位基因的杂合体的基因型频率。

4. 基因频率、基因型频率的含义

基因频率是指某种基因在某个种群中出现的比例，即基因频率=该基因的总数/该等位基因的总数。基因型频率是指群体中某一个体的任何一个基因型所占的百分率。

假定等位基因为 A、a，则 A 和 a 的频率为基因频率，AA、Aa、aa 的频率为基因型

频率。

基因频率的计算方法：

(1)通过基因型个体数计算基因频率：如从某种群中抽取100个体，测知基因型为AA、Aa、aa的个体数分别为：30个、60个、10个。则A基因的频率为：(2×30+60)÷(2×100)×100%=60%。a基因的频率为：(2×10+60)÷(2×100)×100%=40%。

(2)通过基因型频率计算基因频率：一个等位基因的频率等于它的纯合子频率与1/2杂合子频率之和。假如已知条件与上面①中的叙述相同，则AA基因的频率为0.3十1/2×0.6=0.6，a的基因频率为0.1十1/2×0. 6=0.4。所以，种群中一对等位基因的频率之和等于1，种群中基因型频率之和也等于1。

实验原理：自然选择是环境条件或其他生物对某种生物的选择，改变了的环境(包括无机环境和生物环境)是一个选择因素，而不是生物变异的诱导因素。在环境改变以前，生物就存在着变异。有些变异对生物的生存有利，这种变异叫做有利变异；有些变异对生物的生存不利，这种变异叫做不利变异，即生物的变异是不定向的。自然选择的作用是使对生物生存有利的变异基因得到保存并遗传给后代，一些对生存不利的变异基因被逐渐淘汰，从而导致种群的基因频率发生定向改变，使生物朝着对生存有利的方向发展，可见自然选择是定向的，它决定着生物进化的方向。

【实验目的要求】

1. 创设数字化问题情境的方法来探究自然选择对种群基因频率变化的影响。

2. 理解桦尺蠖种群中s基因(决定浅色性状)的频率为什么越来越低。

3. 体验科学探究过程，进行基因频率、基因型频率计算。

4. 进行本次实验的教学设计与教学实施模拟。

【实验材料用具】

桦尺蠖的相关资料，计算器，纸笔等。

【实验训练内容】

一、实验技能的强化训练

1.1 实验的方法步骤

1. 提供以下桦尺蠖的资料并阅读分析

英国的曼彻斯特地区有一种桦尺蠖，它们夜间活动，白天栖息在树干上。杂交实验表明，桦尺蠖的体色受一对等位基因S和s控制，黑色基因频率变化的影响(S)对浅色(s)是显性的。在19世纪中叶以前，桦尺蠖几乎都是浅色型的，该种群中S基因的频率很低，在5%以下。到了20世纪中叶，黑色型的桦尺蠖却成了常见的类型，S基因的频率上升到了95%以上。

19世纪时，曼彻斯特地区的树干上长满了地衣(图3.27)。后来，随着工业的发展，工厂排出的煤烟使地衣不能生存，结果树皮裸露并被熏成黑褐色(图3.28)。

图 3.27 长满地衣的树干上的桦尺蠖

图 3.28 黑褐色树干上的桦尺蠖

2. 提出问题

桦尺蠖种群中 s 基因(决定浅色性状)的频率为什么越来越低呢?

3. 作出假设

根据前而所学知识作出假设:________________

4. 讨论探究思路

你可以用创设数字化问题情境的方法来探究，以下问题情境供参考。

创设情境示例(其中数字是假设的)：1870 年，桦尺蠖种群的基因型频率如下：*SS*10%，*Ss*20%，*ss*70%，*S* 基因的频率为 20%。在树干变黑这一环境条件下，假如树干变黑不利于浅色桦尺蠖的生存，使得种群中浅色个体每年减少 10%，黑色个体每年增加 10%。第 2~10 年间，该种群每年的基因型频率是多少？每年的基因频率是多少？

提示：

(1)基因型频率=该基因型个体数/该种群个体总数；

(2)不同年份该种群个体总数可能有所变化。

5. 制定并实施探究方案

创设数字化的问题情境，按照基因频率和基因型频率的计算方法进行计算，将计算结果填入表 3.31 中。

表 3.31 桦尺蠖种群的基因型频率和基因频率变化

		第 1 年	第 2 年	第 3 年	第 4 年	……
基因型频率/%	SS	10	11.5			
	Ss	20	22.9			
	ss	70	65.6			
基因频率/%	S	20	23			
	s	80	77			

根据计算结果，对环境的选择作用的大小进行适当调整，比如，把浅色个体每年减少的数量百分比定高些，重新计算种群基因型频率和基因频率的变化，与前面计算所得数据进行比较。

6. 分析结果，得出结论

分析计算结果，是否支持你作出的假设，得出结论。

1.2 实验注意事项

1. 注意：基因频率、基因型频率含义上的区别；

2. 注意：基因频率的两种计算方法。

二、实验教学技能的强化训练

2.1 实验教学实施前的准备

(1)实验教学的教案教具准备：编写本次实验的教案和实验指导要点，准备辅助教学的课件、课程资源等，如准备桦尺蠖的资料等。

(2)实验教学实施前仪器材料准备：准备纸，笔，计算器。

2.2 实验教学目标的确定

1. 确定实验课程教学目标的依据

依据《普通高中生物学课程标准(实验)》与“人教版”高中生物学教科书：“模块3：稳态与环境”中本次实验相关的“目标要求”部分进行制定。

2. 本实验教学目标

知识目标：举例说明探究实验的步骤和操作要点，领悟科学探究的一般方法。

能力目标：体验科学探究过程，进行基因频率、基因型频率计算。

情感态度与价值观目标：交流讨论用创设数字化问题情境的方法来探究“自然选择对种群基因频率变化的影响”实验的步骤和操作要点。

2.3 实验教学实施中的策略和指导

1. 实验教学实施中的策略

根据本次实验的特点，本次实验宜采用：“先讲解后实验”的策略。

2. 实验教学实施中的指导

(1)指导关于桦尺蠖资料的认真阅读分析。

(2)指导桦尺蠖种群基因型频率的正确计算：

提示：

第1年基因型频率的计算：第1年假设：SS10%、Ss20%、ss70%，在树干变黑的环境下，浅色(ss)个体每年减少10%，黑色(SS、Ss)个体每年增加10%。

将计算结果填入表第1年中(表3.32)。

表3.32　桦尺蠖种群的基因型频率和基因频率变化

		第1年	第2年	第3年	第4年	……
基因型频率/%	SS	10	11.5			
	Ss	20	22.9			
	ss	70	65.6			
基因频率/%	S	20	23			
	s	80	77			

第2年基因型频率的计算：假设SS、Ss增加10%后为：SS11%、Ss22%，ss减少10%后为：63%。

因此，第2年SS基因型频率的计算：11%/(11%+22%+63%)×100%=11.5%。

第2年Ss基因型频率的计算：22%/(11%+22%+63%)×100%=22.9%。

第2年ss基因型频率的计算：63%/(11%+22%+63%)×100%=65.6%。

将计算结果填入表第2年中的基因型频率。

还可对环境的选择作用大小进行适当调整：例如，把浅色个体每年减少的数量百分比定高些(如减少20%)，重新计算种群基因型频率和基因频率的变化，与第2年中所得数据进行比较。

分析结果，得出结论。

(3)对用创设数字化问题情境的方法来探究的实验方案实施过程中的指导。

2.4 实验教学实施流程

1. 教师交待本次实验的目的和注意事项

↓

2. 教师指导关于桦尺蠖资料的认真阅读与分析

↓

3. 教师着重讲解种群基因频率的计算方法要点

↓

4. 学生分小组进行桦尺蠖种群基因型频率计算的讨论、计算与分析

↓

5. 教师巡视指导

2.5 实验教学的评价设计

教师可提前设计出以下思考讨论题：

(1)树干变黑会影响桦尺蠖种群中浅色个体的出生率吗？为什么？

(2)在自然选择过程中，直接经受选择的是基因型还是表现型？为什么？

【训练报告】

师范生可根据本次实验的目的与要求，对自己的："实验操作技能"与"实验教学技能"情况，进行自我反思与评价。

【实验创新视野】

把创设的数字化问题情境的方法变为模拟自然选择活动。

1. 活动过程简介

在该模拟实验中，用铺有黑纸的课桌代表被煤烟污染的环境，黑、白两种小卡片分别代表深、浅两种桦尺蠖，三名学生分别模仿桦尺蠖的天敌，如各种鸟类。教师用计时器控制时间，让3名学生在规定时间内比赛抓取(捕捉)卡片，然后组织学生统计实验前后各种卡片的数量，并计算S、s的基因频率。

材料准备：①背面写有SS的黑色卡片10张(代表10%的深色桦尺蠖)、背面写有Ss的黑色卡片20张(代表20%的深色桦尺蠖)、背面写有ss的白色卡片70张(代表70%的浅色桦尺蠖)。②计时器。③黑纸。

2. 活动过程

(1)导入新课。教师请学生自主阅读教科书上116~117页实验的1、2两段，并指向课桌(铺有黑纸)和卡片，让学生猜一猜这些卡片分别代表什么？

(2)提出问题。教师联系画面及卡片，让学生进入"模拟环境"，进而提出以下问题：

①在被严重污染的曼彻斯特地区，什么颜色的桦尺蠖最容易被它们的天敌发现进而被捕食呢？

②与桦尺蠖体色相关的S、s基因频率会如何变化呢？

③这种基因频率变化与自然选择之间有必然的联系吗？

(3)作出假设。教师留出时间让学生充分讨论交流，待意见相对统一后请学生发表各自的看法，师生共同讨论后形成假设(自然选择可以使种群的基因频率发生定向改变)。

(4)设计并实施探究方案。

创设数字化的问题情境，设计表格；

模拟“天敌捕捉”，及时记录并计算第一年后基因频率的变化；

少量补充重新模拟“天敌捕捉”，及时记录并计算第二年后基因频率的变化；

……

分析数据，得出结论。

【链接】

[1] 黄凤珍，2010.“自然选择对种群基因频率变化的影响”的模拟活动 [J]. 中学生物学，3：39-40.

训练4 探究培养液中酵母菌种群数量的变化

【预备知识】

本实验选自高中生物学教科书（人教版）：“必修3：稳态与环境”第四章第二节中的内容，是高中生物学中的一个实验。

实验原理：酵母菌可以用液体培养基来培养，培养液中的酵母菌种群的增长情况与培养液中的成分、空间、pH、温度等因素有关，我们可以根据培养液中的酵母菌数量和时间为坐标轴作出曲线，从而掌握酵母菌种群数量的变化情况。

利用血球计数板在显微镜下直接计数是一种常用的细胞计数法，这种方法可以直接测定样品中全部的细胞数目，所以一般用于单细胞微生物数量的测定，由于血球计数板上的计数室盖上盖玻片后的容积是一定的，所以可根据在显微镜下观察到的细胞数目来计算单位体积细胞的总数目。

血球计数板法是利用一块血球计数板来进行计数的方法。血球计数板是一块特制的厚玻璃片，中央平台比两边平台低0.1mm，上有两个被精细刻化为400个小方格的网。人教版推荐使用：面积$4mm^2$，加上盖玻片后即构成0.4 mm^3体积的计数室(也有面积为$1mm^2$构成$0.1mm^3$体积的计数室)，即有：2mm×2mm×0.1mm=0.4 mm^3的计数室或1mm×1mm×0.1mm=$0.1mm^3$的计数室)。

血球计数板上由四条槽构成三个平台，中间较宽的平台再被一短槽分隔为两半(图3.29)，每一边的平台上分别刻有一个方格网，每个方格网共分为九个大的方格，中间的大方格即为计数室。计数室的刻度一般有两种规格：一种是一个大方格(计数室)分成25个中方格，每个中方格又进一步分成16个小方格(图3.30)；另一种是一个大方格(计数室)先分成个16中方格，然后再将每个中方格分成25个小方格。总之，无论哪一种方法，每个大方格(计数室)均被分成400个小方格。

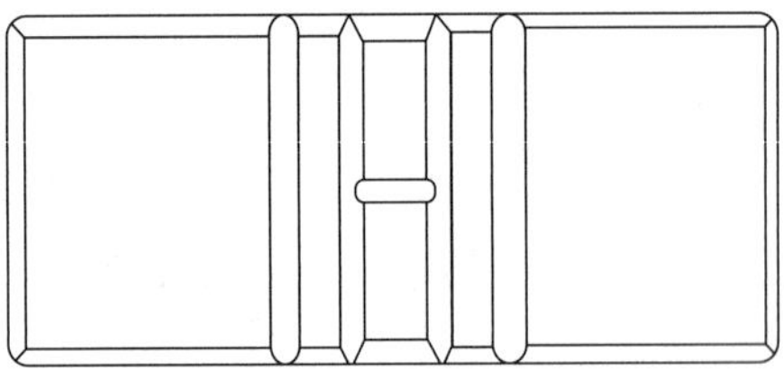

(a)平面图(中间平台分为两半，各有一个计数室)

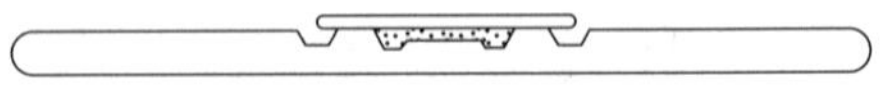

(b)侧面图(中间平台与盖玻片的高度为0.1mm)

图 3.29　血球计数板的构造

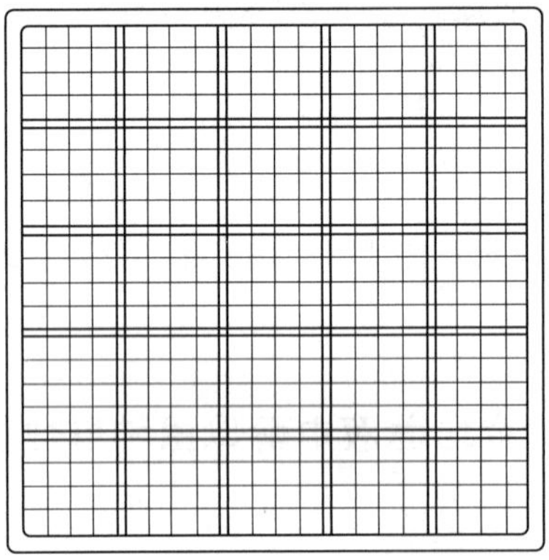

图 3.30　血球计数板中央大方格的刻度(25×16)

背景知识点：种群在“无限”的环境内，即假定环境中空间、食物等资源是无限的，因而其增长率不随种群本身的密度而变化，这类增长通常呈指数增长，可称为与密度无关的增长，又称为“J”型增长。实际上，自然界的资源和空间总是有限的，当种群密度增大时，种内的竞争就会加剧，以该种群为食的动物的数量也会增加，这就会使种群的出生率降低，死亡率增高。当死亡率增加到与出生率相等时，种群的增长就会停止，有时会稳定在一定的水平。因此，在自然状态下，种群经过一定时间的增长后，数量趋于稳定的过程称为“S”型增长。

【实验目的要求】

1. 通过探究培养液中酵母菌种群数量的变化，尝试建构种群增长的数学模型。

2. 进行本次实验的教学设计与教学实施模拟。

【实验材料用具】

酵母菌菌种，无菌马铃薯培养液或肉汤培养液，显微镜，试管，滴管，血球计数板。

【实验训练内容】

一、实验技能的强化训练

1.1 实验的方法步骤

1. 酵母菌液体培养液的培养

提前1～2d将酵母菌菌种加入在无菌马铃薯培养液或肉汤培养液中培养。

2. 使用血球计数板对单细胞生物计数

(1)先将盖玻片放在计数室上，用吸管吸取培养液，滴于盖玻片边缘，让培养液自行渗入，多余培养液用滤纸吸去，稍待片刻，观察到酵母菌细胞全部沉降到计数室底部；

(2)将计数板放在载物台的中央，计数小方格内的酵母菌数量，从而换算得到一个中方格内酵母菌的数量；一般在每个计数室中取五个中方格进行计数(五点取样)，然后求得每个中方格的平均值(表 3.33)。

表 3.33　酵母菌的血球板计数(中方格)

格数	1	2	3	4	5	平均数
数目						

(3)再以此为根据，估算试管中的酵母菌总数；计算总的活菌数时，取五个中方格平均值，再乘以 25 或者 16 就能够得出一个大方格(计数室)中菌液中的总菌数，然后再换算成 1mL 菌液数的总菌数。

设五个中方格中的总菌数为 A，菌液的稀释倍数为 B，如果是 25 个中方格的计数板，则计算方法为(2mm×2mm×0.1mm 计数室)：

$$1\text{mL 菌液数的总菌数}=(A/5)\times 25\times 2.5\times 10^3\times B$$

(A/5)：中方格酵母菌平均数，25：中方格数，2.5×10^3：1mL 与计数室容积相比的倍数，B：菌液的稀释倍数。

如果是 16 个中方格的计数板，则计算方法为：

$$1\text{mL 菌液数的总菌数}=(A/5)\times 16\times 2.5\times 10^3\times B$$

3. 开展实验探究

酿酒和做面包都需要酵母菌，这些酵母菌可以用液体培养液(培养基)来培养，培养液中酵母菌种群的增长情况，与发酵食品的制作有密切关系。

【提出问题】

培养液中酵母菌种群的数量是怎样随时间变化的?

【作出假设】

根据前面所学知识，针对这一问题作出假设：________________

【讨论探究计划的制订】

(探究所需要的菌种和无菌马铃薯培养液或肉汤培养液、试管、血细胞计数板(2mm×2mm 方格)、滴管、显微镜等，都由教师提供)；

在制订计划前，你需要思考以下问题，并与同学讨论。

(1)怎样进行酵母菌的计数?

提示：对一支试管中的培养液(可定为 10mL)中的酵母菌逐个计数是非常困难的，可以采用抽样检测的方法：先将盖玻片放在计数室上，用吸管吸取培养液，滴于盖玻片边缘，让培养液自行渗入，多余培养液用滤纸吸出，稍待片刻，待酵母菌细胞全部沉降到计数室底部，将计数板放在载物台的中央，计数一个小方格内的酵母菌数量，再以此为根据，估算试管中的酵母菌总数；

盖玻片下的培养液厚度为 0.1mm，请推导出将一个小方格范围内的酵母菌数，换算成 10mL 培养液中酵母菌总数的公式；

(2)从试管中吸出培养液进行计数之前，建议将试管轻轻振荡几次，这是为什么?

(3)本探究需要设置对照吗?如果需要，请讨论对照组应怎样设计和操作?如果不需要，请说明理由？

(4)需要做重复实验吗？

(5)怎样记录结果？记录表怎样设计？

(6)如果一个小方格内酵母菌过多，难以数清，应当采取怎样的措施？

(7)对于压在小方格界线上的酵母菌，应当怎样计数？

【制订计划】

在小组讨论的基础上，写出探究方案，方法步骤应当具体，并且是可操作的，确定小组同学间的分工，向教师汇报本小组的探究计划，以得到教师的指导。

【实施计划】

首先通过显微镜观察，估算出10mL培养液中酵母菌的初始数量(N_0)，在此之后连续观察7天，分别记录下这7天的数值于表3.34中。

表3.34 培养液中酵母菌种群数量变化记录表

菌数 时间 / 组别	起始	1	2	3	4	5	6	7
第1小组								
第2小组								
…	…	…	…	…	…	…	…	…
全班平均值								

分析结果，得出结论：

将所得数值用曲线图表示出来，分析实验结果是否支持你所作的假设，探究的结论是______________________________。

【表达和交流】

(1)向全班汇报本小组7d的数据情况，计算出每一天全班各组数据的平均值(表26)，根据平均值重新画出酵母菌种群数量的增长曲线，将这个增长曲线与本小组的曲线进行比较，分析其相似程度，并作出合理的解释；

(2)根据各组平均数据画出的增长曲线有没有酵母菌种群数量变化的总趋势？如果有，请作出说明；

(3)影响酵母菌种群数量增长的因素可能是什么？

进一步探究：根据你对影响酵母菌种群数量增长因素作出的推测，设计实验进行验证。

1.2 实验注意事项

酵母菌培养液的天数应当恰当：酵母菌菌种加入在无菌马铃薯培养液或肉汤培养液中培养的提前天数不宜太长，最好在1～3d前，以保证种群数量增长是在营养和生存空间没有限制的情况下进行的。

二、实验教学技能的强化训练

2.1 实验教学实施前的准备

1. 实验教学的教案教具准备

编写本次实验的教案和实验指导要点，绘制简图，准备辅助教学的课件、课程资源等。

2. 实验教学实施前仪器材料准备

探究所需要的酵母菌菌种和无菌马铃薯培养液或肉汤培养液。

试管，血球计数板(2mm×2mm×0.1mm 方格)，滴管，显微镜等。

2.2 实验教学目标的确定

1. 确定实验课程教学目标的依据

依据《普通高中生物学课程标准(实验)》与高中生物学教科书(人教版)：“模块3：稳态与环境”中本次实验相关的“目标要求”部分进行制定。

2. 本实验的教学目标

知识目标：探究培养液中酵母菌种群数量的变化，解释和分析种群数量变化的原因。

能力目标：探究培养液中酵母菌种群数量的变化，尝试建立数学模型去解释种群的数量变动。

情感态度与价值观目标：关注影响种群数量变化的因素。

2.3 实验教学实施中的策略和指导

1. 实验教学实施中的策略

根据本次实验的特点，本次实验宜采用：“先讲解后实验”的策略。

2. 实验教学实施中的指导

(1)指导探究思路和实验计划的制订。

(2)指导观察培养液中酵母菌种群数量随时间的变化过程。

(3)指导用血球计数板正确计数的方法。

(4)指导记录7d中培养液中的酵母菌种群变化的数据，并画出酵母菌种群增长的曲线图。

(5)指导对酵母菌种群数量增长的曲线图作出分析与解释。

2.4 实验教学实施流程

1. 教师交待本次实验的目的和注意事项

↓

2. 教师启发学生去思考提出本次探究实验的核心问题是：探究培养液中酵母菌种群数量的变化

↓

3. 学生分小组确定探究思路和实验方案的制定，教师进行指导

↓

4. 学生分小组实施实验方案，进行实验观察、记录、计算、讨论分析，教师进行巡视指导

↓

5. 学生完成思考讨论题

2.5 实验教学的评价设计

1. 提出思考讨论题

教师可提前设计出以下思考讨论题：

1)基础题

(1)种群的“J”型增长和“S”型增长，分别会在什么条件下出现？你能举出教科书以外的例子加以说明吗？

(2)以“探究培养液中酵母菌种群数量的变化”的实验为例，举例说明什么是环境容纳量？

2)拓展讨论题

假设你承包了一个鱼塘，正在因放养多少鱼而困惑：放养密度过大，鱼竞争加剧，死亡率会增加，放养密度过小，水体的资源和空间不能充分利用。如何来解决这个难题呢？请以小组查阅有关书籍或网站，并进行探讨和交流。

2. 制定评价检测表

教师事先设计好评价检测表(表 3.35)，可随堂考察中学生的探究实验技能，从而对中学生的实验技能进行实效评价。

表 3.35 “探究培养液中酵母菌种群数量的变化”评价检测表

<table>
<tr><th>评价要素</th><th>评价指标</th><th>评价要点</th><th>分值</th><th>自评</th><th>师评</th></tr>
<tr><td rowspan="3">自主性</td><td rowspan="3">提出问题</td><td>独立提出问题作出假设</td><td>5</td><td></td><td></td></tr>
<tr><td>独立提出问题未作出假设</td><td>3</td><td></td><td></td></tr>
<tr><td>未独立提出问题也未作出假设</td><td>0</td><td></td><td></td></tr>
<tr><td rowspan="6">探究性</td><td rowspan="3">理解能力</td><td>自己参照教科书，清楚实验原理和操作步骤</td><td>5</td><td></td><td></td></tr>
<tr><td>听同伴介绍，清楚实验原理和操作步骤</td><td>3</td><td></td><td></td></tr>
<tr><td>不清楚实验原理和操作步骤</td><td>0</td><td></td><td></td></tr>
<tr><td rowspan="3">推理能力</td><td>预期与实验的结果一致</td><td>5</td><td></td><td></td></tr>
<tr><td>预期与实验的结果部分相同</td><td>3</td><td></td><td></td></tr>
<tr><td>测预与实验的结果相反</td><td>1</td><td></td><td></td></tr>
<tr><td rowspan="3"></td><td rowspan="3">表达能力</td><td>结论表达规范，全面</td><td>5</td><td></td><td></td></tr>
<tr><td>结论表达比较规范和准确</td><td>3</td><td></td><td></td></tr>
<tr><td>结论表达不规范，不准确</td><td>1</td><td></td><td></td></tr>
<tr><td rowspan="8">操作过程</td><td rowspan="2">制定计划</td><td>方法步骤具体、具可操作性</td><td>5</td><td></td><td></td></tr>
<tr><td>方法步骤不具体，有明显漏洞</td><td>1</td><td></td><td></td></tr>
<tr><td rowspan="2">酵母菌培养</td><td>严格按要求进行，操作规范</td><td>5</td><td></td><td></td></tr>
<tr><td>操作不规范</td><td>1</td><td></td><td></td></tr>
<tr><td rowspan="2">血球计数板计数</td><td>清楚计数方法要点，抽样计数仔细认真</td><td>5</td><td></td><td></td></tr>
<tr><td>不清楚计数方法要点，抽样计数马虎</td><td>1</td><td></td><td></td></tr>
<tr><td rowspan="2">绘坐标曲线图</td><td>曲线图绘制规范、美观、清楚</td><td>5</td><td></td><td></td></tr>
<tr><td>曲线图绘制不太规范、不美观、不清楚</td><td>1</td><td></td><td></td></tr>
</table>

【训练报告】

师范生可根据本次实验的目的与要求，对照表 3.36 中内容，对自己的：“实验探究技能”与“实验教学技能”情况，进行自我反思与评价。

表 3.36　“探究培养液中酵母菌种群数量的变化”实验训练报告

<table>
<tr><th colspan="3">实验强化内容</th><th>自我反思与评价</th><th>改进措施</th></tr>
<tr><td rowspan="8">实验探究技能反思</td><td colspan="2">提出问题</td><td></td><td></td></tr>
<tr><td colspan="2">作出假设</td><td></td><td></td></tr>
<tr><td colspan="2">设计实验</td><td></td><td></td></tr>
<tr><td rowspan="3">实施实验</td><td>酵母菌培养</td><td rowspan="3"></td><td rowspan="3"></td></tr>
<tr><td>血球计数板计数</td></tr>
<tr><td>绘坐标曲线图</td></tr>
<tr><td colspan="2">分析结果，得出结论</td><td></td><td></td></tr>
<tr><td colspan="2">表达与交流</td><td></td><td></td></tr>
<tr><td rowspan="5">实验教学技能反思</td><td colspan="2">实验教学设计</td><td></td><td></td></tr>
<tr><td colspan="2">实验教学目标</td><td></td><td></td></tr>
<tr><td colspan="2">实验教学内容</td><td></td><td></td></tr>
<tr><td colspan="2">实验教学手段、方法</td><td></td><td></td></tr>
<tr><td colspan="2">实验教学评价</td><td></td><td></td></tr>
</table>

【链接】

[1] 秦亚平，2009.“探究培养液中酵母菌种群数量的动态变化”的分析和方案设计 [J]. 生物学通报，(44)3：38-39.

3.5　中学生物学创新性实验教学探讨

创新性实验教学意味着对实验进行改革、变化、调整的意识与措施，中学生物学创新性实验教学，一般是指在保证能够达成实验教学目标的基础上，去求异思考。其路径有：可从实验设计思路上去寻求变化、从实验选材上去因地制宜、从实验手段上去改革创新、从实验方法上去寻求多样化等等方面入手。

3.5.1　变验证性实验为探究性实验的范例

挖掘教科书中的可转化为探究性实验的教学内容，将其设计为探究实验。

范例：

“探究不同浓度的不同溶液对洋葱表皮细胞质壁分离和复原”实验①

1. 变验证性实验为探究性实验设计的提出

“细胞质壁分离和质壁分离复原”实验本是高中生物学中一个验证性实验。一些学生作完该实验后，提出：①能不能用氯化钠或其他试剂替代蔗糖溶液，使洋葱表皮细胞也发生质壁分离的现象呢？②若采用不同浓度的试剂进行细胞质壁分离和复原实验，实验结果会有什么不同吗？

① 摘编自：赵雪.“探究不同浓度的不同溶液对洋葱表皮细胞质壁分离和复原”实验，新思考网：cersp. com.

2. 变验证性实验为探究性实验设计的方案制订

因此，根据学生们提出的这些问题，组织学生设计实验方案，包括改变试剂浓度和换用其他试剂，学生经一系列资料查询，分组讨论确定切实可行的实验设计方案。最后选定不同浓度的蔗糖溶液，不同浓度的葡萄糖溶液，不同浓度的氯化钠溶液分别进行质壁分离和复原的实验探究。

3. 变验证性实验为探究性实验设计的具体实施

根据新设计的实验方案，组织各小组学生实施，经过学生实验探究后得出结论：①三种试剂都可用于本实验；②试剂浓度过低，细胞不发生质壁分离现象或质壁分离现象不明显；③加大溶液浓度可加快质壁分离速度，但超过一定浓度质壁分离无法复原；④糖类黏性强，易污染显微镜，氯化钠溶液无此现象，可以用来替代蔗糖溶液。

除此之外，学生实验探究后的交流汇报中指出，紫色洋葱表皮细胞，其液泡呈紫色，原生质层和细胞壁区分明显，在显微镜下观察质劈分离现象非常清晰，而白色洋葱表皮细胞也能发生质壁分离现象，但是其液泡呈白色，原生质层和细胞壁区分不太明显，在显微镜下观察质劈分离现象不太清晰，所以最好选用紫色的而不是白色的洋葱表皮，效果将会更好。

4. 变验证性实验为探究性实验的设计反思

通过此实验不难发现，学生从以前无提问习惯意识，到现在对教科书中的实验内容提出了自己看法，由此把本是验证性实验的内容设计成了探究性实验，并在探究性实验过程中进一步发现问题，改进方法，有了很大的收获。学生认为通过实验更好掌握了植物渗透吸水原理，对自己所作实验结论也较满意，正如学生所说，现在更深刻体会到“实践是检验真理的唯一标准”。

3.5.2 变单一性实验内容为综合性实验内容的范例

挖掘教科书中的实验或从学生生活实际中挖掘素材，变单一性实验内容为综合性实验内容。

范例

“探究生态系统平衡的条件”实验①

学生学完“生态系统”一节后，高中生物学教科书中有一课外实验“平衡生态系统的建立”，是以金鱼、螺蛳、金鱼藻为实验材料，教科书中只简单介绍了基本实验方法，只要求去探究生态系统平衡的单一环境条件问题。有些学生平时就喜欢饲养金鱼，这一实验引起学生极大兴趣，因此，教师因势利导将单一实验探究内容：“探究生态系统平衡的单一环境条件问题”，变成了综合性的多项课外实验内容。教师首先将学生们分成几个课外实验小组，布置了这一实验，并诱导学生们思考以下系列问题：

(1)金鱼、螺蛳、金鱼藻之间，在生态系统中存在什么关系？

(2)要使金鱼、螺蛳、金鱼藻之间的生态系统保持平衡，需要哪些环境条件？

(3)又怎样才能让金鱼、螺蛳、金鱼藻建立起相对平衡的生态系统呢？

(4)如果维持或打破金鱼、螺蛳、金鱼藻之间相对平衡的生态系统，需要变化和怎样

① 摘编自：虞喆(2006)。

变化实验中的哪些因素呢?

学生针对这些问题展开了激烈讨论，各小组针对以上问题先作出实验设计方案并在全班交流论证；进行课外实验；进行实验结果的分析。

整个实验为期近两周，学生每天仔细观察、认真记录，最后对实验结果归纳总结并交流汇报。

学生经过讨论后得出：生态系统的平衡是非生物成分(水、空气、阳光)、生产者(金鱼藻)、消费者(金鱼)、分解者(螺蛳)之间保持动态平衡的结果，生态系统的自动调节能力是有限的，在一定生产者(金鱼藻)的条件下，消费者(金鱼)和分解者(螺蛳)互相依存、和平共处地“共生”，保持着生态系统的相对平衡。但如果大量增加消费者(金鱼)或大量增加分解者(螺蛳)都会破坏生态系统的相对平衡，生态系统的自动调节能力也将遭到破坏，最明显现象就是消费者(金鱼)会因为生产者(金鱼藻)作为食物供应短缺而被饿死，分解者(螺蛳)无消费者(金鱼)的足够粪便分解也会死亡。

【总结】

“探究生态系统平衡的条件”的实验，本是一个单一环境条件问题的探究，在教师的指导下，变成了如下多个且多方面复杂的综合实验问题。

(1)金鱼、螺蛳、金鱼藻之间，在生态系统中存在什么关系?(理清生态系统的关系)

(2)要使金鱼、螺蛳、金鱼藻之间的生态系统保持平衡，需要哪些环境条件?(强化生态系统中的非生物条件因子的作用和学生实验时的观察与分析思考能力等)

(3)又怎样才能让金鱼、螺蛳、金鱼藻之间建立起相对平衡的生态系统呢?(强化学生实验设计的科学严谨，训练学生的观察与分析思考能力等)

(4)如果维持或打破金鱼、螺蛳、金鱼藻之间相对平衡的生态系统，需要变化和怎样变化实验中的哪些因素呢?(训练学生由单一因子的变量到复合因子的变量设计时的科学严谨，训练学生的观察与分析思考能力等)

以上不失为一例由单一性实验内容改变为综合性实验内容的创新实验设计的优秀范例。

3.5.3　引导学生更替实验材料范例

一般来讲，初中、高中生物学实验中所用材料的选取，尽力遵从教科书中实验材料选取的建议。但是，对于当地稀缺、效果不好以及成本太高的生物学实验材料可以考虑更换或更替。

范例

“探究选择不同实验材料对观察植物细胞有丝分裂的影响”

“观察植物细胞有丝分裂”的实验是高中生物学的重点和难点实验内容之一，其中涉及的细胞有丝分裂原理和实验技术对其后面的学习具有重要作用，然而由于材料的选择和处理中的诸多因素，实验效果往往不够理想，教师可针对此问题，引导学生以实现实验目标为前提下，不受原实验材料的制约，寻求新的实验材料、改革实验方法、提高实验效果。

首先让学生明确选择实验材料的标准：一是符合实验要求、二是取材方便、三是操作简单、四是效果明显。再根据原实验设计为基础，组织学生进行充分讨论，实验课内教师指导实验方案设计基本过程，引导学生选取了洋葱根尖、大蒜根尖、玉米根尖、蚕豆根尖等等作为实验材料。然后学生分组进行实验观察，比较不同实验材料细胞有丝分裂的效果，做好记录，进行总结，写出实验报告，最后在实验课内组织交流。

学生经实践证明，用大蒜作实验材料效果最好，而且材料易得，培养5天左右根就长出来了，培养期短，细胞分裂的各个时期效果明显；用洋葱，其根培养期虽短，但实验效果比大蒜差；玉米、蚕豆作实验材料综合评价最差。

3.5.4 与现代信息技术整合的实验创新设计思考

随着信息时代的到来，传统的生物学教育模式面临着严峻的挑战，计算机技术、多媒体技术、网络技术、信息技术和现代教育技术在生物学教育领域已广泛应用，使生物学课程与信息技术达到了有机整合。因此，一些传统的教育手段或教育活动形式有可能逐渐从生物学教育中消失。

除了实验教科书、实验材料以外，在Internet上、报章杂志、书籍刊物、广播电视等媒体介质中，有很多可以利用的中学生物学实验教学课程资源与素材，可将这些课程资源与素材利用计算机的强大信息功能和智能特点来得以整合并服务于实验教学。如近几年在发达国家和发达地区流行的“生物学显微数码互动实验室”、“模拟演示生物学实验室”、“网络化智能型生物学实验室”等就是利用网络技术支撑的、在生物学实验教学中起指导、反馈、监控和管理学生的先进实验载体，这些先进的实验载体帮助完成了一些周期长、过程复杂、条件要求苛刻、实验的安全系数较小的实验操作，特别是对一些有毒、具有放射性、易燃易爆等危险实验，对不易取得、不允许采摘的生物样品的实验，对因时空跨度、距离跨度而进行不了的“生物学史”实验；或者一些生物学的“思想实验”设计尤其具有其特殊意义，如模拟“基因克隆”“血液循环”“光合作用”“呼吸作用”“太空辐射育种”“病原微生物的育种分离”等实验给当代的生物学教育模式提供了成功的案例与借鉴。

3.5.5 中学生物学创新性实验案例与评析

案例

观察根尖分生组织细胞的有丝分裂

（由传统的验证性实验改变成多媒体演示实验）

【目的要求】（略）

【材料用具】

1. 洋葱根尖。

2. 载玻片，盖玻片，玻璃皿，剪子，镊子，滴管。

3. 质量分数为15%的盐酸，体积分数为95%的酒精，质量分数为0.01g/mL或0.02g/mL的龙胆紫溶液，洋葱根尖细胞有丝分裂固定装片。

4. 生物学显微互动实验室。

【方法步骤】

一、洋葱根尖的培养

在上实验课之前的3～4d，取洋葱一个，放在广口瓶上，瓶内装满清水，让洋葱的底部接触到瓶内的水面。把这个装置放在温暖的地方培养。待根长约 5 cm 时，取生长健壮的根尖制成临时装片观察。将培养的关键过程拍成录像，课堂播放。

二、装片的制作

制作流程为：解离→漂洗→染色→制片。

1. 解离

剪取洋葱根尖 2～3 mm，立即放入盛有盐酸和酒精混合液(1∶1)的玻璃皿中，在室温下解离 3～5 min，使组织中的细胞相互分离开来。

2. 漂洗

待根尖酥软后，用镊子取出，放入盛有清水的玻璃皿中漂洗约 10min，以洗去药液，防止解离过度。

3. 染色

把根尖放进盛有质量浓度为 0.01g/mL 或 0.02g/mL 的龙胆紫溶液的玻璃皿中染色 3～5min，使染色体着色。

4. 制片

用镊子将根尖取出来，放在载玻片上，加一滴清水，并用镊子尖把根尖弄碎，盖上盖玻片，在盖玻片上再加一片载玻片，然后，用拇指轻轻地按压载玻片，使根尖细胞分散开来，有利于观察。

课前将装片制作的操作方法拍成录像，介绍装片制作时，将录像播放，指导学生制作临时装片。

三、洋葱根尖细胞有丝分裂的观察

(1)把制成的装片先放在低倍镜下观察，扫视整个装片，找到分生区细胞：细胞呈正方形，排列紧密；再换成高倍镜仔细观察，首先找出分裂中期的细胞；然后再找前期、后期、末期的细胞，注意观察各时期细胞内染色体形态和分布的特点；最后观察分裂间期的细胞。

在学生观察过程中，教师通过生物学显微互动系统，将学生的实验结果展示给全班，并及时组织比较、讨论，指导学生正确操作。

(2)如果自制装片效果不太理想，可以观察洋葱根尖固定装片。

(3)调节显微镜的放大倍数，在视野里看到约 50 个细胞，仔细统计视野中处于各时期的细胞数，记录在记录表“样本 1”中，把视野移动到分生区一个新的区域再统计，然后记录在记录表“样本 2”中，对数据进行整理，填入下表中。

课前在计算机的 Excel 中将表格绘制好(学生可以直接在学生计算机上填写并传到教师计算机上，教师汇总全班数据，制作成大表格，然后绘制饼状图。

四、绘图

绘出植物细胞有丝分裂中期简图。

【结论】(略)

【讨论】(略)

【案例评析】

将洋葱根尖培养的关键过程拍成录像，在课堂上播放，可以让学生感受实验的全过程。

由于有丝分裂临时装片的制作比较复杂，学生在制作过程中可能会存在一定的问题，为了解决这一难点，将每一步操作拍成录像播放，指导学生制作临时装片，这比只用语言描述更能让学生明确具体操作。

利用生物学显微互动实验室的信息技术等手段，有助于教师对学生实验的全面监控、及时反馈和指导。例如，在观察临时装片时，使用分屏监控可以很方便地让教师掌握每组学生的装片制作情况，及时进行指导。使用转播，可以将学生的观察结果直接展示给全班同学，如图 3.31 所示，如将学生观察到的典型的各期适时转播给学生，有利于指导学生正确观察，可以及时组织学生讨论实验成功或失败的原因。

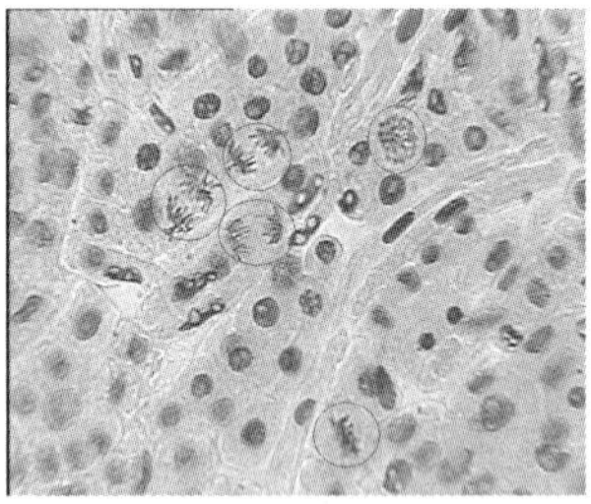

图 3.31 数码显微镜下观察的细胞分裂各期

通过生物学显微互动实验系统，更有利于学生间的合作、讨论。例如联机讨论，和学生熟悉的 Internet 上的论坛讨论很相像，为学生营造了一个熟悉、自由的讨论环境，更能激发学生参与讨论的欲望；

利用 Excel 表格，可以非常方便地统计全班各小组的数据，并可以轻松计算出平均值、绘制成图表。

案例

光合作用产生氧气[①]

（由传统的验证性实验改变成多媒体演示实验）

【实验原理】

在酸性环境中，$TiCl_3$ 在 $CuSO_4$ 的催化下可与水中氧气作用生成无色的四价钛，微过量的 $TiCl_3$ 使 $NaWO_4$ 中的无色的六价钨还原为钨蓝色的五价化合物仲钨酸，使溶液出现蓝色絮状沉淀，如再加入光合作用产生的氧气，则蓝色的五价钨被氧化成白色的钨酸，使溶液中的蓝色絮状物沉淀变成白色絮状物沉淀。

$$4Ti^{3+} + 2H_2O + O_2 \xrightarrow{Cu_2} 4TiO^{2+} + 4H^+$$

$$4Ti^3 + WO_4^- + H^+ \longrightarrow TiO^{2+} + HWO_3 \downarrow (\text{蓝色})$$

$$2HWO_3 + O_2 + 2H^+ \longrightarrow 2H_2WO_4 \downarrow (\text{白色})$$

【实验步骤】（略）

【结果分析】（略）

【教学过程】

(1)用课件演示实验原理，说明实验步骤。

① 引自：杨蓓芬和胡士敏(2003)。

(2)实物展台上演示实验步骤，将影像放大到投影屏幕上，使学生都能看清楚。

(3)将各试管的结果放在实物展台上，让学生看清楚各试管的颜色，然后用课件展示结果并作出分析。

【案例评析】

(1)用课件展示实验原理，说明步骤，让学生了解了整个实验的基本情况。

(2)在实物展台上演示实验步骤，学生通过屏幕，都能看清楚，克服了演示实验中仅有少数学生看得见的缺点。

(3)将各试管的结果放在实物展台上，使大多数学生都能看清楚实验的结果，然后用课件展示结果并作出分析，同时采用语言并结合课件，学生更容易理解和掌握。

(4)本实验方法在材料、药品等选择上都有很大改进，实验操作简单，大大缩短了实验时间，效果明显。

案例

生物体维持 pH 稳定的机制

（由传统的验证性实验改变成探究性实验）

【目的要求】

通过比较自来水、缓冲液和生物材料在加入酸或碱后 pH 的变化，推测生物体是如何维持 pH 稳定的。

【材料用具】（略）

【方法步骤】

(1)各小组在计算机的 Excel 表格中设计实验记录表。

(2)进行实验，把实验结果记录在记录表中。

(3)根据表格数据，应用 Excel 中“插入\图表”命令，选择“折线图”，分别以酸和碱的滴数为横轴，以 pH 为纵轴，将自来水、缓冲液、两种生物材料和四组数据表示在同一个图中。

(4)全班各小组展示实验结果。

【结论】（略）

【讨论】（略）

【案例评析】

利用计算机编制数据表格并绘图，既准确又方便，节省了大量时间，可用于对实验结果的分析讨论。

利用计算机分析、处理实验数据，有助于培养学生养成处理实验数据的好习惯，使学生学会合理、充分利用计算机实现数据处理的高效化、精确化。

有助于让学生体验实验的严谨性。

小组展示实验结果，进行小组间交流，增加学生的成就感。

案例

叶绿体中色素的提取和分离

（由传统的验证性实验改变成探究性实验）

【提出实验目标】

实验开始前，利用多媒体或局域网向学生展示实验目的，实验要解决的问题等。学生了解后才能有的放矢地开始探究实验。

【引导发现问题】

在了解了实验基本的操作程序和实验方法的基础上，学生可对实验的各个环节提出自己的问题。教师用多媒体向学生展示实验的基本步骤：提取绿色叶片中的色素→制备滤纸条→划滤液线→将色素进行分离。学生根据基本步骤，抓住实验的各个环节，主动地去发现问题，如采用不同的颜色的叶片实验结果会如何？将滤液收集在小试管中，不用棉塞将试管塞紧行吗？层析滤纸如果换成其他类型的纸结果会怎样？划滤液细线时还有没有更好的方法等。本实验要求根据自己的思考，每个小组要写出一份探究的实验方案。

【实验探究印证结果】

学生根据自己探究的实验方案，结合现有的知识经验，或通过搜集有关资料，试图建立起某种假设，然后利用实验室的各种材料、药品、仪器设备等进行探究。教师尽可能预见性地多作准备：如各种颜色的叶片、不同的化学药品、层析用的各种类型的纸条、组建一个关于"叶绿体中色素的提取和分离"实验的相关资源库(收集各种相关的声像图文等资料)、提供可查询的相关教学网站等等。学生从中获取需要的资源，对自己提出的问题，去验证和得到结果。如利用实验室材料和设备按自己的设想，具体进行实验操作；或利用计算机收集资料；或整理实验结果。整个过程中，教师从中点拨，审视他们的探究方案的实现，如果探究方案有问题的，要和学生共同讨论修正。

【展示结果讨论交流】

通过局域网展示学生"叶绿体中色素的提取和分离"探究实验成果，用文本或图表展示出来，如果是实物，可以通过实物展台展现，开展讨论交流。

【案例评析】

(1)CAI 创设情境：教师向学生展示实验目的、引导学生发现问题，学生确定探究实验方案。

(2)资料索取和交流：基于实验室的局域网，有利于学生索取资料，在探究过程中可能会出现一些他们没有想到的问题，在边实验的时候，可能会随时查阅各种资料，完善或修正原来的实验方案，或印证他们的实验。在局域网平台上，师生共同交流，在交流和讨论过程中，学生对观察、实验结果的分析，对概念和原理的认识，会更加趋于准确、完整和深化，在提高了学生思维的广度和深度的同时，也促进了他们创造性思维的发展。与没有使用信息技术的传统探究实验相比，探究效果大大增强了。

案例

性状分离比的模拟实验

（由传统的验证性实验改变成模拟实验）

【目的要求】

通过模拟实验，认识和理解遗传因子的分离和配子的随机结合与性状之间的数量关系，体验孟德尔的假设。

【材料用具】

自由规律模拟课件，生物学显微互动实验室。

【方法步骤】

(1)启动计算机。

(2)启动自由规律模拟课件，进行操作：①输入设想的F2数目，按回车键得到F2基因型及数目；②点击统计F2按钮，用计算机进行统计，统计出F2表现型数目及其比例；③点击【再次实验】按钮，又进行下一次实验；④点击菜单【查看】的实验数据，可以查看到每次的实验结果，根据实验结果写出实验报告。

【讨论】

(1)如果孟德尔当时只统计F2代10颗豌豆的结果，他还能正确地解释自由组合规律吗？你实验后认为最少应该统计多少颗豌豆的结果？

(2)将模拟实验的结果与孟德尔的杂交实验结果相比较，你认为孟德尔的假设是否合理？可以用网络教室软件讨论，也可以用QQ群的形式完成讨论题。

【案例评析】

本模拟实验优点是：①时间短，速度快；②实验数据可以设置很大，是真实实验所不可比拟的；③可以把实验数据的统计一并完成，将节约更多的时间。

案例

虚拟实验案例评析

（由传统的实验类型改变成虚拟实验）

一、虚拟实验的作用

虚拟实验是在计算机系统中采用虚拟实现的各种虚拟实验环境，实验者可以在像真实的环境中一样完成各种预定的实验项目，所取得的学习或训练效果等价于甚至优于在真实环境中所取得的效果。

从生物学实验的特点来讲，采用虚拟实验系统进行教学具有很大的优势，主要原因是①虚拟实验是实现演示性实验教学现代化的一个重要组成部分，学生通过亲自动手获得亲身实验的体验；②实验资源的缺乏(包括设备和实验人员)限制了学生实验需求，虚拟现实技术的网络化能够实现学生每人一机的实验环境；③实物仪器无法演示的教学内容、或具有一定破坏性、危险性的实验，采用虚拟实验能够轻而易举的解决；④虚拟实验较高的可靠度、可见度、逼真性、交互感和高性价比是其重要特点；⑤虚拟实验可以实现远程实验教学的功能；⑥虚拟实验在生物学实验中的应用，可以节约大量成本。

虚拟实验用于教学的方式较多，主要有以下几个方面：

(1)用于真实实验前的指导，或者说是在实验前，对实验的原理、过程、现象做一些介绍，以便于对教学内容的理解，便于真实实验的开展。

(2)用于实验模拟，即可以模拟真实实验能完成的实验过程，也可以模拟真实实验难开展、或者无法开展的过程、现象。在虚拟实验中，学生完全是一个参与者，借助虚拟实验较强的交互性，学生就像在真实的环境中作实验一样，直接动手操作里面的模拟设备或模拟物体，实验系统就会给出实验结果。这样，大大方便了实验的开设，增加了学生练习的机会，节省了大量的实验设备费用。

(3)方便讲解教学内容。在课堂上讲解内容时，为了说明一些现象，需要用虚拟实验来展示，进而有助于讲解教学内容。这些教学内容可以是通过真实实验来演示的，也可能是一些宏观、微观、危险的无法通过真实实验来演示的，这时，通过虚拟实验来讲解实验现象是一个十分可行的方法。

(4)用于课后复习。在复习过程中，学生还会遇到很多的问题，其中就有很多关系到实验方面的，这时候再去实验室作实验已不大可能，因为学校的实验都是按教学计划安排的，作实验的过程已经让学生掌握了所学知识，不可能再为个别学生的复习去安排一次一个人的实验，这时，虚拟实验便派上了用场，并且，便于自主学习。

二、生物学虚拟实验课件的制作

虚拟实验课件是信息技术所特有的，它可以虚拟现实生活中的一切仪器、药品和材料，一切生物学实验都可以在虚拟中进行。但是如果有条件，最好还是让学生作现实生物学实验，虚拟实验可以让他们熟悉、复习实验。

1. 简单的生物学虚拟实验课件的制作

简单的生物学虚拟实验课件，只能满足实验者作生物学实验的交互，如：

(1)实验名称(如实验 1、实验 2、实验 3 等)的虚拟：可供实验者选择，同时提供实验方法和步骤给实验者；

(2)仪器药品和材料的虚拟：实验者根据实验选择不同的仪器、药品和材料，甚至药品可以做到虚拟；

(3)显示不同的实验结果的虚拟：如果实验者选择了错误的仪器、药品和材料，课件则显示选择错误提示，如果药品浓度等不同，还能显示结果的差异。

Flash、Authorware 等交互性强的多媒体软件就可以制作简单的生物学虚拟实验课件，以下以 Flash 为例简单叙述简单的生物学虚拟实验课件的制作。将课件显示的整个界面可作如下划分如图 3.32 所示。

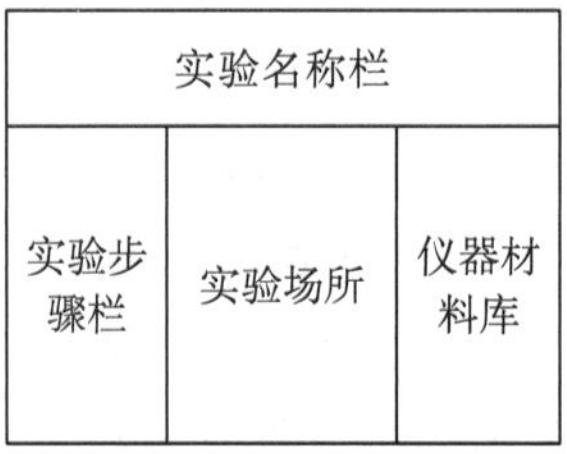

图 3.32　简单生物学虚拟实验课件界面划分图

图 3.32 中，上面一横排作为排列实验一、实验二等实验标题按钮；左边作为显示实验步骤的文字叙述排列；中间作为实验场所，同时，还要提供实验结果；右边是仪器材料库，放置生物学实验所需要的所有仪器、药品和材料。其课件运行的界面如图 3.33 所示。

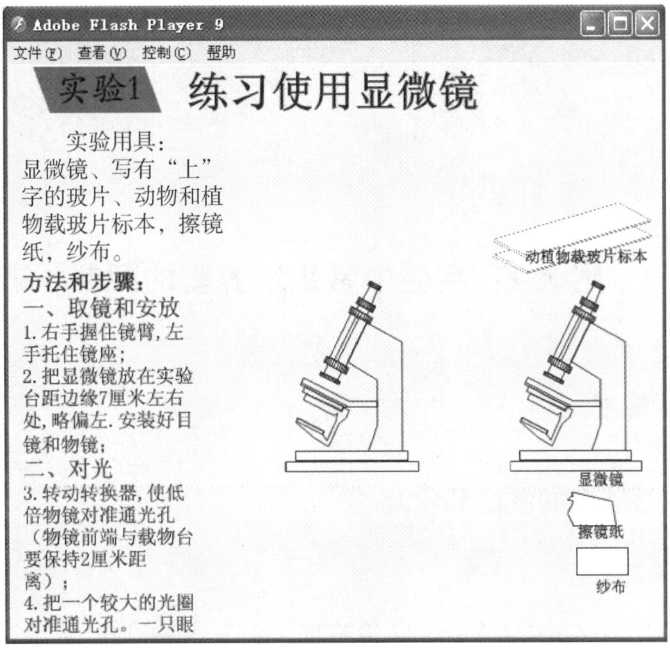

图 3.33　虚拟实验课件运行图示例①

2. 虚拟现实生物学实验课件的制作

虚拟现实生物学实验课件是高级的生物学虚拟实验课件，它是利用虚拟现实三维立体网络程序设计语言 VRML 制作的。VRML 是“Virtual Reality Modeling Language”的缩写形式，意思是“虚拟现实造型语言”。下面是一个虚拟现实的生物学实验课件——“细胞分裂的课件”，如图 3.34 所示。

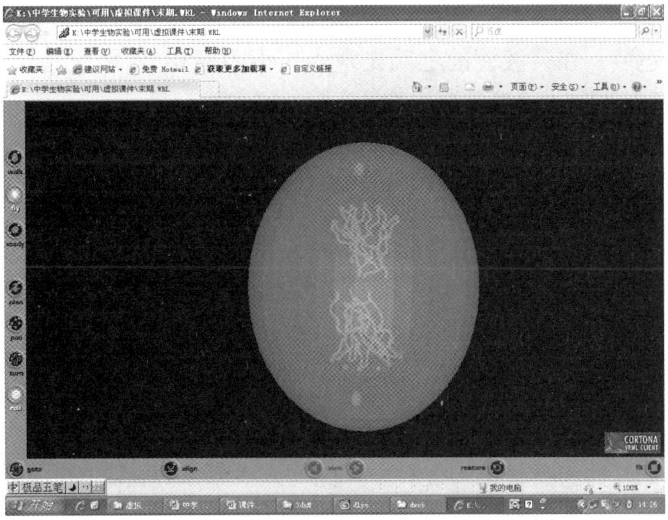

图 3.34　虚拟细胞分裂课件运行图②

① 引自：胡银亨(2021)。
② 引自：胡银亨(2004)。

附　　录

附录 1：实验中常用培养基的配制

一、培养基的常规配制程序

（一）盛培养基器皿的洗涤和包装

1. 玻璃器皿的洗涤

玻璃器皿在使用前必须洗刷干净。将锥形瓶、试管、培养皿、量筒等浸入含有洗涤剂的水中，用毛刷刷洗，然后用自来水及蒸馏水冲净。移液管先用含有洗涤剂的水浸泡，再用自来水以及蒸馏水冲洗。洗刷干净的玻璃器皿置于烘箱中烘干后备用。

2. 灭菌前玻璃器皿的包装

(1)培养皿的包装。培养皿由一盖一底组成一套，可用报纸将几套培养皿包成一包，或者将几套培养皿直接置于特制的铁皮圆筒内，加盖灭菌。包装后的培养皿必须经灭菌之后才能使用。

(2)移液管的包装。在移液管的上端先塞入一小团棉花(勿用脱脂棉)，可避免外界以及口中杂菌吸入管内并防止菌液等吸入口中。

再将报纸裁成宽约 5cm 宽的长纸条，然后将已塞好棉花的移液管尖端放在长条报纸的一端，折叠纸条包住尖端，以螺旋式包扎起来。末端剩余纸条折叠打结，准备灭菌。

（二）液体及固体培养基的配制

1. 液体培养基的配制

(1)称量。一般可用 1/100 粗天平称量配制培养基所需的各种药品，先按培养基的配方计算各成分的用量，然后进行准确称量。

(2)溶化。将称好的药品置于一烧杯中，先加入少量水(根据实验需要可用自来水或蒸馏水)，用玻棒搅动，加热溶解。

(3)定容。待全部药品溶解后倒入一量筒中，加水至所需体积。如某种药品用量太少时，可预先配成较浓溶液，然后按比例吸取一定体积溶液，加入至培养基中。

(4)调 pH。一般用 pH 试纸测定培养基的 pH。用剪刀剪出一小段 pH 试纸，然后用镊子夹取此段 pH 试纸在培养基中蘸一下，观看其 pH 范围，如培养基偏酸或偏碱时，可用 1mol/L 的 NaOH 或 1mol/L 的 HCL 溶液进行调节，调节 pH 时应逐滴加入 NaOH 或

HCl 溶液，以防止局部过酸或过碱而破坏培养基中成分。配制培养基时要边加边搅拌，并不时用 pH 试纸测试，直至达到所需 pH 时为止。

(5)过滤。用滤纸或多层纱布过滤培养基，一般无特殊要求时，此步可省去。

2. 固体培养基的配制

配制固体培养基时，应将已配好的液体培养基加热，再将称好的琼脂(按 1.5%～2%)加入，并用玻棒不断搅拌，以免糊底烧焦，继续加热至琼脂全部融化，最后补足因蒸发而失去的水分。

3. 培养基的分装

根据不同需要可将已配好的培养基分装入试管或锥形瓶内，分装时注意不要使培养基玷污管口或瓶口以免造成污染。如操作不小心使培养基玷污管口或瓶口时，可用镊子夹一小块脱脂棉，擦去管口或瓶口的培养基，并将脱脂棉弃去。

(1)试管的分装。取一个玻璃漏斗装在铁架台上，漏斗下连一根乳胶管，乳胶管下端再与另一玻璃管连接，乳胶管的中部加一弹簧夹。分装时，用左手拿住空试管中部，并将漏斗下的玻璃管嘴插入试管内，以右手拇指以及食指开放弹簧夹，中指以及无名指夹住玻璃管嘴，使培养基直接流入试管内。

装入试管培养基的量视试管大小需要而定，若所用试管大小为 15mm×150mm 时，液体培养基可分装至试管高度 1/4 左右为宜。而分装固体培养基或半固体培养基时，要在琼脂完全融化后应趁热分装于试管中，用于制作斜面的固体培养基的分装量为管高 1/5(3～4mL)，半固体培养基分装量为管高的 1/3 为宜。

(2)锥形瓶的分装。用作振荡培养微生物时，可在 250mL 锥形瓶中加入 50mL 的液体培养基。若用于制作平板培养基时，可在 250mL 锥形瓶中加入 150～200mL 培养基，然后再加入 3～4 g 琼脂粉(按 2%计算)，灭菌时瓶中琼脂粉同时被融化。

4. 棉塞的制作以及包扎

培养好气性微生物需提供优良通气条件，同时，为了防止杂菌污染，必须对通入试管或锥形瓶内的空气预先进行过滤除菌，通常方法是在试管及锥形瓶口加上棉花塞等。

(1)试管棉塞的制作。制棉塞时，应根据试管口的大小选用大小、厚薄适中的普通棉花一块，铺展成正方形，再对折成三角形，然后从三角形的一端卷起，卷成上粗下细的圆柱。制作的棉塞应紧贴管壁，不留缝隙，以防外界微生物沿缝隙侵入，不宜过紧或过松。塞好后以手提棉塞，试管不下落为准。棉塞的 2/3 在试管内，1/3 在试管外。目前也有采用金属或塑料试管帽代替棉塞，直接盖在试管口上，灭菌待用。

将装好培养基并塞好棉塞或盖好管帽的试管捆成捆，外面包上一层牛皮纸，用铅笔注明培养基名称以及配制日期，灭菌待用。

(2)锥形瓶棉塞制作。通常在棉塞外包上一层纱布，再塞在瓶口上。有时为了进行液体振荡培养加大通气量，则可用 8 层纱布代替棉塞包在瓶口上。目前也有采用无菌培养容器封口膜直接盖在瓶口上，既保证良好通气、过滤除菌，又操作简便，很受欢迎。

在装好培养基并塞好棉塞或盖好培养容器封口膜的锥形瓶口上，再包上一层牛皮纸

(可用聚丙烯薄膜代替牛皮纸，其防水效果好，而且可重复实用)并用线绳捆好，灭菌待用。

5. 培养基的灭菌

培养基经分装包扎之后，应立即进行高压蒸气灭菌，0.1MPa 灭菌 20min。若有特殊情况不能及时灭菌，则应将分装包扎好的培养基暂时贮存于冰箱中保存。

6. 斜面和平板的制作

(1)斜面的制作。将已灭菌装有琼脂培养基的试管，趁热置于木棒上，使成适当斜度，凝固后即成斜面。斜面长度以不超过试管长度的 1/2 为宜。如制作半固体或固体深层培养基时，灭菌后则应垂直放置至冷凝。

(2)平板的制作。将装在锥形瓶或试管中已灭菌的琼脂培养基融化后，待冷却至 50℃左右倾入无菌培养皿中。值得注意的是：温度过高时，皿盖上的冷凝水太多；温度低于 50℃，培养基易于凝固而无法制作平板。

平板的制作应在火焰旁进行：左手拿培养皿，右手拿锥形瓶的底部或试管，左手同时用小指和手掌将棉塞打开，火焰灼烧瓶口，用左手大拇指将培养皿盖打开一缝，至瓶口正好伸入，倾入培养基(直径为 90mm 的培养皿的培养基的量为 15～2mL 为宜)，迅速盖好皿盖，置于桌上，轻轻旋转平皿，使培养基均匀分布于整个平皿中，待冷凝后即成平板。

7. 培养基的无菌检查

灭菌后的培养基一般须进行无菌检查：最好从中抽出几管(瓶)放在 37℃的培养箱中培养 1～2d，确定无菌后方可使用。

8. 无菌水的制备

在每个 25mL 的锥形瓶内装 99mL 的蒸馏水并塞上棉塞，在每支试管内装 4.5mL 蒸馏水，塞上棉塞或盖上塑料试管盖，再在棉塞上包上一张牛皮纸或聚丙烯薄膜，高压蒸气灭菌，0.1MPa 20min。

二、实验中常用培养基的配方

1. 牛肉膏蛋白胨培养基(培养细菌用)

①牛肉膏 3g；②蛋白胨 10g；③NaCl 5g；④琼脂 10～20g；⑤水 1000mL；⑥pH7.0～7.2。⑦121℃灭菌 20min。

2. 马铃薯培养基(PDA，培养真菌用)

①马铃薯 200g；②蔗糖(或葡萄糖)20g；③琼脂 15～20 g；④水 1000mL；⑤pH 自然。

马铃薯去皮，切成块煮沸 30min，然后用纱布过滤，再加上糖以及琼脂，溶化后补足水至100mL，121℃灭菌30min。

3. 麦芽汁琼脂培养基

取大麦或小麦若干，用水洗净，浸水6～12h，置15℃阴暗处发芽，上盖纱布一块，每日早、中、晚淋水一次。麦根伸长至麦粒的两倍时，即停止发芽，摊开晒干或烘干，贮存备用。

将干麦芽磨碎，1份麦芽加4份水，在65℃水浴锅中糖化3～4h，糖化程度可用碘滴定之。

将糖化液用4～6层纱布过滤，滤液如混浊不清，可用鸡蛋白澄清，方法是将一个鸡蛋白加水约20倍，调匀至出现泡沫时为止，然后倒在糖化中搅拌煮沸后再过滤。

将滤液稀释到5～6波美度，pH约6.4，加入2%琼脂即成，121℃灭菌20min。

4. 半固体肉膏蛋白胨培养基

①肉膏蛋白胨液体培养基100mL；②琼脂0.34%～0.4%；③pH7.6；④121℃灭菌20min。

5. 豆芽汁蔗糖(或葡萄糖)培养基

①黄豆芽100g；②蔗糖(或葡萄糖)50g；③水1000mL；④pH自然。

称新鲜豆芽100g，放入烧杯中，加水1000mL，用纱布过滤。用水补足原量，再加入蔗糖(或葡萄糖)50g，煮沸溶化，121℃灭菌20min。

6. 淀粉培养基

①蛋白胨10g；②NaCl 5g；③牛肉膏5g；④可溶性淀粉2g；⑤蒸馏水1000mL；⑥琼脂15～20g；⑦pH7.2。⑧121℃灭菌20min。

7. 马铃薯牛乳培养基

200g马铃薯(去皮)煮出汁，加脱脂鲜乳100mL、酵母膏5g、琼脂粉15g，加水至1000mL，pH7.0。制平板培养基时，牛乳与其他成分分开灭菌，倒平板前再混合。

附录2：实验中的消毒及灭菌

一、玻璃器皿的消毒及灭菌

玻璃器皿清洗晾干后用报纸或牛皮纸包好，以免灭菌后被重新污染。

1. 湿热灭菌

用高压蒸气锅灭菌：灭菌时先放出冷空气，至放气阀喷出蒸气时再升压，一般用0.105MPa 20min即可。灭菌完毕后排放蒸气，取出后烘干备用。

2. 干热灭菌

将包好的实验器皿均匀地放入干燥箱内，注意用纸包扎的物品不要靠近干燥箱壁，不要放得太挤，以免影响气体流通。干燥箱温度调至160℃，在160～170℃恒温下处理2h即可。灭菌后到干燥箱冷却至40～50℃时方可开门取物。特别提示：有橡皮头的玻璃器具不能使用干热灭菌。

二、金属器械的消毒及灭菌

接种针、接种环可直接在火焰上灼烧灭菌。

解剖器具一般用煮沸法消毒，煮沸15～30min，即可杀死细菌营养体，而对于如细菌芽孢等结构则需1～2h。在水中加入2%碳酸钠可促使细菌芽孢等死亡，亦可防止金属器械生锈。

金属器具(除刀具外)也可用干热灭菌和湿热灭菌法灭菌。还可用5%石炭酸或1∶50的新洁尔灭浸泡灭菌。

三、无菌室、接种箱的消毒及灭菌

1. 加热熏蒸

按熏蒸空间2～6mL/cm^3计算，量取36%～40%甲醛溶液，盛于小铁桶内，用三脚架支好，在酒精灯内注入适量酒精(估计能蒸干甲醛溶液所需的量，不要超过太多)。将室内各物品准备妥当后点燃酒精灯，关闭室内，任甲醛溶液煮沸挥发，熏蒸12h以上。

2. 氧化熏蒸

称取高锰酸钾：甲醛为1∶2的用量，于瓷碗或玻璃容器内，室内准备妥当后，把甲醛倒入盛有高锰酸钾的器皿内，立即关门，几秒钟后甲醛溶液即沸腾蒸发，关门熏蒸12h以上。

甲醛对人的眼、鼻有强烈刺激，为减弱甲醛对人的刺激，熏蒸 12h 以后，取与甲醛等量的氨水迅速放入室内，同时敞开门窗放出剩余有刺激性的气体。

3. 喷刷消毒

用 3%～5%石炭酸或 1%～5%漂白粉在室内喷刷墙面、地面。

4. 紫外线灭菌

用 2560～2260Å 波长的紫外线杀菌力最强：其机制是诱导形成胸腺嘧啶二聚体，抑制了 DNA 复制和使空气中产生臭氧而达到了杀菌目的。紫外线透过物质的能力很差，只用于空气以及物体表面的灭菌。常在熏蒸和喷雾灭菌后，操作前半小时进行。通常紫外线的照射时间为 20～30min。紫外线由紫外线灯管产生，对人体也有伤害作用，所以人不能直视开着的紫外灯，更不能在开着紫外灯的情况下工作。

四、培养基和药剂的消毒及灭菌

一般培养基在 0.105MPa 下灭菌 20min；溶液类应用 0.056MPa 灭菌 30min 或 0.07MPa 10min；葡萄糖、氨基酸、生物等用 0.056MPa 灭菌 20min；组织培养中常用的生物活性物质(如酶溶液、培养基、血清等)不能用高温、高压法灭菌，应该用过滤除菌法处理，常用的除菌滤器有以下几种。

1. 蔡氏滤器

蔡氏滤器(Seitz 滤器，又称赛氏滤器)是用金属制成的滤器，用后洗净，干后高压灭菌。滤板为石棉制成，每次换用新的滤板，安装时光面向下。滤板型号有多种，国产的一般分为甲 1、甲 2、甲 3 型。石棉滤板往往使滤液中有微量毒素，对细胞生长不利，因此，使用前要用无菌生理盐水洗 3～5 次。另：胰酶通过石棉滤板会失去活性，pH 值也会升高，所以最好不用。近年来常用各种型号的醋酸纤维薄膜放入蒸馏水中，灭菌后再用。

2. 玻璃滤器

玻璃滤器的滤板是用玻璃粉热压制成的，滤板与玻璃漏斗结合在一起，常用滤菌型号为 G5、G6。新滤器表面有碱性物质，应先在流水中彻底洗涤，然后放入 1∶100 的盐酸中浸泡数小时，再用流水洗涤。用过的滤器 0.070 MPa 高压灭菌 1h，冷却后取出，烘干即可。由于玻璃滤器高压灭菌后会在板上析出碱性物质，使用前可先用水或少量滤液洗涤干净后再用。

玻璃滤器不能用含有重铬酸钾的洗涤剂浸泡，因为可能影响玻璃孔的电荷，用于洗涤玻璃滤器的洗涤剂为浓硫酸-硝酸钠洗涤液，使用完后，立即用浓硫酸-硝酸钠洗涤液抽滤一次，滤液未干时将滤器进入洗涤液中(滤片两面均应接触洗涤液)约 48h，取出后用热蒸馏水冲洗至中性，烘干后备用。

玻璃滤器还常用真空减压法抽滤，当液体临近抽滤完毕时，应减小压力，停止抽滤。

附录 3：实验报告的书写与范例

一、中学生物学实验报告的书写

实验报告是对实验的总结，是完全根据中学生自己开展的中学生物学实验历程所撰写的。除小部分引用他人的文献之外，实验报告都必须是实实在在的实验结果与实验过程的记录；同时，其也是表达实验研究成果的一种形式。书写实验报告是一项重要的基本能力训练，是学习书写论文的前期基础。通过书写实验报告，可以熟悉撰写科研论文的基本格式，学会绘图制表方法；学习如何应用有关理论知识和查阅相关文献资料，对实验的事实、数据和资料进行整理分析，得出实验结果和实验结论；培养学生独立思考、严谨求实的科学态度与科研素养。

书写实验报告讲究原创、科学、严谨，文字应当简练、通顺，书写追求清洁、整洁，标点符号、外文缩写、单位度量都应规范准确。

1. 实验报告内容

实验报告内容一般包括以下部分：

(1)实验课程、实验题目、班级、组别、姓名、实验日期、教师签字等。

(2)实验目的与要求。

(3)实验原理。

(4)实验材料。

(5)实验试剂和器材。

(6)实验方法和步骤。

(7)实验现象记录与结果。

(8)实验讨论(根据实验内容可有或无)。

(9)实验结论(根据实验内容可有或无)。

(10)作业与思考(根据实验内容可有或无)。

(11)其他(根据实验内容可有或无)。

以上各个部分可以分开逐条逐款地写出，有时也可以把几个部分组合在一起展示。

2. 实验报告的写作要领

实验题目：实验题目要能够简洁清晰地表达出实验的内容。

实验目的与要求：要直截了当、简洁清楚地用概括性语言描述实验的意义与目标，说明为什么要进行该项实验？解决什么问题？应达到的目标有哪些？具有什么意义和作用？本实验的主要要求是什么？最好用自己的话说出来，不要直接抄录书上的原话。

实验原理：通过学习、教师讲解与实验的过程，仔细理解本实验蕴涵的内在原理，并用自己的话表述出来。其应包括：简单陈述本实验依据的实验原理，介绍实验设计的重要概念，实验依据的基本理论以及据此推测出的实验结果与结论。

实验材料：简单注明生物材料的名称(学名)、来源、种属、性别等情况，这一部分的描述应简洁而明晰，以便他人能够重复。

实验试剂和器材：

(1)试剂：注明试剂中英文以及缩写、分类以及规格标准、来源和批号剂量、施加途径与手段。

(2)器材：本实验使用的主要仪器和材料作简单陈列，较新型的器材还应将名称、型号、规格、数量、操作要领进行简捷介绍。

实验方法和步骤：通常按时间顺序用序号列出每一步操作，说明实验方法、实验过程中的具体步骤等等，这一部分的描述应简洁而明晰，以便他人能够借鉴和重复。建议将实验方法和步骤总结成以下方框中的清单内容，一目了然，简捷清晰。

“普通显微镜的使用”实验方法和步骤

实验前材料准备；

体视显微镜的使用；

显微镜的使用：取镜→对光→低倍镜的使用→高倍镜的使用；

生物材料的处理和绘图；

……

实验现象记录与结果：是对实验过程中观察到的现象和原始的资料、数据、事实以及过程的记录、处理和分析，这是实验报告的主体，并能直接反映学生独立思考、严谨求实的科学态度与科研素养的重要方面。要求中学生在实验完成之后，应对实验过程中观察到的现象和原始记录的资料和数据进行认真的核对，对数据进行统计学处理，作出科学分析，进行恰当规范地表述，才能得到高质量的实验结果。实验结果可进行先分类归纳，再采用恰当规范的表格、图表、曲线的方式进行展示，并加上必要的、简明扼要的文字描述。

实验讨论：讨论不是实验结果的重复赘述，而是以实验结果为基础的具体分析与逻辑推测，是根据已知的理论知识，对本实验结果进行实事求是、符合逻辑的分析推理，从而推导出恰如其分的初步结论，最好能提出实验结果的理论意义和应用价值。实验讨论可包括：影响实验的因素有哪些？什么是影响实验的决定因素？实验中出现了哪些现象？对这些现象如何进行解释？实验中验证了哪些原理、理论与规律？将实验结果与实验前推测出的预期结果进行对比，找出二者的异同。如果实验出现了非预期的结果，绝对不能舍弃或随意修改，要对“异常”的结果进行分析，对“异常”结果产生的原因作出科学合理的解释。有时，正是从某种“异常”的结果中促进了学生思维的活跃，引起了学生创新思维的火花，促进了实验新的理论发展、创新，或者是实验创新设计上与方法上的改进，从而发现了新的有价值的东西。

实验结论：结论既要与本次实验目的相呼应，还要从实验结果和讨论中归纳出概括性的判断，即是从本次实验中所能验证的理论上的简明总结，应当力求简洁而中肯。注意实验结论不是实验结果的简单重复，不应罗列太具体的实验结果，也不能随意推断和任意引申。如果本次实验结果不能说明问题，就只能是一个阶段性的实验结果，而不能牵强附会地勉强作出结论。

其他：可以在实验报告最后罗列重要的网站、核心的参考文献、简单的致谢，等等。

二、中学生物学实验报告范例

范例

植物细胞有丝分裂以及染色体行为观察①

课程：中学生物学　　班级：
组别：　　姓名：
实验日期：　　教师签字：
实验题目：植物细胞有丝分裂以及染色体行为观察实验

一、实验目的

1. 观察植物细胞有丝分裂过程及各个时期染色体的特征。

2. 学习并掌握植物染色体玻片标本的制作方法。

二、实验原理

细胞分裂是细胞繁殖的唯一途径，细胞分裂一般分为直接分裂和间接分裂。直接分裂也就是无丝分裂，细胞核直接地一分为二。间接分裂又可分为有丝分裂和减数分裂两种。

植物体生长旺盛的分生组织(如根尖、茎尖、幼叶等)，都在进行着有丝分裂。经过取材、固定、解离、染色和压片等处理，将细胞分散在装片中，在显微镜下就可看到大量处于有丝分裂各个时期的细胞和染色体。由于有丝分裂中期的染色体具有典型的形态特征，并易于计数，所以为了获得更多的中期染色体图像，可以采用药物处理或冰冻处理的方法，阻止纺锤体的形成，使细胞分裂停止在中期。同时，通过处理可使染色体缩短变粗，易于分散，便于进行观察研究。另外，通过对组织细胞进行酸性水解或酶处理，可以分解细胞之间的果胶层，并使细胞壁软化。这样，细胞容易彼此散开，有利于染色和压片。

三、实验对象

大蒜鳞茎，洋葱鳞茎，玉米、黑麦、小麦、蚕豆的种子等，本实验以大蒜鳞茎为实验材料比较好。

四、实验试剂和器材

蒸馏水，无水乙醇，95%乙醇，二甲苯，冰醋酸，醋酸钠，苯酚，甲醛，碱性品红，山梨醇，秋水仙素或对二氯苯或0.002mol/L的8-羟基喹啉，中性树胶(明胶粘贴剂或树胶封固剂)，卡诺氏固定液，1mol/L盐酸，45%醋酸，1%龙胆紫，4%铁矾水溶液，2%醋酸洋红染色剂或改良苯酚品红染色剂，2.5%纤维素酶和2.5%果胶酶混合液(以上化学试剂要求化学纯)。

显微镜，恒温培养箱，电冰箱，水浴锅，分析天平，1/100天平，电炉，温度计，剪刀，镊子，刀片，解剖针，载玻片，盖玻片，滤纸，擦镜纸，量筒，量杯，漏斗，玻棒，培养皿，三角瓶，烧杯，试剂瓶，滴瓶，指管，酒精灯，火柴，切片盒，标签，铅笔，胶水，纱布等。

五、实验方法和步骤

1. 材料准备与取材

可直接从田间挖取刚长出的幼嫩根尖，也可以在室内培养根尖。本实验用大蒜根尖作

① 引自：郭善利和刘林德(2004)。

材料，取材方便，而且能够获得较多的根尖，可供多人同时使用。

首先将大蒜鳞茎上的大蒜瓣扒去皮，然后用细铁丝串起放在盛清水的培养皿内，使根部与清水接触，在20～25℃光照条件下培养2～3d，待根尖长到1～2cm时，选择健壮根尖自尖端约1cm处剪下准备预处理用，剪取根尖的时间以上午10时左右为好。

2. 预处理

为了阻止纺锤体的活动，以利于获取较多细胞分裂中期的分裂相，同时使染色体相对缩短，便于染色体分散和计数，可对根尖进行预处理，预处理的方法有药物和冰冻预处理两种。

1)药物处理

将材料放在培养皿中，加0.05%～0.2%秋水仙素水溶液室温下处理2～4h，也可用对二氯苯饱和水溶液或0.002mol/L的8-羟基喹啉水溶液室温下处理3～4h。这些药物都能使染色体缩短，但对染色体有破坏作用。使用时应注意处理的时间，大蒜、小麦、黑麦、大麦和洋葱等处理2～4h为宜，棉花和水稻等处理2h左右为宜，处理时间长短还与温度也有很大的关系。

2)冰冻处理

将根尖浸泡在蒸馏水中，置于1～4℃冰箱内或盛有冰块的保温瓶中冰冻24h，这种方法对染色体无破坏作用，染色体缩短均匀，效果良好，简便易行，各种作物都适用，但常用于处理禾本科植物的材料。

如果只是为了观察有丝分裂各个时期的染色体动态变化而不进行染色体计数，可以不进行预处理。

3. 固定或低渗处理

将经过预处理和未经预处理的材料(可用于和经预处理的根尖进行对比)用蒸馏水冲洗两次，然后转移到卡诺氏固定液中，室温下固定3～24h。或者将根尖放入0.075mol/L的KCl溶液中低渗处理20min，然后再用蒸馏水冲洗2～3次。

注意：如果固定后的材料不立即使用，可放在70%酒精中，置冰箱或阴暗处保存。用时再用固定液重新固定一下(30min～3h)效果会较好。

4. 解离处理

常用的解离方法有以下几种：①将根尖用蒸馏水冲洗2次，放入已经在60℃水浴锅中预热的1mol/L的盐酸中，在60℃恒温条件下处理5～10min，当根尖的伸长区变透明而分生区呈米黄或乳白色时即可取出；②将根尖放入2.5%纤维素酶和2.5%果胶酶的等量混合液中(pH5.0～5.5)，室温下处理3h左右；③将根尖放入95%酒精和浓盐酸(1∶1)混合液中处理2～10min，或将根尖放入5mol/L的盐酸中处理5～10min。

5. 染色与压片

将解离好的材料用蒸馏水冲洗以后，转入45%醋酸中软化10min左右。取1～2根软化好的根尖放在载玻片上，用刀片切去伸长区，只留下1～2mm的分生区，也就是生长点，滴一滴龙胆紫染色剂，染色3～5min；也可用改良苯酚品红染色剂染色10～15min；也可用醋酸洋红染色剂染色30min左右。

染色完毕，加上盖玻片，在酒精灯火焰上过3～4次，以手背试之，感觉微烫为宜(如果室内气温较高，或认为染色较好，也可不用酒精灯烤片)。在盖玻片上复以吸水纸，用左手拇指压住盖玻片的一角，用右手拿铅笔垂直敲盖玻片几下，用力要均匀，尽量多敲几下，把材料分散。再继续用左手拇指压住盖玻片一角，用右手拇指用力下压盖玻片，在保证两玻片不错动的前提下，将材料压成薄薄一层，即可放在显微镜上观察。

6. 镜检

压好的片子先在低倍镜下镜检，找到分裂细胞后，再转换成高倍镜观察染色体的动态变化，注意比较经过预处理和未经预处理的材料的不同之处。如果染色体分散良好，图像清晰，就可以脱水封片，制成永久片。

7. 永久制片

将玻片标本用干冰或制冷器冷冻数分钟，也可放在冰箱中冷冻几小时，取出后用薄刀片掀开，将附着材料的载玻片或盖玻片置于37℃恒温箱中烘干，然后在二甲苯中透明15min左右，中性树胶(明胶粘贴剂或树胶封固剂)封片，干燥后即可长久保存。

六、实验结果

作实验时，因为严格按照教科书的操作规程，并在教师的细心指导下，制作的植物根尖的压片也比较清晰，因此本实验结果基本验证了植物有丝分裂的现象，而且在实验过程中也找到了有丝分裂的前期、中期、后期、末期的各个时期分裂相。各个分裂时期的图形如图3.35所示。

根据实验结，绘出在显微镜下观察到的有丝分裂各个时期的图像示意图，并注明分裂时期(图3.36)。

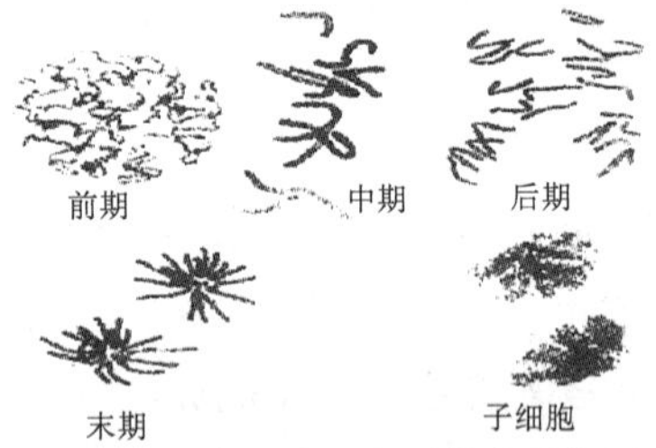

图3.35　植物细胞有丝分裂各个时期示意图

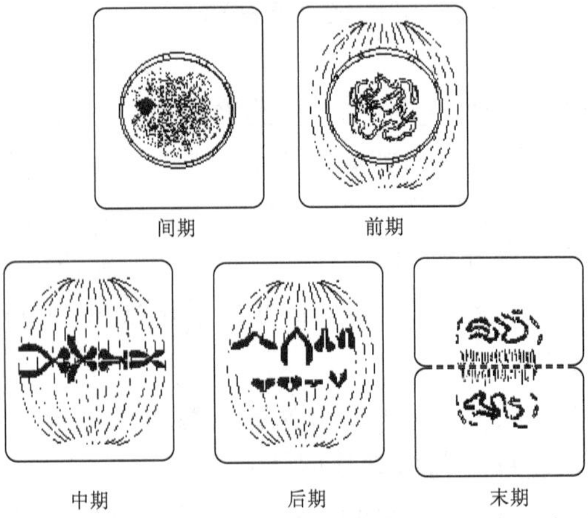

图3.36　洋葱根尖细胞有丝分裂的不同时期示意图

附录4：实验论文的书写与范例

中学生物学实验有别于其他专业性的科研工作，应针对中学生物学实验的内容进行独到的实验设计、因地制宜地取材、方法上的创新等，有针对性地开展实验小论文的撰写。

一、撰写实验论文的前提条件

要写出一篇较高质量的实验论文，是需要一定的“前提”条件的。宏观地讲：一是写作前，首先中学生要有实验实证基础、理论基础和书面语言的表达基础；二是撰写过程中出现“卡壳或不顺时”，要采取积极的思维应对策略；三是写好后重新审视实验论文在科学严谨的基础上是否有所创新？在材料丰富基础上是否全篇贯通一致？在独立思考基础上是否适当借鉴吸收？在文字精练基础上是否规范统一？具体讲，应从以下方面进行逐条逐款地把握。

(1)要主动投入研究。中学生物学实验是一个具体实践的过程，对待这个过程有两种把握态度：一种态度是仅仅把实验过程当作完成任务的过程，这样，中学生的实验目标只是把实验课就事论事地完成，取得好的实验成绩；另一种态度是，不仅仅指导中学生去完成实验过程本身，还要引导中学生去琢磨和分析实验，去进一步探索和寻求实验中更深层次的内容，这样，学生就进入到了主动“建构学习”的高层次的思维开发学习活动中，这种主动思考去投入实验研究的活动将直接导致学生的精神状态就和学力程度发生质的飞跃，其学习水平就会不断得到提高，用于实验研究的范围和撰写实验论文的素材就会不断扩大和取之不尽，这就是主动投入的实验研究过程。

(2)要在一定的理论指导下去开展实验研究。写实验论文，必须具有一定的理论基础，同时，还应该具有生物学科方面的基本专业底蕴和对实验原理的掌握。

(3)要结合实验研究。中学生要从仅仅关注实验结果，被引导到不仅关注实验结果，还关注研究过程。这就要坚持一边实验一边研究，紧密结合中学生物学实验进行研究，这样，中学生的生物学实验研究才能有的放矢、有感而发，实用而具体。那么，学生身边就会有取之不尽的撰写实验论文的具体实验研究素材。

(4)要坚持长期实验研究。中学生要进入到主动“建构学习”高层次的思维开发学习活动中，培养起厚实的科研态度与科研素养，这就要引导学生长期坚持开展实验研究，一学期、一学段、甚至一生，才会“写出或生产”出成批的较高质量的实验论文和成果，培养学生的科研态度与科研素养的效益才会显露。

(5)要在具备一定规范表达能力下去研究。具备一定规范表达能力是写好实验论文的又一前提条件，尤其是书面语言的规范表达尤为重要，提高规范表达能力特别注重“三多”。

①多练笔：要坚持经常动笔写作，要勤于并善于把实验中的点点滴滴及时记录下来，实验中的信息材料积累多了就提供了撰写实验论文的前提条件，每个实验或每个学期、每个学段坚持写作，多写，才能会写，才能写好。

②多模仿：撰写实验论文的起始阶段，不会写或写不好时，可以从有关刊物上去收集

相关文章进行阅读、分析参考、潜心学习；然后，再动笔模仿练习写作，也可以请教师指导，提出修改意见。

③多推敲：撰写实验论文，与其说是“写”出来的，不如说是一遍又一遍地“改”出来或“悟”出来的，要想写出较高质量的实验论文，就一定要多角度审视、反复润色、再三推敲。

二、评判实验论文质量的要点

实验论文的质量体现在研究水平和写作水平两个方面，论文的价值首先反映在研究内容的原创性、科学性、创新性、先进性以及效益性。没有严谨的科研设计，缺乏真实新颖的实验资料、事实、数据、过程等，也就失去了撰写论文的基础。但是，对同样的研究内容和结果，也可能因为写作水平和规范上的差异，写出的论文存在质量与水平上的不同。所以，要写出一篇体现原创性、科学性、创新性、规范性的高质量的实验论文，只有通过多读、多思、多问、多写、多改，才能达到“论点明确、层次清楚、数据无误、分析合理、结论严谨、写作规范、质量上乘”的论文要求，从而准确、完美地展示出科研成果，便于推广和应用，也便于提供给他人以借鉴和学习。

一篇高质量的实验论文，具体讲应具有以下几个基本特点(裴悌娜，1994)：①理论构建上的完备；②对实践的指导作用；③鲜明的创新性；④切合实际，针对性强；⑤研究方法科学规范；⑥对研究结果的解释合理；⑦结构严谨、完整，论证有力；⑧文字精练，简洁流畅，具有可读性。

三、撰写实验论文的程序和要求

1. 撰写实验论文的程序

撰写论文到正式发表一般都需经过下列四项程序：实验论文素材准备(包括：实验资料、事实、数据等准备)；拟出写作提纲；论文撰写(包括：进行论文初稿撰写、修改、定稿)；论文发表(包括：投稿与进一步修改定稿)(王庭槐，2004)。

(1)实验论文素材准备：对实验中所引用的资料进行梳理、归纳，对实验中观察到的现象、得到的事实、数据等进行认真核实并进行统计学处理，对实验结果的大量内容的表述一般采用图、照片、表格和文字概括等形式浓缩和精简处理。如果实验内容只是一个阶段性的结果尚不能充分说明问题，可以采取及时补充必要的实验或进行阶段性结果的简要说明。

(2)拟订撰写提纲：实验论文一般包括论文题目、作者、摘要、关键词、正文(一般包括：引言、实验材料和方法、实验结果、实验讨论和参考文献等几个部分)。提纲的重点在于：一是确定题目，论文的题目是画龙点睛之处，达到见题目就可窥见论文核心之境界；二是将正文中几个大的部分框架进行思考规划并确定出撰写目录。

(3)论文撰写：实验论文不可能一次定稿，通常须经历论文初稿撰写、进一步润色修改、再定稿的几个程序。论文撰写力求做到论文内容层次结构明显，逻辑清晰，文笔言简意赅，行文流畅，专业术语、缩略语和计量单位的规范化、学术化等等。

(4)论文发表：论文定稿后，可选择相关刊物投稿。待刊物编辑部对论文进行审阅后，将对作者提出修改建议和要求，对编辑部的修改建议和要求应认真逐条修改。如果对修改建议持有不同意见，可以在寄回修改稿时，另附函详细说明理由和根据。

2. 实验论文写作的基本要求

实验论文要遵守期刊标准化和规范化的有关规定，以及所寄期刊对形式的要求。因此，在投稿前必须认真阅读该期刊的来稿须知，熟悉该期刊刊登的论文格式。高质量的实验论文还须符合下列基本要求。

(1)科学性：科学性体现在具有厚实可靠的研究背景，严谨缜密的实验设计，正确合理的实验结论。

要确保实验论文的科学性，首先应把握好实验设计的对照、重复和随机三大原则。应注意如下几点：①被试因素是否符合自然科学的基本规律，被试因素的搭配是否合理，施加方法是否标准化、固定化；②受试对象的代表性，保证研究对象能最大程度的代表一般对象；③观察指标是否合理可行，检测方法是否先进和精确；④实验数据资料的真实完整；⑤得到的实验事实、数据等进行的统计学处理是否科学合理。

论文的科学性还体现在结论的合理、可靠性上。作者应当在对相关文献进行深入全面把握的基础上，对实验结果进行合乎逻辑的严密的讨论推理，最后才能总结出恰如其分的结论来。

(2)论点论据的统一性：必须对实验研究中获得的大量的信息进行提炼、取舍，精选出最好的信息是写好实验论文的先决条件。

论点论据的统一，主要问题在于如何选材。选材不是按研究者主观愿望任意“剪裁”、取舍而来，而应符合以下要求：①要紧密围绕研究的主要问题选材，分清主次；②选取典型的或具有广泛代表性和说服力的材料作为论据，使材料的量与质把握得当，使人信服；③选取真实准确、符合客观实际的原创性材料，也就是说要鉴别材料的真伪和价值程度。

(3)原创与适度借鉴统一：任何实验研究都是在前人或他人研究中的继承与发扬，撰写实验论文时，就必须正确处理好借鉴吸收别人研究成果与自我原创的关系。一方面不能自持高傲，故步自封，不查阅或无视前人与他人研究成果；另一方面，那种为介绍而介绍，对所引用的参考文献只述而不评、或者任意引申发挥、断章取义的作法是十分欠妥的，尤其是任意剽窃他人内容说成自己原创成果的更是十分错误，要坚决摒弃。

一般讲，引用参考文献的正确作法是：对已成定论的理论和方法等内容可以借鉴与不超过全文篇幅的1/3进行适度引用。对引用的观点和文献，首先要搞清作者的原意、文献内容的实际价值，从中挖掘实质性内容，从而加强论证的针对性；其次，要善于从众多的研究成果和文献中选取最典型的、富有说服力的、具有权威影响的内容进行适度引用。同时，出于对他人成果的尊重与知识产权的保护，必须在论文中进行及时标注或以参考文献的方式进行展示。

(4)先进性和创新性：科学研究的目的是发现新的问题并将问题解决，其灵魂在于创新，没有创新就没有发展，而先进性正是创新的前提和核心。中学生物学实验中的创新性和先进性具体可以体现在实验设计思路上的创新、实验选材上的调整、实验手段上的改革、实验方法上的变化、实验结果上的新意等。

(5)借鉴实用性：主要是指论文的基本论点有无理论意义和应用价值，有无供他人借鉴与参考的实际内涵，能否取得一定社会效益和经济效益，论文发表后的社会反映和影响指数(包括引用与推广情况)如何，能否对中学生物学实验发展起到一定影响与推动作用等。

(6)规范性与可读性：实验论文讲求精炼简洁，准确完整，即展示出的语言文字要准确(可信)、鲜明(可达)、生动(可雅)。实验论文表达的所谓准确，是指忠实客观地反映和显示实验方方面面，切忌浮化夸张，既不可以日常生活用语代替科学术语，也不可生造词语以免造成理解上的歧义；实验论文表达的所谓鲜明，是指无论论点、论理或论据，要清楚明白，尤其在实验原创与实验核心和含金量高的部分尤其要“浓妆艳抹”地展示并鲜明突出。实验论文表达的所谓生动，是指语言要讲求文笔和文采，但是要注意在忠诚准确的基础上讲文采，以最少的文字表达更多的内容。

展示出的语言文字要做到准确、鲜明、生动，因此就需要对实验论文进行反复推敲修改。通过删芜去繁，字斟句酌，精雕细刻，使论点更加突出，论述更加严谨，文字更为简练。

实验论文是写给他人看的，优秀的论文还要能吸引读者，讲究实验论文的可读性，从而达到让读者花较少的时间和精力来理解论文所表达的观点和结论。所以，实验论文首先应做到主题鲜明、思路清晰、言之有物，全文应紧紧围绕主题进行严谨组织。其次，文笔文风要力求行文流畅，表述准确，层次分明。少用长句与疑难字、词，忌用第一人称，切忌单纯只罗列现象而不进行分析、只文字赘述而不作归纳总结，忌大量引用他人文章或与本研究关系不大的文献，忌滥用非标准的缩略语等。

四、实验论文的格式和书写内容

1. 实验论文的格式

目前，国内各个中文期刊的约稿要求已与国际通用的“统一要求”逐步接轨。但是，不同的专业期刊也都会结合具体情况，制订出各自的约稿或投稿须知，其中可能有一些细微的不同，因此，在投稿前应当对欲投稿期刊的具体要求进行研究，避免因格式不符而被拒绝采用。

2. 实验论文的书写内容

实验论文书写内容一般包括以下部分：题目、作者以及作者单位、摘要、关键词、引言、实验材料和方法、实验结果、实验讨论、实验结论、参考文献等(国家标准局，1987)。

题目：是全文的高度概括与总结。好的题目不仅能引起读者的兴趣，而且容易进入期刊索引杂志。题目应包括实验对象、关键实验因子、试验效应以及变化特点等。应以最精炼的文字凝集全文关键信息，字数通常不超过 20 个字或 50 个英文印刷符号，很长题目可用采取加副标题或分题目来解决。

作者与作者单位：作者是完成该研究工作并对论文负责的主要参加者，名次的排列应按照在整个科研过程中实际贡献的大小。作者单位与地址(包括邮政编码)应署实验论文研究工作完成期间的学校或单位。

摘要与关键词：

(1)摘要：是论文核心内容的浓缩部分，也可以和题目一起独立出现于各种检索刊物系统中。它便于读者快捷地了解论文的主要内容和摘抄，也提供给其他刊物作为文摘索引采用。实验论文的摘要包括实验目的、实验设计、实验方法、实验结果与结论，而重点反应实验结果与结论。摘要字数一般需控制在200～300字，不宜用图表、公式，众所周知的专业术语尽量用缩写。

(2)关键词：是表达论文题目或论文正文中的最关键、最主要的核心单词或短语。关键词必须是规范、准确的科学名词，绝对不能使用非规范的甚至杜撰的词汇。列出关键词的目的，一是便于论文作为资料文献的信息库储存和检索；二是便于读者查找该篇文献时能快速从储存的信息库中检索到论文。关键词可选用2～5个，各词汇间空两格，英文关键词每个词第一个字母要大写。

注释：论文首页的最下方一般可对下列需要说明的内容加以注释：①科研任务来源，经费资助者。②论文通讯联系人地址、联系方式等。

引言：是正文最前面一段纲领性、序幕性以及引入性短文。引言主要说明为什么要从事这项科研，立题的理论和实践依据，解决问题的关键，拟创新点何在，实验结果的理论与实践意义等。引言的篇幅不宜过长，一般占全文的1/10。引言不同于摘要，研究的结论不要放到引言中。

实验材料与方法：主要说明实验材料、方法和研究基本过程。这一部分是论文实验设计的科学性与创新性的基础，也为他人重复和借鉴提供资料。

实验结果：这是科研论文的主体部分，叙述实验研究中发现的重要现象、收集到的实验事实与数据等，由此判断出实验研究的成效，得出相应的实验结果和推论。实验研究所收集到的原始资料不能全部照搬，必须经过处理筛选，才能揭示蕴含其中的规律。结果部分可以用文字、统计图表和插图等形式认真组织，力求文、表、图结合使用、合理表达，既能说明问题又节省篇幅。统计表和统计图能增强表达内容的逻辑性和准确性，可避免冗长的文字叙述，便于数据的分析、比较，得到实验的规律。统计表通常采用三线表，包括表序和标题、实验核心因子、数字以及备注几个部分。统计图由图序与图题、实验核心因子、数字以及说明文字几部分组成。

实验讨论：是对实验结果作出理性分析和逻辑推理，回答引言中所提出的问题，将实验结果升华为理论。因此，讨论部分能充分展示作者科学素质、学术水平和文字功底。讨论的内容大体包括如下几个方面：①回答、论证引言中提出的问题。②着重阐明论文的创新点，列举实验结果中哪些方面支持该创新点和本文的结论，阐明创新点的理论意义和应用价值，但切忌推理过分和随意外延夸大。③客观评价研究方法或结果的局限性和不一致性。对意外结果应予以合理地解释，并指出本文未解决的问题以及可能的解决途径。

实验结论：多数期刊规定的格式中结论部分不再单独列出在正文中。通常在讨论的末尾回归主题对全文进行高度概括，提出既严谨恰当又留有余地的结论或小结。切忌“唯我独尊”、“唯我正确”。通常采用：可能、提示、建议等代替证明、发现之类的字眼。

参考文献：参考文献是实验论文不可缺少的组成部分，它反映了作者对该研究领域前沿的宏观把握程度，也为读者提供更多相关信息。引用参考文献必须注意：①公开性，引用的文献应是国内外期刊公开发表的论文或正式出版的专著，教科书一般不宜引用，因为其内容已是众所周知的基本知识。还不宜引用未公开发表的内部资料或仅在学术会议上交流的论文。②权威性，应注重引用相关领域中有一定权威的文献。③时效性，除研究历史中里程碑式的文献外应注重引用最近3～5年内的文献。凡引用的文献都必须是作者亲自阅读过全文的论文或论著，以确保文献的参考价值。关于参考文献的书写要求，大多数期刊已按照国际通用的要求，作者必须认真阅读欲投稿期刊"来稿须知"对参考文献的具体要求，采用规范化标注以及著录格式。

五、中学生物学实验论文的范例

范例

中学生物学小论文：洋葱内表皮紫色的培养

中学生物学的实验特点是，大多数实验材料需要自己采集、培养、选定，许多实验由于实验材料选择不当而告失败。紫色洋葱是高中生物学观察植物细胞质壁分离和复原实验的常用材料，实验一般只取用洋葱最外层着色较深鳞片叶的外表皮。用镊子撕取外表皮时，因为外表皮与叶肉紧贴在一起，不易分离，往往容易撕破外表皮细胞或者带有叶肉细胞。撕破细胞的外表皮细胞的液泡，在显微镜下观察，液泡的紫色很浅，或有的液泡破裂后花青素流出、紫色消失均导致细胞质壁分离和复原实验的现象很不明显。而如果是带有叶肉细胞的外表皮，在显微镜下观察中，细胞重叠，层次加厚，观察效果又很差。洋葱内表皮倒是与叶肉易于分离，在剥取洋葱鳞片叶的过程中，常出现内表皮自然分离，但是因为内表皮是白色无紫色，作为实验材料一般又不合适。

在长期的中学生物学实验教学中，根据植物细胞液泡中花青素是在光照下形成的原理，采用光照保湿(维持细胞正常生理状态)培养的方法，把洋葱内表皮培养成紫色后，用洋葱内表皮作实验材料，既大大降低了实验难度，又增强了实验效果，还降低了实验成本(在实验中，洋葱内、外表皮均可利用了，因此，利用率提高了)。

具体作法是：

一、洋葱内表皮紫色培养装置的选用

用圆型无色玻璃水槽，口面用无色食品袋罩住，最简易的可用市售无色较薄的食品袋，培养时将袋口扎紧。

二、洋葱的处理

先把洋葱基部短缩的鳞茎盘用刀切除，外层干枯的鳞片叶用手剥去，然后用刀把洋葱纵切两次，两次切面相互垂直，每块切片大小均匀。切后用手把切片从球状洋葱上一一剥离下来。

三、洋葱切片的摆放

将洋葱切片均匀地放置在水槽底或食品袋内，内表皮向上，切忌重叠摆放，以免相互遮光。

四、洋葱内表皮紫色的培养

将上述装置放在室内窗户下的桌面上，经窗户透入的散射光照射(比较：散射光照射比阳光直射效果更好)，在室温20℃以上，4～5d后内表皮在光照下就将逐渐变成紫色。

范例

生物学研究论文　赤水栽培金钗石斛质量影响因子的初步研究*

徐作英　谢媛媛　严伟　赵心怡

（四川师范大学生命科学学院，四川成都，610101）

摘要：赤水栽培金钗石斛，是我国稀有的名贵中药材。本文对衡量赤水栽培金钗石斛的药材质量指标之一的生物碱含量作了检测，同时还就金钗石斛栽培质量与重金属含量相关性进行了初步分析。

关键词：金钗石斛影响因子

The preliminary research in effect element of

Noble dendrobium grow in ChiShui

Xu Zuoying　Xie Yuanyuan　Yan Wei　Zhao Xinying

（Life Science College of Sichuan Normal University，Sichuanchengdu，610101）

Abstract：By UV－Vis Spectrop Hotometer and high performance liquid chromatograpHy，we detected the main composition（dendrobine）contents. Simultaneity，we detected the heavy metal in Noble dendrobium and its grow environment.

Key Words：Noble dendrobium，Effect element

引　言

赤水栽培金钗石斛，为闻名全国的贵州省赤水市山区一大特色地理性保护标志产品，已经作为赤水市的“道地药材”品种，是我国稀有的名贵中药材。本文对赤水栽培金钗石斛的药材质量的重要指标中的生物碱含量作了检测，同时还就金钗石斛栽培质量与重金属含量相关性进行了初步分析。

1. 高效液相色谱法测定石斛碱的含量

金钗石斛的中包含石斛碱、金石斛碱、石斛副碱、石斛氨碱等多种生物碱，但石斛属植物中含有石斛碱仅有金钗石斛一种。评判药材质量指标之一为生物碱的含量，测定总生物碱含量常见的方法为酸性染料法，此法较为简便、快捷，但专属性不高，易受到某些特殊杂质的干扰，影响到结果的准确性。近年来，高效液相色谱（HPLC）的发展使其被应用于中药质量的检测领域中，其特点是方便、快捷且结果较其他方法更为准确可靠。因此，本实验选取金钗石斛中含量最高的石斛碱作为质量控制指标，测定其含量，其结果作为衡量金钗石斛质量的重要衡量指标。

1.1 材料、仪器与试剂

1.1.1 材料

本实验所用材料均采自贵州省“赤水市金斛产业开发有限公司”栽培基地提供的金钗石斛（D. nobile）（简称“赤水栽培金钗石斛”），一共12批次，其详细情况见表3.37。

---

* *注释：课题来源：四川省科技厅科技攻关项目（省级）05JB013－006－03：珍贵中药材质量标准研究，2005. 课题负责人：徐作英：女，四川师范大学生命科学学院教授，硕士研究生导师，植物学研究方向，Email：xuzy1234@163.com.

表 3.37 赤水栽培金钗石斛供试样品信息表

样品编号	样品名称	产地	海拔高度	其他生态环境
GZ001	金钗石斛(Dendrobium nobile Lindl)	贵州省赤水市葫芦镇天堂村二组	500m	相似
GZ002	金钗石斛(Dendrobium nobile Lindl)	贵州省赤水市官渡镇玉皇村黄金坪组	550m	相似
GZ003	金钗石斛(Dendrobium nobile Lindl)	贵州省赤水市丙安乡三佛村	460m	相似
GZ004	金钗石斛(Dendrobium nobile Lindl)	贵州省赤水市丙安乡丙安村	490m	相似
GZ005	金钗石斛(Dendrobium nobile Lindl)	贵州省赤水市长沙镇长兴村四合组	520m	相似
GZ006	金钗石斛(Dendrobium nobile Lindl)	贵州省赤水市长沙镇高洞村张氏词组	560m	相似
GZ007	金钗石斛(Dendrobium nobile Lindl)	贵州省赤水市长期镇五七村罗家坪组	450m	相似
GZ008	金钗石斛(Dendrobium nobile Lindl)	贵州省赤水市长期镇红卫村一组	400m	相似
GZ009	金钗石斛(Dendrobium nobile Lindl)	贵州省赤水市旺隆镇红花村五组	580m	相似
GZ010	金钗石斛(Dendrobium nobile Lindl)	贵州省赤水市旺隆镇红花村四组	650m	相似
GZ011	金钗石斛(Dendrobium nobile Lindl)	贵州省赤水市旺隆镇鸭岭村一组	530m	相似
GZ012	金钗石斛(Dendrobium nobile Lindl)	贵州省赤水市旺隆镇鸭岭村二组	520m	相似

1.1.2 仪器

日本岛津 2010A LC-MS，配备 LC-10ADvp 二元梯度泵、DAD(二极管阵列检测器)、SIL-HT 中央控制器、CTO-10Avp 柱温箱、LC—MSsolution 分析控制软件；

安捷伦色谱柱 ZORBAX XDB-C18(4.6mm×250mm，5μ)；

德国塞多利斯 CP225D 十万分之一电子天平；

昆山市超声仪器有限公司 KQ3200B 型超声波清洗器

1.1.3 对照品及试剂

石斛碱对照品由上海先导药业公司提供；

甲醇、乙腈均为色谱纯，其余试剂均为分析纯，水为 Millipore 超纯水。

1.2 实验方法与结果

1.2.1 色谱条件

色谱柱：Agilent ZORBAX XDB-C18(4.6mm×250mm，5μm)

流动相：A 为磷酸盐缓冲液(磷酸氢二钠 - 磷酸二氢钠缓冲液 pH8.0)；B 为乙腈，流速 0.8mL/min。

梯度：0~40min，流动相 B：43%；

40~50min，流动相 B：43%~80%；

50~60min，流动相 B：80%；

60~62min，流动相 B：80%~43%；

62~75min，流动相 B：43%。

柱温：25℃。

扫描波长范围：190～350nm。

进样量：20μL。

1.2.2 检测波长确定

取一定浓度的石斛碱对照品溶液，采用以上色谱条件进样分析，获得石斛碱的紫外吸收光谱图(190－350nm)，选取最大吸收波长为以后测定时所选用的测定波长。

1.2.3 对照品溶液的制备

精密称取石斛碱对照品 1.420mg，溶于 142μL 甲醇溶液中，配制成浓度为 10μg/μL 的石斛碱对照品储备液备用。并将上述储备溶液按比例稀释即为对照品溶液。

1.2.4 供试品溶液的制备

将金钗石斛烘干的茎部材料，粉碎，过 50 目筛。取粉末 1.0 g 加入氯仿 10mL，超声提取 30min，重复三次，抽滤，合并滤液，70℃氮吹至干，加甲醇定容至 10mL，0.45um 微孔滤膜过滤，即为供试品溶液。

1.2.5 标准曲线的绘制

将石斛碱标准储备溶液精密配置成浓度为 0.02μg/μl、0.05μg/μl、0.1μg/μl、0.15μg/μl、0.2μg/μl 的标准溶液，取上述不同浓度混合标准品溶液在上述色谱条件下，进行测定，进样体积为 20μl。以峰面积(A)和进样浓度(ng/μl)进行回归分析，并求其回归方程和相关系数(R)。

1.2.6 精密度实验

取上述浓度为 0.15μg/μL 的对照品溶液重复进样 5 次，由测得的峰面积计算得 RSD 值(表 3.38)，以判断仪器的精密度。RSD=［标准偏差/平均值］×100%。

表 3.38 精密度实验结果

样品名称	峰面积测定结果	RSD/%
石斛碱对照品溶液(150ng/μl)	1100854	1.9
	1112871	
	1070735	
	1080375	
	1120732	

1.2.7 稳定性实验

取上述浓度为 2μg/μl 的对照品溶液与编号为 GZ007 的供试品溶液分别在 0h、6h、12h、18h、24h 进样测定，以石斛碱的峰面积计算 RSD 值，用以判断石斛碱在此测定条件下的稳定性。RSD=［标准偏差/平均值］×100%。

1.2.8 重现性实验

取编号为 GZ007 的样品五份，每份各重 1g，分别按照上述样品制备方法制备供试品溶液，测量石斛碱对应峰面积，以峰面积计算 RSD 值并进行检验。

1.2.9 加样回收率实验

精密称取 5 份编号为 GZ007 样品，分别精密加入不同量的石斛碱对照品，再按上述提取方法分别制备供试品溶液后按照以上色谱条件进样，测定石斛碱对应峰的峰面积，以计算石斛碱的量，最后计算加样回收率。

计算公式为：样品回收率(%)=(P1−P2)/P0 ×100，P1：样品加标样后的分析结果；P2：样品的分析结果；P0：所加标样的浓度。

1.2.10 样品测定

取不同产地的金钗石斛样品，按照1.2.3中描述的方法制备供试品溶液，再采用1.2.1中的色谱条件进样进行分析。测定金钗石斛中石斛碱对应的峰面积，之后根据得到的标准曲线方程计算石斛碱的含量。

1.3 结果与分析

1.3.1 检测波长确定

经二极管阵列检测器扫描，石斛碱对照品的紫外吸收光谱图如图3.37所示，石斛碱在198nm处有最大吸收，因此最终确定检测波长为198nm。

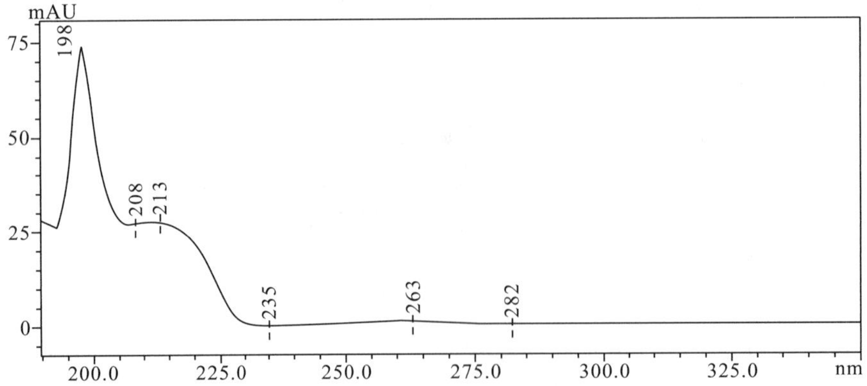

图3.37 石斛碱紫外吸收光谱图

1.3.2 标准曲线的绘制

按照1.2.5中方法，测定各个浓度的石斛碱对照品溶液对应的封面积，测定结果见表3.39。

表3.39 不同浓度下石斛碱对照品的峰面积

石斛碱含量	20ng/μl	50ng/μl	100ng/μl	150ng/μl	200ng/μl
峰面积	241344	439798	738809	1100854	1380438

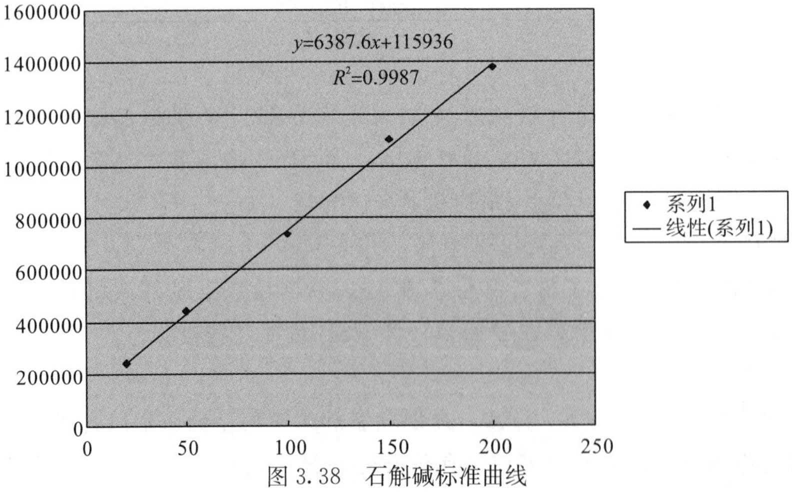

图3.38 石斛碱标准曲线

根据以上测定结果，绘制石斛碱含量标准曲线如图 3.38 所示，对照品的色谱图如图 3.39 所示。

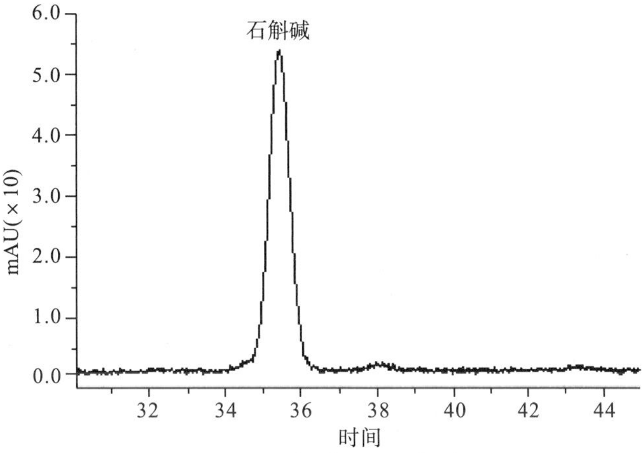

图 3.39　石斛碱对照品色谱图

计算得标准曲线方程为：A=115936+6387.6C(ng/μl)，相关系数 R=0.9993。结果表明，在石斛碱浓度在 20～200ng/μL 内线性关系良好。

1.3.3 稳定性实验

按照 1.2.7 中描述方法，测定石斛碱对照品与金钗石斛样品中的石斛碱在 24h 内的稳定性，测定结果如表 3.40 所示：无论是对照品还是金钗石斛样品中的石斛碱均在 24h 内稳定，RSD 值分别为 2.1%。

表 3.40　稳定性实验结果

样品名称	0h	6h	12h	18h	24h	RSD/%
石斛碱对照品(2μg/μl)	1380438	13350654	1348130	1330054	1325478	1.6
GZ007	766499	752478	749235	743874	740368	1.3

1.3.4 重现性实验

按照 1.2.8 中描述的方法，取编号为 GZ007 的金钗石斛样品制备供试品溶液，重复 5 次，分别进样分析，测定样品中石斛碱对应峰的峰面积，计算 RSD 值，结果如表 3.41 所示，结果表明采用该方法测定金钗石斛中石斛碱含量重现性良好。

表 3.41　重现性实验结果

样品编号	峰面积测定结果	RSD/%
GZ007	766499	2.8
	747895	
	774269	
	790256	
	735258	

1.3.5 加样回收率实验

按照 1.2.9 中描述的方法测定加样回收率，从色谱峰峰面积观察，发现加入对照品后，样品中石斛碱对应峰面积均有明显增加，这一结果同时也表明样品中的确含有石斛碱。加样回收的测定实验表示，该方法的回收率在 95.0%～102.5%，平均回收率为 97.6%。表明该方法的测定结果具有较高的准确度。实验结果见表 3.42。

表 3.42 加样回收率实验

样品编号	样品重量/g	样品含量/mg	加入标品量/mg	测得量/mg	回收率/%	平均回收率/%	RSD/%
GZ007	1	1.02	0.2	1.21	95.0	97.6	3.1
	1		0.4	1.43	102.5		
	1		0.6	1.61	98.3		
	1		0.8	1.79	96.2		
	1		1.0	1.98	96.0		

1.3.6 样品测定结果

按照以上描述的方法，对采自贵州赤水不同地点的金钗石斛样品中的石斛碱含量进行测定，其中编号为 GZ007 与 GZ011 金钗石斛样品的色谱图如图 3.40、图 3.41 所示，测定结果见表 3.43。

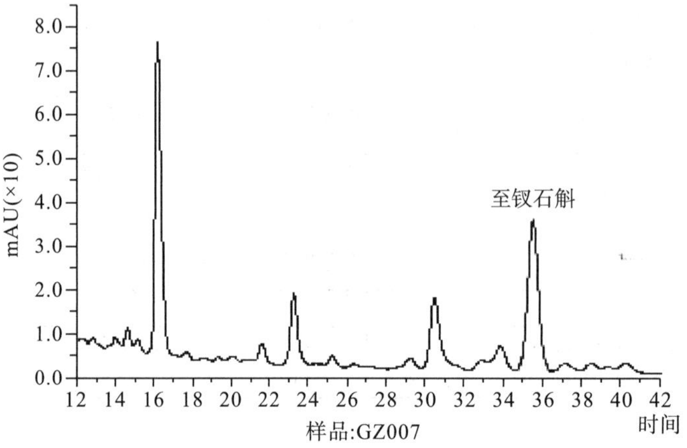

图 3.40 金钗石斛 GZ007 色谱图

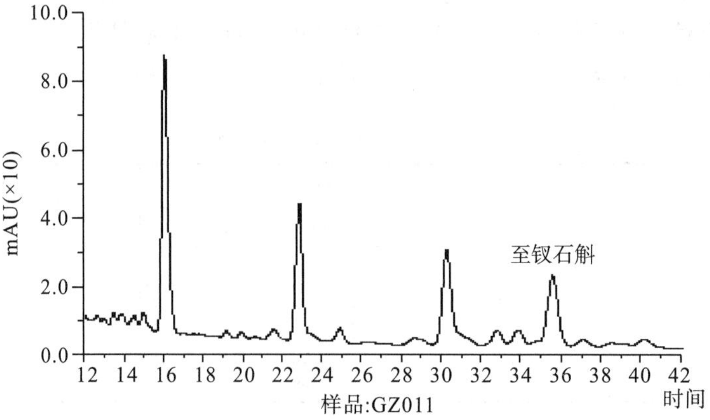

图 3.41 金钗石斛 GZ011 色谱图

表3.43　贵州赤水金钗石斛样品测定结果

样品编号	样品重量/g	海拔/m	石斛碱总重/mg	石斛碱含量/%
GZ001	1	500	1.18	0.118
GZ002		550	1.11	0.111
GZ003		460	0.89	0.089
GZ004		490	1.20	0.120
GZ005		520	0.77	0.077
GZ006		560	0.98	0.098
GZ007		450	1.02	0.102
GZ008		400	1.25	0.125
GZ009		580	1.43	0.143
GZ010		650	1.17	0.117
GZ011		530	0.73	0.073
GZ012		520	1.16	0.116

1.4 实验结论

金钗石斛的生物碱中包含石斛碱、金石斛碱、石斛副碱、石斛氨碱等多种类型，但以石斛碱含量最多，约占生物碱总量的1/3左右，因此选用石斛碱含量作为评判栽培金钗石斛药材质量的重要指标。

本研究采用高效液相色谱法测定赤水栽培金钗石斛12批次中的石斛碱含量，含量在0.073%～0.143%，说明不同批次间石斛碱含量有着很大的差别。同时，将石斛碱含量结果与已测的各批次总生物碱含量结果比较发现，两者之间基本呈现同向变化的趋势，即石斛碱含量高的总生物碱含量也相对较高，但是，石斛碱含量与总生物碱含量均与其生长的海拔高度没有直接相关性。

赤水栽培金钗石斛的石斛碱含量出现如此大的差别，是否与其生长环境因素中其他因子有关？因此，以下作了进一步的实验分析。

2. 金钗石斛栽培质量与重金属含量相关性的研究

影响药材栽培质量的因素有很多，包括生态环境、地形地貌、气候生态因子、土壤生态因子等。前人对于地形地貌、气候、土壤中的有机质、有效N、有效P、pH值等对药材质量的影响都有所关注与研究，但是很少有人关注到药材环境中重金属含量对药材质量的影响，本实验就赤水栽培金钗石斛的质量与重金属含量的相关性进行了以下检测。

2.1 实验材料及其处理

药材材料为2007年植物样品，同前面表中序列、品种、产地一样，采集后洗净烘干，粉碎，过50目筛，装入塑料封口袋中，标号。

岩石样品于2007年采集金钗石斛植物时，在植株同一地方所采，放入密封袋中，并作标记。采集的岩石样品从密封袋中取出，分别平放在铺有塑料袋的托盘上，放置在通风处，风干到一定的程度，粉碎，装入塑料封口袋中，标号，与药材一同送往四川省农业科学院分析测试中心测定重金属：铅、砷、汞各项含量指标。

2.2 重金属含量测定结果

赤水栽培金钗石斛的石斛碱含量已检测分析得到(表 3.43)，赤水栽培金钗石斛药材中与生长地岩石中重金属含量的测定结果由四川省农业科学院分析测试中心出具，其详情见表 3.44。

表 3.44 赤水栽培金钗石斛的石斛碱含量与重金属含量表

样品号	石斛碱含量	药材中重金属含量/(mk/kg)			岩石中金属含量/(mk/kg)		
		铅	砷	汞	铅	砷	汞
GZ001	0.118	5.06	0.29	0.012	5.63	0.54	0.20
GZ002	0.111	5.27	0.32	0.015	5.86	0.60	0.24
GZ003	0.089	6.00	0.45	0.020	6.18	0.72	0.34
GZ004	0.120	4.87	0.25	0.010	5.43	0.51	0.18
GZ005	0.077	6.02	0.49	0.043	6.39	0.82	0.47
GZ006	0.098	5.90	0.35	0.032	6.02	0.65	0.31
GZ007	0.102	5.89	0.38	0.038	5.61	0.58	0.28
GZ008	0.125	4.75	0.19	0.009	5.23	0.45	0.16
GZ009	0.143	4.32	0.15	0.07	4.87	0.37	0.13
GZ010	0.117	5.69	0.45	0.015	5.65	0.54	0.22
GZ011	0.073	6.19	0.48	0.042	6.42	0.90	0.51
GZ012	0.116	4.98	0.26	0.011	5.61	0.51	0.21

2.3 分析与讨论

由表 64 我们可以看出，赤水栽培金钗石斛的石斛碱含量是与其药材和岩石中的重金属含量呈反比关系，而药材中的重金属含量与其生长环境中岩石的重金属含量又呈正比关系。因此我们可以基本得出：赤水栽培金钗石斛生长环境中的重金属含量对于药材的质量是有影响的，至于影响的机制有待继续研究。

【链接】

[1] 于世林，2001. 高效液相色谱方法及应用 [M]. 北京：化学工业出版社.

[2] 马国祥，徐国钧，徐洛珊，等，1994. 反相高效液相色谱法测定 18 种石斛类中药中 chrysotoxene，erianin 以及 chrysotoxine 的含量 [J]. 中国药科大学学报，25(2)：103.

[3] 夏鸿西，张明，1999. 石斛属植物化学成分研究进展 [J]. 重庆中草药研究，15(35)：56.